AF522853

Leben heißt Veränderung,
sagte der Stein zur Blume
und flog davon.

Walter Ehlert

Das historische Gaarden

Bauernland wird Industriestandort

Husum

Inhaltsverzeichnis

Bauernland wird Industriestandort

7 Die „Gaardener" Bauerndörfer im Mittelalter
11 Aus dem Landleben im mittelalterlichen Bauern-Gaarden
12 Gaarden – historisch
18 Die Hufner und Kätner
19 Verbleib der Hufner und Kätner – ihre Namen und Hufen um 1880
21 Das schnelle Wachstum der Bevölkerung im Jahre 1880
23 Der Gemeinderat in den beiden Dörfern
26 Die Energie- und Wasserversorgung im alten Gaarden
28 Vom Bauerndorf zum Werftarbeiter-Stadtteil
31 Die Eingemeindungs-Verhandlungen
34 Ein Dorf wird zerschnitten
36 Der Bahnhof in Gaarden und die Eisenbahnlinien nach Schönberg und Bad Segeberg
41 Die Geschichte der Gaardener Mühlen
46 Fürstlich Gaarden im 19. Jahrhundert
48 Der Hof „Marienlust" bei Kiel und sein Ende
50 Der Besitz des Gastwirts Dreis und die Festtage der Gaardener Gilde
53 Die „Alte Gaardener Gilde von 1738"
60 Der alte Sandkrug wird „Wilhelminenhöhe"
63 Ausflugslokale im alten Gaarden
72 Der Weg vom alten Gaarden nach Kiel – „Die Kippe"
73 Mit der Fähre nach Kiel
76 Ab dem 31. August 1908 zu den Werften mit „Primus", „Secundus" und „Tertius"
78 Die Kaiserliche Werft
81 Der Werftpark auf dem Kieler Ostufer
82 Der Werftpark der Kaiserlichen Werft
87 Die Johanneskirche in der Goschstraße
93 St. Matthäus
96 Die Holzkirche in der Bielenbergstraße
97 Die katholische Kirche St. Joseph stand in der Gebhardstraße
99 Geschichte eines Kirchturms
101 Gaardener Schulen
109 Die Neue Schule in Gaarden-Süd
113 Chronik der Mittelschulen in der Iltisstraße
119 Ordnung und Sicherheit durch das Gaardener Polizeirevier
122 Menschliche Verkehrsregelung auf der Kreuzung „Hummelwiese"

125 Die Wucht der Veränderung
125 Das Gaardener Straßennetz entsteht
126 Die Schönberger Straße, der Dorfteich und das Karlstal
130 Gesamtübersicht der Gaardener Straßen
133 Besonderheiten in den Gaardener Straßen, ihre Entstehungszeit und die Erklärung ihrer Namen
170 Der Steffen-Sohst-Platz in der Schulstraße
173 Mit der Germaniawerft schrieb Krupp in Kiel Geschichte
177 Die Wiege des Unterseeboots in Deutschland
185 Die Gaardener Feuerwehr
189 Seit 1925 – Deutsche Werke AG
194 Die Werftarbeiter im Jahre 1918
196 Arbeiten auf der Werft
197 Die Arbeiten der Nieter
199 1918 bis 1935 – Das Leben und Arbeiten auf Kieler Werften
215 1933 bis 1945 – Arbeiten auf „Deutsche Werke" in Gaarden
226 Die Krupp'sche Arbeitersiedlung
235 Von „Schweffel & Howaldt" nach HDW – ein beständiger Wandel
241 Straßenbahnen in Gaarden
246 Traumberuf – Straßenbahn-Schaffner
252 Mit dem Oberleitungsbus durch die Preetzer Straße
255 Eine Gaardener Nachkriegs-Sensation – die Hochzeitskutsche
256 Die Vereinigungen der Gaardener Arbeiter und Bürger
257 Der Gaardener Männerchor
266 Die Geschichte des Gaardener Vereins von 1870
274 Turn- und Sportvereinigung Gaarden von 1875
285 Legendär – Gaardener Boxer
291 Die „Freie Turnerschaft Eiche" von 1901
303 Das Lager in der Preetzer Straße Nr. 119

306 Danksagung und Quellennachweis
307 Bildnachweis

Die „Gaardener“ Bauerndörfer im Mittelalter

Bevor die Wagrier Ostholstein – gemeint ist hier das Gebiet zwischen der Kieler Förde, Ostsee und Schwentine – beherrschten, gehörte das Land den Sachsen. Diese waren zum Teil zusammen mit den Angeln nach England ausgewandert oder aber es waren auch viele von Karl d. Gr., als dieser 804 in Nordelbien eindrang, entführt worden. Weite Gebiete lagen unbewohnt da, und die Wagrier, die sicherlich schon das östliche Holstein bewohnten, konnten sich so ungehindert weiter nach Westen ausdehnen.

Diesem Vordringen setzte Karl d. Gr. einen Stopp entgegen, als er im Jahre 812 die Sachsenmark gründete und den Sachsenwall anlegen ließ – ein Gürtel von Grenzbefestigungen von der Delvenau bis hinauf zur Kieler Förde. Die Wagrier, hasserfüllt gegen Christentum und germanische Nachbarn, fielen oftmals raubend und mordend in das Holstenland ein. Nur durch deren Ausrottung und Vertreibung konnte, wie in dieser Zeit üblich, die Ruhe und eine gewisse Ordnung im Lande hergestellt werden. Das geschah in den Jahren 1138 bis 1140 in schweren Kämpfen durch die Holsten und Stormannen. Das Wendenreich wurde dabei völlig zerschlagen, ihre Dörfer zerstört und ihnen nur noch der nördliche Teil Wagriens überlassen. Zahlreiche Ortsnamen und die Einrichtung einiger Dörfer erinnern daran, dass hier einstmals die Slawen geherrscht hatten. Nachdem nun ursprünglich deutsches Land durch das Schwert zurückgewonnen war, wetteiferten der Landesherr, die Ritterschaft und die Kirche miteinander, es zu kolonisieren und das Christentum einzuführen.

Im Zuge dieser Besiedlung wird auch ein Dorf gegründet worden sein, wenngleich keine Gründungsurkunde über den Zeitpunkt der Entstehung hier Aufschluss gibt. Hierbei handelt sich mit größter Wahrscheinlichkeit um das alte Dorf „Hemminghestorp", das erst in späterer Zeit den neuen Namen „Gaarden" annahm.

Heinrich der Löwe hatte 1180 sein Stammesherzogtum verloren, nun gab es niemanden, der den siegreich vordringenden Dänenkönig aufzuhalten vermochte. Die Grafen von Holstein leisteten zwar tapferen Widerstand. Aber ganz Nordelbinien wurde dänisches Lehen, als Graf Adolf III. von Schauenburg im Jahre 1203 Urfehde schwören und auf alle seine Rechte verzichten musste. Der dänische König Waldemar II. verlieh das Land seinem Neffen Albert v. Orlamünde, der sich seit 1206 Graf v. Holstein und Stormarn nannte und die Rechte eines Landesherrn ausübte. Er selbst war es, der die Kolonisation Ostholsteins in Fluss brachte, und mit besonderer Vorliebe widmete er sich dem Chorherrnstift Neumünster und dem Kloster Preetz, das er zusammen mit dem benachbarten Adel im Jahre 1212 gründete. Die Grenze des klösterlichen Landbesitzes bestimmte sein Erlass aus dem Jahre 1222.

Als nach der siegreichen Schlacht bei Mölln im Jahre 1225 das angestammte Herrschergeschlecht der Schauenburger zurückkehrte, übersah Adolf IV. als Landesherr die von seinem Vorgänger geschaffenen Zustände, vollzog eine Neugründung des Klosters Preetz und belehnte es mit dem vorherigen Gebiet 1226 neu. „Mit allen seinen Nutzniessungen, nämlich Fischerei, Mühlen und Mühlenstätten, Wiesen, Weiden, bebauten und unbebauten Strecken" (aus Schleswig-Holst. Urkundensammlung).

Die Schenkung des Grafen von Orlamünde umfasste damals einen Landstrich, „der aus

einem wilden, mit Seen und Sümpfen untermischten Waldrevier bestand und durch eine Linie bezeichnet wird, die von der Preetzer Feldmark im Süden anfangend aber den Honigsee, Crampessee, Moorsee, Drecksee, Hassee und hinauf von da durch die Hölzung Manhagen in die Kieler Förde und am Ufer entlang bis zur Mündung, der Swentine fortging". Es war dies um 1200 noch ein zusammenhängender Urwald, genannt „der große Isarnho", der von Schwerin bis zum „Slyasee" (Schlei) reichte.
Mit Vorliebe haben sich die Menschen damaliger Zeit ihren Wohnplatz am Ufer und auf Halbinseln ausgesucht und nur wenige haben die Inseln begehrt, so sind darum sicherlich Brunswik und Gaarden an der Kieler Förde älter als die Inselorte, d.h. demnach auch älter als Kiel selbst. Aber bis 1232 taucht der Name Hemminghestorp noch nicht auf.

Die Urkunden (Schleswig-Holsteiner Provinzialber. Jg. 1813 S. 656) nennen das geschenkte Gebiet Wald, Feld, Grund und Boden (silvam, campum et fundum), jedoch wird auch hier der Name eines Dorfes nicht erwähnt; das braucht aber nicht unbedingt zu heißen, dass es damals dort keine Dörfer gegeben hat. Es hat jedenfalls in dieser Gegend viel unbebaute Ländereien („novalia") gegeben, wie die Urkunden des Bischofs Berthold vom Jahre 1220 sie nennen, und in der Urkunde vom Jahre 1224 ist sogar von den noch zu erbauenden Dörfern (villis de novo aedificandis) die Rede.
Noch heute ist von diesen in dem genannten Distrikt angelegten Dörfern von „Walddörfern" zu lesen, und dann gehört auch Gaarden mit dazu. Daraus lässt sich mit sehr großer Wahrscheinlichkeit schließen, dass hier ausgerodete Wälder besiedelt worden sind.

Der Bischof Johann v. Lübeck zählt im Jahr 1212 die Namen derjenigen Dörfer auf, die auf klösterlichem Boden angelegt worden sind, Hemminghestorp aber und auch Elmschenhagen werden nicht genannt. Sollte der Ort noch nicht bestanden haben? Es muss das Gegenteil vermutet werden, da Hemminghestorp außerhalb des von ihm beschriebenen Gebietes liegt.

Zwei Beweise liegen dafür vor, dass Hemminghestorp gleich Gaarden ist:
Erstens befindet sich hier eine Wassermühle wie in Gaarden.
Zweitens befindet sich hier die „Waterburg", eine noch oft genannte Insel bei Hemminghestorp – Kiel gegenüber. Sie taucht später im Zusammenhang mit Gaarden auf. Da der alte Name Hemminghestorp an dieser Stelle des Kieler Hafens ausgelöscht ist, kann er nur durch den Namen Gaarden ersetzt worden sein. Ob dieses Dorf vom Kloster aus besiedelt worden ist, lässt sich nicht nachweisen. Berteau in seinen „Beiträgen zur älteren Geschichte des Klosters Preetz" (in der Zeitschrift für Schl.-Holst. Geschichte Bd. 45 S. 158) hält es für eine Gründung durch einen sog. „Lokator" im Auftrag des Landesfürsten, worauf der Name „Hemmingg", sowie bei Sieversdorf der Name „Sievers", schließen lasse. (Sieversdorf wird ausdrücklich im Jahre 1226 vom Grafen Adolf IV. an Preetz verliehen!) Ein weiteres Merkmal für „Frühgründung" ist die, dass Hemminghestorp (wie auch Elmschenhagen) zu einem Grundzins in Getreide verpflichtet wird, während andere Dörfer Geldabgaben zahlen, ein Zeichen dafür, dass es sich um spätere Siedlungen handelt.

Weiter ist in der Wirtschaftsgeschichte des Klosters Preetz im 14. und 15. Jahrhundert

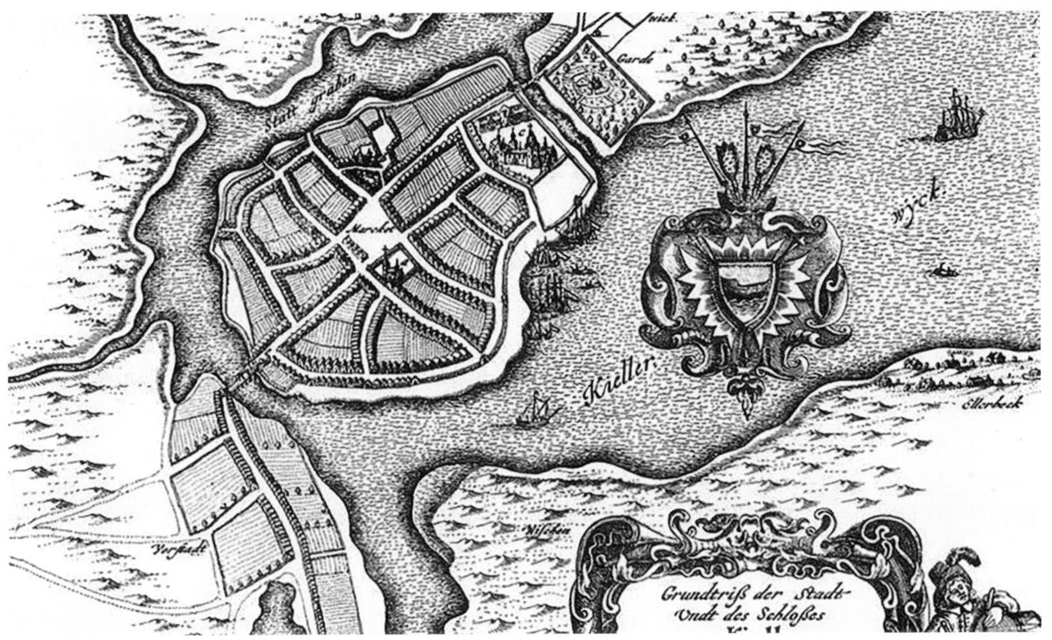

ca. 1500 Plan der Stadt Kiel

ein Rechnungsbuch aus dem Jahre 1389 erwähnt, das vermutlich der Propst Eghardi angelegt hat, um die rein geldlichen Einnahmen aus den Dörfern und Höfen aufzuzeigen. Hierin nimmt er von „villa Ghardin" 15 Mark ein. Auffallend ist der neu auftretende Name. „Ghardin" – er ist ein Teil des Dorfes Hemminghestorp aus dem Bocholtschen Register. „Im Jahre 1389 war also der an den Kieler Hafen anstoßende Teil des Dorfes in Gärten, namentlich in Hopfengärten, zerteilt". In der Einleitung zum ältesten Kieler Rentenbuch (1300–1487) befasst sich ein besonderes Kapitel mit der Lage und Bezeichnung dieser Hopfengärten. Das zum Hopfenbau verwendete Stück Land wurde verschieden benannt. Es finden sich die Bezeichnung „praedicium" (Stadtbuch S. 239) neben „ager" (S. 284) und „curia" (S. 381), am häufigsten aber „ortus" (= hortus) gleich Garten. „Die Gegend, in der diese horti oder Gärten lagen, hat dann für die Folgezeit von ihnen ihren Namen erhalten." (Rentebuch: „Hans Walborn morans in ortis, id est up den garden" oder in Einlage I: „in horto humuli proprie up den garden in sunte Jurlens rechte."). Dieser Name ‚Garden' ist dann weiter um den Hafen herumgewandert und hat den alten Namen Hemminghestorp, den das heutige Gaarden einst führte, völlig verdrängt.

Da die Hopfenbauer den feuchten Boden in der Nähe von Wasserläufen bevorzugten, so ist es nur zu natürlich, dass sie die Ländereien an den beiden Bächen, die durch Hemminghestorp führten, wählten. Es sind dies der „Vollradsbek", ein früher sehr rasches und wasserreiches Gewässer, welches vom Viehburger Höhenrücken herunterkam und die Waldwiese durchfloss, und der „Mühlenbach", ein Abfluss des Langsees. Beide mündeten in das Südende der „Hörn" und hatten, als Grenzbereiche und der Letztere dazu noch als mühlentreibende Kraft, eine gewisse Bedeutung erlangt. Ihre Wassermenge

ist heute so gering geworden, dass sie kaum noch zu erkennen sind, und die Entwicklung der Stadt Kiel hat einen großen Teil ihres Laufes in unterirdische Rohre verbannt.
Hier also lag die größte Anzahl der Hopfenhöfe – eine genaue Angabe über ihre Lage fehlt leider („circa rivum Volradsbeke"). An der Mündung dieses Baches stieß später der Stadtkreis Kiel mit dem Landkreis Plön zusammen. Es ist dies die Gegend, die „in ortis, id est up den garden" hieß.

Paul Dohm findet in einem Kapitel „Holsteinische Ortsnamen" für den neuen Namen folgende Erklärung: „Angelsächsisch ‚gurdo', mittelniederdeutsch ‚Barde' bedeutet dasselbe wie niederhochdeutsch ‚Garten' und gehört zu einer gemeineuropäischen Wortfamilie, die in allen ihren Verzweigungen die Grundbedeutung ‚eingefriedigter Raum' erkennen lässt. Für die mittelniederdeutsche Form ‚Barde' ist nur die Bedeutung ‚Garten' nachzuweisen. Hinter altem ‚garden' wird die slavische Form etwa in der Bedeutung ‚eingefriedigte Ansiedlung' stecken. (So in Gaarden bei Kiel. Aus der Zeitschrift für Schleswig-Holst. Geschichte Bd. 38, S. 194)

Teilung des Dorfes

War bisher das Dorf noch als Einheit anzusehen, so sind im Jahre 1402 mehrere Hufen des südlichen Teils an den Ritter „Marquard Wolf" und damit an das „Amt Kiel" gekommen.
Dieser Teil nimmt hinfort den Eigennamen „Wolfsbroock" oder „Wulvesbrook", später dann „Kieler Garden" an. Der Grund zu einer solchen Teilung dürfte in dem erwähnten Zusammentreffen des Lübecker und Hamburger Bistums zu suchen sein, die ihre Grenze an dieser Stelle des Kieler Hafens zogen, und es bestand immerhin die Möglichkeit, dass sie mitten durch das Dorf gegangen war. Nur so ist es zu verstehen, dass der eine Teil des Dorfes zum Kirchspiel Elmschenhagen, der andere aber zum Kirchspiel Kiel kam. Ursprünglich war das ganze Gebiet Ur-Besitztum des Klosters Preetz, wie es der Schenkungsbrief des Grafen Albert von 1222 bestimmt hatte. Da aber auch Wellingdorf und der „Ort" bei Ellerbek aus dem Klosterbesitz gekommen waren, wird vermutet, dass hier sogar der Landesherr selbst seine Hand im Spiel gehabt hat und „es seiner Convenienz gemäß gefunden habe, sich Wellingdorf und den Kieler Teil von Garden zuzueignen." (Neues St. Mag. Bd. 10, S. 329)

So ist wohl der südliche Teil des Dorfes Gaarden auf ungewollte Art und Weise aus dem Klosterbesitz gekommen, falls nicht die Not das Kloster dazu gezwungen haben sollte, durch Landverkauf zu Geld zu kommen. Im Jahre 1401 geriet das Kloster in große Armut, sodass die Kieler Burg Brot sowie Bier und sogar einen Ochsen zur Linderung der Not schickte. Später als „Schacke Rantzouve" die Burg als Amtmann übernahm, musste das Kloster allerdings jährlich für die Schuld 5 Mark in damaligem Gelde zurückzahlen, und gewisse Probsteier Dörfer hatten Haferlieferungen zu leisten an das Amt Kiel. (Prov. Ber. 1798 Bd. 1, S. 249)
Im Jahre 1462 wurde „Wulfsbrook" von Marquard Wulf an das St. Jürgenskloster verkauft. Seitdem blieb es ein Bestandteil des Amtes Kiel und ging unter diesem Einfluss als „Fürstlich Gaarden" seinen eigenen Entwicklungsgang, sodass sich mit dem Garden klösterlichen Anteils keine gemeinsame Linie mehr verfolgen lässt. Gemeinsame Grenze wurde der Verlauf des Mühlenbaches von seinem Austritt aus dem Langsee bis zur Einmündung in die Hörn.

Aus dem Landleben im mittelalterlichen Bauern-Gaarden

Das so häufig zitierte „dunkle" Mittelalter ist allerdings auch für das damalige Garden recht undurchdringlich geblieben insofern, als es uns fast gar keine urkundlichen Angaben über irgendwelche Ereignisse bringt. Über das Leben der damaligen Landbevölkerung werden nur recht geringe Angaben gemacht. Jedermann ging seiner Arbeit nach, um sein kärgliches Leben zu fristen.

Die Aufgaben waren sicher gewaltig und nicht leicht zu bezwingen gewesen. Man wird Zusammenhalt in der Nachbarschaft gesucht und gefunden haben, um den gewaltigen Wald zu roden und neues Ackerland zu gewinnen. Bauholz musste zubereitet werden, um neue Scheunen und Häuser zu errichten und alte vor dem Verfall zu bewahren. Die Einrichtung der Feldgemeinschaft erforderte ihre Aufmerksamkeit, denn damals war es noch üblich, das Pflugland in große Kampen aufzuteilen und diese Kampen in so viele Streifen zu zerlegen, wie Hufen bestanden haben. Hieraus erklärt sich die stets gleichbleibende Zahl der Hufen, obgleich das Acker- und Wiesenland gewiss vergrößert worden war. Und doch wird hierbei der Gewinn für den einzelnen Hufner in Grenzen geblieben sein, denn niemand wird sich mehr Land angeeignet haben, als er zu bearbeiten imstande war. So ist es nicht möglich, für die alte Hufe eine genaue Größe anzugeben, und darüber gibt es auch keine urkundlichen Angaben. Das Preetzer Kloster hatte sich bemüht, in den folgenden Jahrhunderten die alten Hufen und Bauernstellen zu erhalten und zu stärken.

Ansichtskarte – Kloster Preetz

Zeiten der Not

In den Jahren 1565 und 66 herrschte die Pest in Kiel und Preetz. Sie wird auch Garden nicht verschont haben – einzelne Angaben darüber sind nicht zu finden. Weit schlimmer wird aber der 30-jährige Krieg gewesen sein, als Wallenstein und Tilly in den Jahren 1627/29 mit den kaiserlichen Heeren die Herzogtümer überschwemmten. 1644 hatte der schwedische General Torstenson Kiel besetzt, der kaiserliche General Gallus zog ihm mit einem großen Heer kaiserlicher und dänischer Truppen entgegen. Sein Nachtlager nahm er in Preetz. Es dürfte an gewaltsamen Einquartierungen und Grausamkeiten durch Feinde und Freunde nicht gefehlt haben. Einzig und allein aus dem Jahre 1657 (13. August) ist von Garden bekannt aus einem Brief des Michael Seiffert an die in Lübeck befindliche Priorin, Barbara Sehestet: „... in der letzten Nacht hätten 7 Standarten (Polen) in Garden gelegen, die Kirche in Elmschenhagen geplündert und mehreren Clausdorfern die Ochsen weggenommen. Die meisten Waldleute sind noch mit Weib, Kind und Vieh im Kloster. Sie wollen das Kloster nicht verlassen, weil sie den Polenten nicht trauen dürfen." (Urkd. Sammlung. S. 423 Nr. 226)

Gaarden – historisch

Den Anfang der beiden Ortschaften, die lange Zeit hindurch denselben Namen „Gaarden" führten, bildeten die beiden Dörfer Hemminghestorpe und Wulvesbrooke. Die Entstehung dieser Dörfer an der Süd-Förde hängt mit dem großen geschichtlichen Auftrag der Holsten-Grafen aus dem Geschlecht der Schauenburger zusammen. Die Schauenburger hatten es sich zur Aufgabe gesetzt, den ostholsteinischen Raum, der nach der Völkerwanderung von slawischen Völkern besiedelt war, für das Deutschtum zu gewinnen. Diese Kolonisation Ostholsteins geschah in zwei Wellen oder Phasen. Die erste Phase war 1140 beendet. Durch die Vertreibung der Schauenburger und durch das Vordringen der Dänen wurde zwar der Gang der Kolonisation nicht völlig unterbrochen; denn in dieser Zeit geschah (1212) die erste Gründung des Klosters Preetz, aber erst nach der Rückkehr der Schauenburqer und durch ihre Siege bei Mölln (1225) und bei Bornhöved (1227) wurde sie kraftvoll fortgesetzt und zu Ende geführt. Vielleicht fällt die Gründung von Hemminghestorpe schon in die erste Periode der Kolonisation. Bei beiden Dörfern handelt es sich um Rodungssiedlungen, die in dem Waldgürtel Isarnhoe (= Eiserner Wald) angelegt wurden, und zwar durch Adlige. Für Wulvesbrooke kann man das mit Sicherheit behaupten; denn bei seinem Verkauf im Jahre 1402 gehörten „Dorf und Gut" Wulvesbrooke dem Adligen Marquard Wulf, und Hemminghestorpe könnte „Dorf des Hemming" bedeuten. Trotz der Wasserlage der Dörfer handelt es sich bei beiden Siedlungen um echte Bauerndörfer, wenn auch ihre Lage am Wasser ihr späteres Schicksal bestimmt hat. Als Kiel Marinestation und Reichsmarinestadt wurde, legte man auf dem Gaardener Gelände Werften an oder benutzte das ehemalige Bauernland zur Anlage von Wohnungen und Fabriken.

Der Raum um die Kieler Förde herum ist siedlungsgeographisch von großer Bedeutung. Diese Bedeutung war offenbar schon vom Kloster Preetz richtig erkannt worden. Das Kloster wollte nämlich in Hemminghestorpe eine Art Zentralkirche, einen kirchlichen Mittelpunkt errichten. Aus einem Verzeichnis vom Jahre 1233 entnehmen wir, dass zu dieser Kirche auch Ortschaften gehören sollten, die südlich und westlich der Förde lagen. (Kiel und Wulvesbrooke sind nicht genannt, müssen 1233 also noch nicht vorhanden gewesen sein.) Die geplante Zentralkirche in Hemminghestorpe ist nicht Wirklichkeit geworden. Warum nicht? Wir nehmen an, dass zwischen 1233 und 1242 die Stadt Kiel an der Westseite der Förde gegründet wurde.

Kiel erhielt seine eigene Kirche, die Nikolaikirche. Im Hintergrunde spielte sich dabei ein Kampf zwischen dem Bistum Lübeck, dem das Kloster Preetz gehörte, und dem Erzbistum Bremen ab.

Dem Bremer Erzbistum unterstand das Augustiner-Chorherrenstift in Bordesholm, das von Neumünster dorthin verlegt worden war. Von Bordesholm aus war nun der Machtbereich des Bremer Erzbistums nach Norden vorgetrieben worden. Die Augustiner waren auch an der Erbauung und Betreuung der Kieler Kirche maßgebend beteiligt. Aus diesem Zusammenhang erklärt es sich, warum aus der Zentralkirche in Hemminghestorpe nichts wurde. Eine Folge war die Zurückdrängung der Macht des Klosters Preetz bis hinter die Mühlenau. Möglich wäre es, dass

der Ort Wulvesbrooke erst nach der neuen Grenzziehung entstand.
Es ist eigenartig, dass aus den zwei verschiedenen Namen Hemminghestorpe und Wulvesbrooke in späterer Zeit ein Name wurde. Beide Dörfer hießen Gaarden und konnten nur unterschieden werden, indem man zu dem einen sagte „Klösterlich Gaarden", weil es zum Kloster Preetz gehörte, und zu dem andern „Fürstlich Gaarden", weil es der Obrigkeit der holsteinischen Fürsten unterstand. Man hat sich über die Herkunft und Deutung dieses Namens Gaarden sehr viel Gedanken gemacht. (Die hochdeutschen Fassungen „Garten" und „Dorfgarten" haben sich nicht durchgesetzt.) Handelt es sich bei dem Namen Gaarden um einen alten slawischen Namen, der zwar lange Zeit außer Gebrauch kam, aber später doch wieder auftauchte? Es gibt tatsächlich Siedlungsnamen slawischer Herkunft mit der Bezeichnung „Garden", z. B. Puttgarden auf Fehmarn. Der Name hätte die Bedeutung „eingefriedigte Siedlung". Es könnte aber auch sein, dass in dem Wort „garden" das slawische Wort für Berg, nämlich gora, steckt. Der Ortsname Göhren auf Rügen leitet so seine Herkunft ab. Diese Herleitung würde für unser Gaarden „Ort am oder auf dem Berge" bedeuten. Mehr Wahrscheinlichkeit hat die deutsche Ableitung von Garten, plattdeutsch Goorn, für sich. Man bringt den Ortsnamen Gaarden zu den Hopfengärten in Beziehung, die im Mittelalter und später von der Mühlenau bis zum Vollradsbach angelegt waren. Weil die Namensbezeichnung zuerst im Osten auftauchte, müsste der Name Gaarden von Osten nach Westen gewandert sein. Dass dieses Hemminghestorp an der Stelle unseres heutigen Gaarden lag, lässt sich aus den Urkunden beweisen, die für beide Orte die alte Wassermühle erwähnen und die von einer Kiel gegenüber auf der Gaardener Seite liegenden Insel, „der Waterborg", sprechen.
1389 wird in den Preetzer Akten von „Villa Ghardin" gesprochen. Es war der an den Kieler Hafen anstoßende Teil des Dorfes in Gärten, namentlich in Hopfengärten, aufgeteilt. Der Name „Garten" = Garden, Gaarden, der dann das Ufer entlangwanderte, verdrängte den Gründungsnamen. Hopfen gedieh besonders gut auf feuchtem Boden. So baute man ihn am Vollradsbek (vom Viehburger Gehölz kommend) und am Mühlenbach (vom Langsee in die Förde fließend) an. Der Pachtpreis für einen „Garten" beträgt von nun ab mehr als für eine „Hufe", also für ein Stück Feld.

Nach dem Bochholtschen Register von 1286, genannt „det ole Register", waren in Villa Ghardin, im Klösterlichen Gaarden, neben Hopfenhöfen 10 Hufen, 4 Katen und eine Mühle vorhanden. Im Jahre 1870 werden hier 8 Hufner, 6 Katen angegeben.
Vom Hopfen leiten sich noch heute einige Straßennamen ab. So heißt der Hopfen im botanischen Latein „Humulus lupulus" und daher der Name „Hummelwiese". Sophienblatt war eine Hopfensorte.

Für das Fürstliche Gaarden sind uns die ältesten Namen aus dem Jahre 1639 bekannt. Sie finden sich in einem Verzeichnis „des Voradt an Pferden und Kühen, so – bei den Kylischen Underthanen vorhanden." Es sind genannt die Gaardener Hufener Hartwig Rosenfeldt, Ludwig Wriedt, Heinrich Schönwadt, Jurgen Dreyer und Hans Bandtholt.
In einer anderen Aufstellung wird außerdem noch angeführt Conrad Hesse, Besitzer des Gutshofes am Mühlenteich, später als Inhaber der privilegierten Hufe aufgeführt.

Aus Erdbüchern sind wir über allgemeine und besondere Verhältnisse des Fürstlichen Gaardens gut unterrichtet. So lesen wir im Erdbuch von 1765, dem letzten vor der sogenannten Einkoppelung (1771): „Das ‚Dorf Garten', so an der Klösterlich Gärtner, der Wellseer, der Moorseer, dem salzen Wasser, der Kieler, Hasseer und Vieburger Scheide grenzet ... besteht aus 4 Vollen und einer Halben Vest-Hufen, einer privilegierten Hufe und einem Kleinen Kätener.
Der Buchweizen kann bei guten Jahren tragen das 5. Korn, in Mitteljahren das 3. Korn und in schlechten Jahren das 2. Korn, der Rocken in guten Jahren das 4. Korn, in Mitteljahren das 3. und in schlechten Jahren das 2. Korn. Der Habern kann nicht angeschlagen werden, weil er ungedroschen zerschnitten und verfüttert wird. Die Wiesen so ein jeder Hufener hat, werden bey einem jeden Hauswirth namentlich angeführet werden. Die bey diesem Dorfe vorhandene Holzung ist in der Holz- und Forstbeschreibung beschrieben. Den Weichbusch kann die Dorfschaft sich nicht weiter anmaßen, als sie etwa zum Zäunen bedürftig. Bei diesem Dorfe befinden sich keine Torf Mohre, sondern es muß selbiges vielmehr ihre notdürftige Feuerung für Geld ankaufen. – Zu der Kieler St. Nikolai Kirche ist dieses Dorf eingepfarret, und sind die Eingesessenen Mühlengäste der Neumühlener Kornmühle, mithin verbunden, bey Reparierung der Mühle die erforderlichen Hand- und Spanndienste zu leisten." –
Es folgen dann Einzelangaben für jede Hufe. Interessant sind einige Angaben über den eigentlichen Gutshof. Es heißt: „Der hiesige commerzierende Bürger Otto Staack, besitzet den Hof oder die privilegierte Hufe als sein Eigentum, von welcher überall keine Dienste geleistet werden, und welche auch von allen extra ordinerius bisher eximiret gewesen, wovon auch niemanden Vestegeld erlegt worden."
1402, nachdem das Kloster Preetz 1401 eine Zeit der Armut durchlebt hatte, wird der südliche Teil des Dorfes aus dem Klosterbesitz herausgelöst und dem Amt Kiel unterstellt. Von nun am unterscheiden wir „Fürstlich" und „Klösterlich" Gaarden. Beide Ansiedlungen machen getrennte Entwicklungen durch. 1482 wurde das Dorf Gaarden vom Klosterpropst Werner Reventlou um 700,– Mark an den Rat der Stadt Kiel verpfändet, aber bald wieder eingelöst.

1555 – Die Gaardener Wal-Verfolgungsjagd und der ewige Streit um den „Gaardener Vorstrand"

Dass auch in sog. Friedenszeiten die „Gardener" sich manche Übergriffe und Gewalttätigkeiten durch ihre Nachbarn, die Kieler, gefallen lassen mussten, davon zeugt folgender Bericht aus der „Kieler Zeitung v. 20.03.1908 sowie ein Provinz Bericht von 1812 S. 273
Es hatte sich nämlich im Jahre 1555 ein großer Wal in die Förde verirrt, „der das Wasser gen Himmel blies, die Waden zerriss und schließlich am Gardener Ufer strandete".
Es wäre nun wohl recht und billig gewesen, wenn die Gardener ihren Fund hätten behalten dürfen. Sie hatten ihn auch dem Propst gemeldet und zum Geschenk gemacht in Erwartung eines reichlichen Trinkgeldes. Aber die Kieler unter Anführung ihres Hausvogts waren eher zur Stelle, hatten „den Fisch umzingelt, gewunden und bekräftiget" und ihn schließlich, nachdem er wegen seiner Größe hatte geteilt werden müssen, mit 12 Pferden zum Schloss gefahren. Der Propst war damals sehr aufgebracht darüber und schrieb an Ove Rantzau, dem Amtmann zu Kiel, wie seinen Untertanen der Fisch abgejagt worden wäre, „wedder alle Recht und Billigkeit ... de

Klosterlüde davon gejaget, dem Kloster tom Schaden, dem Propsten und der ganzen Ranzowischen Familie tom Schimpe."

Die Königin Sophie, Witwe Friedrichs I. antwortete, sie hätte die Sache untersuchen lassen, und es habe der Hausvogt bei einer Überfahrt nach Ellerbek den Fisch zuerst gesehen und „ok synen Knewelspeert in den Fisch bith to dem Knewel twemal gesteken!" Erst am folgenden Tage hätte dann ein Kieler Fischer einige Gardener „mit schlichten Werkzeugen und ohne Netze darauf hauen gesehen, auch nicht auf des Klosters Seite. sondern zur Mitte des Stromes".

Die Gardener und die Kieler standen bestimmt nicht in einem guten Einvernehmen, wenn der Propst drohte, „jeden auf der Heerstraße (von Gaarden nach Preetz) angetroffenen Kieler Bürger zur gefänglichen Haft zu bringen".

Immer war es der „Gardener Vorstrand" oder der davor gelagerte Teil der Hörn, der die

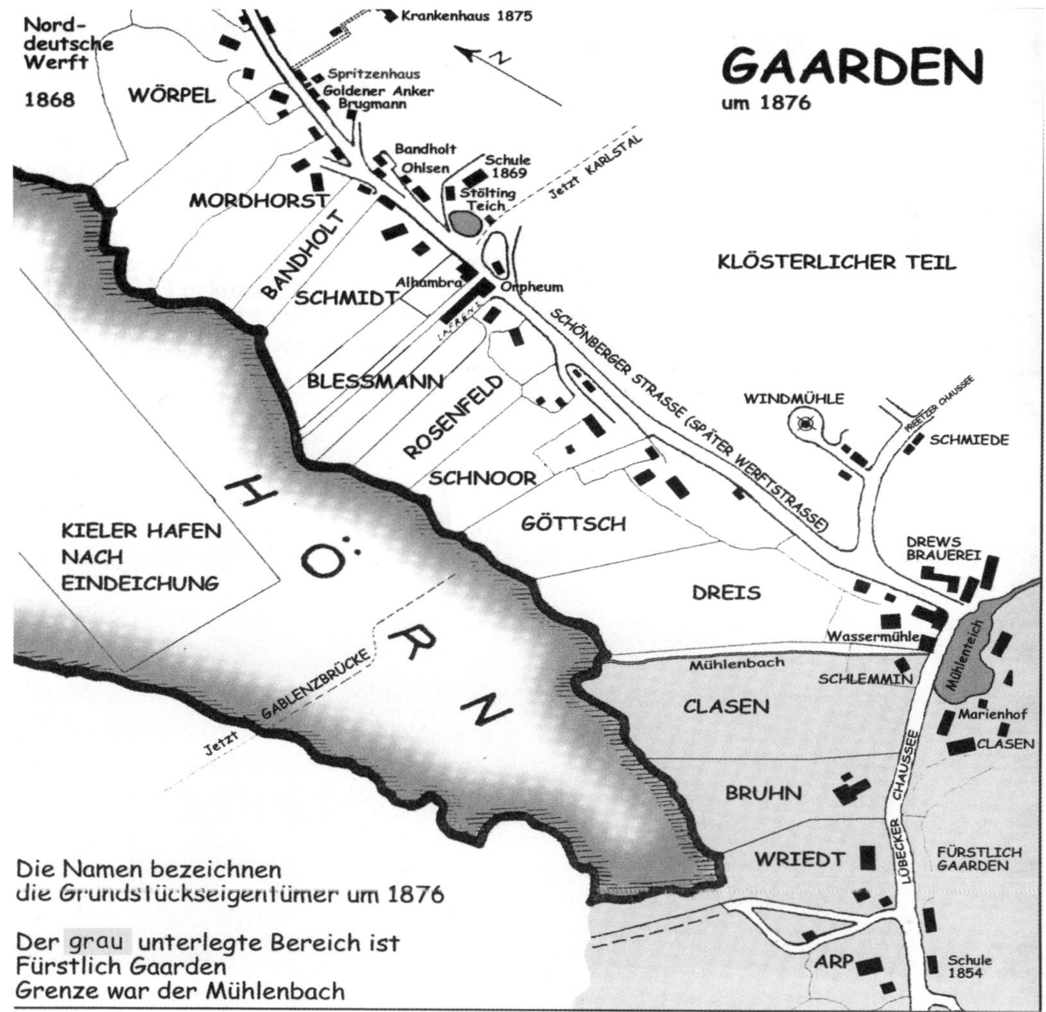

Stadtplan Gaarden aus dem Stadtarchiv

Ursache allen Streites war. Der Rat von Kiel hatte dem Propst und anderen Edelleuten verwehrt, „Holz im Kieler Hafen einzuschiffen und auszuführen." Über die Rechtslage hat Jessien Untersuchungen angestellt, die hier angeführt werden sollen.
Nach der Schenkungsurkunde des Grafen Albert von 1222 ging die Klostergrenze von „Manhagen bis in das Wasser Kil" und dann von der Schwentine aus weiter. Jessien fragt nun, ob der östliche Strand oder die Tiefe des Kiels (der Strom) als Grenze anzusehen ist und antwortet wörtlich: „Man muss notwendig das letzte annehmen, weil erstens unsere Urkunde die Grenze in das Wasser Kil hineinführt, zweitens weil nicht erwiesen werden kann, dass Salzwasser um das Jahr 1200 kein Gemeingut der Anwohner ausgemacht habe, weil drittens die Befugnis der Ellerbeker, den Kieler Hafen in allen Richtungen zu befischen, sich auf alte Privilegien gründet und bis auf den heutigen Tag (1812) anerkannt wird, viertens weil im Jahre 1555 der Propst Breide Ranzow in einem Schreiben an den Kieler Amtmann Ove Ranzow die Kieler Förde geradezu des Klosters Grund nennt, wobei er sich auf königliche und fürstliche Privilegien beruft, während die Königin Sophie in ihrem Antwortschreiben seine Behauptung garnicht bestreitet, sondern nur die Kieler und die klösterliche Seite des Hafens unterscheidet, zwischen welchen die Mitte des Stromes liege. Diese Erklärung erhält endlich ihre volle Bestätigung durch ein königliches und herzogliches Urteil (Urk. 173 v. Jh. 1608), welches dem Kloster sein bisheriges Löschungsrecht für klösterliche Güter zu Ellerbek auch für die Zukunft sichert. Danach ist die Mitte des Stromes auf dem Kieler Hafen die vom Grafen Albert gesetzte und von Adolf bestätigte Grenze zwischen der Stadt Kiel und dem Kloster Preetz bis vor die Ausmündung der Swentine." (Nordalb. Studien Bd. 3 S. 227)

Diese verbrieften Rechte des Klosters auf der Gaardener Seite erhielten allerdings eine Änderung durch die am 9. August 1728 vom Herzog Karl Friedrich erlassene „Kielische Brückenordnung", deren 8. Paragraph „niemandem gestattet, wer es auch sei, in der Kieler Förde auf beiden Vorstranden Holz wegzuschaffen, bei zehn Thaler Strafe und Konfiskation des Schiffes und des Holzes." (Zeitschr. Schl.-Holst. Geschichte Bd. 31, S. 98) (und auf S. 103):
Ansprüche auf den Gaardener Vorstrand selber stellte die Stadt Kiel sogar schon, als mit Zustimmung des Klosters Preetz der Kieler Bürger Peter Hansen hierauf einen Neubau errichtete. Sie stellte die Behauptung auf, „dass damit auf ihren Strand hinausgerückt wäre." Der Streit wurde 1685 nur dadurch in Güte entschieden, dass jede Partei der anderen Zugeständnisse machte.

Der Gaardener Badestrand, der Dichter Klopstock und ein Badefloß

Unterhalb des „Wittenberges" in unmittelbarer Nähe der alten Gaststätte „Sandkrug" befand sich auch der schönste und beliebteste Badestrand. Noch lange Zeit, als auf der gegenüberliegenden Kieler Seite gewerbliche Anlagen und der Bau des ersten Bahnhofes 1845 längst den Strand haben verschwinden lassen, tummelte sich hier die Gaardener Jugend und mancher Besucher in Gottes freier Natur. Sogar der Dichter Friedrich Gottlieb Klopstock, welcher auch ein begeisterter Naturschwärmer war, hat hier gebadet. In einem Brief vom 8. August 1776 berichtet er seinen Freunden: „Wir sind 8 Tage dort gewesen. Weil ich in der großen Hitze, die wir hatten, ohne Baden die Freuden des Wiedersehens nur halb würde genießen können, haben wir manchen Tag zweimal, dem Kieler Jungfernstieg gegenüber an einer Stelle, wo sich die Küste erhebt, gebadet."

Klopstock gilt als Begründer der Erlebnisdichtung und des deutschen Irrationalismus und der Bewegung des Sturm und Drang. Als er 1803 als vielgelesener berühmter Dichter in Hamburg starb, wurde er unter großer Beteiligung der Hamburger Bürger auf dem Ohlsdorfer Friedhof beigesetzt. Heute wird Klopstock kaum noch in den Schulfächern berücksichtigt.
An der von Klopstock beschriebenen Gaardener Badestelle entstand aber die erste Badeanstalt Gaardens. Der Besitzer war K. Staak. Es versteht sich, dass der Grund noch reiner Sand war und das Wasser der Kieler Förde sich noch spiegelklar zeigte. Allerdings war damals so eine Badeanstalt noch sehr primitiv ausgestattet: „Ein paar Holzgestelle und ein bisschen Leinwand darüber war alles." (1865) Später sollte sich hier der schöne Garten und das Gebäude des Werftdirektors der kaiserlichen Werft befinden. Als Vorgänger dieser Badeanstalt ist ein Schiff mit flachem Dach anzusehen, das vor einer Wiese festgemacht hatte. Die Badeschiffe wurden recht oft besucht, wenn auch damals längst nicht so gerne gebadet wurde. Möglicherweise hat auch hier ein königlich-dänisches Militärschwimmfloß gelegen, das geht aus einem Verbot des königlichen Polizeiamtes zu Kiel hervor.

Zitat aus dem „Gaardener Tageblatt" – Ende Juni 1847:

» *Da bei der unterzeichneten Behörde die Anzeige gemacht ist, dass das Schwimmfloß der hiesigen Garnison wiederholten Verbots der Militärbehörde ungeachtet, häufig von Nichtmilitärs, ohne desfällig eingeholte Erlaubnis der Kommandantschaft, benutzt wird, so wird dies mit dem Bemerken, dass das Militärschwimmfloß durch die Inschrift „Königliches Militärschwimmfloß" kenntlich gemacht ist, für die Vermeidung einer den Umständen nach zu bestimmenden Geld-, Gefängnis- oder Leibesstrafe untersagt und haben die Bootsführer, welche zur Übertretung dieses Verbotes behülflich sind, eine gleiche Ahndung zu gewärtigen.* «

1860 Stahlstich

Die Hufner und Kätner

Aus dem Jahre 1828 sind die Namen der Hufner und eines Kätners im Staatsarchiv Abt. 11 Nr. 210 benannt:
Die zwei größten Vollhufner Marx Detlev Schlüter und Berend Diederich Einfeldt, dann J.C. Dreis, Johann Hinrich Schnoor, Klaus Rosenfeldt, Asmus Hinrich Schmidt, Jürgen Friedrich Schmidt, die Halbhufner Gabriel Stock und Hans-Joachim Wörpel, ein Kätner Johann Wollenberg (der Halbhufner Heuer vom „Sandkrug" wird nicht benannt).
Der Unterschied, ob jemand Voll- oder Halbhufner war, hatte im 17. und 18. Jahrhundert noch seine Bedeutung. Es war dem Hufner gestattet, mehr Vieh auf das gemeinsame Weideland zu treiben als dem halben Hufner, und der Letztere brauchte nur die Hälfte an Abgaben zu leisten. Doch die Eingruppierung in Voll- und Halbhufner war mit der Zeit ziemlich unklar geworden, und somit hatte das Kloster viel Streit wegen der unterschiedlichen Auslegung der Viehordnung zu schlichten. Mit dem Ende des 18. Jahrhunderts hatte dann auch die Feldgemeinschaft zu bestehen aufgehört. Eine Neuordnung legte den Besitz jedes Einzelnen fest und durch die 1802 angelegten Schuld- und Pfandprotokolle wurde die Größe der alten Hufe in Tonnen bestimmt. So entstanden jetzt je nach Tonnen-Gehalt die Voll-, Halb- und Viertelhufe. Eine Voll-Hufe hatte etwa 50–80 Tonnen, die Halb-Hufe etwa 25–40 Tonnen. (vgl. in „Die Heimat" Jg. 36 S. 324)
Dass die Hufenzahl noch immer vorhanden war, ist ebenfalls ein Verdienst des Klosters Preetz. Gingen im 17. und 18. Jahrhundert in Schleswig-Holstein viele Hufen durch das Vorgehen des Grundherrn verloren, so belastete das Kloster seine Siedler nur mit wenig Diensten und hat diese Dienste zum Teil schon früh in Dienstgeld umgewandelt. Dadurch konnte es sich seine Hufen erhalten.
Aber wo sind die Hopfengärten geblieben? – Nach 1576 wurden keine mehr erwähnt, so Reuter im Rentebuch S. 103 „Die Hopfenhöfe" – Zitat: „somit scheint in der 2. Hälfte des 16. Jahrhunderts der Hopfenbau in Kiel ein Ende gefunden zu haben." Somit ist anzunehmen, dass auch in Gaarden wieder reine Acker- und Weidewirtschaft eingesetzt hat.

Verbleib der Hufner und Kätner – ihre Namen und Hufen um 1880

Die Hufner und Kätner waren durch die bauliche Inanspruchnahme von Ländereien den größten Veränderungen unterworfen. Die Hufen schrumpften durch Landverkäufe um diese Zeit stark zusammen, wenn auch ihre Zahl erhalten blieb – bis auf die 1/4 Hufe des Gastwirts Heuer, die nach 1873 verschwand, waren die Hufner selber baulich tätig, oder sie veräußerten einen Teil ihres Besitzes an andere sehr geschäftstüchtige Unternehmer. Eine Aufstellung aus dem „Liegenschaftsbuch von Gaurden" des Kieler Katasteramts aus dem Jahre 1880 zeigt 7 Voll- und 1 Halb-Hufner, dazu 6 Katen mit und 3 ohne Land. Es sind zum größten Teil noch die Hufen mit, bekannten Namen andere sind bereits in der Hand der Erben oder Vormundschaften.

Die gleiche Anzahl von Hufen und Katen lässt sich auch noch 1899 nachweisen. Allen Neubauten wurde seitens des Klosters Preetz eine „Abgabepflicht" oder auch „Last" auferlegt unter dem Namen „Schutzgeld". Diese lief bis einschließlich 1878 und betrug pro Jahr für ein Wohnhaus 3,60 Mark, für ein Nebenhaus 2,40 Mark (bzw. 1,80 Mark) und für eine Werkstätte 1,20 Mark.
Durch das von König Wilhelm von Preußen am 3.1.1873 erlassene Gesetz zur Ablösung der Reallasten in der Provinz Schleswig-Holstein wurden alle Lasten, auch die der Hufner und Kätner, die als Eigentümer oder dem Kloster zu Reallasten verpflichtet waren, abgelöst und in Renten umgewandelt. Längst waren die Naturalabgaben durch Geldabgaben ersetzt worden, außer der jährlich zu liefernden fetten Gans pro Hufe und der Verpflichtung, dem Klosterprediger Umzugsfuhren zu leisten
Durch den „Ablösungsprozess" bekam jeder Landbesitzer im Jahre 1830 durch das Kloster ein mehr oder minder großes Ablösekapital ausgezahlt, womit die Ablösung vollzogen war.

Die Hufner

1.	Hufner	Christian Dreis Nachfolger	36 ha. Land
2.	Hufner	Christian Friedrich Göttsch	26,5 ha. Land
3.	Hufner	Johann Christian Schnoor	18,5 ha. Land
4.	Hufner	Claus Hinrich Rosenfeldts Erben	12 ha. Land
5.	Hufner	Hinrich Friedrich Rieper (1873 noch 1/4 Hufe des Henning Schütt)	26 ha. Land
6.	Hufner	Marx Detlev Schmidt	13 ha. Land
7.	Hufner	Claus Bendix Schmidts Erben	16 ha. Land
8.	Halb-Hufner	Jürgen Hinrich Wörpel	6,5 ha. Land

Ohne Freiland

1.	Kätner	H. Stölting
2.	Viertel-Kätner	J. F. Schmidt
3.	Viertel-Kätner	J. H. Wörpel

Die Kätner

1.	Halb-Kätner	G. H. A. Frahms Erben
2.	Halb-Kätner	Johann Bendix Schmidt
3.	Kätner	Claus Detlev Horn
4.	Kätnerin	Margarete Juliane Horn
5.	Halb-Kätner	Hans Hinrich Schurbohm
6.	Kätner	D. Bremer

Das schnelle Wachstum der Bevölkerung im Jahre 1880

Zahlen und Zitate aus den Akten
Nr. 8342 und 8403 – Kieler Stadtarchiv

In der Verwaltung und in politischer Hinsicht hatte eine starke Veränderung stattgefunden. Nach der Übernahme der Provinz durch Preußen wurden bei der Einführung der Landgemeinde-Ordnung vom 22. September 1867 aus dem Klosterhof Preetz ein Gutsbezirk und in dem übrigen ländlichen Gebiet 42 Landgemeinden gebildet. Die Landgemeinde Gaarden unterstand damit dem Kreis Plön, der nunmehr an der Mühlenau die Grenze mit dem Stadtkreis Kiel bildete.

Alle Verwaltung wurde durch die Gemeinde-Versammlung, an deren Spitze der Gemeindevorsteher stand, geregelt. Infolge des raschen Anwachsens der stimmberechtigten Bürger und häufiger Beschlussunfähigkeit durch ihr Ausbleiben auf den Versammlungen wurde „am 26. Mai 1873 für Gaarden, durch Veröffentlichung des Gemeindevorstehers H. Jansen anstelle der Gemeindeversammlung eine Vertretung derselben durch gewählte Gemeinde-Verordnete eingeführt. Diese Vertretung soll außer dem Gemeindevorsteher aus 9 Gemeinde-Verordneten bestehen." Sie wurde 1884 auf 12 Verordnete erweitert.

So erfreulich rasch die Entwicklung des Dorfes vonstatten ging, so rasch wuchsen auch die Sorgen der Gemeindevertretung an, weil die Steuerquellen nicht im gleichen Maße flossen, wie die Ausgaben bei einer Zunahme der Bevölkerung anwuchsen. Besonders die umfangreichen Arbeiten auf der kaiserlichen Werft hatten Tausende von Arbeitern herangezogen, von denen sich ein großer Teil in Gaarden niederließ, aber ihr Verdienst war so gering, dass sie nur zur niedrigsten Steuerstufe herangezogen werden konnten. Bei einer Erkrankung fielen sie mit ihren Familien der Gemeinde zur Last. Ihre große Kinderzahl machte den Bau neuer Schulen erforderlich. So entsprachen die Kommunal-Abgaben der Einwohnerschaft, die zu 9/10 aus Arbeitern bestand, nicht den Anforderungen, welche an die Gemeinde bzgl. der Schulen, der Armen- und Krankenverpflegung gestellt wurden. Zwar waren auch viele Beamte zugezogen, diese durften aber nicht, wie auch die ganzen Marine-Werftanlagen von der Grund- und Gebäudesteuer befreit waren, zu Steuer-Abgaben herangezogen werden. Sie bewohnten dazu große Wohnungen, wodurch der Gemeinde auch wieder die Mietsteuer verloren ging, hatten aber das Recht, sämtliche kommunalen Einrichtungen zu benutzen.

Die Norddeutsche Werft, die ganze Hoffnung und Hauptlebensquelle des Ortes, hatte sich schlecht entwickelt und nach 1875 nur noch mit Unterbilanz gearbeitet. „Durch Zusetzen von 400 000,– Mark beim Bau der Yacht ‚Hohenzollern' war die Lage dar Werft bedroht und die Direktion hat um Nachzahlung der Gelder gebeten". In einem Schreiben von 1877 an den Fürsten Bismarck bat der Gemeinde-Vorstand um die Erhaltung dieser Werft. Viele Arbeiter waren daher arbeitslos geworden oder ohne ständige Beschäftigung. Der Lohn der Beschäftigten betrug 2,50 bis 3,– Mark pro Tag. Obwohl seit 1872 bis 1875 ca. 200 neue Häuser gebaut worden sind, waren die Wohnungen knapp und ständig stiegen die Mieten.

Mehrjährige Missernten der Landleute wirkten sich aus auf eine allgemeine Geschäftsflaute. Viele der Geschäfte waren mit Kiel nicht konkurrenzfähig, „da diese Geschäftsinhaber größtenteils frühere oder noch

Einwohner (nur in Gaarden-Ost) Gesamt	8022
Davon Arbeiter und Handwerksgesellen	1950
Selbständige Handwerker, Kaufleute und Gewerbetreibende	206
Gast-, Schenk- und Speisewirte	37
Landbesitzer	13
Beschäftigtenzahl der kaiserlichen Werft	ca. 15 000–16 000
Beschäftigte der Norddeutschen Werft	150 (sollten 1881 auf 600–700 erweitert werden)

jetzige Arbeiter und Handwerker waren, die keine Kenntnis vom Handel mit Waren besaßen. Sie erhielten häufig schlechte Waren und wollten damit noch hohe Gewinne erzielen."

Zu den Betrieben, die ihren Umfang erhalten oder erweitern konnten, zählten die Landwirtschaften, die Bierbrauerei Drews & Co., der Bauunternehmer Steffen Sohst und das Unternehme Quoadt & Co. Hinzu kamen die 37 Gastwirtschaften. Durch die große Anzahl junger Leute gingen ihre Geschäfte gut und wurden allein durch die Anordnung geschmälert, dass nur alle vierzehn Tage Tanzmusik geboten werden durfte.

Die hohen Schulden der Gemeinde waren entstanden durch Ankauf von Land und dem Errichten von öffentlichen Bauten (Schulen, Spritzenhaus, Armen- und Krankenhaus, Regulierung und Pflasterung von Ortsstraßen), zu denen auch schnell noch weitere erforderlich wurden (Turnhalle, Kirche, usw.), alles Einrichtungen, die bei einer anwachsenden Einwohnerzahl erforderlich wurden. In vielen Anleihegesuchen an das Landratsamt in Plön, an die Regierung in Schleswig, bis hin zum Kaiser versuchte die Gemeinde Hilfe und Verständnis für ihre rapide Entwicklung zu finden, teils mit und teils ohne Erfolg. Die gering bleibende Steuerkraft ihrer Einwohner wurde bis zum Letzten ausgeschöpft, ohne die Bedürfnisse des öffentlichen Lebens durch einen ausgeglichenen Etat befriedigen zu können.

1909 Die Gemeindevertretung

Der Gemeinderat in den beiden Dörfern

Fürstlich Gaarden (Kreis Bordesholm)

- vor 1877 Jürgen Brammer, Kätner und Gärtner
- 1877–1890 Joh. Classen, Hofbesitzer, Ortsvorsteher
- 1890–1891 Wilhelm Oldenburg, früher Pächter auf Blockshagen, Ortsvorsteher. Er starb 1891 im Alter von 32 Jahren.
- 1892–1901 Joachim Arp, Kätner und Lohgerber, Gemeindevorsteher, er starb 1901.
- 1902–1910 Adolf Behrens, vorher Bürovorsteher in Bramstedt, Gemeindevorsteher, gestorben am 8. 3. 1956

Stellvertreter:

- 1880–1886 Asmus Bustorff, Kätner und Unternehmer
- 1836–1892 Joachim Arp, Kätner und Lohgerber
- 1892–1901 Heinrich Kähler, Tischler
- 1901–1910 Diedrich Mordhorst, Eichenhain

Klösterlich Gaarden (Kreis Plön)

- vor 1869 Carl Bentzen, Bauernvogt
- 1869 Aug.-Okt. Carl Bentzen, Ortsvorsteher
- 1869–1871 Kätner Christian Staacks, Ortsvorsteher, 1871–1872 Kätner Johann
- Hilbert, Ortsvorsteher
- 1872–1873 Kätner Heinrich Jansen, Gemeindevorsteher
- 1873–1883 Kätner und Gendarm a. D. Friedrich Dibbern, Gemeindevorsteher,
- (Dibbern starb 1883 im Amt)
- 1883–1895 Polizeikommissar Morosen, Gemeindevorsteher
- 1895–1897 Bürgermeister a. D. Albrecht aus Anklam, Gemeindevorsteher
- 1897–1901 Regierungsassessor Dr. Pickert, kommissarischer Gemeindevorsteher

Stellvertreter:

- 1869–1875 Hufner Marx Schmidt
- 1875–1881 Mühlenbesitzer W. Hennings
- 1881–1883 Polizeikommissar Momsen
- 1883–1894 Ingenieur W. H. Meyer
- 1894–1900 Malermeister Koppelgard
- 1900–1901 Räuchereibesitzer Ivens

2. Stellvertreter:
(nur in besonderen Fällen gewählt)

- 1883 Ingenieur W. H. Meyer
- 1897–1900 Räuchereibesitzer Ivens
- 1900–1901 Zimmermeister W. Banse

1905 Das Rathaus für Gaarden-Süd (Fürstlich Gaarden)

Zu Ehren von Asmus Bustorff, Diedrich Mordhorst und Dr. Pickert entstanden die Straßennamen Asmus-, Diedrich- und Pickertstraße, zur Erinnerung an Joachim Arp der Joachimsplatz an der Oldesloer Straße in Fürstlich Gaarden.

Ein Armen- und Krankenhaus sowie eine Cholera-Baracke wurden erforderlich

Der Zuzug so vieler Arbeiter mit ihren Familien machten den Bau eines Krankenhauses dringend erforderlich. Auf der 1875 angekauften Koppel „Gretchens-Wiesenkamp" des Hufners Göttsch wurde es für 75000 Mark gebaut – weithin sichtbar, mit dem Blick auf die Förde. Ein Verbindungsweg wurde von der Schulstraße aus geschaffen.
Mit der Übergabe des Geländes an die Firma Krupp im Jahre 1898 wurde das Haus aber mit verkauft und es wurde beschlossen, „den Erlös aus dem Verkauf des Krankenhauses dazu zu verwenden, die jetzige sog. „Cholera-Baracke" zu einem ordnungsmäßigen Armenhaus, das gleichzeitig zur Aufnahme der armen Kranken zu dienen hätte, auszubauen." (Stadtarchiv Akte Nr. 18247)

Ein solcher Barackenbau wurde erforderlich, als die aus Ostasien sich ausbreitende Cholera 1892 Hamburg erreichte und in allen Hafenstädten schärfste Abwehrmaßnahmen getroffen werden mussten. Ein möglichst, freiliegendes Baugrundstück wurde gefunden und dem Hufner Dreis abgekauft – an der Preetzer Chaussee hinter der Einmündung des Kirchenwegs.
Die Baracke wurde ca. 70 Meter von der Straße entfernt im Jahre 1893 errichtet. Es ist nicht bekannt, dass das Gebäude (dank der strengen Maßregeln) von wirklichen Cholera-Erkrankten in Benutzung genommen wurde. Alle öffentlichen Versammlungen, Lustbarkeiten und Tanzvergnügen wurden verboten, Rinnsteine der Straßen mussten dreimal wöchentlich rein und der Unrat auf Haufen gefegt, Straßen und Höfe desinfiziert werden. An Kosten waren der Gemeinde hierdurch rund 2200 Mark entstanden. Der geplante Umbau der Baracke zu einem Armen- und Krankenhaus war im September 1898 vollzogen. (Akte Nr. 18257 Stadtarchiv)

Der Bau einer Gemeinde-Turnhalle

Mehrfach war der Gedanke zum Bau einer Gemeinde-Turnhalle aufgegriffen worden. Für die Schulkinder war bisher kein Turnen bei schlechtem Wetter möglich. Die Turnvereine „Gut-Heil" und „Gaardener Männer Turnerbund" entbehrten ebenfalls eine größere Halle. Die Regierung hatte keine Mittel für einen Bau bewilligt (Ablehnung erfolgte am 21.3.1894), die Gemeindekasse war bekanntlich leer. So griff man zur Selbsthilfe. Es wurde ein Sammelfonds angelegt, woran sich auch die Vereine beteiligten. In der Zwischenzeit musste für die Schulkinder der Krankensaal der Cholera-Baracke als Turnhalle herhalten. Aber die Eltern führten laufend Klage wegen des weiten Weges bei mangelhafter Bekleidung, wegen der Erkältungsgefahr und des späten Nachhausekommens. Endlich konnte die Gemeinde im Jahre 1898 den Bau auf ihrer Gemeindekoppel neben dem Spritzenhaus beschließen und ausführen lassen. 1200 Mark waren aus gesammelten Geldern zusammengekommen – aber 14300 Mark für den Bau veranschlagt. Den Turnvereinen wurde die Mitbenutzung, der Halle gegen Erstattung der anteiligen Kosten für Beleuchtung und Reinigung gestattet. (Stadtarchiv Nr. 15523) Ein Jahr später konnte nebenan auch noch ein Turnplatz ausplaniert und mit einem hübschen Staketenzaun umgeben werden.

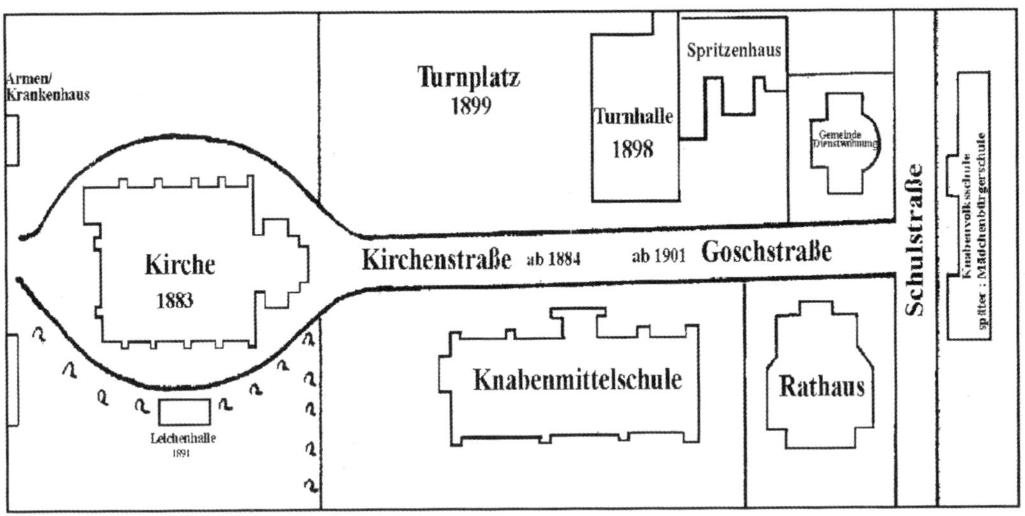

Gemeinde-Zentrum von Gaarden-Ost – bis 1943

Elektrizitätswerk Gaarden-Süd

Die Energie- und Wasserversorgung im alten Gaarden

Das mit Kohlen befeuerte Dampfkraftwerk der Baltischen Aktiengesellschaft versorgte seit 1897 Gaarden-Süd mit 110 Volt Gleichstrom. Das Kraftwerk und seine Werkstätten lagen an der Lübecker Chaussee 69, direkt neben dem Gelände des Wasserwerkes Gaarden. Ein Vertrag von 1896 sicherte der Baltischen AG das ausschließliche Recht zur Stromlieferung in Gaarden-Süd für Licht, Kraft und chemische Zwecke. Die Laufzeit war bis 1929 festgelegt. Das Netz bestand meist aus Freileitungen. 1910 wurde es um das Versorgungsgebiet Gaarden-Ost erweitert. Mit der Eingemeindung von Gaarden-Süd übernahmen 1910 die Kieler Stadtwerke das Kraftwerk. 1919 wurde der Stadtteil Gaarden-Süd an das Drehstromnetz der Stadtwerke angeschlossen und das alte Kraftwerk stillgelegt.

Die Beleuchtung:

Gas zum Zwecke der Beleuchtung ist schon aus dem 17. Jahrhundert bekannt. 1681 wird dem deutschen Professor Dr. Becker in London seine Erfindung, bei der Erwärmung von Steinkohle, Teer und brennbares Gas zu gewinnen, patentiert.

Die Stadt Kiel nimmt im Jahr 1856 die „Gaserleuchtungs-Anstalt", ihre erste Gasbeleuchtungsanlage, an der Fleethörn in Betrieb. In Gaarden wurden 1880 die ersten Gaslaternen betrieben. Die ersten Gaardener Gaslaternen leuchteten 1880 in der Kaiserstraße und in der Preetzer Chaussee. Gas kam aus der Gasanstalt, die 1879 zwischen Gaarden und Ellerbek an der Ernestinenstraße (siehe Karte) gebaut wurde.

Ein sogenannter Feldhüter ging am Abend durch die Straßen und zündete die Lampen an, um sie dann am Morgen wieder „von Hand" zu löschen. Um die Jahrhundertwende gab es schon 155 Laternen in Gaarden.

Die Versorgung mit Trinkwasser:

Gaarden hatte ursprünglich ausreichend Brunnen mit ausgezeichnetem Wasser. Das änderte sich, als mit dem Bau der Werftanlagen ganze Berge abgetragen wurden und tiefe Ausschachtungen den natürlichen Grundwasserspiegel zerstörten. Die Brunnen versiegten. In Gaarden herrschte Wassermangel. Sogar die Feuerwehr hatte nicht mehr genügend Löschwasser. Noch 1897 hatte man das Angebot der Baltischen Elektrizitätsgesellschaft für einen Wasserleitungsanschluss abgelehnt.

Nach dramatischer Verschlechterung der Wasserversorgung bemühte sich Gaarden um einen Anschluss an das Kieler Wassernetz. Im Dezember 1899 kam es zum Vertrag und die Verlegung des Rohrnetzes konnte beginnen.

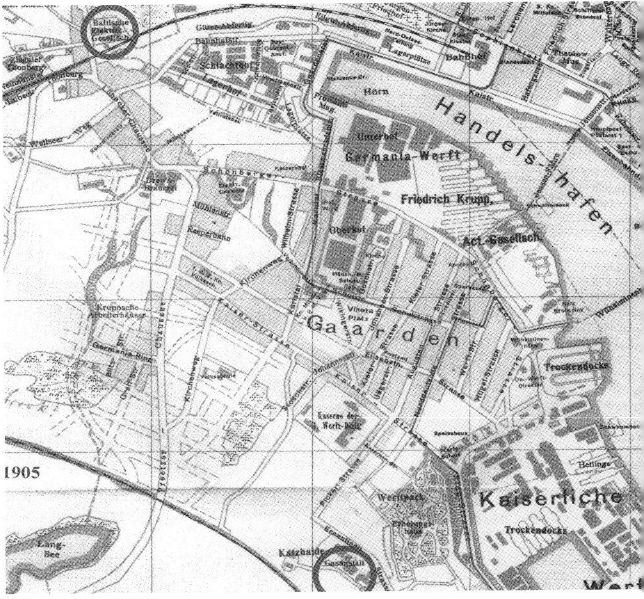

Standorte Wasserwerk und Elektrizitätswerk

Dann wurde 1880 auch noch der Bau einer eigenen Gaardener Kirche in Angriff genommen.

Wasserwerk Gaarden

Vom Bauerndorf zum Werftarbeiter-Stadtteil

Mit der Anlage der Norddeutschen Werft (im Jahre 1867) sowie der Königlichen und später Kaiserlichen Werft (1868) begann für Gaarden eine Zeit des Aufstiegs.
1871 wurde Kiel Kriegshafen des Deutschen Reiches. Die Bevölkerungsziffer wuchs unerwartet rasch. Zählte man im klösterlichen Gaarden 1865 erst etwa 400 Einwohner, so war diese Zahl 1880 bereits auf über 8000 gestiegen. Eine rege, aber nicht planmäßige Bautätigkeit setzte ein. Es entstanden neue Straßenzüge, die wegen ihrer großen Steigung mit Fuhrwerken schwer passierbar waren, so die Kieler-, die Augusten-, die Norddeutsche-Straße, der Sandkrug (früher Werftstraße) und die Hügelstraße (vor der Eingemeindung Wilhelminenstraße).
Die rapide Zunahme der Bevölkerung begann mit der Anlage der Kaiserlichen Werft.

Folgende Übersicht zeigt das Anwachsen der Bevölkerung:

Jahr	Einwohner	Zunahme
1875	4838	0
1880	8022	3184
1885	9243	1221
1890	10457	1214
1895	11441	984
1900	13847	2406
01.01.1905	19517	5670
31.12.1905	22474	2957
01.08.1908	28025	5551

ca. 1911 Ausschnitt aus einer Postkarte

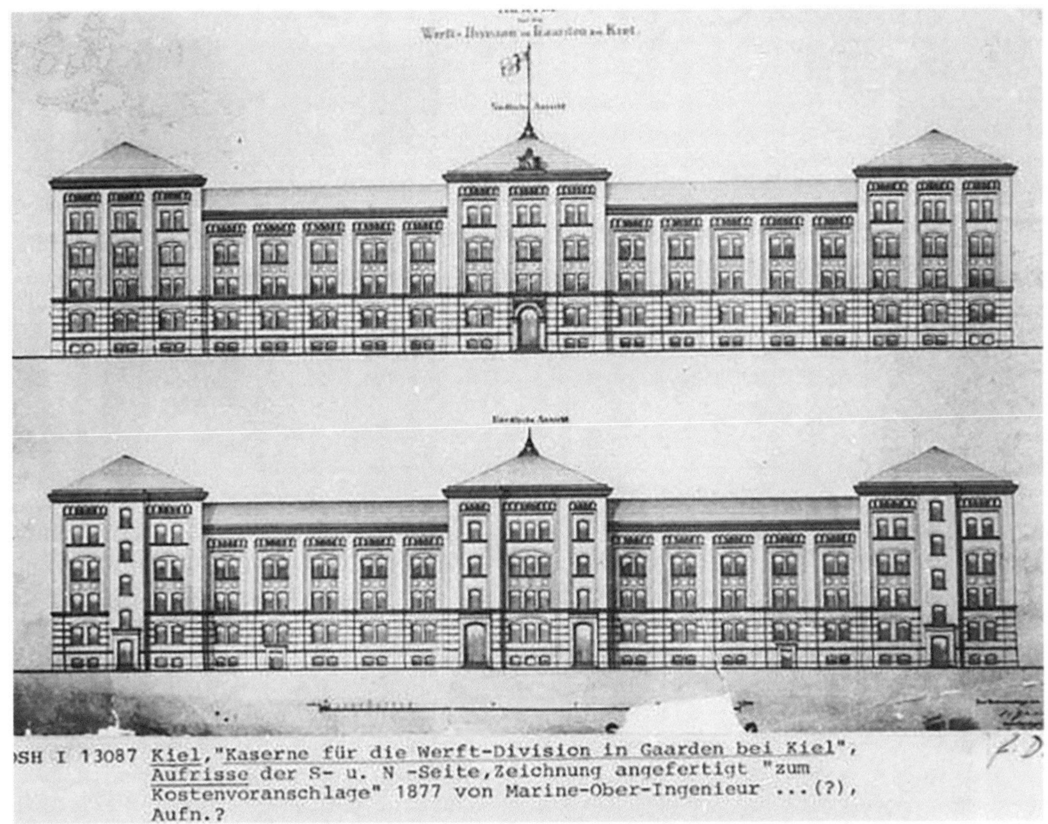

1877 Bauplan Pickertkaserne

1870 wurde auch das Karlstal, eine sumpfige Niederung, in Baugelände umgewandelt. Franz Bleßmann war ein Ziegeleibesitzer und Straßenbau-Unternehmer, nach ihm wurde die Straße Bleßmannsdamm benannt und als eine neue Straße von ihm gelegt wurde, hat er diese nach seinem Sohn Karl benannt – Karlstal.

Es entstanden ferner das zweistöckige Schwedenhaus am Tor der Norddeutschen Werft, die lang gestreckten Arbeiter-Wohnhäuser an der Kieler Straße, das Preußenhaus an der Preetzer Chaussee, ein größeres Wohnhaus an der Kaiserstraße, etwa dort, wo heute die Helmholtzstraße einmündet und der Pferdestall am Bleßmannsdamm No. 4.

Der Pferdestall wurde von dem damaligen Eigentümer, dem Wirt des „Orpheum", Christian Lafrentz 1880/81 als Wohnhaus für zwölf Familien umgebaut. Das waren die ersten Mietskasernen – Wohnungen ohne Komfort für arme Leute!

Es entsteht ein neuer Stand – die Werftarbeiter. Neben der seit 1738 bestehenden Alten Gaardener Gilde gründeten sich neue Vereine:

- 1870 der „Gaardener Verein",
- 1873 die Liedertafel „Mozart", der „Schiffbauer Liederkranz", die „Gaardener Liedertafel" und
- 1875 der „Gaardener Männer Turnerbund".
- Ebenso 1875 konnte das Kranken- und Armenhaus an der Goschstraße eingerichtet

werden. (Hier eröffnete 1882 der Kieler Chirurg Dr. Neuber seine Praxis).

- 1877 entstand die Kaserne der I. Kaiserlichen Werftdivision, später Seebatallion.
- 1883 erfolgte der Bau der St. Johannes-Kirche,
- 1884 weihte man das Rathaus in Klösterlich Gaarden an der Goschstraße ein.
- 1890–92: Der Kaiserlichen Werft sind zahlreiche soziale Einrichtungen zu verdanken. So entstanden Verkaufsstellen, eine Kinder-Warteschule an der unteren Kaiserstraße und außerdem eine Speise- und eine Badeanstalt.

In diese Zeit fällt auch die vorbildliche Anlage des Werft-Erholungsparks – wo 1898 das schöne Erholungshaus eingerichtet wurde. Ferner entstand ein kleiner Tierpark mit „Bärenzwinger" und ein Musikpavillon. Hier konzertierte im Sommer einmal wöchentlich die 40 Mann starke Werftkapelle. Ihr gehörten viele ehemalige Militärmusiker an.

Die Post im Klösterlichen Gaarden befand sich noch 1885 im Wohnhaus des Hufners Mordhorst an der Schönberger Straße, später in einem Eckhaus an der Schul- und Augustenstraße. 1895 wurde die Post dann in größere Räume in das Haus Augustenstraße Nr. 36 verlegt.

Firma Rudolf Prey am Blessmanndamm

1901 wurde das Postgebäude am Karlstal errichtet.

Die erste Apotheke in Gaarden war im Hause Werftstraße 155 (früher Schönberger Straße) untergebracht.

Die neue Apotheke wurde 1901 am Karlstal Ecke Verbindungsstraße, erbaut.

1876 wurde die Hörn eingedeicht – es entstand das Schlachthofgelände. Die Mühlenau mündete von da an beim Marine-Proviantamt am Ende der Hörn. Daneben lag in Richtung Fähren ein Marine-Kohlenlager, dann folgte die alte Gaardener Gasanstalt, anschließend ein Marine-Tonnenlager, ein kurzer Badestrand, die Schiffswert von Ihms, ein Bootshaus des Kieler Ruderklubs „Germania", die kleine Bootswerft von Diekmann und dann der Fährsteig zur Dampferbrücke.

Die schlechte Wirtschaftslage in den 1870er-Jahren zwang dieses Unternehmen zum Konkurs. Durch die Initiative der Kieler Firma Wilhelm Ahlmann wurde es jedoch möglich, den Werftbetrieb fortzusetzen; es entstand dann 1882 die Schiffs- und Maschinenbau A. G. Germania. Der Maschinenbau dieser Werft wurde in Berlin-Tegel betrieben. Die Schiffs- und Maschinenbau A. G. Germania wurde 1896 von der Firma Friedrich Krupp, Essen, übernommen und später angekauft.

Neben den beiden großen Werften siedelten sich in Gaarden mehrere größere und kleinere Industrien und Unternehmungen an.

So lagen am Gaardener Ufer der Hörn außer einer kleinen Glashütte, die allerdings 1870 nicht mehr bestand, die kleinen Werften von Ihms und Dieckmann. Am Bleßmannsdamm befand sich dann die Schlosserei, Schmiede und Dreherei von Prey – im Bild unten – (Vorläufer der heutigen Firma Rudolf Prey in der heutigen Rendsburger Landstraße.)

Die Eingemeindungs-Verhandlungen

Wie verhielt sich nun die Nachbarstadt Kiel zu dem rapiden Aufschwung? Kiel gab sich gerne als Besitzer des gesamten Hafenbeckens einschließlich des beiderseitigen Vorstrandes aus. Da Gaarden vorher kaum oder gar nicht von dem Vorstrande durch Verlade- oder Löschanlagen oder sogar durch Fischereibetrieb (der in Gaarden überhaupt nicht vorhanden war!) Gebrauch machte, war das Verhältnis ungetrübt. Das sollte sich mit der Anlage der Werften und der Zuschüttung des 500 m langen Teils des Binnenhafens sehr rasch ändern. Denn es kam bei den Verhandlungen im Jahre 1870 die neue Grenzregelung zur Sprache, die durch die Verlängerung des Vollrathsbaches durch das zugeschüttete Gebiet und der Einmündung des Mühlenbaches entstanden war. Die Stadt Kiel forderte die Einbehaltung des Gebietes, das durch die Aufschüttung entstand, also somit die gesamte östliche Seite des Kieler Hafenbeckens einschließlich der Werftanlagen. Für Gaarden war es selbstverständlich, hiergegen Einspruch zu erheben, und der Gemeindevorsteher Dibbern erklärte, dass auf dieser Strecke die Gemeinde mit ihrem Gebiet früher unmittelbar am Wasser gelegen habe und dabei in hohem Grade

1895 Stahlstich

interessiert sei, dass dieses auch in Zukunft verbleibe, sowohl um mit den von ihnen beabsichtigten Straßenanlagen das Ufer zu erreichen, als auch im Interesse der künftigen Entwicklung der ganzen Ortschaft.
Noch eindrucksvoller äußerte sich der Klostervorstand, wenn er schreibt: „Die gegenteilige Anschauung des Kieler Magistrats beruht immer auf der dem Kieler nun einmal in Fleisch und Blut übergegangenen Auffassung, dass der Hafen Kieler Eigentum sei. Es darf ferner nicht unbeachtet bleiben, dass zwar in Zukunft eine Vereinigung der Stadt Kiel mit Gaarden stattfinden kann, und es nicht richtig sein dürfte, Einrichtungen zu treffen, die eine selche Vereinigung erschweren. Aber ebenso richtig ist es, dass man Licht und Wind gleichmäßig verteilen muss. Wenn der Stadt Kiel die ganze Aufschüttung zugestanden würde, so würde sie eben die Hinterlieger ganz in der Tasche haben und ihnen die Bedingungen einer Vereinigung diktieren, falls sie nicht etwa – und das wäre durchaus möglich – durch den Erwerb des ihr vielleicht durch Konkurrenz gefährlichen Uferstriches sich ein für alle Mal befriedigt erkläre und auf den Erwerb der nur Kosten verursachenden Landgemeinde verzichten sollte." (Klosterarchiv 23.4.1881)
Die Gemeindevertretung fasste daraufhin den Beschluss, „dass die östliche Uferlinie des Kieler Hafens von der Grenze gegen die Gemeinde Ellerbek bis zur Einmündung des Mühlenbaches in den Hafen und von da an der Mühlenbachgraben als Grenze der Gemeinde Gaarden/Kreis Plön, anerkannt werde." (Klosterarchiv 30.4.1882)
Da der Kieler Magistrat auf seiner Ansicht beharrte, wurde eine Entscheidung der Regierung in Schleswig eingeholt, welche die Kieler Vorschläge nicht genehmigte. So mussten die Stadtkollegien sich am 6. Juli 1883 mit dem Gaardener Gemeindebeschluss einverstanden erklären.
Dieses gespannte Verhältnis zwischen Kiel und Gaarden hatte den Gemeindevorsteher Dibbern bereits 1879 veranlasst, eine Anfrage des Landrates über seine Meinung zu einer Eingemeindung mit Kiel im „ablehnenden Sinne" zu beantworten. „Gaarden würde neben der Brunswik, Aschenbrödel Nr. 2 werden, da es keine Verkehrsverbesserung, keine höhere Schule, keine Einrichtung eines Marktes, keine Lösch- und Ladestelle und auch keine Verschönerung des Ortes" erwarten könne, sondern es würde nur eine „Ablagestelle für die Arbeiterschaft" werden. (Stadtarchiv 8484)
Eine neu eingeführte Haus- und Mietssteuer sollte eine Verbesserung der finanziellen Lage bringen und durch die Selbstverwaltung auch eine Verbesserung des Allgemeinwohls. Hatte der Gaardener Arbeiter bisher 7,80 Mark Kirchensteuer anstatt 9,00 Mark wie sein Kieler Kollege bezahlt, so kamen jetzt noch 5 Mark Mietsteuer hinzu und der Gaardener Hausbesitzer zahlte 7,00 Mark Steuern mehr als der Kieler, nämlich 70,00 statt 63,00 Mark.

Kiel-Gaarden seit 1901

Aber auch die Kieler Kollegien lehnen eine Frage der königlichen Regierung bezüglich der Eingemeindung ab und sprechen sich „gegen die Vereinigung Gaardens mit Kiel aus. (Kieler Chronik v. 29.1.1886).
Erst in den 90er-Jahren wird es den Kielern und dem preußischen Staat klar, was sich für ein bedeutendes Gemeinwesen durch die Werft aus dem anfänglich kleinen, rein ländlich geprägten Dorf entwickelt hatte. Wenn es auch immerhin erst die 10 000er-Grenze überschritten hatte und noch sehr lückenhaft bebaut war – der Vineta-Platz und alles

Gelände südlich davon bestand noch aus Wiese, Feld und Gärten – so hatte es doch immerhin schon ein gut entwickeltes Schulwesen, eine eigene Kirche, ein Rathaus und war besonders unter dem Gemeindevorsteher Assessor Pichert im Straßenbau fortschrittlich und durch den Einbau einer Kanalisation, was Kiel bisher nicht aufzuweisen hatte, der Stadt weit voraus.

Das Defizit war mit nahe einer Million recht erheblich, sodass diese Schulden erneute Investitionen zu tätigen behinderten. Dagegen waren aber Forderungen an den Staat sehr groß: Er sollte 15 Jahre lang sich mit 50000 Mark an der Einverleibung beteiligen. Auf der anderen Seite aber deuteten der ständig sich vergrößernde Werftbetrieb, der Zuzug weiterer Menschen sowie ein großartiger Bebauungsplan bis an die Gärten zur Schönberger Bahn (sie wurde 1897 in Betrieb genommen) auf die Aussicht einer fortschreitenden Entwicklung hin. Unter den umsichtigen Bemühungen Pickerts lag um die Jahrhundertwende die grundsätzliche Einigung der Gemeinden Kiel und Gaarden über die Eingemeindung vor.

Die Eingemeindung konnte am 1.4.1901 vollzogen werden, und damit waren die weiteren Geschicke dieses jüngsten Stadtteils in die Hände der großen städtischen Gemeinde gelegt.

1900 Panorama aus „Die Gartenlaube"

Ein Dorf wird zerschnitten

Die Feldmark des Fürstlichen Gaarden grenzte an Klösterlich Gaarden, Wellsee, Moorsee, Vieburg, Hassee, Kiel und das Wasser der Förde. Diese sehr große Fläche stellt sich heute nicht mehr einheitlich dar, denn viele Verkehrsadern verlaufen durch das Gebiet, um die Kieler Innenstadt mit dem Umland zu verbinden.
Der erste Einschnitt erfolgte im Jahre 1844 durch den Bau der Eisenbahn von Kiel nach Altona. Bereits im Jahre 1832 – also drei Jahre vor Eröffnung der ersten Eisenbahnstrecke auf deutschem Boden – gab es Anregungen, Kiel mit Altona durch einen Schienenstrang zu verbinden. Dieses Projekt stieß jedoch zunächst auf Ablehnung, da man befürchtete, dass die Städte Lübeck und Hamburg davon profitieren könnten, was unter allen Umständen vermieden werden sollte – Konkurrenzdenken zwischen Städten und Regionen gab es also auch schon damals. So kam es erst im Januar 1841 zur Zeichnung von Aktien für die Bahnlinie. Doch auch damit war das Projekt noch nicht gesichert, denn es gab parallele Bestrebungen, Kiel und Glückstadt mit einer Bahntrasse zu verbinden. Erst nach langen Verhandlungen und Eingriffen der dänischen Regierung kam es zur Einigung, die eine Änderung des Streckenverlaufes umfasste. Die Linie von Kiel nach Altona sollte nicht mehr über Bramstedt, sondern über Elmshorn geführt werden, um der Glückstädter Bahn eine bessere Möglichkeit zum Einfädeln in die Hauptlinie zu bieten. So entstand der etwas kuriose Trassenverlauf von Kiel nach Altona, der noch heute vorhanden ist.

ca. 1850 „Hanomag" Lokomotive

Beim Bau der Strecke, der im Jahre 1843 begann, waren bis zu 5000 Arbeiter beschäftigt. 333 Brücken und Durchlässe waren zu erstellen. Zwischen Kiel und Einfeld gab es wegen der Hügellandschaft und der sumpfigen Wiesen bei Meimersdorf die größten bautechnischen Probleme. Am 18. September 1844 konnte die neue Bahnlinie dennoch feierlich eingeweiht werden. Zu Ehren des dänischen Königs, der an diesem Tage Geburtstag hatte, wurde die Bahn auf den Namen „König Christian VIII. Ostseebahn" getauft. Zunächst endete die Fahrt in Kiel auf einem provisorischen Bahnhof, der in Höhe der Marthastraße lag – also noch vor der heutigen Gablenzbrücke.

Erst später wurde der Bahnhof „an der Klinke" etwa in Höhe der Schrevenbrücke gebaut, der aber wegen des zunehmenden Eisenbahnverkehrs auf immer mehr Strecken 50 Jahre später nicht mehr den Anforderungen genügte. Vorschläge für einen neuen Bahnhof, die von einer nur geringen Verlegung in etwa auf die Höhe des heutigen Stresemannplatzes über eine weite Verschiebung an den Schreventeich bis hin zu einem Durchgangsbahnhof in Höhe des damaligen Schlachthofes reichten, wurden diskutiert. Für die einzelnen Pläne wurden Unterschriften gesammelt – also schon im Kaiserreich ein Versuch, die öffentliche Meinung in die Willensbildung der Verwaltung einfließen zu lassen.

1845 Peters

Dieser Versuch hatte aber keinen Erfolg – Parallelen zu heute lassen sich durchaus ziehen –, denn die Stadtväter und die Eisenbahnverwaltung entschieden sich für den noch heute geltenden Standort, der damals „Lerchen-Ringstraßen-Projekt" genannt wurde. Der neue Bahnhof wurde am 31. Mai 1899 feierlich seiner Bestimmung übergeben.

Eine weitere Zerteilung Fürstlich Gaardens brachte der wachsende Autoverkehr mit sich, der einen Ausbau der Ein- und Ausfallstraßen erforderlich machte. Der Bau der Bundesstraße 404 und die spätere Einfädelung der damaligen Bundesstraße 4 am Vieburger Gehölz teilten zusätzlich zur Eisenbahn den Ortsteil durch ein immer stärkeres Verkehrsaufkommen. Die ebenerdige Überführung des Autoverkehrs über die Bahngleise im Zuge der Alten Lübecker Chaussee bei der alten Vereinsbäckerei genügte sehr bald nach dem Ende des Zweiten Weltkrieges nicht mehr den Anforderungen des stark zunehmenden Autoverkehrs. Lange Schlangen von Autos stauten sich bei geschlossenen Schranken bis hin zur Sörensenstraße und auf der anderen Seite bis zum Barkauer Kreisel. Das damals noch unterentwickelte Umwelt-Bewusstsein führte dazu, dass die Alte Lübecker Chaussee in den Verkehrsspitzenzeiten den Duft des Fortschritts annahm – das hieß damals den der Abgase. Außerdem wurden die Schranken als Trennung empfunden, sodass man sich von dem Bau der Friesenbrücke eine Minderung der Zerrissenheit Fürstlich Gaardens erhoffte. Verbunden mit dem Ausbau der Bundesstraße 76, die den Verkehr von der ungefähren Grenze zwischen Klösterlich und Fürstlich Gaarden – der Preetzer Straße – abzog, und der noch immer steigenden Fahrzeugdichte hat sich diese Hoffnung aber als Trugschluss erwiesen. Fürstlich Gaarden ist heute eher die Drehscheibe des Verkehrs im südlichen Kiel als ein Stadtteil.

1950 Kleinbahnhof

Der Bahnhof in Gaarden und die Eisenbahnlinien nach Schönberg und Bad Segeberg

Es war der Geburtstag des dänischen Königs Christian VIII., als am 18. September 1844 der erste Zug von Altona nach Kiel dampfte. Beide Städte wurden damals von Kopenhagen aus regiert. In Kiel gab es für die Reisenden nur einen provisorischen Bahnhof in Form einer Holzbaracke.

(Wie sich die Zeiten ändern?) Die wichtige Verkehrsanbindung endete außerhalb der Stadt, in der Gegend der heutigen Marthastraße. Der Bahndamm führte durch die Gaardener Salzwiesen, der Hörn entlang. Er wurde zwischen 1842 und 1844 gebaut und teilte Fürstlich Gaarden in zwei Teile.

Einen eigenen Bahnhof hatte Gaarden noch nicht.

Die Bahn war 1844 noch ein ganz neues Verkehrsmittel. 1830 fuhr der erste Zug von Liverpool nach Manchester.

Für die Probefahrten zwischen Altona und Kiel waren noch englische Lokomotiven im Einsatz. In Kiel und Umgebung wurde die Verbindung nach Altona kräftig gefeiert.

Unter Salutschüssen bekam die Bahn den Namen „König Christian VIII. Ostseebahn".

Noch vor 1880 wurden schon die Werften mit besonderen Industrie-Gleisen versorgt.

Die Probstei, gelegen zwischen dem Selenter See und der Kieler Förde, erinnert durch ihren Namen an die ausgedehnten Besitzungen des Klosters Preetz. Diese durch herrschaftliche Gutshöfe geprägte Gegend war schon von alters her das Versorgungsgebiet für die Stadt Kiel. In dieser Region existierten in den ersten Jahrzehnten des 18. Jahrhunderts wenige Hauptstraßen, die meist im Bogen unterhalb der Küstenlinie verliefen und das Seengebiet nicht erschlossen.

Was also lag da näher als die Probstei nach dem Erlass des preußischen Kleinbahngesetzes im Jahre 1892 durch den Bau einer kostengünstigen Bahnlinie schneller mit Kiel zu verbinden? So gründeten die Herren Baron von Heintze, Landrat des Kreises Bordesholm, der Kieler Stadtrat Starke, der Geheime Kommerzienrat Sartori aus Kiel, Baurat Frank der GmbH Lenz & Co., Stettin, und der Plöner Geheime Baurat Heydorn ein „Comite" mit dem Ziel, eine normalspurige Kleinbahn von Kiel aus in nordöstlicher Richtung durch die Probstei nach Schönberg in Holstein zu erbauen.

Der Bahnbau wurde von der GmbH Lenz & Co. kurzfristig in Angriff genommen und recht schnell vorangetrieben. Zum Einbau gelangten 10 Meter lange Schienen mit einer Masse von 24 kg je Meter auf zehn hölzernen Querschwellen in Sandbettung. Zwischenzeitlich schlossen die Königliche Eisenbahn-Direktion (KED) Altona und die Kleinbahn-Gesellschaft einen Vertrag über die Einführung der Kleinbahn in den Staatsbahnhof Kiel ab. Die Strecke Kiel Staatsbahnhof–Schönberg wurde am 7. Juli 1897 feierlich eröffnet. Auf allen Stationen begrüßte man den Eröffnungszug freudig. In Probsteierhagen zierte ein Spruchband den Bahnsteig mit der Aufschrift: „Wir liefern wenig Passagiere, doch Fische, Milch und Säugetiere!", womit die besondere Bedeutung des neuen Verkehrsmittels klar umrissen werden sollte.
In der ersten veröffentlichten Baurechnung beliefen sich die Ausführungskosten auf 1 100 000 Mio. Mark. Von dieser Summe hatten der Kreis Plön 200 000 Mark, die Stadt Kiel 133 000 Mark, der Landkreis Kiel 67 000 Mark sowie die GmbH Lenz & Co. 400 000 Mark in Form von Stammaktien und eine Hypothek von 300 000 Mark übernommen. Schon bald zeigte sich jedoch, dass die nebst Grunderwerb und Fahrzeugen auf 1 350 000 Mark geschätzten anschlagmäßigen Kosten nicht ausreichten. Letztendlich mussten für die komplette Kleinbahnanlage 1 484 676 Mark aufgewendet werden. Daraufhin stockte die Kleinbahn-Gesellschaft das Stammkapital im Jahre 1904 um 150 000 Mark auf.

Im Jahre 1908 teilte die KED Altona der Kleinbahn Kiel-Schönberg mit, dass der Kieler Staatsbahnhof grundlegend umgebaut werde und daher der Mitbenutzungsvertrag in absehbarer Zeit gekündigt werden müsse. Inzwischen hatte sich wiederum unter Federführung der GmbH Lenz & Co. ein Komitee konstituiert, das eine ebenfalls normalspurige Kleinbahn von Kiel in Richtung Segeberg plante. Da die Ausweisung der Kleinbahn Kiel–Schönberg aus dem Kieler Staatsbahnhof nicht mehr abzuwenden war, entschloss sich Letztere, mit der am 23. Juli 1911 gegründeten Kleinbahn-AG Kiel-Segeberg (K.S., später KSE) über den Bau und Betrieb eines gemeinsamen Kleinbahnhofs in der kielnahen Gemeinde Gaarden zu verhandeln.
Bis 1961 verkehrten noch Züge auf der Kleinbahnstrecke zwischen Kiel und Bad Segeberg. Selbst kleinste Siedlungen wie Schönböken, Depenau oder Klein-Barkau wurden von den Dampflokomotiven angefahren. Eine 49 Kilometer lange Strecke, die für die regionale Wirtschaft von großer Bedeutung war. Insgesamt 19 Haltestellen klapperte die Bimmelbahn seit 1911 zwischen den zwei Städten ab. Kein Wunder also, dass wer in Kiel um 8.15 Uhr einstieg, erst um 10.25 Uhr in Bad Segeberg ankam.
Ziegel und Tonwaren aus Stolpe gelangten auf diesem Weg nach Kiel, wie auch Vieh aus Ruhwinkel oder Kartoffeln aus dem Kreis

1948 Lokomotive der Segeberger Bahn

Segeberg. In manchen Kieler Stuben wurde es nach dem Krieg nur warm, weil die Kleinbahn Torf aus dem Tensfelder Moor an die Förde schaffte. Im Spitzenjahr 1956 wurden insgesamt rund 200 000 Tonnen Güter auf diesem Weg transportiert.
Aber auch für den Personenverkehr war die Strecke attraktiv. Allein 1949 stiegen 613 000 zahlende Passagiere in die Wagons ein.
Parallel zur Eisenbahn entstand in den 1950er- und 60er-Jahren die Bundesstraße 404, die später zur Autobahn A21 ausgebaut wurde. Damit begann der Abstieg zum Ausstieg für diese Kleinbahn. Immer mehr Güter gelangten über die Straße zum Bestimmungsort. Kohle ersetzte den Torf. Die Ziegelei in Stolpe wurde geschlossen.
Am 31. Dezember war endgültig Schluss. Die Strecke wurde danach sehr schnell demontiert. Vereinzelt sind Bahnhofsgebäude noch erhalten und in weiten Teilen ist der Bahndamm noch sichtbar.

1953 wurde der Dieselbetrieb mit von MaK beschafften Großraumdieseltriebwagen von der Schönberger Kleinbahnstrecke aufgenommen – ab 1954 wird auch wieder der Kieler Hauptbahnhof als Endstation angefahren. Zuvor endeten die Züge seit 1911 im gemeinsam mit der Kiel-Segeberger Eisenbahn genutzten Kleinbahnhof in Gaarden-Süd.
1963 wurde die Bahn von Kleinbahn Kiel-Schönberg AG umbenannt in Kiel-Schönberger Eisenbahn KSE (KSE war bis 1961 die Abkürzung für die Kiel-Segeberger Kleinbahn)

1950 Kleinbahnhof Dietrichstraße

1972 Abriss des Bahnhofs. Foto Magnussen Stadtarchiv

und 1966 in eine GmbH umgewandelt, an der die Deutsche Eisenbahn-Gesellschaft (DEG) keine Anteile mehr hielt. Der Betriebsführungsvertrag mit der DEG wurde allerdings noch einige Jahre fortgeführt. Kurz darauf wurden die Verwaltung und Betriebsleitung der KSE mit dem 1965 gegründeten Busunternehmen Verkehrsbetriebe Kreis Plön (VKP) zusammengelegt.
Der reguläre Personenverkehr endete am 31. Mai 1975. Das danach noch verbliebene werktäglich verkehrende Zugpaar mit Diesellok und Beiwagen verkehrte noch bis zum 16. Januar 1981. Danach wurde durch die VKP nur noch Güterverkehr zum Ostuferhafen durchgeführt.

Die nach dem Ersten Weltkrieg beginnende Inflation machte der Kleinbahn Kiel-Schönberg schwer zu schaffen. Zwischen 1919 und 1922 wurden die Marinegleise wieder abgebaut. Nur langsam erholte sich das Unternehmen von der wirtschaftlichen Talfahrt. Der nach 1933 beginnende wirtschaftliche Aufschwung gab Anlass zu Hoffnungen auf eine bessere Zukunft. Die Marinegleise entstanden 1939 neu, der Verkehr nahm ständig zu. Kriegsbedingte Verkehrsleistungen verlangten der Bahn das Letzte ab.
Und doch war es gerade das Militär, das die Kleinbahn Kiel-Schönberg fast zugrunde gehen ließ. In Kiel hatten im Zweiten Weltkrieg die Führer der Seestreitkräfte ihren Sitz.
Es nimmt daher kein Wunder, dass Kiel die erste Stadt außerhalb der Front war, die von britischen bzw. alliierten Bomberverbänden angegriffen wurde. Bereits am 14. und 15. Oktober 1940 wurden Anlagen und Fahrzeuge der Kleinbahn Kiel-Schönberg in Mitleidenschaft gezogen.

Mit zwei geliehenen Marinebahn-Diesellokomotiven wurde nach dem Zweiten Weltkrieg zwischen Schönberg und Oppendorf ein Behelfszugverkehr in Güterwagen aufgenommen. Doch lange dauerte dieser Betrieb nicht, denn die halbe Probstei wurde von den Engländern zum Kriegsgefangenen-Sammellager

(Sperrzone) erklärt. Niemand kam durch die Grenze, die kurz vor Passade verlief.
Von Kiel aus versuchte man, die Deutsche Reichsbahn für Kiestransporte zu bewegen, um die Bombentrichter verfüllen zu können. Dieses Vorhaben kam nur schwer in Gang, weil es an Kohlen mangelte. Auch machten die Besatzer Unterschiede zwischen Reichs- und Kleinbahn, so dass an verschiedene britische und deutsche Behörden Anträge auf Brennstoffzuteilung gestellt werden mussten. Alsdann wollten schottische Einheiten das Gebäude des Gemeinschaftsbahnhofs in Kiel beschlagnahmen, hier ihr Headquarter einrichten, den Bahnbetrieb unterbinden und sämtliche Bewohner in kürzester Zeit evakuieren. Nur mit größter Anstrengung allen diplomatischen Geschicks der Bahnverwaltung war es möglich, dieses Vorhaben abzuwenden. Die Besatzer richteten dann im Keller des Kleinbahngebäudes lediglich eine Schusterwerkstatt ein und deklarierten die Bahnhofswirtschaft zu ihrem Casino.
Auf Weisung der in Hamburg unter anderem von Lenz & Co. gegründeten Verkehrswesen West GmbH übernahm am 1. August 1945 die Deutsche Eisenbahn-Gesellschaft (DEGA) mit dem Sitz in Frankfurt am Main die Betriebsführung der Kleinbahn. Bis zum 3. September 1945 war die Strecke im Bereich Kiel, zu deren Instandsetzung fremde Arbeitskräfte herangezogen werden mussten, wieder behelfsmäßig so weit hergestellt, dass der Betrieb mit eigenen Fahrzeugen aufgenommen werden konnte. Trotz Kohlen- und Materialmangels wurde der sich entwickelnde Hamsterverkehr in und aus der Probstei bewältigt. Am 12. Juli 1947 feierte die Kleinbahn Kiel-Schönberg ihr 50-jähriges Jubiläum mit Erbsensuppe am Schönberger Strand!

1951 Ausgang am Kleinbahnhof. Foto Magnussen Stadtarchiv

1926 Gaardener Mühle am Ende der Mühlenstraße

Die Geschichte der Gaardener Mühlen

Es war zunächst nur eine kleine Wassermühle, die das Kloster selbst angelegt hatte. Der reichlich Wasser führende Mühlenbach bildete damals an der Biegung der alten Preetzer Chaussee – an der Stelle, wo er die Klösterlich-Gaardener Gemeindesgrenze verließ, einen kleinen Teich. (Heute noch heißt der Verbindungsweg an der Einmündung der Alten Lübecker Chaussee in die Sörensenstraße bis zur Bielenbergstraße „Mühlenteich" und erinnert an das einstige Vorhandensein des Teiches.) Sein Abfluss überquerte die Landstraße – trieb dann das Mühlenrad und von da aus führte der Mühlenbach in geradem und schnellem Lauf, hervorgerufen durch das abfallende Ufergelände, in die Hörn.

Im 15. Jahrhundert, zur Zeit der Priorin Anna v. Buchwald, warf die Mühle bereits 18 Mark Pacht ab. Die Mühle musste ziemlich verfallen gewesen sein, sodass der Betrieb stilllag und ein Neubau notwendig wurde, denn die Priorin schrieb in ihr Tagebuch: „Item lach unse Mole upem Garden 3 Jar wüste, welkere Mole gaf jarlikes 18 Mark Hure". (Urk. Sammlung S. 401)

Sie bereitete dem Kloster somit einen Verlust von 54 Mark (bei einem Gesamtwert des Dorfes von 700 Mark). Die Pacht wurde zweimal im Jahre, zu Ostern und zu Michaelis je zur Hälfte, vom Mühlenpächter bezahlt. Im Jahre 1580 war Joachim Walbom in Gaarden Pächter. Aus dem Jahre 1666 vom 6. September liegt ein Pachtvertrag vor, „wodurch der Convent dem Hans Wittmake nebst Frau und Kindern die Mühle in Garden für jährlich 3o Mark verhäuerte". Vorher hatten Hinrich Emke und Marx Wittmake die Mühle. „Das Holz zur Unterhaltung der Mühle wird dem Pächter aus der Ovendorfer (Oppendorfer) Hölzung angewiesen." (Urk. Sammlung Nr. 240)

Danach schien die Mühle in Erbpacht übergegangen zu sein, denn bis zum Jahre 1728 traten in den Preetzer Kloster-Akten nur die „Wittmarks" als Pächter auf.

Im Vertrag aus dem Jahre 1704 wurden Marx Wittmake und dessen Kinder zum Eigentümer des bei der Mühle gelegenen Hauses „bei richtiger Erlegung der vereinbarten Pension". Die veranlagte ‚Heuer' betrug nunmehr bereits 40 Mark. Der Pächter musste sich verpflichten, die Mühle in gutem Stand zu erhalten, wozu ihm das Holz aus der klösterlichen Holzung angewiesen wurde. Die Kosten der Unterhaltung hatte der Pächter zu tragen. Die benötigten Mühlensteine musste er sich aus eigenen Mitteln beschaffen. Nach seinem Tod wurde die Mühle jeweils an den Meistbietenden auf die Dauer von 10 Jahren verpachtet.

Hatte bisher der Mühlen-Pächter für ihre Instandhaltung allein zu sorgen, so bestimmte ein Edikt des Propstes Buchwald vom 28. Mai 1760: Zum Bau und Reparation des „itzigen" Mühlenhauses und des Steindammes am Mühlenteich werden die verschiedenen Hufner und Käthner aus den „by der Mühle zum Garden gehörigen Dorfschaften Elmschenhagen, Garden klösterlichen Anteils, Ellerbek, Rönne und Schlusbek angewiesen, Hand- und Spanndienste zu leisten." Hierzu war es gekommen, nachdem die Anlieger unter großer Aufregung die Hand- und Spanndienste verweigert hatten. In einem Schreiben an den Propst wurde erklärt, „dass es der Regel nach im ganzen Lande der Gebrauch, dass ein jeder Herr einer Mühle dieselbe, wenn sie verfallen ist, allein auf seine Kosten ohne Zutun der Mühlengäste wieder bauen müsse, und dass es sehr zur Laste sei, auf keiner anderen Mühle als zum Garden mahlen zu dürfen, weil wir zuweilen zwei bis drei Tage aufgehalten werden, ehe wir das Korn gemahlen wiederkriegen, und Ew. Exellenz werden gnädig geruhen, uns nie mehr mit der Anmutung der bei dem Bau der Mühle zum Gaarden zu leistenden Spann- und Handdienste weiter zu beschweren, sondern mit ‚fortanen' Diensten uns gänzlich zu verschonen." (Kloster-Akten „Gaardener Mühle" v. 1760)

Auf Grund eines Gerichtsbeschlusses und des oben genannten Edikts wurden sie dann doch 1761 angewiesen, die einmaligen Dienste auszuführen. Es ist interessant zu erfahren, dass im Pachtvertrag von 1761 mit dem Halbhufner ‚zum Gaarden' Hans Bendix Köhler betont wird, dass für den Müller kein eigentliches

1846 Lithografie

Wohnhaus vorhanden ist. „So muss der Häuers-Mann sich selbst seiner Bequemlichkeit nach mit einer Wohnung versehen."
In den „Kieler Neuesten Nachrichten" vom 26. Mai 1934 ist in einem nostalgischen Artikel „Das verschlungene Dorf" von W. Orthmann zu lesen (Zitat):

Nun sollte man annehmen, dass ein so vereinigtes Wasser- und Windmühlengewese in damaliger Zeit mit vorwiegend landwirtschaftlichem Gepräge einen gewaltigen Aufschwung nahm und seinem Pächter dazu reichlichen Gewinn abwarf. Aus den Klosterakten geht aber hervor, dass die

„Den Bewegungen, des mächtigen hölzernen Wasserrades habe ich oft zugesehen und bei geöffneter Eingangstür dem Geklapper der hölzernen Getriebe gelauscht. Das strohgedeckte alte Gebäude schmiegte sich so stark in den Grund, dass das obere Stockwerk, in dem ein wesentlicher Teil des Mühlenbetriebes sich abspielte, nur wenig über die vorüberführende Straße sich erhob. So war durch die geöffnete Tür der Einblick in den Mühlenbetrieb unmittelbar von der Straße aus zu erreichen. Durch die kleinen altnordischen, ganz von Mehlstaub getrübten Fenster war ein Hineinsehen nicht möglich. Den Wasserzufluss erhielt die Mühle aus dem ihr auf der anderen Seite der Straße gegenüberliegenden, leider oft stark verschlammten und von Wasserlinse ganz bedeckten Mühlenteich durch einen Kanal, der unter der Straße verlief."

Weil aber die Wassermühle nicht mehr den Bedürfnissen des Zwangsmahldistrikts, der noch durch den Besitzer des Gehöftes Kroog und der dazugehörigen Katen erweitert worden war, genügen konnte – entschloss sich das Kloster im Jahre 1825, ein Stück Land in Gaarden zu erwerben und darauf eine Mühle nebst Wohnhaus neu zu erbauen. Es handelte sich hierbei um ein 120 Quadrat-Ruten großes Stück Land von einer Koppel des Hufners Max Detlef Schlüter, gelegen an der heutigen Einmündung der Mühlenstraße in die Preetzer Chaussee. Als Kaufsumme wurden 80 ‚Bandthaler' Silbermünze oder 50 Mark vorm. „Courant" geboten. Außerdem verpflichteten sich die Käufer, „dem Verkäufer dasjenige Korn, was er in seiner Haushaltung brauchte, bis Michaelis 1847 unentgeltlich zu spitzen und zu beuteln". (Kloster Akte Nr. 116) Als Gesamtkapital wurde eine Summe von 3746 Courant aufgebracht. Pächter wurde der Müller Friedrich Sieck und nach dessen Tod 1833 sein Sohn.

Wassermühle weiterhin an Wassermangel litt, der sich im Sommer sehr oft bemerkbar machte, und „durch die genommene Richtung der Altona-Kieler Eisenbahnlinie (1813) war ein Bach abgeschnitten worden dessen Wasser bisher in den Mühlenteich geflossen, wodurch das Mühlenwasser ansehnlich verstärkt worden war." Außerdem trat durch die Neumühlener Mühle, zu der auch Kiel zwangspflichtig war, ein gefährlicher Konkurrent auf, sodass Sieck 1851 für 1800 Courant nicht mehr imstande war, sich zu halten, und die Gaardener Mühle wieder öffentlich zur Verpachtung kam. Diesmal war es der Müller Weinold selbst aus Neumühlen, ein „sehr wohlhabender Mann", der sie pachtete, „um sich die Concurrenz derselben für seine Neumühlener Mühlen abzuschneiden". Seine Pacht betrug 3675 C., aber er vernachlässigte das ganze Gewese, das er selber nicht bewohnte, sondern nur verwalten ließ, später für 2437 C. seinem Neffen Michelsen zur Ausbeutung übergab

1900

und somit jährlich 1237 C. zusetzte. Nachdem dieser nach der Pachtzeit seinen Vertrag nicht mehr erneuerte, wurde es immer schwieriger für das Kloster noch einen geeigneten Pächter zu finden, und es musste seine Pachtforderungen schließlich auf 1800 C. zurückschrauben.

Die Ursachen hierfür waren die Entstehungen neuer Mühlen in Wellingdorf und Klein-Flintbek, dessen Müller Mühlenwagen laufen ließen, die das Korn kostenfrei abholten und als Mehl wieder zurückbrachten – somit also noch billiger arbeiteten. Hinzu kam, die Ausstattung der Mühle zu Demühlen und der Graupen-Mühle zu Kiel mit einer neuen Konstruktion – der Dampfkraft. Ferner tat die Aufhebung des Mühlenzwanges noch ein Übriges. Da der Mühlenzwang sowieso nicht in einem guten Ruf stand, führte seine Aufhebung für die Gaardener Mühle zum Verlust sehr vieler Kunden.

Hierfür möge das Beispiel des Elmschenhagener Pastors Jessien dienen, der vom Jahre 1829 an die von seinem Vorgänger genossene Freiheit vom Mühlenzwang auch für seinen Haushalt ungehindert genutzt hatte, sein Korn nach Belieben auf jeder anderen Mühle mahlen zu lassen.
Er berief sich dabei auf die Tatsache, dass der Prediger vormals seit der urkundlichen Erwähnung der Gaardener Mühle in Klausdorf wohnte und die Oppendorfer der Nachfolger aber die Klausdorfer Mühle benutzte.
Er bat in seinem und aller Nachfolger Namen, „das hochadlige Kloster Preetz wolle geneigt sein, bei der bevorstehenden Verpachtung der Gaardener Mühle in den deshalbigen Bedingungen des hiesigen Predigers Befreiung vom dortigen Mühlenzwange ausdrücklich zu bemerken."

Das ständig sich verringernde Wasser des Mühlenbaches führte schließlich zur Still-

legung der Wassermühle (1885) und zwei Jahre später zum Verkauf des ganzen Mühlenteichgeländes. Es hatte inzwischen als Baugelände einen größeren Wert erhalten. Käufer war der Besitzer der Gaardener Bierbrauerei J. C. Dreis. Er musste sich verpflichten, „auf dem erkauften Grundstück keine Wassermühle mehr zu errichten."
Auch die Windmühle verlor Ihren Wert für das Kloster dadurch, dass eine zunehmende Bebauung Gaardens ihr häufig den Wind fortnahm. Sie wurde im Jahre 1892 für 17 000 Mark verkauft, und der Müller Thode hielt ihre Existenz durch die Einrichtung eines Bäckereibetriebes noch eine Reihe von Jahren aufrecht.
Um 1850 noch enthielt das gesamte Dorf Gaarden außer der genannten Wasser- und Windmühle ganz in der Nähe ein Wirtshaus mit Brennerei- und Braugerechtigkeit, 7 Vollhufen, 2 Halbhufen, 2 Katen mit und 8 Katen ohne Land (zus. 8 1/2 Pflüge), den „Sandkrug", daneben die „Andreashütte" (eine Glasfabrik), hierbei mehrere Katenstellen, auch noch zum Dorfe gehörend, 1 Schule, 1 Schmiede.
Der Flächenanteil des Dorfes betrug 409 Steuertonnen, die Volkszahl lt. Topographie v. Schröder und Biernatzki im Jahre 1855: 388.

1961 Wellingdorfer Mühle

Im „Gaardener Tageblatt v. 1898" zitiert Ellegard eine Beschwerdeschrift des Hufners J. C. Dreis an die klösterliche Obrigkeit aus dem Jahre 1349 über eine seiner Meinung nach im ungerechten Verhältnis stehende Einquartierung. Bisher war es üblich gewesen, dass sich beide Dörfer in die Quartiere der unterzubringenden Mannschaften und Pferde teilten. Nach Dreis' Ansicht war aber das klösterliche Gaarden dadurch übervorteilt, da jene Gemeinde „viel grösser und wohlhabender war als die hiesige. Jene hatte ca. 800–900 To. Land Areal, diese nur 409 To."

Das Kieler Amtshaus, an das die Beschwerde weitergereicht wurde, verteidigte, sich damit, dass die größere Hälfte des Landes (Anteil „fürstlich Gaarden") von schlechterer Qualität war, das des klösterlichen aber von guter. Weiter die Häuserzahl in beiden Dörfern ungefähr gleich, das klösterliche Gaarden enthielt 8 Hufen, das „fürstlich Gaarden" 9 Hufen. Wilhelminenhöhe (vormals Sandkrug), Diedrichsens Besitzung (die kleine Schiffswerft später Norddeutsche Werft) mit den dazu gehörigen kleinen Wohnhäusern und die Andersens (vormals Glasfabrik, dann Kalkbrennerei) könnten gleich 2 Hufen gerechneten werden. Somit erhalten wir auch wieder die ursprüngliche Zahl von 10 Hufen des alten Dorfes Hemminghestorp. (Aus dem Kieler Stadtarchiv Nr. 16971)

1867 Alte Lübecker Chaussee – Kehrwieder

Fürstlich Gaarden im 19. Jahrhundert

Auch im 19. Jahrhundert war die Unterteilung Gaardens in einen östlichen und einen westlichen Teil noch gegeben; der östliche war dem Kreis Plön eingegliedert, der westliche dem Amt Bordesholm. Das fürstliche (westliche) oder auch Kieler Gaarden umfasste die Höfe Vieburg und Marienlust, die Erbpachtstellen Petersburg und Krusenrott, die Holzvogtstelle zu Poppenbrügge sowie eine kleine Erbpachtstelle Lübschenbaum.
Der Hof Marienlust gehörte in der ersten Hälfte des 19. Jahrhunderts der Kieler Kaufmannsfamilie Diederichsen, die allerdings ihre Besitzungen in Gaarden ab der Mitte des Jahrhunderts nach und nach auflöste. Im September 1853 kaufte Friedrich Carl Classen, Sohn des ehemaligen Pächters Johann Classen auf der Oppendorfer Mühle, den Hof und besaß ihn bis 1895. Dieser hatte kein in sich geschlossenes Gebiet, sondern bestand zwischen Vieburger Gehölz, Langsee, Lübecker Chaussee und der Gemeinde Wellsee aus drei Hauptteilen. Deshalb ist die Bedeutung dieses Hofes wohl auch nicht so bekannt wie die der anderen. Der neue Besitzer kaufte noch die sog. „Salzwiese" hinzu, die von der Lübecker Chaussee, der Mühlenau, dem Vollrathsbach und der Bruhn'schen Gastwirtschaft begrenzt war, und versuchte, durch Landtausch sein Anwesen etwas zu arrondieren. Die einzelnen Koppeln lagen sehr verstreut und waren teilweise durch die Altonaer und die Lübecker Eisenbahnlinie vollkommen vom Hof abgetrennt. Das erschwerte die Bewirtschaftung auf den ohnehin nur leichten Sandböden, die nur geringe Erträge abwarfen.

Der Hof „Wried" in Gaarden Süd

Aus diesem Grunde wurde Mitte der 90er-Jahre des 19. Jahrhunderts mit dem Verkauf begonnen. Die Salzwiese übernahm die Stadt Kiel, an die Schönberger Bahn ging ein schmaler Landstreifen durch mehrere Koppeln und im Jahre 1900 wurde der noch fast 116 Hektar große Hof an die Kieler Kaufleute Bielenberg und Sörensen veräußert. Zwei Straßennamen erinnern auch heute noch an die Käufer. Eine Straße, die die beiden vorherigen verbindet – nämlich die Hofstraße – bezieht ihren Namen von dem „Hof" Marienlust. Dieser war der erste, der der aufblühenden, heranrückenden Großstadt weichen musste, denn seine Gebäude fielen der Spitzhacke zum Opfer und machten damit dem Bau von Wohnblocks Platz.

Das schlichte einstöckige Wohnhaus des Hofes Marienlust lag schräg gegenüber der Bruhn'schen Gastwirtschaft. Im Halbkreis um den Mühlenteich, der 1900 zugeschüttet wurde, schlossen sich die Wirtschaftsgebäude an.

Die Gastwirtschaft der Familie Bruhn lag nur wenige Schritte von der alten Wassermühle entfernt, die direkt auf der Grenze zum Klösterlichen Gaarden stand. Sie schmiegte sich derart in den Grund ein, dass das obere Geschoß nur geringfügig über die Schönberger Straße hinausragte, die hier in Richtung Alt-Ellerbek, Wellingdorf und Neumühlen abbog. Den notwendigen Wasserzufluss erhielt die Mühle durch einen Kanal unter der Straße aus dem Mühlenteich, der leider oft sehr stark verschmutzt und von der Wasserlinse („Entenflott") ganz bedeckt war. Die Drews'sche Brauerei, der dieser Teich gehörte, und der Gasthof Dreis rundeten die Bebauung um den Mühlenteich an der Landstraße nach Schönberg ab. Die Brauerei wurde ursprünglich 1877 von Hufner und Gastwirt Dreis errichtet und später von Hans und Charles Drews übernommen. Das dort gebraute tropenfeste Exportbier erlangte eine gewisse Berühmtheit.

Das kommunale Leben wurde maßgeblich durch die Hofbesitzer mitbestimmt. So war der Eigentümer des Hofes Marienlust von 1877 bis 1890 Ortsvorsteher des Fürstlichen Gaarden.

Der Hof „Marienlust“ bei Kiel und sein Ende

(Von Detlev Classen in den „Kieler Nachrichten“, im November 1938)

Den wenigsten Kielern ist bekannt, dass es außer den Höfen Vieburg und Petersburg in dem zum ehemaligen Landkreise Kiel gehörenden Gaarden bis zum Anfang dieses Jahrhunderts noch einen weiteren bedeutenden Hof gab, der laut Bestätigung des Glückstädter Obergerichts seit dem 24. April 1828 den Namen „Marienlust" trug.

Aber die ältere Geschichte des Hofes, der in früheren Zeiten stets als „privilegierte Hufe" bezeichnet wird, ist wenig bekannt. Die Privilegien des Freihofs wurden im Jahre 1640, als Conrad Hessen Besitzer war, von dem Gottorper Herzog Friedrich III. erteilt; späterhin sind mehrere derselben erloschen, weil sie in Vergessenheit geraten waren und eine Bestätigung nicht beantragt wurde. In der ersten Hälfte des 19. Jahrhunderts war die bekannte Kieler Kaufmannsfamilie Diederichsen auf dem Hofe ansässig, die ihre Besitzungen in Gaarden um 1850 nach und nach auflöste.

Die Hof-Ländereien, unter Ausschluss der „Stadtfeldkoppel", wurden am 1. September 1853 von Diederich Christian Diederichsen an Johannes Friedrich Carl Classen, Sohn des damaligen Pächters Johann Classen auf der Oppendorfer Mühle, verkauft, der den Hof bis zu seinem Tode am 16. Oktober 1895 besaß. Der Hof umfasse 1853 leider kein einheitliches Gebiet, sondern bestand, zwischen dem Vjeburger Gehölz und dem Langsee, der Lübecker Chaussee und der Gemeinde Wellsee gelegen, aus drei Hauptteilen: dem Stammhof (64 Tonnen), den Sieverskruger Ländereien (61 Tonnen) und den Friedrichsberger Ländereien (30 Tonnen). Außerdem kaufte der neue Besitzer noch die „Salzwiese" hinzu, die von der Lübecker Chaussee, der Mühlenau, dem Vollrathsbach und der Bruhn'schen Gastwirtschaft begrenzt war. Durch Landtausch mit seinen Nachbarn versuchte er sein Anwesen etwas zu arrondieren, auch wurde eine Scheune auf der Sieverskruger Halbhufe abgerissen und auf dem Stammhof neu errichtet.

In den Jahren 1864/66 waren Österreichische Offiziere auf dem Hof einquartiert.

Das schlichte einstöckige Wohnhaus, weiß getüncht und mit Pfannen gedeckt, lag an der alten Lübecker Chaussee, schräg gegenüber der Bruhn'schen Gastwirtschaft, und trug die Haus-Nummer 3. Hinter dem Gebäude schlossen sich im Halbkreis um den Mühlenteich, der selbst zur Drew'schen Brauerei gehörte und um 1900 zugeschüttet wurde, die Wirtschaftsgebäude an: Kuh- und Pferdestall (Platz für 70 Kühe und Pferde), Wagen-Remise, Meierei und drei Getreide-Scheunen. Diese Scheunen wurden in der Nacht vom 25. auf den 26. Oktober 1894 durch Brand zerstört, wobei der Feuerschein laut damaligen Berichten so hell und weit zu sehen war, wie bei keinem Brande in der Umgebung Kiels zuvor. Sämtliche Feuerwehren aus Kiel, Gaarden und den umliegenden Dorfgemeinden griffen ein, um gemeinsam mit dem herbeigeeilten Militär zu verhindern, dass die Flammen bei dem starken Westwind auf die Gaardener Brauerei übergriffen. An Stelle der drei vernichteten wurde eine neue große Scheune errichtet, der jedoch nur ein kurzfristiges Dasein beschieden sein sollte.

Der Stammhof umfasste außer einem großen wohlgepflegten Garten die Koppeln Heisch, Voßberg, Stubbenkoppel, Kronsburger Wiese und Weizenrott. Hieran schlossen sich die Sieverskruger Ländereien an mit den Koppeln auf dem Kuckucksberg, Kählerhorst, Seekamp am Langsee und das Schwarzland. Waren diese Koppeln schon vielfach durch die dazwischenliegenden Besitzungen der Gaardener Brauerei, der beiden Sieverskruger Gärtner sowie mehrerer Hufner und Kätner voneinander getrennt und teilweise von der Lübecker Bahn durchschnitten, so stellten die Friedrichsberger Ländereien mit den Koppeln Friedrichsberg, Großer Hofteich und Rade, die sich vom Barkauer Weg am Vieburger Gehölz bis zur Altonaer Eisenbahn erstreckten, einen vollkommen abgetrennten Teil des Hofes dar.

Die Bewirtschaftung des Hofes war durch die Zerrissenheit seines Gebietes sehr erschwert; außerdem brachte der leichte Sandboden nur geringe Erträge, sodass es Johannes Classen (seit 1883 auch Gemeindevorsteher von Dorf-Gaarden) trotz rastlosen Schaffens nur unter Aufnahme großer Hypotheken auf seine Liegenschaften möglich war, den Wirtschaftsbetrieb in den für die Landwirtschaft besonders schlechten 80er- und 90er-Jahren voll aufrechtzuerhalten.

Eine in seinen letzten Lebensjahren von seinem zweiten Sohn Friedrich, der bei ihm als Verwalter tätig war, gemeinsam mit Friedrich Jensen auf dem Hof errichtete Schweinemästerei brachte auch keine wirtschaftliche Besserung. Nach dem Tode seines Vaters nahm Friedrich Classen die Bewirtschaftung des Hofes im Namen der gesamten Familie in seine Hände, aber bereits am 7. Mai 1897 fand er durch einen Herzschlag auf der Federwiese am Rande des Kronsburger Geheges ein frühes Ende.

Der Hof wurde nunmehr von seinem älteren Bruder Johannes Heinrich Theodor Classen, Kaufmann in Kiel, übernommen, der ihn bald an seinen Onkel Detlev Sinjen verpachtete. Da sich jedoch eine Steigerung der Erträge trotz beträchtlicher Vermehrung des Viehbestandes nicht ermöglichen ließ – verschiedene Bohrungen nach Ton waren auch erfolglos – wurde zur Veräußerung des Hofes geschritten.

Bereits am 29. Mai 1896 war die Salzwiese an die Stadt Kiel verkauft worden, ein schmaler Landstrich durch mehrere Koppeln an die Schönberger Bahn folgte, und schließlich wurde am 1. April 1900 der noch fast 116 Hektar große Hof an die Kieler Kaufleute Bielenberg und Sörensen für dreihunderttausend Mark veräußert, wodurch sämtliche auf dem Hof lastenden Verbindlichkeiten erfüllt werden konnten. Die Auflassung erfolgte am 1. Juli 1900, die Gebäude fielen der Spitzhacke zum Opfer, der Hof wurde parzelliert und auf dem der Stadt am nächsten gelegenen Gebiet wurden Wohnblocks errichtet.

Straßen dieses Stadtteils, wie die Hofstraße oder auch die Hofteichstraße, erinnern bis heute daran, dass hier einst ein recht großer und ansehnlicher Hof bestanden hat. „Marienlust" war der erste der an Kiel grenzenden Höfe, der der aufblühenden Großstadt Platz machte.

1948 *Die alte ehemalige Sternbrauerei am Ende der Soerensenstraße*

Der Besitz des Gastwirts Dreis und die Festtage der Gaardener Gilde

Bei den Recherchen zu Gaarden ist die Begegnung mit den Arbeiten des Historikers Professor Gloy immer wieder eine Bereicherung – seine Geschichten sind ein Vergnügen.

Zur Romantik des Dorfes Gaarden gehört dann auch das erzählte Miterleben von den beiden Festtagen der Gaardener-Gilde, wie sie von dem Gastwirt Dreis geschildert und von Gloy für die Nachwelt festgehalten wurden. Das Gildefest wurde lange vor der Jahrhundertwende stets bei Dreis gefeiert, dessen Besitz aus Landwirtschaft, Gastwirtschaft und Brauerei bestand. Das Gasthaus lag unmittelbar am Mühlenteich, nur durch die Werftstraße und die Preetzer Straße getrennt. Hier in seinem Garten befand sich die Wassermühle sowie das Wohnhaus der Familie Dreis, welches etwas zurück lag und ein von Linden und Kastanien umstandenes altes Bauernhaus war. Der gesamte Besitz von Dreis lag da, wo sich die Lübecker Chaussee mit der Preetzer Chaussee und der Werftstraße traf.

Erzählung Dreis:

»Links vor dem Hause befand sich eine lange breite Steinbank, und rechts und links vor der großen Einfahrt standen zwei hohe Linden. Hier saß man gern an schönen Sommerabenden, wenn die Nachtigall aus dem nahen Garten ihren wundersamen Gesang ertönen ließ, aber auch die Frösche vom Teich her ihr Konzert anstimmten, mit Nachbarn und Kieler Gästen in anregendem Gespräch, bis des Dorfnachtwächters Horn erschallte und ans Schlafengehen gemahnte.«

Sein Besitzer sollte aus bescheidenen Anfängen eines kleinen Betriebes sich zu großem Ansehen durch geschickte Landankäufe emporgearbeitet haben. 1842 vergrößerte er die Brauerei und stellte ein berühmt werdendes Exportbier her.

Und weiter erzählte Dreis:

» *An den Tagen der Gaardener Gilde roch das ganze Haus nach schönen, wohlriechenden Kräutern und Blumen von den Kränzen und Girlanden, die das ganze Haus und besonders die Diele schmückten, auch von den Sträußen, die die Mädchen am Abend vorher mit Rückflächen von Knittergold anfertigten – zum Verkauf an die Gildemitglieder und Besucher. Schon morgens um 4 Uhr wurden die Dorfbewohner durch einen das Dorf durchziehenden Trommler auf die Bedeutung des Tages aufmerksam gemacht, frühzeitig zogen die Schützen mit Musik vom Gildehaus nach dem Schießplatz, wo auf einer hohen Stange der stattliche Vogel prangte.*
Dicht hinter dem Kuhhaus war das Schützenzelt aufgeschlagen. Hier saßen die Gildevorsteher hinter ihrer Bundeslade, vor der neue Mitglieder aufgenommen wurden, wobei sie einen tüchtigen Schluck Gildebier bekamen. Die Schüsse gingen hoch über die anbrennenden Koppeln in der Richtung nach der Preetzer Chaussee. Am Nachmittag des zweiten Gildetages wurde der letzten Fetzen des Vogels durch den Königschuss heruntergeholt. Die Schützen, mit Musik und dem König voran, veranstalteten einen Umzug durchs Dorf, der König geschmückt durch eine Kette von silbernen Schildern, mit den Namen der früheren Schützenkönige, deren jeder ein neues Schild hatte beifügen müssen.
Nach dem Umzuge ging man nach dem Gildehaus zurück, wo der König seinen Schützenbrüdern einige Bowlen spendierte und wo die Gewinne verteilt wurden. Am folgenden Donnerstag beschloss ein Gildeball das schöne Fest. «

Der schöne Besitz von Dreis wurde von Gloy wie folgt beschrieben:

» *Durch den Hofplatz vom Hause getrennt, lag zwischen diesem und dem kleinen nach der Hörn hinfließenden Mühlenbach ein großer schöner Garten, der sich bis zur Salzwiese ausdehnte, mit vielen Obstbäumen, Blumen- und Gemüsebeeten, vorn mit Bosketts und schönen, von duftendem Jasmin, Syringen und Goldregen eingefassten Lauben. Auf der anderen Seite des Hauses und der Straße lagen die Brauereigebäude und der Speicher. Von da führte durch eine Wiese ein kleiner Weg nach den in eine Bergkuppe hineingebauten Bierkellern und dem kleinen Karpfenteich, der auf der einen Seite von einem Erlen-Brook, auf der anderen von einem zum Hofe gehörenden Gehölz (Teil der Klünderschen Anlagen) umgeben war. An dem Speicher vorbei führte die Preetzer Chaussee.* «

(vgl. „Gaardener Bier" in Gaardener Handel und Wandel von Walter Ehlert – Husum Verlag)

Anmerkungen zu Hans Christian Dreis

Hans Christian Dreis (* 25. Juni 1806 in Gaarden, Holstein; † 22. Juli 1872 in Davenport, Iowa) war ein deutscher Lehrer, Geograf und Parlamentarier.

Hans Christian Dreis war ein Sohn des Hufners, Gastwirts und Bauernvogts Georg Friedrich Dreis (* 18. Oktober 1767 in Gaarden; † 25. März 1809 ebenda) und dessen Ehefrau Magdalena Christina Dorothea, geborene Timmermann (* 17. Dezember 1773 in Meimersdorf; † 4. Oktober 1822 in Gaarden).

1830 begann Dreis ein Studium in Kiel und setzte es 1832/33 in Berlin fort. Nach der Promotion zum Dr. phil. 1835 an der Universität Kiel arbeitete er ab 1838 als Hilfslehrer am Johanneum in Hadersleben. Ein Jahr später wechselte er als Hilfslehrer an die Meldorfer Gelehrtenschule, an der er 1843 Subrektor wurde. Im November 1847 zog er nach Heidelberg und strebte eine Habilitation an. 1848 notierte er, dass er aufgrund des „durch die Pariser Ereignisse herbeigeführten Umschwungs der Ideen [und der] Rückwürkung derselben auf deutsche Zustände" davon abgesehen habe.

Dreis ging zurück nach Meldorf und trat in das Freikorps von Wasmer ein, dem er bis zu dessen Auflösung im Mai 1848 angehörte. Danach versuchte er, eine Professur für Geografie an der Universität Kiel zu bekommen. Die Fakultät lehnte sein Gesuch aufgrund mutmaßlich fehlender fachlicher Qualifikation ab und gab zudem an, dass die Universität nicht ausreichend frequentiert sei, um einen Lehrstuhl für Geografie einzurichten. Dreis bekam dennoch eine Stelle als Privatdozent.

Im Herbst 1848 erhielt Dreis ein Stipendium, das ihm eine Studienreise zwecks Weiterbildung in Geografie an einer größeren Universität ermöglichen sollte. Es ist nicht dokumentiert, ob er dieses tatsächlich nutzte. Im August 1848 trat er als linksliberaler Abgeordneter für den Distrikt Meldorf in die konstituierende, im Sommer 1850 in die ordentliche Schleswig-Holsteinische Landesversammlung ein. Nach der Schlacht bei Idstedt schloss er sich freiwillig der 5. Rendsburger Festungsbatterie an, anschließend der 24-pfündigen Granatkanonenbatterie.

Ab September 1850 beteiligte sich Dreis wieder an Sitzungen der Landesversammlungen. Während seiner Zeit als Politiker setzte er sich für die Interessen von Schulen ein. Er sprach sich dafür aus, Realgymnasien einzurichten und ein Gesetz zu erlassen, nach dem das Unterrichtswesen überarbeitet werden sollte.

1851 wanderte Dreis in die USA aus und unterrichtete anfangs an einer freien deutschen Schule in St. Louis. Sein Bruder Johann Christian Dreis (1800–1858), der als Gastwirt und Brauer in Gaarden arbeitete, bat ihn 1853, in Davenport eine Brauerei zu eröffnen. Da der Bruder nicht wie angekündigt nach Davenport zog, übernahm Dreis selbst die Leitung des Betriebes, dessen Abläufe ihm größtenteils unbekannt waren.

1856 heiratete Dreis in Davenport eine Frau unbekannten Namens. Aufgrund mangelnder wirtschaftlicher Erfolge seiner Brauerei verkaufte er diese 1869. Anschließend arbeitete er erneut als Lehrer.

Der Brauereibesitzer Dreis

ca. 1900 Umzug der Gilde

Die „Alte Gaardener Gilde von 1738“

Die Gilden sind altgermanischen Ursprungs. Sie finden ihre Grundlage in der alten germanischen Sitte des Gelags und in der christlichen Bruderliebe. Ihr Hauptzweck wurde, den Beistand und Hilfe zu gewähren, und so entstand auch die Alte Gaardener Gilde von 1738. 1738 war es, am Montag vor Johanni, da feierte Fürstlich Gaarden ein fröhliches Fest. Es wurde fleißig nach dem Vogel geschossen und allerlei Kurzweil getrieben. König wurde Hinrich Hoffmeister. Dieses Fest war die Geburtsstunde der Gaardener Gilde von 1738, die bis auf den heutigen Tag mit der Bevölkerung Gaardens aufs Engste verflochten ist. Die Gründung der Gilde hatte ihre Ursache in einer Streitsache der Gildemitglieder aus dem Hochfürstlichen Anteil mit der Schieß- und Brandgilde zu Gaarden Klösterlichen Anteils.

Selbstverständlich gab es schon zu damaliger Zeit aus der Notwendigkeit heraus auch in Gaarden eine Brandgilde, deren Zweck es war, sich bei Bränden und anderen Gefahren beizustehen. Wobei es geschichtlich wohl erwiesen ist, dass die Brandgilden die Nachfolge der Schützengilden (Vereinigungen der Bürger gegen bewaffnete Überfälle) übernahmen, nachdem durch die Einführung der stehenden Heere die Obrigkeit die Verteidigung ihres Machtbereiches sicherstellte und somit die Notwendigkeit einer Selbstverteidigung nicht mehr bestand und aus machtpolitischen Gründen wohl auch vielerorts nicht geduldet wurde. Anstatt sich völlig aufzulösen, wendete man sich anderen dringlichen Aufgaben zu. Eine der wesentlichen Herausforderungen war der ständige Kampf gegen drohende Brände, die zuweilen ganze Ortschaften in Schutt und Asche legten.

Eben aus einer solchen Brandgilde, nämlich der „Brand-Gilde der Kielischen Unterthanen“, entstand im Jahre 1738 durch eine

1910 Gasthaus „Concordia"

Streitsache die heutige Alte Gaardener Gilde. Wie kam es dazu?

Die Mitglieder des „Hochfürstlichen Antheils" stritten sich mit denen des „Clösterlichen Antheils" um die Bezahlung von Schadensgeldern auch für solche Fälle, wo Häuser wegen der Feuersgefahr niedergerissen werden mussten. Die „Hochfürstlichen" vertraten die Auffassung, dass die durch einen solchen Abriss geschädigten Gildemitglieder so behandelt werden sollten, wie nach einem wirklichen Feuerschaden. Da die „Clösterlichen" dem nicht zustimmen wollten, kam es zur Spaltung und zur Gründung einer neuen „Schieß- und Brand-Gilde im Dorfe Garten, Fürstlichen Antheils".

Wie aus der Gilderolle von 1739 zu erkennen ist, war der Zwist so groß, dass im 1. Artikel bestimmt wurde, „daß keine andere als Hochfürstliche eigenthümlich angesessene Unterthanen darinnen auf- und anzunehmen, hingegen Clösterliche Eingesessene zu keiner Zeit und solange zu admittieren (zuzulassen) seyn, als die Clösterliche Gilde sich entleget, denen Kielischen Bürgern das Gilde-Recht wegen ihrer Feuers-Gefahr halber, niedergerissenen Häuser, gleich denen würklich abgebrannten, zuzustehen".

Zur Gründung der neuen Gilde ließen sich aus dem Flecken Braunschweig (heute Brunswik) 16, aus Kiel 51, aus Gaarden sieben Mitglieder und aus Wellsee ein Gildebruder einschreiben. Doch auch hier keine Regel ohne Ausnahme:

Der auf klösterlichem Grund wohnende Christian Gramm, der sich gleich bei der Gründungsversammlung zu den Hochfürstlichen geschlagen hatte, wurde in die neue Gilde aufgenommen, was sogar extra in der Gilderolle eingetragen wurde.

Mit der Ausarbeitung der Artikel der Gilderolle und der Bestätigung (oder, wie man früher sagte, mit der „Confirmation") dieser durch die höchste Obrigkeit am 5. Juni 1739, war der Gründungsakt als Schieß- und Brandgilde endgültig besiegelt.

1912 Die Karlsburg

In den Herzogtümern wurden durch die Verordnung von 1740 die Brandversicherungsgilden aufgehoben. Es wird in dieser Verordnung den Brandgilden der Vorwurf gemacht, dass die Feuerlöschgeräte nicht in Ordnung gehalten, dass die Häuser vielfach zu hoch oder in mehreren Gilden versichert seien. Die Gildefeiern trugen nur dazu bei, die Mitglieder zu einem ausschweifenden Lebenswandel zu veranlassen, weil die Zusammenkünfte meistens auf „Sauffen und Schwelgerei" hinausliefen.

Durch das Erlöschen der Brandversicherung war die Mitgliedschaft in der Gilde nicht mehr an den Besitz eines Hauses oder Grundstücks gebunden. Somit konnten auch wieder Mitglieder aus dem klösterlichen Gaarden aufgenommen werden.

Neben der Förderung des Schießsports wurde aber auch die Geselligkeit eifrig gepflegt. Die Gildefeiern waren seit den frühesten Zeiten die schönsten Feste für die ganze Bevölkerung. Alt und jung, hoch und niedrig beteiligten sich daran, Standesunterschiede kannte man nicht.

Vor dem 1. Weltkrieg waren die Gaardener Gildefeiern in ganz Kiel bekannt und beliebt. Herrliche Gildetage wurden beim alten Ferdinand Bruhn in seinem idyllisch gelegenen Lokal und Garten abgehalten. Die dort gebotenen Volksbelustigungen der verschiedensten Art lösten ungetrübte Freude aus. Man vergaß in diesen Tagen gern die Nöte und Sorgen des Alltags.

Als das Ferdinand-Bruhn'sche Gewese dem Neubau der „Concordia" weichen musste, wurde der alte fröhliche Gildegeist mit in das neue Gildehaus übernommen. In jedem Jahr wurde das Fest allerdings stets der Zeit

Schießstand am Brook, 1910

1910 175 Jahre Alte Gaardener Gilde

entsprechend gefeiert. Vor dem 1. Weltkrieg fielen während der Kriegsjahre zwar die Volksbelustigungen fort, aber das Schießen wurde nicht eingestellt. Welcher „vaterländische Geist" in der Gilde herrschte, beweist die Niederschrift in dem Protokoll, dass zu dem Schleswig-Holsteinischen Befreiungskrieg 1848/51 sich sämtliche Schützen zum Schutze der Heimat zum Kriegsdienst meldeten. Um aber auch der Gildepflicht zu genügen, wurden Leute gegen Bezahlung angenommen, die bei Lieferung der Waffen und Munition den Vogel abschießen mussten.

Während des Ersten Weltkrieges wurde das Schießen eingestellt. In einer ordentlichen Generalversammlung der Gilde am 30. Mai 1915 wurde der Antrag des Gildebruders H. Reimer beschlossen, die Gildefeiern ausfallen zu lassen. In diesem Krieg hat so mancher Gildebruder seine „Treue zum Vaterland" mit dem Leben bezahlt; andere wurden schwer verwundet.

Nachdem der Erste Weltkrieg überwunden war und die schweren Kriegsfolgen langsam durch unermüdlichen Fleiß weitestgehend beseitigt waren, wuchs auch die Gilde beständig an. In dieser Zeit war mehr denn je eine starke Gemeinschaft gefragt, um die Probleme der Zeit und die Planung der Zukunft zu bewältigen. So war es gar nicht verwunderlich, dass die Gilde im Jahre 1925 schon wieder über 250 Mitglieder zählte.

Die 200-Jahr-Feier der Gilde stand im Jahre 1938 schon deutlich unter dem Einfluss der nationalsozialistischen Bewegung. Der Schützengruß wich dem „Heil Hitler" und die patriotische Gesinnung verstärkte sich. Der Fahnenschmuck während des großen Gildeumzuges bestand in erster Linie aus Hakenkreuzfahnen, wie Bilder aus dieser Zeit beweisen.
Dennoch musste es für die Gaardener Bevölkerung ein prächtiges Schauspiel gewesen

1938 200-Jahr-Feier

sein. Teils hoch zu Ross im Gilderock oder in historischen Gewändern und in geschmückten Pferdekutschen wurde der Gilde-Zug durch Gaarden geleitet. Damals wie heute begleiteten zahlreich die Gaardener Kinder den Festzug. Fröhlichkeit und Ausgelassenheit war auch schon damals wie immer an den Gildetagen das erste Gebot.

Doch schon warfen die politischen Ereignisse ihre dunkelbraunen Schatten voraus. Ein Jahr später begann der Zweite Weltkrieg. Bis zum Jahre 1943 wurden noch Gildefeste gefeiert und Könige ausgeschossen. Der vorerst letzte König war Heinrich Kraak. Er erhielt erst fünf Jahre später, nämlich 1948, einen Nachfolger. Dazwischen war es still um die Gilde geworden Ob sie jemals wieder auferstehen würde, wusste zu dieser schrecklichen Zeit niemand.

Im Jahre 1948 feierte die Alte Gaardener Gilde ihr erstes Schützenfest nach dem Zweiten Weltkrieg in der Karlsburg am Barkauer Weg. Im Jahre 1954 musste die Gilde sich eine neue Bleibe suchen, da die Karlsburg geschlossen wurde, um dem neuen Straßennetz B 4/B 404 Platz zu machen. Die Gilde zog auf den Heischplatz und in die Asmusstraße. Dort sorgten wiederum geplante Verkehrsbauten für Unruhe. Zu ihrer 225-Jahr-Feier im Jahre 1963 wurde dann der Gildeplatz im Brook hergerichtet. Der Festplatz im Brook wurde schließlich auf Vorschlag der Gilde in „Ida-Hinz-Platz" umbenannt, um die Verdienste der Ratsfrau und Stadtpräsidentin für den Stadtteil Gaarden und dessen Vereine zu würdigen.

1958 Schützenkönig Meiereibesitzer Franz Einfeld

Allein nach dem Zweiten Weltkrieg war die Alte Gaardener Gilde von 1738 e.V. nun schon zweimal umgezogen. Das Gildefest war ein großes Ereignis. Viele Gaardener besuchten abends das Festzelt und tagsuber ging man auf den Festplatz. Sie feierten, tanzten und genossen die tolle Atmosphäre. Die Gildeschwestern und Gildebrüder mussten sich Plätze besetzen, um überhaupt noch

1963 Festwagen

ins Festzelt zu gelangen, wenn abends die Musik aufspielte oder Komiker für Stimmung sorgten. Eintrittsgeld wurde in der Regel gern entrichtet, denn es gab noch nicht sehr viele Möglichkeiten zur Abwechslung in der Freizeit.

Aber das Gildefest verlor allmählich für die Gaardener Bevölkerung seine Attraktivität. Der Zeltwirt war bei weitem nicht mehr so zufrieden wie in der Vergangenheit – und das wohl zu Recht, denn der Besuch ließ nach, in der Folge davon der Verzehr von Getränken und Speisen auch, das Fahrgeschäft und die Jahrmarktsbuden wurden weniger frequentiert. Doch das 250-jährige Jubiläum ließ hoffen, dass sich alles noch zum Guten wenden würde. Das Festzelt war voll wie noch nie zuvor, der Verzehr für den Zeltwirt zufriedenstellend. Selbst die Schausteller beschwerten sich nicht. Doch das erwies sich in den Folgejahren nicht gerade als eine stabile Entwicklung.

In den Jahren 1991 und 1992 gab es keinen Jahrmarkt. Kein Schausteller war zu bewegen, das Gilde-Fest zu begleiten. Es wurde sehr ruhig auf dem Gildeplatz. Nur die Schüsse auf den Vogel waren tagsüber zu hören und abends ein wenig Tanzmusik. Zwar wurde getanzt, wirklich stimmungsvoll war es aber selten. Nur zum Kommers war das Festzelt gut gefüllt, zur Königsproklamation schon weniger. Aber auch der Besuch durch die befreundeten Gilden bröckelte – zuerst noch nicht, dann aber doch merklich. Es gelang dann doch noch ab 1993 die Schausteller wieder auf den Ida-Hinz-Platz zu locken. Leichter wurde es auch nicht dadurch gemacht, dass die Mitgliederzahlen in der Alten Gaardener Gilde stetig sanken. Das hatte man mit anderen Gilden und Schützenvereinen gemein.

Im Jahr 1995 musste – auf Verlangen der Schausteller – das Gildefest auf das Wochenende nach Himmelfahrt verlegt werden, was bis dahin immer vermieden wurde. Dann wurde eine langjährige Forderung der Gilde erfüllt, denn eine Drainage sollte den Ida-Hinz-Platz entwässern und Zustände

1963 Umzug

wie 1994 vermeiden helfen. Diese war 1997 fertig.
Dann war das auch mit dem Gaardener Gilde-Jahrmarkt zu Ende. Es blieb nur noch der traditionelle jährliche Umzug mit dem Spielmannszug durch die Gaardener Straßen.
Es folgte im März 1998 der Antrag auf „Genehmigung eines Schießstandes auf der Sportanlage Baukampfbahn" bei der Landeshauptstadt Kiel. Hierfür wurde das Gutachten eines Schießstandsachverständigen eingeholt. Wegen der möglichen Lärmbeeinträchtigung der Anwohner wurde das Staatliche Umweltamt mit eingeschaltet. Erklärungsschreiben waren notwendig, Alle Bedenken konnten aus dem Weg geräumt werden und so wurde dann der Schießplatz der Alten Gaardener Gilde in die Sportanlage der Baukampfbahn integriert.

1963 Zapfenstreich Vinetaplatz

1860 Der Sandkrug

Der alte Sandkrug wird „Wilhelminenhöhe“

Der alte „Sandkrug“ lag am nördlichen Rande des Dorfes an der Wasserseite zur Schönberger Landstraße. Auf der anderen Straßenseite erhob sich der „Wittenbarg“, eine sehr sandige Erhebung, welche bereits im 16. Jahrhundert so benannt wurde und der zugleich die Grenze zur Ellerbeker Gemarkung bildete. Von ihm holten sich die Schiffer den Sand, den sie als Ballast für ihre Schiffe brauchten. Am Abhang war ein herrlicher Berggarten angelegt, den Orthmann als alter Einheimischer uns näher beschreibt.

» Er bestand aus einem Gewirr von schmalen zur Höhe serpentinenartig emporstrebenden gleich einem Irrgarten, umso mehr, als das über Mannslänge hohe, dichte Gebüsch zu beiden Seiten der Wege einen Überblick unmöglich machte. Hier und da rundete sich das Buschwerk zu einsamen schattigen Lauben. Herrliche alte Bäume verteilten sich regellos über den ganzen Garten, der daher sehr beschattet und vielleicht gerade darum auch nicht sehr beliebt war, abgesehen in heißen Sommertagen. Umso besser für die Knaben: Spielplätze für Räuber und Soldat, durch Busch und Hecken hinauf und hinab, sehr zum Entsetzen des Oberkellners, der mit einem Gehilfen niemals eines Jungen habhaft werden konnte. «

(„Das verschlungene Dorf“ KNN v. 26. Mai 1934)

Der „Sandkrug“ war ein einfaches, einstöckiges Haus, und der Gastwirt, damals Heuer, bewirtschaftete neben seinem Ausschank von Bier und Kaffee noch seine Koppeln, die zur halben Hufenstelle gehörten.
Schon 1838 waren einfallsreiche Werbung und Service die Grundlage für gute Geschäfte. Anders kann man sich den Aufschwung der „Wilhelminenhöhe“ nicht erklären. Als 1838 Herzogin Wilhelmine, die Tochter des

Dänenkönigs Friedrich VI., im Kieler Schloss ihren Hauptwohnsitz nahm (1838–1863), wurde ihr zu Ehren der ländlich bodenständige „Sandkrug" in „Wilhelminenhöhe" umbenannt. Mit diesem Adelsprädikat ausgestattet, neuer Veranda, ansprechendem Garten mit Grotte, Springbrunnen und Musik-Pavillon musste die „Erlebnisgastronomie à la Biedermeier" nicht lange auf die Gäste aus Kiel warten.
Eine Veranda wurde angebaut, die sich an der Vorderseite, links und rechts vom Eingang, und an der Südseite des Gebäudes ganz entlangzog. Ein hübsch angelegter Garten mit zahlreichen rhythmisch geteilten Linden lud die Ausflügler zum Sitzen ein. In der Mitte des Gartens war eine geschmackvoll angelegte Grotte mit Springbrunnen, darin eine mächtige blaue Glaskugel, in der West-Ecke ein Musikpavillon, in dem viele Gartenkonzerte abgehalten wurden. Das Haus hatte guten Zuspruch von auswärtigen Gästen, auch aus der bürgerlichen Gesellschaft von Kiel.

Die Kieler und Gaardener Bürger kamen mit ihren Töchtern – und diese zogen die Herren Studenten nach. Am Sonntag gab es Gartenkonzerte, am Montagnachmittag – Kränzchen mit Geigen- und Klaviermusik, die Wilhelminengilde feierte dort ihr Schützenfest mit Vogelschießen und Königsball.
Zwischen dem Ostufer auf dieser Höhe und der Altstadt setzten zunächst Ruderboote die Gäste – überwiegend Studenten – über. Die Boote waren die Vorgänger der Fähre von Gaarden nach Kiel. Auch die Studenten kamen in die Wilhelminenhöhe, um zu feiern, und das recht lautstark bis in den frühen Morgen hinein. Es gab keine Polizeistunde!
Die Kieler Polizei hatte auf dem Ostufer der Förde zu dieser Zeit keine Handhabe und schlichtweg dort „nichts zu sagen". Die

1910 Alte Werftstraße – heute Sandkrug

Polizeigewalt lag in den Jahren 1883–1895 in Händen von Gemeindevorsteher Mommsen. Fünf Jahre vor der Eingemeindung von Klösterlich Gaarden übernahm Reg.-Assessor Dr. Pickert dieses Amt.
Auch ging es an den Gildetagen immer recht hoch her. Gelegentlich entstanden Raufereien, zuweilen zwischen Zivilisten und Militärpersonen. Marine-Patrouillen unterstützten dann die Polizei. Zeitweilig war im „Kaisersaal" eine Lokalpatrouille stationiert.
Es war drüben in der Stadt Kiel durchaus bekannt, wie es hier in Gaarden laut und mit viel Alkohol – also wider der damalig Moralvorstellung – hoch herging. So bekam der Kieler Stadtteil auf dem Ostufer seinen Ruf; und der klingt noch recht heftig bis in die heutige Zeit hinein.
1898–1899 musste dieser Gasthof dem Bau zweier großer Trockendocks weichen und wurde abgerissen. Mit der Eingemeindung in die Stadt im Jahre 1901 änderte sich auch der Name der Straße, die zur Gaststätte „Wilhelminenhöhe" führte. Damals hieß eben diese Straße Wilhelminenstraße. Es gab aber bereits eine Wilhelminenstraße im Stadtteil Damperhof und somit wurde

1910 Wilhelminenhöhe Saal

Gaardener Kriegerverein.
Sonnabend d. 3. Sept. abends 8 Uhr:

Sedan-Feier

in „Wilhelminenhöhe", bestehend in Kommers, Konzert, Theater und

BALL.

— Einführungen laut Satzungen. —
Kartenausgabe am Freitag den 2. September von 7–10 Uhr abends im Vereinslokal.
Der Vergnügungs-Ausschuß.

Anzeige von 1910

die gleichnamige Straße in Gaarden nach den Unternehmer „Hügel" zur „Hügelstraße" umbenannt.
An den alten „Sandkrug" erinnert noch die gleichnamige Straße in Gaarden, die parallel zwischen der Norddeutschen Straße und jener Hügelstraße läuft. Auch diese Straße wurde erst zum Sandkrug umbenannt – sie hieß 1910 noch „Werftstraße".

Die „Wilhelminenhöhe" wurde 1901 in der Werftstraße Nr. 22 mit einem großen Saalbau und einem Hotel-Anbau neu errichtet. Auch dieser schöne Bau fiel im Zweiten Weltkrieg den Bomben zum Opfer.

1912 und 1945 Das Haus Wilhelminenhöhe

Ausflugslokale im alten Gaarden

In Gaarden gab es früher im Verhältnis zur Einwohnerzahl sehr viele Gastwirtschaften, weil es in Gaarden die großen Werften gab – die Kaiserliche Werft und die Germaniawerft. Zusätzlich war da auch noch an der Pickertstraße eine der größten Kasernen Kiels. Somit waren genügend junge Leute in Gaarden, die sich amüsieren und tanzen wollten. Und schließlich war für die Kieler Bürger das auf dem Ostufer der Förde gelegene, idyllische Gaarden mit den zahlreichen Gartenlokalen ein beliebtes Ausflugziel.

An der Lübecker Chaussee, im Fürstlichen Gaarden, lag die beliebte Wirtschaft von Ferdinand Bruhn. Der gut gepflegte Garten übte auf die Kieler Familien einen großen Reiz aus, und viele Ausflügler pflegten hier an Sonn- und Feiertagen ihren Nachmittags-Kaffee einzunehmen. In dem großen Saal ging es bei Tanzmusik und Unterhaltung lustig her. Wenn nicht öffentlicher Tanz angesagt war, hatten nur die Mitglieder des „Familienvereins" Zutritt. Um diesen Veranstaltungen eine besondere Note zu geben, wurde an Vereinstanzabenden eine Lotterie aufgezogen, wobei die Eintrittskarte zugleich als Lotterielos galt. Die Preise bestanden größtenteils aus Stiftungen, die oftmals wertvolle Geschenke darstellten, manchmal aber auch eine humoristische Note trugen. So ist es vorgekommen, dass einer jungen Dame um 10 Uhr abends der Hauptgewinn in Gestalt eines Pferdes überreicht wurde. Da sie mit dem Tier nichts anzufangen wusste, kaufte ein anwesender Pferdehändler ihr das „edle Ross" ab für den Spottpreis von 20,- Goldmark.

Bei schönem Wetter wurden nachmittags im Garten lustige Spiele für die Kinder veranstaltet. Während sich die Mädchen mit Fischstechen, Topfschlagen und anderen Spielen vergnügten, wurde für die Jungen gern das Schweinegreifen angesetzt. Dabei galt es, ein auf der hinteren Hälfte mit grüner Seife beschmiertes Schwein zu greifen und festzuhalten, was natürlich recht schwierig aber sehr lustig war. Beliebt war auch das Erklettern einer senkrecht stehenden Stange, die auf dem obersten Ende ebenfalls eingeseift war.

Gelang es einem Jungen, einen der oben hängenden Leckerbissen, wie Zuckerkringel, Würste oder dergleichen zu ergreifen, durfte er diesen als Preis behalten.

Bruhns Gasthof am Ende der Hörn

1911 Bruhns Gasthof in der Alten Lübecker Chaussee

Ganz besonders groß wurden bei Ferdinand Bruhn die Festtage der „Alten Gaardener Gilde" gefeiert. Viele Gäste kamen, um das Vogelschießen für Erwachsene und Kinder mitzuerleben. Abends und nachts ging es dann im großen Festsaal hoch her. Nach der Ehrung alter Mitglieder und der Preisverteilung an die Sieger vom Vogelschießen eröffnete eine Polonaise, die durch sämtliche Nebenräume und bei günstigem Wetter auch durch den mit Lampions geschmückten Garten führte, den Festball, der stets bis in die frühen Morgenstunden anhielt.

Im Jahre 1901 wurde dieses gern besuchte Lokal abgebrochen und an seiner Stelle die „Concordia" errichtet. Diese Gaststätte hat noch bis in die neueste Zeit hinein die Tradition von Ferdinand Bruhn fortgesetzt und war nach wie vor bei den großen Gaardener Vereinen, insbesondere auch den Turnvereinen, sehr beliebt.

Etablissement „Concordia" Besitzer Bruhn Ww.
Fernspr. 629, Kiel-Gaarden, Lübecker Chaussee 99 10 Minuten vom Bahnhof
Restaurationsräume Doppelkegelbahn und Klubzimmer
Großer Ball- und Konzertsaal .˙. Großer schöner Garten
Den verehrten hiesigen wie auch auswärtigen Vereinen halte ich meinen
Schiessstand, gr. schattigen Garten u. Lokalitäten
zum Abhalten von Sommervergnügen bestens empfohlen.

Nach Anbruch der neueren Zeit, etwa in den Jahren zwischen dem Ersten und dem Zweiten Weltkrieg, musste die schöne Gaststätte dem Fortschritt der Technik und der Industrialisierung weichen.
An der Stätte, wo dereinst Tausende von Gaardener und auch Kieler Bürger Erholung, Zerstreuung und Vergnügen suchten und fanden, steht heut die Margarinefabrik von Seibel.

Weitere bekannte Gaststätten im südlichen Gaarden waren der am Bahnübergang liegende „Hopfenkrug" und der in der Nähe gelegene „Schützenhof", dessen Wirt, Stoffer Lafrenz, eine außergewöhnliche Leibesfülle besaß. Sein Nachfolger war Wilhelm Holst.

1914 Concordia Inh. Bruhn

Einer besonderen Beliebtheit erfreute sich das an der Ecke des Barkauer Weges gelegene Tanzlokal „Zur Perle". Auch an diese Gaststätte schloss sich ein gut gepflegter Garten an, der an schönen Sommertagen oft bis auf den letzten Platz besetzt war.
Nicht weit ab lag ein anderes Lokal namens „Krusenrott".
Über die Entstehung des Namens bestehen verschiedene Meinungen:
Eine alte Volksmär erzählt, dass an dieser Stätte vor vielen Jahren zwei Raubmörder, Kruse und Rott, hingerichtet worden sein sollen.
Eine andere Auslegung besagt, das Wort bedeutet Rodung eines Mannes mit Namen Kruse.
Schließlich dürfte die Bezeichnung Krusenrott eine Andeutung des Wortes Kreuzort sein, da in alten Urkunden von „crutzer-orde" die Rede ist.
Auf den Spuren der Straßenräuber: Angeblich gab es hier sogar eine Raubritterburg. So steht es zumindest im Buch „Sagen und Märchen aus Kiel" von G. Hubrich-Messow:

» In der Nähe Kiels ist ein beliebter Lustort mit Namen Krusenrott. Dort stand einst eine Raubritterburg, in welcher zwei berüchtigte Straßenräuber hausten, der eine hieß Kruse und der andere Rott. Endlich gelang es, ihre Burg zu erstürmen und das Schwert der Vergeltung an ihre Hälse zu bringen. Mauer und Gräben wurden zerstört und der Ort dem Landstraßenverkehr übergeben, indem ein Wirtshaus errichtet wurde. «

Dieses Wirtshaus gehörte zum herzoglichen Hof Petersburg. 1875 wird der „Herrschaftliche Meierhof Krusenrott" erstmals im Kieler Adressbuch erwähnt. Auf dem Hof entstand eine Gastwirtschaft mit Tanzsaal.
Ebenfalls 1875 wurde die „Akademische Verbindung der Krusenrotter Kneipe" (ab 1924: Die Krusenrotter) gegründet. In den Anfangsjahren mussten die Mitglieder nach Beendigung ihres Studiums ausscheiden. Dazu wanderte man vor die Tore Kiels. Da die Kieler Polizeistunde nicht galt, wurden alle regelmäßigen Veranstaltungen dorthin verlegt.

zeitgen. Postkarte Krusenrott

Prof. Gloy schreibt 1925 im Buch „Aus Kiel – Vergangenheit und Gegenwart" von der

> *„vielbesuchten Wirtschaft, deren Reiz durch einen hübschen Teich und die grusige Mär von den beiden Räubern Kruse und Rott erhöht wurde. Als Corpus delicti waren in einer Grotte des Gartens zwei große steinerne Medaillenbilder mit den Köpfen zu sehen. Die Namen Kruse und Rott waren mit frischer Farbe aufgetragen. Aber der eine lorbeerumkränzte Kopf hatte eine echte, ältere Umschrift aufzuweisen, nämlich: Hannibal Carthaginiensis."*

Die überlieferte Sage formulierte Prof. Gloy wie folgt: „Es sollen in Kiel einmal zwei böse Räuber gewesen sein, die hießen Kruse und Rott. Ihrer Untaten wegen wurden sie auf der Waldwiese am Vieburger Holz geköpft. Ihre Köpfe sind versteinert und als abschreckendes Beispiel aufgestellt."

Wie bei der „Perle" gehörte ein großer, schön gepflegter Garten mit alten, mächtigen Bäumen dazu! In der Mitte des Gartens stand ein großer Affenkäfig, in dem kleine, possierliche Äffchen zum größten Vergnügen der Kinder herumtollten. Dabei passierte einmal eine lustige Geschichte: An einem Sonntagnachmittag war eine Dame dem Käfig zu nahe gekommen. Einer der Affen langte durch das Gitter und riss der Frau den wagenradgroßen Hut vom Kopf. Als der Affe versuchte, sich den Hut selbst auf den Kopf zu setzen, fand das Lachen der vielen Besucher kein Ende. Als ·schließlich zwei der lebhaften Tierchen sich noch um den kostbaren Besitz stritten, wurde der schöne Damenhut völlig in Stücke gerissen.

Das Lokal war auch bei den Studenten sehr geschätzt. Es gab damals bereits eine studentische Verbindung, die später in eine „Burschenschaft der Krusenrotter" umbenannt wurde. Als solche besteht sie heute noch. An der Stelle, wo einst das gemütliche „Krusenrott" lag, steht heute ein katholisches Gotteshaus.

An der Grenze zwischen Klösterlich Gaarden und Fürstlich Gaarden lag die „Dreis'sche Gastwirtschaft", zu der noch eine Landwirtschaft und Brauerei gehörten. Der Hof lag dicht am Mühlenteich in der Nähe der alten Wassermühle und war von alten Kastanien und Linden angenehm beschattet. Als die Gaststätte später erweitert wurde, feierten die Gilden dort gern ihre Feste, wobei zur Unterbringung der vielen Gäste zusätzlich ein großes Zelt aufgeschlagen wurde.

Als der um die Hörn führende Steg, die sogenannte Kippe, ausgebaut und als Bleßmannsdamm eine Hauptverkehrsstraße zwischen Gaarden und Kiel wurde, entstanden an der Ecke zur Schönberger Straße zwei große Saalbauten: das „Orpheum" und die „Alhambra", später in „Germaniaeck" umbenannt.

1912 Germaniaeck

In diesem Lokal wurden die damals unerlässlichen Tanz- und Anstandsunterrichtskurse von den Tanzlehrern Seebruch und Freiberg abgehalten. Besonders der Letztere war in Gaarden eine allgemein bekannte Persönlichkeit.

Der zweite oben erwähnte große Saalbau war das gegenüber der Alhambra von dem Gaardener Bürger Christian Lafrenz erbaute Vergnügungslokal „Orpheum". Dieses großzügig angelegte Etablissement hatte sogar zwei Säle. Es war mit Springbrunnen und Palmen ausgestattet, eine für die damalige Zeit geradezu unerhört prunkvolle Ausschmückung. Auf den rund um die Säle führenden Galerien waren Logen eingebaut, die bei größeren Festlichkeiten gern besetzt wurden. Besonderer Beliebtheit erfreuten sich die regelmäßig abgehaltenen Montagsbälle. Im Jahre 1882 wurde das stattliche Haus durch ein Großfeuer völlig vernichtet.

Der sehr unternehmungslustige Christian Lafrenz wurde dadurch keineswegs entmutigt. Auf den Grundmauern des niedergebrannten „Orpheum" errichtete er einen Neubau, den „Kaisersaal". Dieses große „Vergnügungsetablissement" wurde für Gaarden das beste und größte Tanzlokal und genoss viele Jahre einen guten Ruf, weit über die Grenzen Gaardens hinaus. Insbesondere feierten hier die zahlreichen alten Vereine und Gilden ihre oft prunkvollen Stiftungsfeste, Maskeraden und sonstigen Winterveranstaltungen. Die Turnvereine hielten in den großen Räumen gern ihre Schau-Turnen ab, wobei nach den Vorführungen getanzt wurde.

Wie in allen größeren Lokalen gab es auch im „Kaisersaal" am Sonntag öffentliche Tanzmusik. Das hatte zur Folge, dass auch Marineangehörige dort hinkamen. So konnte es nicht ausbleiben, dass die Rivalität zwischen Zivilisten und Matrosen hin und wieder zu handfesten Auseinandersetzungen führte. Deshalb wurde von der Marine in den Restaurationsräumen eine Lokalpatrouille eingesetzt, die jedoch nur in den seltensten Fällen einzuschreiten brauchte. Die handfesten Portiers Schröder, Martens

1911 Kaisersaal innen

1911 Kaisersaal Blessmanndamm

und Wriedt schlichteten im Verein mit dem Gastwirt Christian Lafrenz etwa entstandene Meinungsverschiedenheiten schnellstens dadurch, dass sie die Kampfhähne ohne viel Umstände auf die Straße beförderten.

Die beiden großen Rivalen „Kaisersaal" und „Germaniaeck" wurden während des Ersten Weltkrieges 1914/18 von der Germania-Werft angekauft und als Lagerräume benutzt. Auch nach dem Kriege wurden sie nicht wieder zu Vergnügungsstätten ausgebaut. Sie blieben bis zu ihrer völligen Zerstörung im Zweiten Weltkrieg Lagerräume der Werft. Mit ihrer Vernichtung sind zwei historische Zeugen alter Gaardener Geselligkeit endgültig vom Erdboden verschwunden.
An der Schönberger Straße gab es noch mehrere kleinere gern besuchte Gaststätten. Wenn man die Straße in Richtung Ellerbek entlangging, lag zunächst zur rechten Hand der alte „Schützenhof" von Oldehaver und nicht weit davon entfernt der „Goldene Anker." Dieses Gasthaus brannte 1891 vollständig nieder.
Der ebenfalls an der rechten Straßenseite gelegene gut-bürgerliche Gasthof von Wilkens wurde von der Landbevölkerung bevorzugt, weil in dem auf dem Hof gelegenen Pferdestall die ausgespannten Pferde gut verpflegt wurden. So konnten die Bauern ruhig beim Skat-Spielen und bei angeregter Unterhaltung verweilen, ohne um ihre getreuen Vierbeiner besorgt zu sein.
Etwas weiter, im Hause Schönberger Straße 26, lag die Wirtschaft von „Mutter Mecklenburg", eine Gaststätte, die hauptsächlich von den jungen Arbeitern der Germaniawerft besucht wurde und in der es oft recht lebhaft zuging.

Dieser Wirtschaft gegenüber lag wiederum ein Tanzlokal, die Wirtschaft „Zum Kronprinzen". Der Saal, nicht übermäßig groß, wurde häufig von kleineren Vereinen für Festlichkeiten benutzt. An Sonn- und Feiertagen gab

es natürlich auch öffentlichen Tanz, jedoch verkehrten hier größtenteils alt-bürgerliche, gut situierte Kreise, sodass alles in gemäßigtem Rahmen vor sich ging.
Sehr bekannt war die in der Schönberger Straße gelegene „Feuerwehrhalle". Hinten auf dem Hof lag das berüchtigte Gaardener Arrestlokal! Dieses nie ganz leere Haus wurde am Tage von den beiden Polizisten Nissen und Christoph und des Nachts von den Nachtwächtern Dieckmann und Röhr beliefert und bewacht. Später übernahm der Gastwirt Wilhelm Andersen die Wirtschaft und gab ihr den Namen „Zur Hochbrücke". Diese Bezeichnung hatte nichts mit einer wirklichen Hochbrücke zu tun, sondern rührte lediglich daher, dass der ziemlich hoch gelegene Eingang zum Lokal über zwei sich gegenüberliegende Treppen führte, die oben durch eine kleine Plattform verbunden waren, so dass das Ganze wie eine Brücke wirkte. Wenn dieses Lokal betreten wurde, kam man zunächst in eine größere Stehbierhalle, an die sich eine gemütliche Gaststube anschloss. Während letztere von den Beamten der Kaiserlichen Werft aufgesucht wurde, war die Stehbierhalle bei den Arbeitern sehr beliebt. Diese mochten gern auf dem Wege zur Arbeit oder nach Feierabend, bevor sie nach Hause gingen, noch einen „Lütten to fief" oder „n Groten to tein" mitnehmen. Es handelte sich hierbei um kleinere oder größere Schnäpse, die direkt vom Fass ausgeschenkt wurden. Zu diesem Zweck standen an der Rückseite der Theke mindestens ein Dutzend solcher Fässer mit den verschiedensten Schnäpsen und Likören.
Selbstverständlich wurde dabei auch Bier ausgeschenkt. Auf die Tatsache, dass diese Getränke stets im Stehen eingenommen wurden, dürfte die Bezeichnung „Stehbierhalle" zurückzuführen sein. Jedenfalls war die Wirtschaft „Zur Hochbrücke" wegen des großen Umsatzes eine „Goldgrube".
Neben den geschilderten großen Tanzlokalen, hatte Gaarden noch eine weitere bekannte Vergnügungsstätte. Kurz vor der Jahrhundertwende wurde von der Kaiserlichen Werft in dem großen, zwischen Gaarden und Ellerbek liegenden Werfterholungspark das „Werfterholungshaus" gebaut. Dieses stattliche Gebäude wirkte mit seinem hohen Turm, umgeben von den alten Bäumen des Parks, wie ein Schloss. Außer einem großen Tanzsaal hatte es mehrere Klub- und Gesellschaftsräume und eine schöne Kegelbahn. In diesem Hause wurden jährlich mehrere Kaisergeburtstagsfeiern der Kriegsmarine und der Kaiserlichen Werft mit großem Aufwand abgehalten. Das Charakteristische an diesen traditionellen Festen war, dass von den höchsten Offizieren und Würdenträgern bis zum einfachsten Matrosen alle vergnügt bis in die Morgenstunden hinein beisammen waren.
Selbstverständlich war auch im „Werfterholungshaus" an den Sonntagen großer öffentlicher Tanz. Außerdem wurde hier auch an den Donnerstagabenden getanzt, wobei die Marine stets stark vertreten war, sodass Zivilisten kaum anzutreffen waren.
Im Jahre 1908 wurde das im 1. Stockwerk gelegene, große Klubzimmer dem „Lehrlingsverein der Kaiserlichen Werft" als Versammlungs-Raum zugewiesen.
Bald nach dem Ersten Weltkrieg ereilte das stattliche „Werfterholungshaus" sein Schicksal. Da es nach dem Zusammenbruch des Kaiserreiches weder eine Kaiserliche Werft noch eine Kaiserliche Marine gab, wurde es zum größten Teil abgebrochen und in ein Jugendheim umgebaut. Dabei wurde auch der Turm „modernisiert" und verlor sein früheres stattliches Aussehen.

1914 Gaardener Börse Kaiserstraße

Im unteren Teil der Norddeutschen Straße lagen noch zwei Wirtschaften. Hinter dem Hause Nr. 6 stand der sogenannte „Trichter“, ein runder, zirkusartiger Saalbau, der 1883 durch einen Brand vernichtet wurde. – Auf dem Grundstück Nr. 12 befand sich im Kellergeschoss die Gaststätte „Zum blauen Himmel“. Woher dieses Kellerlokal ausgerechnet diesen schönen Namen hatte, war und bleibt ein Geheimnis! Eine weitere beliebte Wirtschaft war der „Kamerun-Keller“ im Hause Augustenstraße 24. Der Name wurde später, kurz vor der Jahrhundertwende, in „Gaardener Börse“ geändert.

Erwähnt seien auch einige sogenannte vornehmere Lokale, wo Arbeiter und Marinemannschaften gar nicht verkehrten. Eine dieser Gaststätten war das in der Schulstraße gelegene Hotel „Minsel“, das später in „Gaardener Gesellschaftshaus“ umgetauft wurde. Um die Jahrhundertwende wurde dieses Haus noch durch einen Saalanbau wesentlich erweitert.

Das „Hotel zum Prinzen“, in der Elisabethstraße Nr. 20, wurde wegen seines guten Mittagstisches außerordentlich geschätzt. Berühmt war auch die dem Hotel angegliederte Kochschule, wo die Töchter der sogenannten besseren Gesellschaft in die Künste des Kochens eingeweiht wurden. Nachdem später die Sternbrauerei das Lokal übernommen hatte, wurde es, wie die meisten größeren Gaststätten, durch den Anbau eines Saales erweitert.

An der Ecke Kaiserstraße und Karlstal, hinter einem hübschen Vorgarten, lag unter hohen Bäumen eine idyllische Gaststätte: Sie hatte den klangvollen Namen „Zur Friedenseiche“,

1909 Hotel Minsel Schulstraße

1912 Versammlungshaus Werftpark

Medusa-Restaurant

wurde aber später in „Zur Kaiserkrone" umbenannt. Der schöne Vorgarten mit den herrlichen, alten Bäumen ist der Zeit zum Opfer gefallen, später befand sich an dieser Stelle in einem moderneren Neubau die Gaststätte „Friesenhof".

Ebenfalls an der Kaiserstraße zwischen der Johannesstraße und Wikingerstraße lag „Hein's Gasthof", der später von Christian

1913 Destillation Dreger Augustenstraße

Stieper bewirtschaftet wurde. Dieses Lokal bestand lange noch unter dem Namen „Medusa-Restaurant", benannt – wie die Gaardener Straße – nach dem Kreuzer „Medusa".

Abschließend seien zwei weitere, bis weit in die heutige Zeit bestehende Lokale erwähnt: Die an der Ecke Augustenstraße und Elisabethstraße gelegene Wirtschaft von Heinrich Holst, die später von Hans Bruhn und schließlich von Ernst Dreger erfolgreich geführt wurde.

Schlussendlich gab es an der Ecke Johannesstraße und Elisabethstraße bald nach der Jahrhundertwende das Hotel „Holsteinischer Hof", dessen Gaststätte nach dem Zweiten Weltkrieg in ein Bankinstitut umgebaut wurde. Als Hotel wurde das Haus noch viele Jahre genutzt.

1906 Holsteinischer Hof

Der Weg vom alten Gaarden nach Kiel – „Die Kippe"

Wollten die Besucher der Ausflugslokale in Gaarden dann wieder in die Stadt Kiel zurück, so mussten sie den Weg rund um die Spitze der Hörn über die grünen, sumpfigen „Salzwiesen" nehmen. Wegen des weichen Untergrundes war hier ein hölzerner Steg errichtet worden – aber so schmal, dass er nur einer Person zugleich Platz bot. Es mag denn auch manch einer abgerutscht sein und mit der Nässe eine recht unangenehme Bekanntschaft gemacht haben, wie es so schön in einem Neckvers heißt:

»Un do gürrig,'n wi, seggt he, na Börpgaarn,
Harrl'k min Stäweln, seggt he, bald verlaarn,
Up den Fotstieg, seggt he, in den Schlick
Denn de lig et dar ganz bannig dick.«

Über seinen baulichen Zustand wurde oftmals Klage geführt. Besitzer eines großen Teils der Wiese, über die der Steg gelegt war, war die St. Nicolaikirche „seit undenklicher Zeit". Sie wurde auch „Stegewiese" genannt und der Fußweg von Gaarden nach Kiel selbst „Kirchensteg", volkstümlich aber sich als „Kippe" erhalten hat – „um die Kippe gehen", wobei hier nicht zu unterscheiden ist, ob sich der Ausdruck auf Abrutschen oder auf das Umkippen vom hölzernen Steg oder aber auf das spätere Auskippen der Sandmassen zur Zuschüttung der Hörn bezog.

Die Gaardener Commune hatte kein Interesse an der Instandsetzung, sondern überließ diese Sorge dem Kieler Magistrat. So berichtete der Bürgermeister und Rath der Stadt Kiel am 13. November 1753 an den Großfürsten und Herzog: „... dass der sogenannte Gartner Fußsteg nach so vieler Jahre Verlaufs wiederum gäntzlich ruiniert, so dass bey dieser Jahres Zeit kaum zu passieren, und dahero solcher nothwendig anderen Bohlen und Latten, nicht minder die Pfähle und was sonst schadhaft, reparieret und gemachet werden muss ... (aus St. Nicolai Archiv Nr. 347)

Aber noch 1857 klagte der Bauernvogt Arp „über die schlechte Beschaffenheit des Fußweges von Gaarden nach Kiel. Wie er sich überzeugt hatte, war der Weg zu gewissen Zeiten für Fußgänger nicht zu passieren." (Stadtarchiv Nr. 17325)

»Du empfange nunmehr, Dorfgarten, freundlich den Wandrer | Und aus der ländlichen Tür reiche dem Labenden Trank. | Ja, auch dir gab Natur genug anziehender Schönheit, | Wie sie reizender nicht bietet dem Städter die Stadt | Fruchtbare Koppeln umher, die Freude des fleißigen Landmanns, | Wo auf duftigem Klee lagert das üppige Korn. | Schimmernde Gärten voll Duft, und prangend neigt dich der Obstbau | blütenbesät das Gezweig, bis auf die Erde hinab. | Quellen bilden den Bach, es schallt der Mühle Geklapper, | Und um das kreisende Rad staubt es im farbigen Glanz. | Sieh, und oben hinauf, wie grüßet freundliche dich | Hornheims kleines Türmchen am Wald, rufend die Stunden hinab. | So auch senden die Dächer von Krusenrott, in die Bäume etwas tiefer versteckt, | dir aus der Ferne den Gruß. | So auch die „Perle!" im Grund wo rauscht das muntere Bächlein, | Und aus schattigem Laub tönet der Stimme Gewirr. | Ja, du bist schön, Dorfgarten, und Glück und Segen dir wünschend, | Noch im scheidenden Blick – eil' ich hinüber zur Stadt.«

Fähre „Wilhelminenhöhe"

Mit der Fähre nach Kiel

Die ersten Dampfboote:

Am 1. Juli 1866 begann das Dampfboot „Wilhelminenhöhe" seine Fahrten vom Schuhmachertor zum gegenüberliegenden Ufer am alten Sandkrug beim „Witten Barg". Das Schiff gehörte dem Gastwirt Heuer. Es muss offenbar ein paar Jahre später durch einen Neubau ersetzt worden sein, denn wie Orthmann erzählt, war die „Wilhelminenhöhe" 1871 erbaut worden und wurde von seinem Eigentümer, Kapitän Ruberth, geführt. „Es hatte zwei hohe Kajüten-Aufbauten und anfänglich kein Steuerhaus, so dass der Bootsführer bei Wind und Wetter draußen stehen musste." Hinzu kam dann noch 1875 ein zweites Dampfboot, „Konkurrent". Es war etwas kleiner und trug seinen Namen zu Recht, denn es gehörte der „Gemeinschaft Kieler Bootsführer", die vorher den Verkehr mit Kiel und den gegenüberliegenden Ortschaften auf offenen Booten vermitteltem „Konkurrent" war vorn offen wie ein Boot und hatte hinten eine kleine Kajüte, die aber im unteren Teil schon nach Art der Dampferkajüten in den Schiffsrumpf eingebaut war und zu der eine steile Treppe hinabführte. Als Junge habe ich oft der einfachen Auspuff-Maschine und dem gewaltigen Schwungrad zugesehen. Der Schiffsführer stand auch hier frei und war bei schlechtem Wetter in sein Ölzeug gehüllt. Die Zeichen nach der Maschine gab er durch Zuruf und mit dem Hin- und-her-Bewegen einer eisernen Stange in einem gusseisernen Rohr.

Fähre „Konkurrent"

Die „Vereinigung Kieler Bootsführer" besaß das Privileg für die Fährverbindung Kiel-Wilhelminenhöhe und der Besitzer des Sandkruges, Friedrich Heuer, die Gerechtsame für die entgegengesetzte Verbindung Wilhelminenhöhe - Kiel.
Von den damaligen Kieler Bootsführern sind noch die Namen Franz, Kruse, Hinz und Vöge bekannt.
Schon vor Baubeginn der Königlichen – später Kaiserlichen Werft am Ostufer zeigte es sich, dass diese Fährverbindung nicht ausreichte. Friedrich Heuer erkannte diese Schwierigkeit und ließ bereits 1865 bei den Howaldtswerken den ersten Fährdampfer „Pfeil" bauen. Die „Vereinigung Kieler Bootsführer" fühlte sich durch diese Maßnahme benachteiligt und stellte nun ihrerseits den Dampfer „Konkurrent" in den Fährdienst ein. Beide Dampfer, „Pfeil" und „Konkurrent", führten gemeinsam den Fährbetrieb durch, doch erwies sich bald, dass sie immer noch nicht ausreichten.
Friedrich Heuer ließ daher schon 1866 auf den Howaldtswerken unter der Bau-Nr. 4 einen größeren Dampfer, die „Lorelei", bauen. Weitere Dampfer waren „Kiel" und „Wilhelminenhöhe II". Eine Fahrt von Kiel nach Gaarden kostete 0,05 M für Erwachsene und 0,02 M für Kinder. Es wurde an Bord kassiert. Mit der Zunahme des Verkehrs aber genügten die beiden Schiffe „Wilhelminenhöhe" und „Konkurrent" nicht mehr. Im Jahre 1875 wurden 2500, 1877 bereits 3000 Personen täglich befördert. Bei stürmischem Wetter und bei Nacht war der Verkehr aber ganz unterbrochen.
Da erwog die Kaiserliche Admiralität den Bau einer Ponton-Fußgängerbrücke über den Binnenhafen von der Norddeutschen Werft zur Jensenstraße (darüber wurde später die Hauptpost errichtet). Die Gaardener Gemeindevertretung sah in diesem Projekt Vorteile der Art, dass es für sie kein Geld kostete. Für die Entwicklung des Ortes musste jedoch davon ausgegangen werden, dass der Zuzug anhalten würde, der Wert der Mieten folglich auch steigen, und die Beamtenfamilien waren zufriedengestellt, weil sie ihre Kinder in Kieler Schulen schicken könnten. Der Gastwirt der „Wilhelminenhöhe", Heuer, lehnte diesen Plan der Admiralität mit der Begründung ab, dass der Schiffsverkehr nach dem südlichen Hafen dann empfindlich gestört werden würde. So kam es seitens des Handelsministeriums in Berlin zu dem Vorschlag, eine zweite Fährlinie von der Jensenstraße zur Norddeutschen Werft einzurichten, Diesmal lehnte die Werft ab. Das Kieler Entgegenkommen, die zwei erforderlichen Brücken herzustellen, wenn Gaarden die

Fähre „Wilhelminenhöhe II"

Herstellung eines öffentlichen Weges über das Werftgelände zur Schönberger Straße bewirkte, scheiterte an dem im Jahre 1879 vorgesehenen Besitzerwechsel der Werft. Erst die neue Besitzerin, die „Germaniawerft A.G.", traf im Februar 1880 die Entscheidung, selbst Fährdampfer anzuschaffen, eine Anlegebrücke und geeigneten Zugang in Gaarden herzustellen, aber nicht das Terrain für einen öffentlichen Weg abzutreten. Es sollte der Weg nur so lange geöffnet bleiben, wie die Werft die Fähren tagsüber in Betrieb hielt.
Da Gaarden aus finanziellen Gründen keinen anderen Weg schaffen konnte, musste es sich mit dieser Lösung zufriedengeben. Die zweite Fährverbindung wurde im Jahre 1881 eröffnet. (Stadtarchiv Nr. 20694).
Die Rechtsnachfolgerin der erst 1867 gegründeten Norddeutschen Werft in Gaarden richtete etwa 1882 eine weitere Fährdampferverbindung ein, und zwar von der Jensenbrücke beim alten Bahnhof zum gegenüberliegenden Gaardener Ufer, etwa zwischen der Kieler und der Augustenstraße.

Hier führte ein Fährsteig von der damaligen Schönberger Straße am Tor der Germania-Werft vorbei zur Dampferbrücke. Allerdings wurde schon einige Jahre vorher eine kleine Bootsfähre von dem Fischer Heinrich Ohlsen betrieben. Wir sehen auf der Abbildung die Jensenbrücke mit den beiden kleinen Fährdampfern „Gertrud" und „Sophie". Es sollen erbeutete ehemalige französische Flusskanonenboote aus dem Kriege 1870/71 gewesen sein, die zu Fährschiffen umgebaut waren. Weitere Schiffe der Germania-Jensen-Fähre waren die später auf der Germania-Werft erbauten Dampfer „Charlotte", „Martha" und „Hanna", Bau-Nr. 73, 77 und 84. Der Fahrpreis war der gleiche wie bei der Wilhelminenfähre. Die Germania-Jensen-Fähre stellte ihren Betrieb um 1 Uhr nachts ein, die Dampfer der Wilhelminenfähre fuhren bis 2 Uhr nachts. Den weiteren Fährbetrieb bei Wilhelminenhöhe übernahmen dann einige Bootsführer bis 5 Uhr morgens. Eine nächtliche Überfahrt kostete 0,50 Mark.
Bei der ständig fortschreitenden Vergrößerung beider Werften zeigte es sich dann, dass auch diese beiden vorerwähnten Fährverbindungen den an sie gestellten Ansprüchen nicht mehr genügten, wenn auch die im Februar 1901 nach Gaarden geführte elektrische Straßenbahn eine gewisse Entlastung brachte.

Ansichtskarte Gaardener Brücke

1906 bewilligten dann die städtischen Kollegien unter dem damaligen Oberbürgermeister Paul Fuss die Anlage einer größeren städtischen Fähre mit drei Schiffen, die auch die Beförderung von Fuhrwerken gestattete. Der Dampfer „Primus", erstes der den Howaldtswerken unter der Bau-Nr. 463–65 in Auftrag gegebenen drei Fährschiffe, machte Ende 1907 seine erste Probefahrt. Im Jahre 1908 nahm dann die städtische Fähre ihren Betrieb auf.
Schon bald darauf stellte die Wilhelminenfähre ihren Betrieb ein; die Dampfer wurden verkauft. Bald darauf folgte auch die Germaniafähre diesem Beispiel.

Ansichtskarte Fähre „Primus"

Ab dem 31. August 1908 zu den Werften mit „Primus", „Secundus" und „Tertius"

Von den drei neuen Fähren konnte jedes Schiff 600 Personen aufnehmen und über die 300 Meter lange Strecke befördern. Oder es konnten mit jeder Fähre jeweils drei Pferdefuhrwerke übergesetzt werden, die damit den langen Weg um die „Kippe" einsparten. Die Schiffe fuhren von 5.50 Uhr bis 22 Uhr. Auch hier mussten Erwachsene einen Fahrpreis von fünf und Kinder von zwei Pfennigen bezahlen. Einige durften allerdings nicht an Bord: Betrunkene, Leichenwagen sowie Müll- und Fäkalieneimerwagen waren von der Beförderung ausgeschlossen.

Bereits am 26. Juli 1904 wurden die Pläne von Stadtrat Kruse zur Errichtung der Fährlinie angenommen. Die Städtischen Kollegien, die noch im alten Rathaus am Markt tagten, bewilligten 430 000 Mark für den Bau von drei Fährschiffen und die Errichtung von zwei Anlegebrücken. Die tatsächlichen Kosten lagen aber bei 640 000 Mark allein für die Schiffe und 300 000 Mark für die Anlande-Vorrichtungen. Zunächst hatte eine eigens gegründete Kommission den Bau einer Brücke ins Spiel gebracht. Doch die Stadt wollte für deren Unterhalt Brückenzoll erheben – damit war die Idee vom Tisch. Ebenfalls waren ein Tunnel sowie eine Schwebefähre diskutiert worden.
Aber auch das scheiterte am Geld. Den Zuschlag für den Bau der drei Fähren erhielten die Howaldtswerke. Die Fertigstellung der „PRIMUS" erfolgte 1907 und am 31. Juli 1908 wurde die Fähre „SEKUNDUS" vom Kieler Magistrat eingeweiht.
Die Bauart entsprach der amerikanischer Fähren, das heißt, sie hatten „symmetrische Schiffsenden", wie es in einer zeitgenössischen Baubeschreibung hieß. Sie brauchten also beim An- und Ablegen nicht zu wenden. Waren die Schiffe in Fahrt, wurde das nichtbenötigte Ruder festgesetzt. Die Positionslampen schalteten sich automatisch um.

Jede einzelne Fähre war 30 Meter lang und 10,50 Meter breit. Mit einer Maschinenleistung von 350 PS liefen sie 8,16 Knoten.
Der Fähr-Anleger in Gaarden „Wilhelminenhöhe" besaß auch eine Haltestelle der elektrischen Straßenbahn, die in der Gegenrichtung bis Wellingdorf zur Gaststätte „Stadt Kiel" fuhr.
Die „SECUNDUS" wurde bald ausgemustert und verkauft. Die „TERTIUS" wurde 1944 durch Bomben versenkt. 1948 wurde sie als Badeponton vor Düsternbrook verankert und 1952 hat man sie dann am Eisenbahndamm verschrottet.
Fährschiff „PRIMUS" ging 1945 an die Verwaltung des Nord-Ostsee-Kanals und wurde als Kanalfähre in Brunsbüttel eingesetzt. Sie fuhr dort unter dem gleichen Namen bis Ende der 1960er, wo sie erneut verkauft wurde und schließlich als Arbeitsprahm einer Wasserbaufirma endete.
1952 kam dann eine neue Gaardener Fähre in Fahrt. Kapitän Willy Zenner organisierte – zunächst mit einem ehemaligen Alsterboot aus dem Jahre 1920 – einen Personenfährdienst auf fast dem gleichen Kurs wie die Trajekt-Fähren.
Zu Zenners erstem Schiff, der „GAARDEN", gesellte sich ein Jahr später ein ähnliches Fahrzeug aus Cuxhaven mit Namen „KIEL". 1954 und 1958 gingen zwei weitere Schiffe in Fahrt (MS „ELLERBEK" und MS „LOOP TO"), die auch für Ausflugsfahrten zum Einsatz kamen.

Verschrottung „Tertius"

Zenners Fährunternehmen litt allerdings unter der Konkurrenz der neuen Straßenbahnlinie 4 und des zunehmenden Autoverkehrs und musste 1962 Konkurs anmelden. Die KVAG übernahm die Linie und setzte bis 1974 andere betagte und weniger geeignete Schiffe ein.

Fähre von Kapitän Zenner

1880 Kaiserliche Werft – Stahlstich

Die Kaiserliche Werft

Mit Beendigung des Deutsch-Dänischen Krieges 1864 wurden die Herzogtümer Schleswig und Holstein gemeinsam von Österreich und Preußen verwaltet. Prinz Adalbert v. Preußen, Oberbefehlshaber der preußischen Flotte, erkannte sehr früh die Bedeutung des Hafens von Kiel als Standort der Marine, wobei er von Bismarck und Roon unterstützt wurde. So erging die königliche Cabinetsordre zur Einrichtung eines Marine-Etablissements und der Verlegung der Flotte von Danzig nach Kiel. Der Marinefiskus erwarb ein Gelände in Düsternbrook. Erster Direktor dieses Marine Depots wurde „Corvetten-Capitain" Klatt.

„Die Gartenlaube"– Stapellauf von 1911

Am Ostufer der Förde in Gaarden, damals noch zum Kloster Preetz und somit zu Plön gehörig, wurde im März 1868 mit den umfangreichen Bauarbeiten für die Werft begonnen. Der Witte Berg wurde abgetragen und ein Baubassins ausgehoben, eine erste Helling errichtet und im April gleichen Jahres mit dem ersten Neubau begonnen; es war die Panzerfregatte „Friedrich der Große". Mit Gründung des Deutschen Kaiserreiches wurde aus der Königlichen Werft nunmehr die „Kaiserliche Werft Kiel". Als Schiffsneubauten folgten die Panzerkorvetten „Bayern" und „Baden" sowie die Kanonenboote „Adler" und „Eber".
Zwischenzeitlich wurden die Baubassins und die Trockendocks mit gewaltigen Baumaßnahmen fertig gestellt und der Werft übergeben – maßgeblich beteiligt waren hier die Firmen Phillip Holzmann und Steffen Sost.

1878 Bau der Werft Firma Steffen Sohst

Die Zahl der Belegschaft wuchs auf 9000 Personen. In ganz Kiel wurde der Wohnraum knapp – die werftnahen Stadtteile entwickelten sich und ein allgemeiner gewaltiger Bauboom begann.
Die Werft vergrößerte sich durch Grundstückkäufe und Erwerb eines Teils der Germaniawerft von bisher 485 000 qm auf 1 297 500 qm. Das idyllische Fischerdorf Ellerbek wurde an der Schwentine neu angesiedelt, wodurch sich Wellingdorf beachtlich vergrößerte.

1910 Eingang der Kaiserlichen Werft

Im Schiffbau begann der Übergang vom Holz- zum Stahlschiff, vom Segel- zum Dampfschiff. Die jetzt recht große Werft konnte sehr schnell weitere und moderne Schiffsneubauten an die Marine liefern, wie den Kleinen Kreuzer „Falke" und den Großen Kreuzer „Fürst Bismarck".

Die Leitung der Werft unterstand dem OWD (Oberwerftdirektor).

Die Oberwerftdirektoren der Kaiserlichen Werft Kiel, chronologisch:

- Corv. Capt. Gustav Klatt, Marinedepot Düsternbrook
- Corv. Capt. Wilhelm A. Berger
- Kapt. z. See Johann Weikhmann
- " Max Freih. v. d. Goltz
- " Heinrich Kühne
- " Bartolomäus v. Werner
- " Hans v. Koester
- " Victor Valois
- " Otto v. Diederichs
- " Otto Diedrichsen
- " Hunold v. Ahlefeld
- " Max v. Fischel
- " Georg Scheder
- Konteradmiral Guido v. Usedom

Stapellauf: 25.09.1897 in Kiel: „SMS Fürst Bismarck"

- Kapt. z. See Konrad Henkel
- Vizeadmiral Konrad v. Henkel-Gebhardi (1917 geadelt und befördert)
- Konteradmiral Friedrich Behnke

In Gaarden wurde die Kaserne der I. Werftdivision (Pickert-Kaserne) bezogen, welche der Ausbildung der technischen Laufbahnen der Marine diente.
Der Kriegsschiffbau war voll ausgelastet mit dem Bau mehrerer Linienschiffe und Kreuzer. Über der Einfahrt zum Ausrüstungsbassin im ehemaligen Ellerbek gelegen entstand eine Schwebefähre, zwei weitere Hellinge wurden errichtet, Holzbauten durch massive Steinbauten ersetzt.

Schwimmdock mit SMS Seidlitz

Mit Ausbruch des Ersten Weltkrieges erhöhte sich die Belegschaft und erreichte 1917 ihren höchsten Stand mit 22 000 Arbeitern und Angestellten. Sie war somit die drittgrößte Werft der Welt. Der Kriegsalltag sah die vielen Schiffe der Flotte zur Reparatur und Instandhaltung, aber auch zur Beseitigung von Kriegsschäden.

Am 24. September 1918 besuchte der Kaiser zum letzten Mal die Werft.

1918 Der letzte Besuch des Kaisers

Am 3. November gleichen Jahres kam es zur Rebellion von Matrosen und Arbeitern auf allen Kieler Werften.

Ansichtskarte der Kaiserlichen Werft

Der Werftpark auf dem Kieler Ostufer

Im Februar 1890 ordnete Kaiser Wilhelm II. für alle Staatsbetriebe die Bildung von Arbeiterausschüssen an, welche – jedoch ohne die finanzielle Unterstützung des Staates – Wohlfahrtseinrichtungen für die Betriebsangehörigen zu schaffen hätten. In Kiel wurden daraufhin auf der am Ostufer der Förde gelegenen Kaiserlichen Werft u. a. eine Werftkantine und drei Verkaufsstellen für Grundnahrungsmittel und Kleidung eröffnet. Diese erwirtschafteten den finanziellen Grundstock für den Erwerb eines circa 14 Hektar umfassenden hügeligen Geländes am Förde-Ufer, das sich in dem südlich an die Werft anschließenden Grenzgebiet der Gemeinden Ellerbek und Gaarden direkt entlang der Werftmauer erstreckte. Entscheidend für den Ankauf dieses Geländes waren neben der landschaftlich reizvollen Lage und dem dennoch günstigen Kaufpreis vor allem die unmittelbare Nachbarschaft zur Werft sowie zu einer östlich des Parks im Entstehen begriffenen Wohnkolonie des Arbeiterbauvereins.

Der Werftpark der Kaiserlichen Werft

In den Jahren 1893 bis 1899 wurden die Ländereien nach und nach in eine Parkanlage im sog. „gemischten" Stil umgestaltet, die sich an den damals gängigen Typus des öffentlichen Volksparks anschloss. Der öffentliche Volkspark des 19. Jahrhunderts orientierte sich an den feudalen landschaftlich gestalteten Guts- und Schlossgärten, deren idealer Gehalt jedoch durch die sozialen Funktionen des Parks modifiziert wurde.

Leider lässt sich nicht mehr nachweisen, wer für den Entwurf des Werftparks letztendlich verantwortlich war, weil das gesamte Archiv der damaligen Werft im Zweiten Weltkrieg zerstört wurde. Der Hauptzugang in den Park erfolgte von der westlich der Anlage gelegenen Kaiserstraße her. Hier befand sich ein großer, hölzerner Torbogen mit der Aufschrift „Werftpark". Darüber war als Sinnbild des Arbeiterfleißes ein von Bienen umschwärmter Bienenkorb dargestellt. Zwischen den zellenartig angelegten Rasenflächen der gesamten Anlage zog sich ein verschlungenes Netz gleichförmiger Spazierwege hindurch. Ein am westlichen Park-Rand entlanglaufender Weg führte zu dem ein Hektar großen, von Bäumen umsäumten Jugendspielplatz. In einer Ecke des Spielplatzes befand sich eine kleine Umkleidehalle, in einer anderen – umgeben von einem Knick – ein Gedenkstein mit dem bronzenen Bildnis Kaiser Wilhelms I. Ganz im Sinne der sittlichen und patriotischen Erziehungsfunktion des Volksparks gab es darüber hinaus in dem Werftpark noch zwei weitere Gedenksteine: Der Kaiser Friedrich III. gewidmete befand sich auf einer kleinen Insel in einem nordöstlich des Spielplatzes gelegenen buchtenreichen künstlichen Teich; der zu Ehren Bismarcks aufgestellte unter einer Linde, die die Werftarbeiter am 80. Geburtstag des Fürsten gepflanzt hatten.

Am Ufer des im Winter zum Schlittschuhlaufen genutzten Teiches wurde eine Menagerie von Kleintieren und Geflügel – u. a. Störche, Graureiher, Pfauen, Truthähne und Kaninchen – in einem Drahtgehege gehalten. Außerdem gab es im Park noch einen Fuchsbau und zeitweise wohl auch weitere Wildtiergehege. Die Hauptattraktion bildete jedoch zweifelsohne der auf der nördlichsten Ecke des Steilrandes an den Wasserturm der Werft angegliederte Bärenzwinger, der zeitweise drei aus verschiedenen Ländern stammende Bären beherbergte, die die Kaiserliche Marine von ihren Auslandsfahrten mitgebracht hatte.

Im Zentrum des Parks lag auf einer Anhöhe, dem sog. Heidberg, ein repräsentatives Fest- und Versammlungsgebäude im deutschen Landhausstil. Über dessen nach Westen zum Park-Tor ausgerichteten Portal war in großen, goldenen Buchstaben der bezeichnende Name „Unser Erholungs-Haus" angebracht.

1911 Das Versammlungshaus

Insgesamt bestand das Gebäude aus einem der Hanglage angepassten Keller-, einem Erd- und einem Obergeschoss sowie einem an der südlichen Seite errichteten Aussichtsturm.

Als Hauptraum besaß das Haus einen nach Osten gerichteten, in seiner Ausstattung und Größe sehr imposanten (30 Meter langen, 20 Meter breiten, 15 Meter hohen) Festsaal. Diesem waren an seinen von begehbaren Galerien umsäumten Längsseiten weitere Bauteile vorgelagert: südlich die eingeschossige Kegelbahn, nördlich – zur Werft hin – im Erd- und Obergeschoss jeweils zwei Club- und Gesellschaftsräume, wobei die kleineren neun Meter breiten und 14 Meter langen Räume im querrechteckigen Hauptbaukörper lagen. Die Nordwestecke des Hauptbaus wurde durch einen erkerartigen, jedoch vom Erdboden aufsteigenden und im Obergeschoss offenen Eckausbau optisch hervorgehoben. Der östliche Teil der Nordwand, hinter dem sich die beiden anderen 24 Meter langen und sieben Meter breiten Räume befanden, wurde um zwei Meter zurückversetzt, um auf diese Weise Platz für eine windgeschützte Holzveranda zu schaffen. Letztere führte zu einer im Schatten des Hauses gelegenen, im Sommer als Freiluftbühne bei Gartenkonzerten oder als Gartenrestaurant genutzten Terrasse, von der aus zwei weitere terrassierte Geländestücke den Hang hinunterführten.

Die in der zweiten Hälfte des 19. Jahrhunderts obligatorischen, artenreichen Blumen- und Rosengärten des Volksparks fehlten im Werftpark gänzlich, was auf das begrenzte finanzielle Budget des Wohlfahrtsvereins zurückzuführen war: Dieses reichte nicht gleichzeitig für die Anlage aufwendiger Blumenrabatten und die Unterhaltung kostspieliger Tiergehege.

Infolge der Flottengesetze von 1898 und 1900 der Ära Tirpitz, die in der von der Marine und der Rüstungsindustrie abhängigen Stadt Kiel zu einem starken wirtschaftlichen Aufschwung des Kriegsschiffbaus führten, kam es zu einer beträchtlichen Erweiterung des Werftareals der Kaiserlichen Werft, dem die Alt-Ellerbeker Fischersiedlung im Jahre 1903/04 zum Opfer fiel.

Auf Initiative von Hafenbaudirektor Georg Franzius wurde ein damals etwa 200 Jahre altes, reetgedecktes Fischerhaus – ergänzt durch Teile aus anderen Fischerhäusern – auf dem ansteigenden Ufergelände östlich des Werftparkteiches wiederaufgebaut und mit einer aus roh behauenen Findlingen errichteten Treppe versehen. Diese wurde den originalen Aufgängen in Alt-Ellerbek nachempfunden und führte im leichten Bogen seitlich vom Teich zum Haus hinauf.

Als letzter großer gestalterischer Eingriff vor der Übernahme des Parks durch die Stadt kann der Bau der katholischen St.-Joseph-Kirche an der Südostecke der Parkanlage im Jahre 1914/15, vom Wohlfahrtsverein als eine gestalterische Bereicherung des Geländebildes hervorgehoben, angesehen werden.

Ansichtskarte aus 1914
Teich, Kirche und Fischerhaus

Zitat anlässlich der Einweihung des Erholungshauses von dem damaligen Oberwerftdirektor von Ahlefeld an die Belegschaft der Werft:

» *Sie haben sich zusammengeschlossen, um ohne Staatshülfe, aber dadurch, dass Sie die Führung vertrauensvoll in die Hände eines hohen Beamten gelegt haben, ein Werk zu schaffen, das notwendig für die Sicherung des sozialen Friedens förderlich wirken muss. Sie erfahren, dass wir, Ihre Vorgesetzten, ernstlich und mit großem Aufwande von Mühe und Zeit die Verbesserung Ihrer Lage wollen nicht nur durch Liebesgaben, sondern dadurch, dass wir Sie organisieren und Ihnen helfen, aus eigener Kraft vorwärts zu kommen. Dieses Vorwärtskommen beruht nicht zum wenigsten darin, dass wir Ihnen eine schöne reine Umgebung schaffen, dazu bestimmt, dass auch reine und schöne Tugenden, wie Liebe zu Thron und Vaterland, Glauben und gute Sitte, Zucht und Ehre bei Ihnen gedeihen.* «

Dass die Arbeiter den Park sehr gerne besuchten, wohingegen sie das Veranstaltungsangebot im Erholungshaus kaum nutzten, kann im Zusammenhang mit dem besonders nach Aufhebung des Sozialistengesetzes im Jahre 1890 spürbaren Bestreben der Arbeiterschaft nach Herausbildung einer eigenen Arbeiterkultur gesehen werden, die sie als eine Art Gegenkultur zur bürgerlichen Welt verstanden.

Umgestaltung des Werftparks durch den Stadtbaurat Willy Hahn

Am 1. Juli 1921 kaufte die Stadt Kiel den Werftpark von dem in Auflösung begriffenen Wohlfahrtsverein, um so auf Dauer für die Erhaltung der Parkanlage auf dem ansonsten mit Grünflächen nur sehr spärlich ausgestatteten Ostufer zu sorgen. Auch dachte der Magistrat zu diesem Zeitpunkt noch daran, das Parkgelände und die Gebäude als Veranstaltungsort für Kongresse bzw. vor allem für die Zwecke der neu gegründeten Nordischen Messe zu nutzen. Nach dem verlorenen Krieg stand die bisher einseitig auf die Rüstungsproduktion ausgerichtete Stadt Kiel vor der schweren Aufgabe der Entwicklung eines wirtschaftlichen Wiederaufbauprogramms auf einem zivilen Fundament, das auch neue städtebauliche Perspektiven erforderte. Im Gegensatz zur künstlichen Natürlichkeit eines englischen Landschaftsgartens wurde der alte Werftpark von Hahn bis in die Mitte der 1920er-Jahre so radikal umgestaltet, dass es in einem in der damaligen Kieler Zeitung erschienenen Artikel zu Recht hieß: „Man kennt den alten Park der Kaiserlichen Werft nicht wieder."

Das verschlungene Netz gleichförmiger Spaziergänge, das den Rasen in zellenartige Flächen zergliedert hatte, reduzierte Hahn zugunsten der Anlage deutlich begradigter und in der Breite differenzierter Wege. Der von der Kaiserstraße quer durch das als Volkswiese angelegte Rasengelände bis zur Prinzenstraße reichende Hauptweg teilte den Park in zwei unterschiedlich große Areale. Diese wurden vor allem durch einen an dem Fischerhaus und dem nordöstlichen Ufer

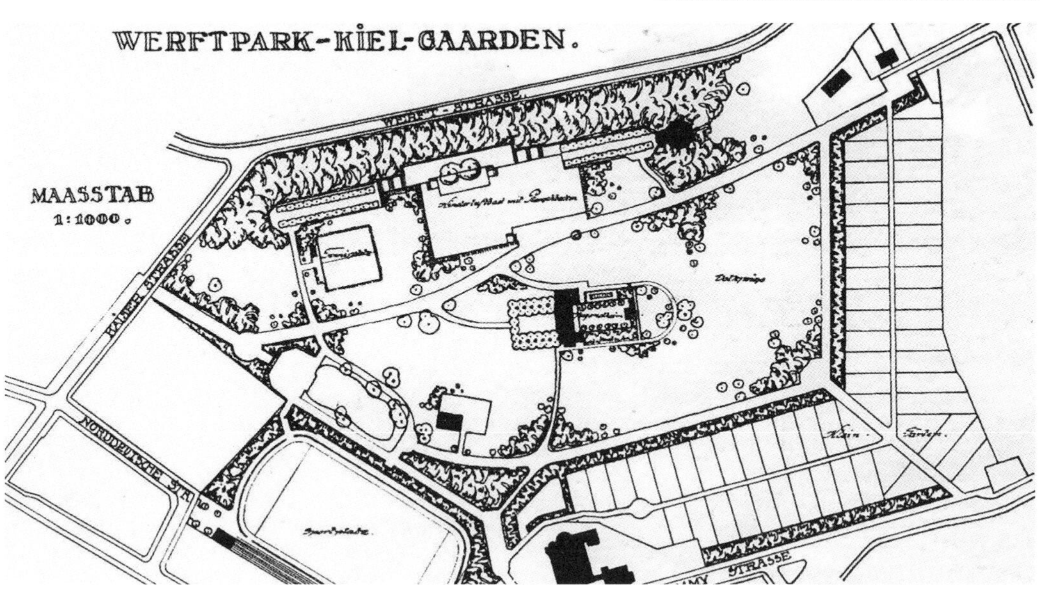

Plan nach Stadtbaurat Willy Hahn

des Teiches entlanglaufenden Verbindungsweg, der den Hauptweg kreuzte und an einem neuen Tennisplatz vorbei zu einer auf dem Förde-Steilrand angelegten Allee führte, geschickt miteinander verbunden. Um das südlich des Hauptweges gelegene Areal führte ein parallel zur Pickertstraße verlaufender Weg direkt auf die Kirche zu, wurde an Kleingärten entlang bis zu der Südostecke des Parks fortgeführt, um dann fast rechtwinklig zum Hauptweg zurückgeleitet zu werden. Die den gesamten Rand dieses Areals einnehmenden Kleingärten gaben der Parklandschaft einen festen Rahmen und integrierten nun auch den zu einer oval-förmigen Anlage umgestalteten Sportplatz.

An dem Ende 1925 fertiggestellten Umbau des ehemaligen Erholungshauses der Kaiserlichen Werft zu einem Jugendheim „in moderner Baugesinnung" wird der Wille zur bewussten „Demontage" des Kaiserreiches besonders deutlich. Hahn ließ im Grunde genommen nur die Erdgeschossmauern des querrechteckigen Hauptbaukörpers, die Umfassungsmauern des Saales und Bühnenausbaus sowie die massiven Teile des Turmes stehen. Das nun verputzte Gebäude erhielt statt des vordem leuchtend roten Walmdaches ein schlichtes Satteldach – und der Turm ein gedrungenes Pyramidendach. Von der Eingangshalle im Erdgeschoss führte eine direkt gegenüber dem Haupteingang liegende Tür zu einer Terrasse, die an ihrer Südseite durch eine an dem Turm angesetzte Laube.

1925 Versammlungshaus und Brunnen

Von dieser Terrasse ging eine Treppe zu einem schlichten, von Mauern eingefassten Spielplatz hinab, dessen Längsseiten von Bäumen gesäumt waren und an dessen Schmalseite eine offene, von Pfeilern gestützte Schutzhalle stand. Die Hauptfassade und die Rückseite des Jugendheims gestaltete Hahn weitgehend gleichwertig.
Spielplatz und Terrasse nahmen die Stelle des früheren Festsaals des Erholungshauses ein und wirkten in ihrer zimmerartigen architektonischen Raumbildung wie begehbare Räume unter freiem Himmel. An dem Jugendheim und der Spielplatzanlage entlang führte ein breiter Weg im gleichmäßigen Bogen um die Schutzhalle herum. Vor dem Haupteingang bildeten Baumreihen einen geschlossenen Vorplatz, von dem aus ein Pfad an einer Brunnenanlage vorbei zum Hauptweg des Parks führte.

Von der Kieler Kunstkeramik AG wurde nach einem Entwurf des aus Frankfurt a. M. stammenden Bildhauers Georg Mahr im Jahre 1926 ein Brunnen errichtet. In einem polygonalen Bassin, dessen Wasser über eine Kaskade in ein etwas tiefer gelegenes rechteckiges Becken hinunterfloss, thronte ein Phantasiefisch, der auf seinem Kopf stand und den Schwanz schraubenförmig in die Höhe schlängelte. Er diente, wie Seelöwe und Seehund, die auf der Brüstung des Beckens saßen und einander mit rückwärts gedrehtem Kopf anblickten, als Wasserspeier. Entlang des steilen Fördeufers ließ Hahn eine Allee anlegen, die in einem kleinen sechseckigen Aussichtspavillon mündete.

Der mittlere Alleeabschnitt, der tiefer lag als die mit Treppen verbundenen Seitenpartien, war zu einem von einer Feldsteinmauer befestigten Plateau ausgebaut. Von diesem führten Treppen zu einem Kinderluftbad mit Planschbecken hinab. Die im letzten Jahr nach historischen Vorlagen sanierte Spielplatzanlage gehört zu den Elementen des Parks der 1920er-Jahre, die den Krieg weitgehend unbeschadet überstanden haben. Der Aussichtspavillon besteht allerdings auch nicht mehr.

1955 Das Planschbecken im Park

Der Nationalsozialismus gab den Parks auf dem Ostufer andere Namen, so hieß der Werftpark „Horst-Wessel-Park" und der Stadtrat-Hahn-Park wurde zum „Albert-Leo-Schlageter-Park".
Heute haben diese Parks wieder die alten Namen und sind immer noch beliebte Erholungsorte für die Bevölkerung der umliegenden Stadtteile. Das ehemalige Erholungshaus wurde bei einem Luftangriff im Zweiten Weltkrieg total zerstört. Aus den Steinen der Ruine konnte nach dem Krieg ein neues Haus an dem alten Platz errichtet werden, welches mit weißer Farbe übermalt, ganz neuen Aufgaben zugeführt werden konnte. Heute ist hier das erfolgreiche Werftpark- und Jugendtheater untergebracht.

Die Johanneskirche in der Goschstraße:

Die Anfänge der eigenständigen Kirchengeschichte in Gaarden gehen auf das Jahr 1883 zurück. Damals wurde die Kirchengemeinde Gaarden gegründet. Sie hatte drei Pfarrbezirke und eine Kirche, die Johanneskirche. Aber alle Stadtteile des Ostufers unterstanden ehemals dem Kloster Preetz. Sie gehörten zur Kirche in Elmschenhagen. Somit hatte auch der Stadtteil Gaarden die evangelischen Begräbnisstätten auf dem Kirchhof in Elmschenhagen.

Die Erlaubnis zum Bau einer eigenen Kirche erhielt die Gemeinde Gaarden zwar bereits im Jahre 1233. Der Bischof von Lübeck erteilte sie in diesem Jahr der Gemeinde Hemminghestorp, dem heutigen Gaarden-Ost. Aber aus nicht mehr feststellbaren Gründen wurde die Kirche nicht gebaut.

Baugröße und Baukosten der Johanneskirche zu Gaarden

Der Text wurde in neuer deutscher Rechtschreibung von einer zeitgenössischen Baubeschreibung übernommen.

» *Das ungewöhnlich rasche Anwachsen der am rechten Ufer des Kieler Hafens gelegenen Ortschaft Gaarden hat Anlass gegeben, dieselbe von der Kirchengemeinschaft Elmschenhagen abzuzweigen und für die Tochtergemeinde, welche im Jahre 1867 noch 867, im Jahre 1881 aber bereits 8026 Einwohner zählte, ein eigenes Gotteshaus zu erbauen.* «

Dieser Neubau wurde im Monat Mai 1882 begonnen, sodass im November des folgenden Jahres die Einweihung und Benutzung der Filialkirche erfolgen konnte.

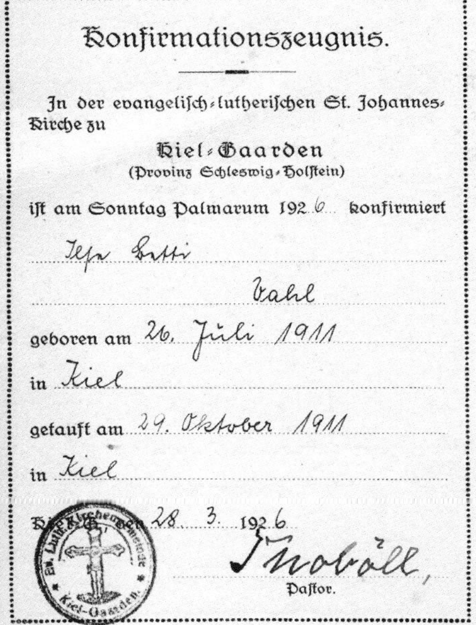

Konfirmationszeugnis.

In der evangelisch-lutherischen St. Johannes-Kirche zu

Kiel-Gaarden
(Provinz Schleswig-Holstein)

ist am Sonntag Palmarum 1926 konfirmiert

Ilse Lotti

Vahl

geboren am 26. Juli 1911

in Kiel

getauft am 29. Oktober 1911

in Kiel

28. 3. 1926

Pastor.

1926 Die Konfirmation meiner Mutter

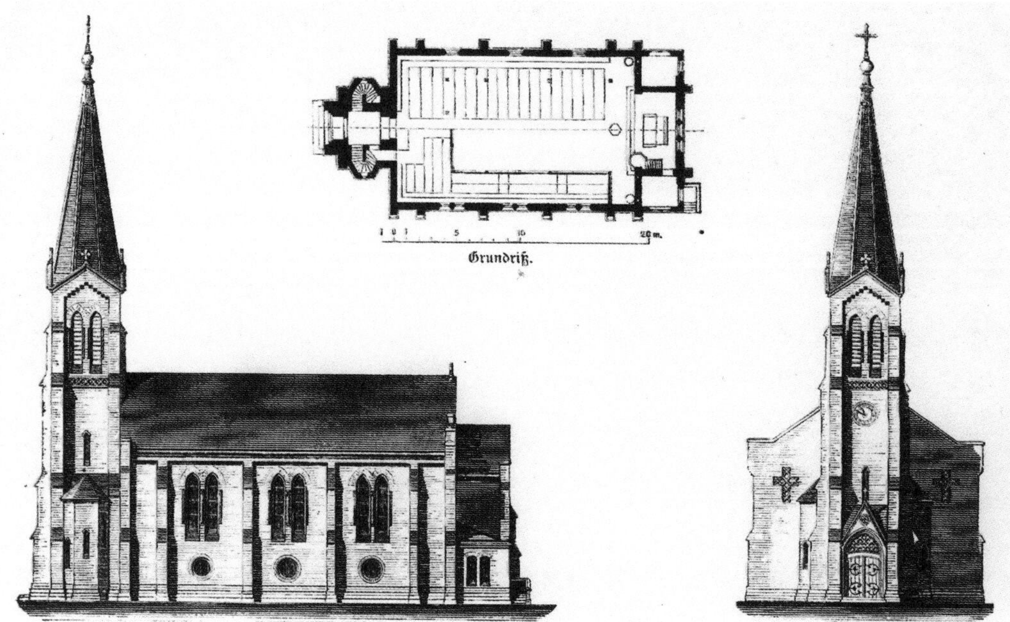

1882 Bauzeichnungen

Die Lage und Beschaffenheit des von der Gemeindevertretung zu Gaarden für den Neubau der Kirche dargebotenen Bauplatzes war für deren Orientierung bestimmend und ist dieselbe derartig erfolgt, dass das Torhaupt nach Westen gelegen ist, wodurch der Haupteingang zur Kirche der Ortschaft zugewandt wird.
Die Kirche gewährt Sitzplätze für 666 Kirchgänger, von denen 394 Erwachsene im Schiff, 192 desgleichen auf den Orgel- und Seiten-Emporen, sowie 80 Kinder auf den Orgel- und Seiten-Emporen untergebracht werden können.
Der Neubau ist von Backsteinen aus den Kieler Ziegeleien unter Verwendung der notwendigsten Formsteine ausgeführt worden. Auch für das äußere Mauerwerk ist nur ein besserer Ziegelstein verwendet worden, sodass überall auf eine einfache, gleichwohl gute Herstellung des Neubaus Rücksicht genommen worden ist.

Die Gesamtkosten für das Gebäude und dessen Ausstattung betrugen 47 149 Mark, (1 Mark (1873–1899) = 9,86 Euro) hiervon entfallen auf die Beschaffung von Kanzel, Altar und Taufstein von Firma Prüfer in Berlin 2500 Mark; Gasbeleuchtung und Gasbeleuchtungs-Gegenstände, 60 Flammen von Kreuzberger & Sievers in Berlin 1270 Mark; Beschaffung von 3 Glocken, einschließlich eines eisernen Glockenstuhls von Collier daselbst 2200 Mark; Beheizung mittels 2 Öfen 500 Mark; Bauführung und Insgemein-Kosten 1775 Mark; zusammen: 9385 Mark.
Die Beschaffung einer Orgel steht noch aus, sodass die Gesamtkosten sich um den Betrag von 6000 Mark erhöhen werden.

Bei Berechnung der Grundfläche und des zugehörigen kubischen Inhalts der einzelnen Teile der Kirche ergeben sich folgende Zahlen, und zwar entfallen auf:

Das Schiff	250,63 qm	2.280,73 cdm
Die Absiss	23,57 qm	183,85 cdm
Die Sakristei	9,10 qm	33,67 cdm
Die zwei Treppen-Türmchen	11,24 qm	67,44 cdm
Den Turm	17,14 qm	342,80 cdm
	zusammen: 311,64 qm	zusammen: 2.908,49 cdm

Auf Grund besonderer Ermittelungen stellen sich die Kosten für den Turm auf 9350 Mark, daher beträgt der Einheitspreis mit Bezugnahme auf den vorstehenden Flächen- und kubischen Inhalt desselben 545,50 Mark für 1 qm Grundfläche und 27,27 Mark für 1 cdm Gebäude. Werden sodann nach den auf das Kirchenschiff entfallenden Kosten von 37 799 Mark die Einheitspreise für den Flächen- und kubischen Inhalt desselben ermittelt, so ergibt sich, dass 1 qm 128,33 Mark, 1 cdm 14,73 Mark erfordert hat, wonach vergleichsweise die Kostspieligkeit von Turmbauten sich beurteilen lässt.

Vor dem Zweiten Weltkrieg gehörten dem damaligen Pfarrbezirk die Häuser und Gebäude der St. Johanneskirche und das Pastorat in der Goschstraße. In dem Pastorat war das Gaardener Kirchenbüro und die Schwesterwohnung untergebracht. Auf dem Gelände in der Goschstraße standen außerdem das Haus des Küsters und das Gemeindehaus.

1946 Kirchenruine

Von all diesen Gebäuden blieb nur die Küster-Wohnung erhalten; alle anderen sind durch die Kriegseinwirkungen zerstört worden. Am 14. Mai 1943 wurde bei einem Tagesangriff der US Air Force die Kirche schwer beschädigt.
Die Bomben trafen besonders die Südhälfte der der Kirche. Bei der Sakristei wurde die Mauer eingerissen, das Dach über dem Gewölbe wurde abgedeckt. Außerdem entstanden durch Bombensplitter viele Einschlaglöcher. Sämtliche Fenster gingen zu Bruch und auch die Orgel hatte stark gelitten. Der Versuch, die Kirche wieder herzustellen, scheiterte. Sie wurde am 3. April 1945, kurz bevor der Krieg zu Ende ging, durch ein weiteres Bombardement total zerstört.

In der ersten Zeit nach dem Zweiten Weltkrieg wurden die Gottesdienste in der Gaststätte „Friesenhof" in der Kaiserstraße abgehalten. 1946 fanden die Gottesdienste im Rentnerheim in der Blitzstraße statt. Der Raum fasste ca. 90 Personen und war ständig überfüllt. Mit Hilfe der aus der Johanneskirche erhaltenen Altartextilien und der Altargeräte wurde versucht, dem Raum die angemessene Würde zu verleihen. Die Trauungen konnten, da der Raum nicht immer zur Verfügung gestellt wurde, nur schwerlich hier abgehalten werden. Und so musste zu dieser Zeit in der St.-Jürgen-Kirche am Bahnhof geheiratet werden.
Wenn auch diese Kirche stark beschädigt war, so hatte der damals dort amtierende Gemeindepropst sie wieder so weit herrichten lassen, dass unter dem Raum der Orgelempore ein Platz für Gottesdienste entstanden war.
Auch das Kirchenbüro wurde am Ausgang des Krieges, nach der Zerstörung des Pastorats, im „Friesenhof" in der Stehbierhalle kümmerlich untergebracht. Die Fenster dieses Lokals waren zum größten Teil zerstört und wurden notdürftig mit Brettern vernagelt. Dieser Zustand änderte sich durch den Umzug in das Gebäude der Krankenkasse der Deutschen Werke in der Kaiserstraße 2-4.
Die Kirchengemeinde umfasste am 16. Dezember 1949 die Straßen:
Alte Lübecker Chaussee, Augustenstr. 1-69 und 2–66, Asmußstraße, Bahnhofstraße, Elisabethstr. 1–81 und 2–84, Goschstraße, Hügelstraße, Jägerstraße. Johannesstraße, Kehrwieder, Kieler Straße. Medusastraße 1–7 und 2–4. Mühlenstraße, Norddeutsche Straße 1–55 und 2–56, Raschstraße, Sandkrug, Schulstraße, Vinetaplatz, Verbindungsstraße, Werftstraße 111–189 und 116–210 und weiter die Werftstraße bis Alte Lübecker Chaussee. Wikingerstraße und Wilhelmstraße.

1959 Neubau an der Schulstraße

Am 7. April 1952 hatte die Gemeinde 5732 Einwohner, davon waren 4240 evangelisch. Im Frühjahr 1953 wurde eine neue Zählung vorgenommen, die auf Grund der amtlichen Unterlagen der Stadt ausgeführt wurde. Bei dieser Zählung ergab sich eine Einwohnerzahl von ungefähr 7200.
Am 13. Juni 1952 wurde das Paul-Fleming-Haus durch Herrn Propst D. Asmussen DD.

eingeweiht. Es dient als Gemeindehaus und als Stätte für den Gottesdienst den Gemeinden St. Johannes und St. Matthäus. Die Gemeinde St. Markus besaß in dem Haus einen Raum für den Konfirmandenunterricht und Jugendarbeit und hatte das Recht, Gemeindeveranstaltungen in dem großen Raum des Hauses durchzuführen.

Am 1. Januar 1953 wurde im Gemeindehaus ein Kindergarten für 30 Kinder eingeweiht.

Die Arbeit einer Frauenhilfe, die schon vor dem Zweiten Weltkrieg in dem damaligen Pfarrbezirk bestand, wurde wieder ins Leben gerufen. Die ersten Sitzungen der Frauenhilfe wurden im „Medusa-Restaurant" in der Kaiserstraße abgehalten. Mit der Einweihung des Paul-Fleming-Hauses traf sich dann auch die Frauenhilfe im großen Saal dieses Gebäudes.

Die Station der zu dieser Zeit noch sehr aktiven Stationsschwester wurde zuerst von der Diakonisse Hildegard Hein alleine betreut. Ihr zur Seite stand etwas später auch noch Frau Christa Burmester. Am 15. Januar 1954 feierte die Schwesternstation ihr 50-jähriges Bestehen im Paul-Fleming-Haus. Die Gemeinde nahm an dieser Feier einen sehr regen Anteil.

Der Wunsch nach einer richtigen Kirche aus Stein und mit einem Glockenturm wurde zuerst mit der St.-Markus-Kirche am Brook erfüllt. Sie wurde bereits 1956, als Ersatz der Baracken-Kirche an der Bielenbergstraße, eingeweiht.

Als nächstes Gotteshaus sollte die Kirche an der Goschstraße wiederaufgebaut werden. Aus heutiger Sicht kurios erscheint, dass am alten Standort der Neubau nicht mehr errichtet werden durfte, weil der Untergrund wegen der darunter liegenden Bunkeranlagen zu instabil erschien. Ein paar Jahre später konnte aber ebendort eine Schwimmhalle errichtet werden. Und so wanderte die Johanneskirche runter an die Schulstraße.

Nach der Zerstörung der alten Kirche war nur eine – die kleinste – der Glocken unversehrt geblieben. Diese Glocke wurde weiterverschenkt, um so in dem 1960 begonnenen

17. Juni 1961

Turm, drei ganz neue Glocken zu montieren. Am 17. Juni 1961 wurde dann die neue Johanneskirche feierlich durch den damaligen Bischof Halfmann eingeweiht. Nach den Plänen der Architekten Bolz und Detleffsen wurde sie verwirklicht und die Gaardener sind bis heute stolz auf die gute Mischung von Moderne und lichtdurchfluteter Wärme, die diese Kirche ausmachen.
Zwei lange Jahre musste die Gemeinde dann noch auf ihre Orgel warten, aber dann wurde sie belohnt mit „der wohl besten Orgel im Kieler Raum", wie ein Sachverständiger extra attestierte.

Der „lange" Pastor Hans Hoff war damals bei dem Bau die treibende Kraft und hat viele Jahre die Gemeinde geleitet. Typisch war jedes Mal sein langgezogenes „Ameeeen", das den ganzen großen Andachtsraum bis in die äußerste Ecke ausfüllte.

1960 Turmbau

1964 Johanneskirche in der Schulstraße

St. Matthäus

Die letzte in Gaarden gebaute evangelische Kirche wird zur ersten Sozialkirche

Am 1.10.1908 wurde die St. Matthäuskapelle an der Ecke der damaligen Brommystraße (nach dem Krieg in den heutigen Ostring aufgegangen) eingeweiht.
Der Chronist bemerkt: „Leider turmlos – hinter der Fassade eines kirchlichen Wohnhauses und ganz ohne Glocken (!) – nur die Inschrift über dem Toreingang des vierstöckigen Hauses St. Matthäus-Kapelle ließ erkennen, dass hier Gottesdienste abgehalten wurden".

Am 14.5.1943 wurden die Johanneskirche und alle Häuser in der Gaardener Goschstraße zerstört. Pastorate, die Gemeinderäume sowie alle kirchlichen Bauten fielen im Zweiten Weltkrieg den Bombenangriffen der britischen und amerikanischen Air-Forces zum Opfer.
Bis 1947 gab es in Gaarden eine Gemeinde, die „Kirchengemeinde Gaarden". Sie hatte drei Pfarrbezirke, aus denen dann 1950 drei eigenständige Kirchengemeinden wurden:
Durch Beschluss des Synodalausschusses der Kirchenpropstei Kiel vom 17.6.1950 wurde der in der Sitzung des Kirchenvorstandes von Kiel-Gaarden vom 16.12.1949 gefasste Beschluss, die drei Gaardener Pfarrbezirke zu selbstständigen Kirchengemeinden zu machen, gebilligt.
Auch die ersten Jahre der Eigenständigkeit waren durch die akute Raumnot geprägt. Die 150 Menschen fassende Notkirche – die Holzkirche in der Bielenbergstraße – war viel zu klein, die Unterbringung der Pastoren und der Gemeindeaktivitäten eher eine Notlösung. Abhilfe sollte dann der Bau eines gemeinsamen Gemeindehauses bringen.

Pastor Kranzusch schreibt in der Chronik: „So durften wir es freudig begrüßen, als am 13. Juli 1952 das Paul-Fleming-Haus in Kiel-Gaarden, Karlstal 35, den Gemeinden, besonders den Gemeinden St. Johannes und St. Matthäus für ihre Gottesdienste übergeben werden konnte.
Die St. Markusgemeinde benutzte für ihre Gottesdienste weiterhin die Notkirche in der Bielenbergstraße, für sonstige Veranstaltungen stand ihr das Paul-Fleming-Haus aber auch weiterhin zur Verfügung.
Bald aber auch wurde es hier zu eng. So schreibt Pastor Kranzusch: „Wir mussten bald feststellen, dass auch das Paul-Fleming-Haus, welches in seinem Kirchsaal 250 Plätze bietet und im Obergeschoss insgesamt 3 zusätzliche Räume für die einzelnen Gemeinden zur Verfügung stellt, zu klein wurde.

1908 Eingang Brommystraße

Die Bevölkerung ist auf weit über 30 000 Einwohner angewachsen, davon umfasst die St. Johannesgemeinde etwa 6500 Einwohner, die Gemeinde St. Markus etwa 10 000 Einwohner, unsere Gemeinde St. Matthäus sogar schon über 13 000.
Im Frühjahr des Jahres 1955 wurde auch noch die Notkirche abgebrochen, sodass die drei Gaardener Gemeinden auf engstem Raum zusammengedrängt ihre Arbeit leisten mussten".

Etwas erträglicher wurde die Situation, als die St.-Markus-Gemeinde dann ihre eigene Kirche nebst Gemeindehaus und Pastorat erhielt. Auch die Zahl der Einwohnerzahl verringerte sich.
Pastor Prützmann schrieb 1958 in der Chronik: „Im Raume der St. Matthäus-Gemeinde wohnten etwa 12 000 Einwohner, von denen etwa 8000 der evangelischen Kirche angehörten."
Dennoch wurde die räumliche Situation weiterhin als unerträglich empfunden. So schrieb Pastor Fritsche 1976 im Rückblick auf seine 17-jährige Arbeit in der Gemeinde St. Matthäus: „Meine Aufgabe war klar: Der Wiederaufbau des zerstörten Gemeindezentrums. Die Gaardener Gemeinden wurden spät und spärlich aufgebaut. Das Gemeindehaus Paul-Fleming-Haus musste bis 1967 für unsere Gemeinde als Kirche und Arbeitszentrum herhalten. Es steht nicht einmal auf den Boden der St. Matthäus-Gemeinde. Bei vollem Betrieb, wie er bis 1967 noch vorhanden war, gab es Unstimmigkeiten und Reibereien mit den beteiligten Nachbargemeinden – gegenseitige Störungen und Platzmangel für die vielfältigen Arbeitskreise". Ebenso gab es Kontroversen mit der Stadt Kiel, die das Grundstück an der Brommystraße enteignet hatte, um den Ostring ausbauen zu können.
Pastor Fritsche: „Ein neues Grundstück wurde angeboten. Zum Zeitpunkt meines Kommens lag ein Beschluss des Kirchenvorstandes vor, der mit dem Tausch, gemeint war Katzheide, nicht einverstanden war. Da ich kein anderes Grundstück nennen konnte, schlug ich vor, den Vorschlag der Stadt anzunehmen. Propst Sonntag hatte sich für ein Projekt erwärmt, das vorsah, Matthäus ein kleines Zentrum mit einer Pfarrstelle und einer Saalkirche zuzubilligen, wenn wir auf einen großen Teil unseres Gemeindebezirkes verzichten würden. Gemeint war der Raum südlich vom Karlstal, bzw. Helmholtzstraße. Dagegen wehrte ich mich entschieden. So kam es zu dem Plan eines Gemeindezentrums in Katzheide."
Die Matthäuskirche war in einjähriger Bauzeit nach dem Entwurf des Architekten Hense, Kiel, gebaut worden. Sie enthielt 278 Sitzplätze, der Turm hat eine Höhe von 29,5 Metern und einen kupfernen Turmhelm von 8 Metern Höhe. Im Turm befinden sich 4 Glocken.

Die Einweihung der Kirche wurde unter starker Beteiligung der Bevölkerung des Stadtteils vollzogen. Während sich vor der Kirche ca. 400 Menschen versammelten, um die Schlüsselübergabe und Öffnung der Kirche zu erwarten, zog eine Prozession von über 100 Teilnehmern von den Pastoraten zum Eingang. Eine Konfirmandin trug den Schlüssel voran, der dem Bischof Dr. Hübner überreicht wurde, der ihn dem damaligen Pastor Fritsche zum Aufschließen übergab.
Aber es sollte noch einige Zeit dauern, bis endlich auch eine Orgel in der Kirche erklingen konnte. Auch hier gab es im Vorfeld manches Problem, bis endlich am 20. 12. 1970 die neue Orgel eingeweiht werden konnte.
Dass eine Kirchenorgel alleine nicht reicht, hielt Pastor Fritsche resignierend in seiner

Chronik fest: „Die Chorarbeit war ausgezeichnet, solange die beiden Gemeinden an das Gemeindehaus gebunden waren. Mit dem Auszug der beiden Gemeinden in eigene Kirchen zerfiel der Chor. Das ist traurig, wenn man bedenkt, dass vor dem 1. Weltkrieg und lange danach Gaarden ein sehr aktives kirchenmusikalisches Leben aufwies."
Aber noch immer hatte die St. Matthäusgemeinde kein eigenes Gemeindehaus.
Ein Vierteljahrhundert war zwischen erster Planung und der schlussendlichen Vollendung vergangen. Dafür konnte der Bau als durchaus gelungen bezeichnet werden. Die bei der Einweihung anwesenden Gäste aus ganz Kiel hielten dieses Gemeindehaus für eines der schönsten der Stadt.
Und so vermerkt Chronist Pastor Ferdinand Ohms voller Stolz: „Zusammen mit dem hervorragend entworfenen Kirchplatz mit seinen Eichenbäumen stellt das Gemeindezentrum St. Matthäus ein Schmuckstück für den Stadtteil Gaarden dar."

Die folgenden Jahre in der Matthäus-Gemeinde waren Jahre der Kontinuität. Man erfreute sich einer guten Personalsituation und die Gemeindearbeit war rege. Einen markanten Einschnitt brachte dann das Jahr 1982. Sinkende Kirchenmitgliedszahlen und Einnahmen stellten den Kirchenkreis Kiel vor große Probleme. So entschied man sich im Raum Kiel 13 Pfarrstellen zu streichen und begann damit gleich in Gaarden. Nach langen Planungen und Beratungen fiel der Entschluss, sich die beiden Seelsorger-Stellen in Johannes und Matthäus einzusparen. Damit wurde dann auch eine Neuabgrenzung der Gemeinden nötig. Der Gemeindebereich der St. Matthäusgemeinde wurde drastisch verkleinert. Weil Kirchengemeinden aber nach der Anzahl ihrer Gemeindeglieder finanziert werden, sanken damit auch ganz erheblich die Einnahmen der Gemeinde und zwangen zu starken Sparmaßnahmen. Weitere Personal-Stellen wurden gekürzt und sogar gestrichen.

St. Matthäus wird Sozialkirche

Jede und Jeder ist willkommen! Während der Öffnungszeiten der Kieler Tafel sind die Ehrenamtlichen aus der Kirchengemeinde und die Pastorin vor Ort und haben ein offenes Ohr. Nachmittags wird zu den regelmäßigen Angeboten wie der Spielegruppe, Bingo oder dem Internationalen Nachmittag geladen. Dabei stehen das gesellige Miteinander, der Austausch und der Spaß im Vordergrund. Es gibt ein „Lädchen" in der Sozialkirche, in dem gespendete Kleidung und kleine Haushaltsgegenstände kostenlos mitgenommen werden können.
Einmal in der Woche findet eine Andacht und am Heiligabend ein besonderer Gottesdienst in dieser besonderen Kirche statt. Der Andachtsraum bietet die Möglichkeit zum Verweilen und für kurze Zeit still zu werden. Wer mag kann auch einfach nur eine Kerze anzünden.

Die Neue Matthäuskirche – heute Sozialkirche

Die Holzkirche in der Bielenbergstraße

Wann die Kirche gebaut worden ist, kann anhand der Akten nicht genau bestimmt werden. Lediglich das Datum der Kirchweihe ist bekannt. Es war am 22.5.1947. Die Kirche war eine Notkirche und ein Geschenk aus der Schweiz durch den World Council of Churches.

Ein erster Anstoß zum Wiederaufbau der Gotteshäuser in Gaarden war das Geschenk einer Baracken-Kirche, die in den Schweizer Bergen als Militär-Baracke gedient hatte. Zu diesem Geschenk aus der Schweiz gehörte auch ein kleiner Dachreiter, ein eiserner Ofen, ein Tisch, zehn Spinde und Bänke ohne Rückenlehne. Aus diesem gesamten Material wurde dann von dem Gaardener Baumeister Preuß aus der Hofstraße, unter Anleitung des Architekten Linke, der auch aus Gaarden stammte, die Baracken-Kirche in der Bielenbergstraße aufgebaut. Die ausführende Firma war das Baugeschäft Helbig.

Der Architekt schaffte es, indem er den Holzbau auf ein festes Fundament stellte und einen Steinaltar mit einbaute, die Baracke mit dem Dachreiter wieder wie den Rohbau einer Kirche aussehen zu lassen.

Der Mittelfußboden wurde aus abgeputzten Trümmersteinen hergestellt. Die Binderkonstruktion wurde vollkommen verändert, sodass die Kirche im Innern vollkommen frei von Balkenwerk wurde. Aus dem so gewonnenen Holz erhielten die Bänke alle eine Rückenlehne, so wurde ein richtiges Kirchengestühl hergestellt. Statt der mitgelieferten Ofenheizung wurde von der Firma Detlef Andres eine Dampfheizung eingebaut, für die unter der Kirche ein Keller geschaffen wurde.

Am 22. Mai 1947 wurde die Barackenkirche dann durch den Bischof für Holstein, Halfmann, eingeweiht. Die Kirche diente dann

Foto von Christoph Stahl

für den Gottesdienst, die Amtshandlungen und den Konfirmandenunterricht, der drei Gemeinden St. Markus, St. Johannes und St. Matthäus.

Im Jahre 1953 konfirmierte hier der Pastor Milies, der auch schon über viele Jahre in der Johannes-Kirche an der damaligen Goschstraße wirkte.

Am 8.1.1954 ist der Wunsch der Gemeinde nach einer dauerhaften Lösung anstatt der Notkirche bekundet.

Als Ort des Neubaus einer Kirche wurde das Grundstück Oldenburger Straße/Ostring ausgewählt. Auf dem Gelände der Notkirche sollte ein Altenheim entstehen. Die Räumungsfrist des Grundstücks der Notkirche war laut Akte am 31.4.1955.

Die Grundsteinlegung der St.-Markus-Kirche erfolgte am 5.11.1955. Somit ist diese die Nachfolgekirche.

Zunächst wurde die Kirche auf dem Dach mit einem sogenannten Reiter errichtet, welcher die Glocke trug. Der Turm wurde auf Betreiben des Pastors Asmuß erst 1964 errichtet.

Die katholische Kirche „St. Joseph" an der damaligen Gebhardstraße – direkt am Werftpark. (der Turm hatte eine Höhe von 58 m) – Ansichtskarte aus der Sammlung Mowitz.

Die katholische Kirche St. Joseph stand in der Gebhardstraße

Nach dem Erlöschen des katholischen Lebens in den Herzogtümern Schleswig und Holstein in der Reformationszeit war die Ausübung des katholischen Kultes bis ins 19. Jahrhundert von den dänischen Landesherren untersagt. Erstmals nach der Reformationszeit wurden Katholiken in Kiel in einem Reskript des dänischen Königs Christian VII. vom 10. 11. 1779 in Glückstadt erwähnt. Am 25. 7. 1800 erteilte dann der dänische König die Erlaubnis, dass einer der beiden katholischen Geistlichen in Glückstadt sich in Kiel aufhalten und dort Gottesdienste in einem Privathaus feiern dürfe. Das beendete den Zustand der illegalen katholischen Gottesdienstfeiern.

Aufgrund einer Erlaubnis vom 26. 3. 1839 für den Bau einer Kapelle mit Pfarrer- und Küsterwohnung auf einem von dem Kaufmann Cetti erworbenen Grundstück am Sophienblatt wurde eine Kapelle errichtet, die 1841 von Pfarrer Haas aus Fredericia eingeweiht wurde. 1842 bekam die jetzt etwa 60 Mitglieder umfassende Gemeinde mit Dr. Heinrich Franksmann den ersten eigenen Pfarrer. Franksmann erteilte auch Schulunterricht, ab 1856 in einem an die Kirche angebauten Gebäude. Das katholische Schulwesen bestand bis zu seiner Aufhebung durch die Nationalsozialisten im Jahre 1938. Die endgültige Gleichstellung der Katholiken brachte am 1. 10. 1867 die Übertragung der preußischen Verfassung auf die Herzogtümer Schleswig und Holstein.

Die Erringung der religiösen Freiheit, die Einverleibung in Preußen und damit in den

Norddeutschen Bund und wenig später in das Deutsche Reich sowie die sich stetig verstärkende Industrialisierung führten zu einer kontinuierlichen Vergrößerung der Katholikenzahl in Kiel; von 200 im Jahre 1864 stieg sie über 3000 1895 auf fast 16000 1915. Die dadurch notwendig gewordene größere Kirche wurde am 3.7.1893 geweiht. (St. Nicolaus in der Rathausstraße)

Für die Marinesoldaten wurde die Marinegarnisonkirche St. Heinrich gebaut und als nächste katholische Kirche wurde 1915 St. Joseph im Werftenstadtteil Gaarden in der Gebhardtstraße geweiht.
1896 wurde diese Straße nach Admiralitätsrat Gebhard – Förderer des Ellerbeker Arbeiterbauvereines – benannt. 1907 erfolgte die Verlängerung der Gebhardstraße von der Irenenstraße (heute Franziusallee) bis zur Ernestinenstraße. Der unbebaute Teil der Bromystraße (am Park) bis zur Pickertstraße wird 1928 in die Gebhardstraße einbezogen. Die Gebhardstraße wird 1947 zum Ostring.
Nach dem Ersten Weltkrieg verlor Kiel weitgehend seine Bedeutung als Kriegshafen. Der Rückgang des von dieser Entwicklung betroffenen Bevölkerungsteiles traf auch die Katholiken, deren Zahl auf 14600 (1925) und dann sogar auf 12300 (1935) zurückging.
Im Zweiten Weltkrieg wurden alle katholischen Kirchen in Kiel stark oder völlig zerstört. 1944 wurde die große Kirche am Werftpark so stark beschädigt, dass nur noch provisorisch Gottesdienst und Heilige Messe abgehalten wurden.
Nach dem Krieg stieg in Kiel die Katholikenzahl durch den Zuzug von Vertriebenen bis 1950 auf 17800 an. Neue Kirchbauten entstanden. In Gaarden dann auch der Neubau auf dem Platz der kriegszerstörten Kirche, direkt an der Straße, die heute Ostring heißt – Kirchweihe 18.3.1958. Diese Kirche mit ihrem besonderen Turm wurde 1988 abgerissen und die neue Katholische Kirche St. Joseph entstand im Jahre 1990.

1946 Gebhardtstraße, heute Ostring

Geschichte eines Kirchturms

Der Turm der St.-Joseph-Kirche war in Kiel-Gaarden ein weithin sichtbare Wahrzeichen

1928

Die katholische St.-Joseph-Kirche auf dem Grundstück Ostring 191/193 wurde im Krieg bis auf den 58 Meter hohen Turm zerstört. Die aus Schiefer bestehende Dachdeckung des Turmes fehlt größtenteils. Durch Sturm werden laufend weitere Schiefer losgerissen und fallen herunter.

Die aus Holz bestehende Dachkonstruktion des Turmdaches wurde in den folgenden Jahren dem Wetter ausgesetzt. Das Holz wurde morsch. 1951 wurde die Gefahr erkannt, dass das Turmdach einschließlich der gemauerten vier Giebeldreiecke abstürzen kann.

Am 12. Dezember 1953 begann die Firmengemeinschaft Flenker-Helbig mit dem Abbruch des Turm-Helms, am 31. Dezember ist der Turm bis zur Decke der Glockenstube abgetragen, gegen Ende März 1954 bis zur vorgesehenen Höhe von 27,9 Meter über Sockel.

Am 31. März 1954 wurde dann der Aufbau der neuen Glockenstube begonnen, der mit der Wiederaufsetzung des neu vergoldeten alten Turmhahnes am 14. April abgeschlossen wurde. Diese Arbeiten übernahm die Bauschlosserei von Franz Grotkopp aus Wellingdorf.

Die Gesamthöhe des Turmes betrug jetzt bis Oberkante First 34,4 Meter.
In einer aus Eichenbalken des alten Glockenstuhles angefertigten provisorischen Konstruktion wurde am 19. Mai die im Kriege verbliebene Glocke aufgehängt, die, mit einem Glockenseil von Hand betätigt, am 22. Mai 1954 um 18 Uhr wieder den Sonntag einläutete.

30. Januar 1991

Die Kirche am Ostring „Mit zwei Türmen"

1971 stützten Stangen aus Stahl das Pyramiden-Dach des Turms. Die Bauausführung nahm die Firma Kleinfeld aus dem Phillip-Reis-Weg vor. Aber auch so blieb die Dachkonstruktion mit dem Glockenstuhl weiterhin dem Wetter ausgesetzt, sodass bereits 1975 Ausbesserungen anstanden.

Geschlossen wurde die Konstruktion des Daches dann 1981.

1989 wurde mit dem Bau einer ganz neuen Kirche begonnen, die direkt neben der alten entstand.
Am 26. September 1990 wurden die Glocken aus dem Turm herausgenommen und in den Neubau versetzt.

Am 30. Januar 1991 – der alte Turm wird abgerissen – ist eine neue Kirche entstanden.
Am 18. November 1990 – während der Bauzeit – zeigte der Blick aus einer gewissen Perspektive eine Kirche mit zwei Türmen.

1990

Schule am Stöltingsteich

Gaardener Schulen

Die ersten Schulen auf deutschem Boden waren die mittelalterlichen Lateinschulen. Im Spätmittelalter entstanden die ersten deutschsprachigen Schulen.
Die Humboldtschen Bildungsreformen zu Beginn des 19. Jahrhunderts in Preußen haben durch ihre Bildungstheorie besonders das deutsche Gymnasium nachhaltig geprägt.
Das Deutsche Kaiserreich ergänzte gegen Ende des 19. Jahrhunderts klassische Bildungsideale im Sinne von Wilhelm von Humboldt durch Forderungen nach moderner Bildung infolge des Welthandels und neuer technischer Errungenschaften.

Bereits im Jahre 1639 – so wird erzählt – hat es in Gaarden einen Schulmeister gegeben, der die Kinder im Lesen und Schreiben unterwies. Es muss davon ausgegangen werden, dass hierfür noch Schulgeld bezahlt werden musste.

Erst mit einer allgemeinen neuen Schulordnung im Jahre 1861 kann von einer festen und freien Schule in Gaarden die Rede sein. Ende der sechziger Jahre des vorigen Jahrhunderts war Gaarden ein Dorf von ca. 200 Einwohnern. Es gab in Gaarden-Ost eine freie Schule am Stöltingschen Teich (Bild) in der damaligen Schönberger Landstraße (heute Werftstraße).

Das erste Schulhaus in Gaarden-Ost und sein unbequemer Lehrer

Es lag oberhalb der Schönberger Straße, nicht weit vom Dorfteich entfernt, und wurde von den Jungen und Mädchen gemeinsam besucht. Hier muss es sich um ein altes strohgedecktes Gebäude gehandelt haben, in dem auch der einzige Lehrer wohnte. Bei Einnahme seiner Stelle besuchten 40 Kinder die Schule. Ein Stallgebäude stand daneben, denn der Lehrer nannte auch zwei Kühe und etwas Land sein Eigen. Das Land gehörte mit zur Schulstelle und bildete Gegenstand einer Beschwerde in den klösterlichen Akten aus dem Jahre 1813, die der damalige Lehrer Glau gegen die Gaardener Gemeinde erhob. Er sollte außer dem unzulänglichen Schulland vier Fuder Heu und drei Fuder Stroh haben. Damit wäre sein Bedürfnis aber nur für den Winter gedeckt. Im Sommer hatte er zwei Kühe frei, und er bat um so viel Landzugabe, wie die

Kühe benötigten. Seine Koppel war zu klein, und eine Abschätzung würde dies bestätigen. Auf Grund der Beschwerdeschrift wurden der Hufner und Bauernvogt Clans Wriedt, der Hufner Detlev Reimers und der Hufner Detlev Bendix Forst vernommen. Sie weigerten sich zwar, Land abzugeben, erklärten sich aber bereit, Mergel aus einer Kuhle von des Lehrers Koppel anzufahren.

Ein Jahr später wurden von der Amtsstube infolge Unkosten für Fahrleistungen 2 Rthl. Cour. auf das Schulland gelegt. Der Lehrer Glau verweigerte die Bezahlung und berief sich auf die Befreiung durch ein Schulregulativ des Propstes.

Ihm wurde aber „Execution" angedroht und ein Beil als Pfand abgenommen. Darauf beschwerte er sich sogar beim König in der königlichen Kammer. Dieser forderte Bericht und die Rückgabe des Pfandes.

Ebenso wenig zufriedenstellend war das Einvernehmen des Lehrers mit den Eingesessenen wegen der Weide und Fütterung seiner zwei Kühe. Nach der „Regulative" mussten ihm zwei Kühe geweidet werden. Nun hatten sich die Bauern von Gaarden darüber beklagt und angegeben, wenn sie die zweite Kuh des Lehrers weideten, müssten sie eine von ihren eigenen abschaffen. Darum wurde von der königlichen Amtsstube verfügt, der Lehrer sollte anstelle der Weide und des Futters für die zweite Kuh mit einer billigen Entschädigung abgefunden werden, „womit er sich zu begnügen habe", und es wurde tatsächlich die Regelung getroffen, dass, da zehn Bauern im Dorf waren, jeder von diesen zweijährlich eine Kuh weidete, sodass jedes fünfte Jahr die Reihe wieder an den ersten käme. Der Generalsuperintendant ließ sich diese Regelung nicht gefallen und erhob Einspruch. Daraufhin bekam die Dorfkommune Order, weiterhin zwei Kühe des Lehrers zu weiden.

Der allerhöchste Bescheid vom 9. November 1816 bestimmte im § 6 und 7 für die klösterlichen Landschulen, dass „da, wo kein Schulland vorhanden war, die Kühe des Schullehrers bei den Hufnern und Landbesitzern des Schuldistrikts der Reihe nach Verhältnis der steuerpflichtigen Tonnenzahl ihres Landes weiden sollten, bis das Schulland ausgelegt wurde." Da sich das Dorf in dieser Lage befand und kein Schulland hatte ausgelegt werden können, weideten die zwei Kühe von 1813 bis 1823 der Reihe nach bei den Hufnern und Halbhufnern, nach jedem Jahr wechselnd, so jedoch, dass immer zwei Halbhufner einem Vollhufner gleich geachtet wurden.

Mit dem Jahre 1823 musste dann doch eine geldliche Ablösung stattgefunden haben, denn in einem Gesuch vom 19. November 1828 erklärten die Hafner Max Detlev Schlüter und Behrend Dietrich Einfeldt aus Gaarden, da sie einige Tonnen Land mehr als ihre Hufner und „da sie viel Weide hatten und diese nutzlos dalag, dass sie auf Lieferung der Weide in natura bestanden." Es war seit einigen Jahren geschehen, „dass für unseren Schulmeister überall nur eine Kuh geweidet, und dass das Weidegeld für die zweite Kuh (32 Rthl. jährlich) ihm ausgezahlt wurde." Am 7. Februar 1828 erhielten sie aber hierauf einen abschlägigen Bescheid.

Die Gaardener Jugend dürfte weniger an den Sorgen ihres Lehrers teilgenommen haben. Sie betrachtete die erhöhte Lage des Schulgeländes als idealen Tummelplatz für ihre Spiele, und im Winter bei gutem Schneefall gab es von dieser Anhöhe hinab eine herrliche Schlittenbahn bis hinunter über die Dorfstraße.

Aber nach und nach wurde es doch zu eng in dem einen Schulzimmer für die anwachsende Kinderzahl und im Jahre 1871 wurde dem Grundstückshändler Blessmann das 124 Quadrat-Ruten große Schulgrundstück mit Schulgebäude und Stall für 3215 Thaler preuss. Cour. verkauft und dafür von ihm eine Bauparzelle am Karlstal 110 Quadrat-Ruten groß) für einen Schulneubau angekauft.

Es wird dadurch klar, dass die Gemeinde ihr Hauptaugenmerk auf die Errichtung von genügendem Schulraum zu lenken hatte. So verging kaum ein Jahr, an dem nicht an der Schaffung von Klassenräumen gearbeitet wurde. Bekanntlich entstand 1872 auf der von Blessmann angekauften Bauparzelle am Karlstal – nach seinem Willen 12 Fuß hinter der auf dem Karlstal-Platz stehenden großen Linde – ein kleiner Schulneubau mit vier Klassen für Knaben und Mädchen getrennt. Bis 1875 war die Schule auf zehn Klassen angewachsen. Da wurde der Bau einer eigenen Knabenschule mit sechs Klassen erforderlich und der entstand 1876 an der neu projektierten Schulstraße. Bereits fünf Jahre später waren die Knabenklassen doppelt belegt. Die Einrichtung von Bürgerschulen mit etwas höherem Lehrziel und erhobenem Schulgeld sollte der Volksschule Entlastung und der Gemeinde für die entstehenden Mehrausgaben einen Ausgleich bringen. 1883 wurde die erste Knabenbürgerschule in einem sechsklassigen Anbau an der Knabenschule mit getrenntem Eingang und Spielplatz eröffnet. Für die überfüllte Knabenschule mietete man zwei Räume in der Gastwirtschaft „Alhambra" für jährlich 700 Mark Miete an. Die Jahre, 1890 und 1891 erbrachten dann gleich zwei neue Schulhaus-Bauten: eine Knaben-Volksschule an der Kaiserstraße (das Gebäude steht heute noch) mit sechs Klassen (später 16 Klassen) und eine eigene Knaben-Bürgerschule südlich der neu entstandenen Kirchenstraße (später Goschstraße) neben dem Rathaus. In das nunmehr frei gewordene Schulgebäude an der Schulstraße richtete sich die Mädchen-Bürgerschule ein. Nachdem die Bürgerschulen den Charakter von Mittelschulen angenommen hatten (offiziell führten sie diese Benennung ab 1893), fand ein Austausch zwischen beiden Schulen statt: Die Mädchen-Mittelschule war nun an der Kirchenstraße, die Knaben-Mittelschule an der Schulstraße und das auf 16

1950 ehemalige Mädchenschule, Schulstraße

Klassen erweiterte Schulhaus Ecke Karlstal und Schulstraße war Mädchen-Volksschule. (Das Haus stand auch noch nach dem Zweiten Weltkrieg am damaligen Ebertplatz als Verwaltungsgebäude der Stadt Kiel. Hier war auch der Schul-Zahnarzt, die Röntgen-Geräte für die Lungen-Fürsorge des Gesundheitsamtes und die Stadtbücherei sowie das Einwohner-Meldeamt untergebracht).

Nach dem ‚Dotationsplan' von 1890 waren die Knaben- und die Mädchen-Volksschulen in je zwei Schulen geteilt worden. Am Ende des Jahrhunderts besuchten rund 400 Knaben in acht Klassen und rund 400 Mädchen in sieben Klassen die Schulen.
Die Ernennung der Lehrer behielt sich damals noch das Preetzer Patronat vor. Schulinspektor war der Pastor Gosch aus Elmschenhagen, eine sehr bekannte Persönlichkeit, die sich auch als erster Pastor der Johanneskirche einen Namen machte und der Kirchenstraße einen neuen Namen gab.

Die Schulgemeinde wurde vertreten durch das Schulkollegium, bestehend aus den beiden Lokalschulinspektoren Hauslehrer Leisner (Knaben-Mittelschule) und Rathje (Mädchen-Mittelschule), dem Gemeindevorsteher, zwei Mitgliedern der Gemeindeverwaltung und zwei von der Gemeindevertretung gewählten Bürgern des Dorfes. (1897)
Auf Beschluss der Gemeindevertretung wurde 1879 auch eine Fortbildungsschule für Handwerkslehrlinge ins Leben gerufen. Den Raum, das Licht und das Holz für Heizung liefert die Gemeinde und auch den Unterricht erteilten größtenteils Beamte der kaiserlichen Werft unentgeltlich.
Gelehrt wurde an zwei bis drei Wochentagen mit je zwei Stunden und zwei Fächern Deutsch, Rechnen, Geometrie, Zeichnen, Naturwissenschaft, Baukonstruktion und Geografie. Finanziell wurde die Schule unterstützt durch kleine Beträge Gaardener Meister und Freunde eines Unternehmens, die sich 1883 im Gewerbeverein zu diesem Zweck zusammengeschlossen hatten. Zunächst war nur ein mangelhafter Besuch zu verzeichnen, hervorgerufen durch Geldmangel, Fehlen eines geeigneten Raumes und durch den Besuch der Werftschule auf der kaiserlichen Werft, der für alle Werftlehrlinge obligatorisch war. Nach 1890 setzte dann endlich auch hier ein steigender Besuch ein.
Mittelschulrektor Georg Leisner (Rektor der Knaben-Mittelschule von 1883–1919) schreibt in seinem Gedenkblatt zum 25-jährigen Jubiläum der 5. Knaben-Mittelschule Gaarden:
„Es gibt nur wenige Gemeindewesen, die in den letzten 30 Jahren so schnell gewachsen sind wie der jetzige Stadtteil Gaarden, die frühere Landgemeinde Gaarden, Kreis Plön."

Die Gaardener waren zuerst durchaus nicht für die Bürgerschulen. Man wollte nichts von einer „höheren" Schule wissen und außerdem könne sich Gaarden den Luxus einer solchen Schule nicht erlauben. 1890 wurden die Bürgerschulen aus dem Rahmen der Volksschulen herausgehoben und verpflichtet, eine fremde Sprache, Englisch, als obligatorischen Unterrichtsgegenstand aufzunehmen.
1903 entstand eine neue Knaben- und Mädchen-Volksschule an der Gaußstraße. Diese Schule wurde 1944 total zerstört und nicht wiederaufgebaut.

Viele der Schulen waren im Krieg schwer beschädigt bzw. zerstört worden. In notdürftig hergerichteten Klassenräumen fand der erste Unterricht nach Kriegsende im Herbst 1945 statt. An einen geregelten Unterricht war

nicht zu denken, die Lehrer mussten häufig improvisieren, um überhaupt die wichtigsten Grundkenntnisse vermitteln zu können.
So wurde auch der Gebäudekomplex der späteren Gustav-Friedrich-Meyer-Schule und der Fridtjof-Nansen-Schule am 22. Mai 1944 so stark zerstört, dass lange Zeit kein Unterricht mehr stattfinden konnte.

Das Datum 22. Mai 1944 markiert einen der heftigsten und mit 354 Todesopfern verheerendsten Bombenangriffe auf Kiel. Er betraf besonders den Stadtteil Gaarden und ereilte als erster Tagesangriff seit Juni 1941 die Bewohner besonders unvorbereitet.
Der vordere Teil der Schule in der Iltisstraße, also die Mädchenschule, wurde bis auf das Treppenhaus total zerstört.
In den hinteren Bau der Schule, welcher zwar im Mai 1945 eine Ruine – jedoch nicht total zerstört war– hatte man russische Kriegsgefangene, die als Zwangsarbeiter eingesetzt wurden, einquartiert.

Über die Befreiung gibt es einen Augenzeugenbericht von Professor Edmund Schulz. Er erlebte diese Tage in der Iltisstraße als Jugendlicher:
„Da gibt es noch was, was unsere Straße betrifft und wo sich wohl keiner mehr erinnert – das Gefangenenlager in der Schule. Selbst in der Geschichte der Schule ist die Sache vergessen (?). Es waren dort sowjetische Gefangene untergebracht, die Tag für Tag zweimal durch die Straße zur Arbeit marschierten – morgens hin, abends zurück.
1945 haben sie sich ganz diszipliniert verhalten, wir Kinder hatten guten Kontakt zu ihnen. Nur am Tag, als die englische Vorhut die Chaussee herunterfuhr, hätte es bald einen bösen Zwischenfall gegeben. Da stand vielleicht ein Dutzend von ihnen an der Ecke und jubelten den Engländern zu. Plötzlich tauchte ein Polizist auf und wollte die Männer von der Straße vertreiben. Vater und ich wir haben das von der anderen Straßenseite gesehen und Vater hat sich später immer wieder gewundert, dass die

1943 Bombenschäden an der Iltisschule

Russen den Idioten nicht verdroschen haben. Sie sind anfänglich einige Schritte zurückgewichen, dann haben sie dem Kerl den Revolver abgenommen und einfach weggejagt."

Ein Bild aus 1946 (rechts) in der Iltisstraße zeigt einen sechsjährigen Jungen bei der Einschulung ohne Schultüte und ohne Ranzen – aber mit einem kleinen Eimerchen für die Schulspeisung.
Die Schulspeisung war eine von den Briten angeordnete Notmaßnahme für Kiel – mit hohem Flüchtlingsanteil – als sich im Frühjahr eine Hungersnot abzeichnete.
Der Zweite Weltkrieg in Europa endete in Schleswig-Holstein. Es war im Norden das letzte unbesetzte Stück des Reiches, es war die letzte Station der so genannten „Reichsregierung Dönitz" und letzte Zuflucht für den Strom der Flüchtlinge aus dem Osten.
Im Februar 1945 lebten 1,6 Millionen Menschen zwischen Elbe und dänischer Grenze, im Juni waren es 2,4 Millionen, die internierten ehemaligen Soldaten der Wehrmacht dazugerechnet sogar über 3,5 Millionen. Schleswig-Holstein war eine Art „Arche Noah". Um die Menschen unterzubringen, notdürftig zu versorgen und den Mangel zu verwalten, griffen die britischen Besatzer schnell auf die Strukturen der Verwaltung der Provinz und die der Kommunen zurück. Dies zumal im Frühsommer 1946 die Ernte auf den Feldern verdorrte.
Im Jahre 1946 war die Iltisschule noch eine Ruine. Nur in dem hinteren Teil – zum Brook hin – konnte noch Unterricht gegeben werden. Die Interims-Lösung war, dass die Jungen vormittags und die Mädchen nachmittags die Schule besuchten. Die katholische Volksschule war die einzige Schule in Gaarden, in der Mädchen und Jungen gemeinsam unterrichtet wurden.

1946 Junge mit Eimer für Schulspeisung

1938 wurde die katholische Schule wie alle konfessionell gebundenen Schulen von der NS-Regierung geschlossen.
Die ganze Goschstraße und damit auch das ehemalige Schulgebäude wurden bei Bombenangriffen völlig zerstört.

In Gaarden-Süd (Kreis Bordesholm) – dem sogenannten fürstlichen Teil – gab es nachweislich bereits 1755 einen Schulmeister und wahrscheinlich eine Klasse in einer Kate am Bahnübergang der Lübecker Chaussee.

1880 Schulhaus wird Armenhaus

1880 Neue Schule am Wellseer Weg (Mowitz)

Diese Kate (S. 107 oben) wird 1879 zum Armenhaus umfunktioniert. Dafür entsteht ein zweistöckiges Schulhaus am Wellseer Weg.
Aus diesem Haus (S. 107 unten) zieht 1908 die Schule um in die neuerrichtete Schule an der heutigen Dietrichstraße. Sie wurde als Knaben-Volksschule Gaarden-Süd und Mädchen-Volksschule Gaarden-Süd benannt. Die Schule wird 1938 für die Mädchen zur Fröbel-Schule nach dem Pädagogen Friedrich Fröbel (1782–1852). Die Schule für Jungen wird 1938 nach dem Theologen und Philosophen Johann Gottfried Herder (1744–1803) benannt. Dieses große Gebäude, welches einst im Volksmund wegen der hohen Baukosten den Namen Millionen-Schule bekam, wurde 1943 schwer beschädigt und nach 1945 wieder ähnlich aufgebaut.

In den 1950er-Jahren normalisierte sich der Schulalltag allmählich wieder, und die Spuren des Krieges verblassten.
Es war die Zeit des „deutschen Wirtschaftswunders", des Aufschwungs und des technischen Fortschritts, aber auch eine Zeit konservativer Rückbesinnung.

In den restaurativen Tendenzen im Schulwesen spiegelt sich die politische Situation der Bundesrepublik wider. Die angestrebte „heile Welt" wird besonders in den Schulfibeln und Schulwandbildern deutlich. Sie sind Ausdruck zeitgenössischer Sichtweisen, Meinungen und Stereotypen.
Die Volksschule war bis in die 1960er-Jahre eine Schulform, in der man nach neun Schuljahren den Abschluss erhielt.
In der Bundesrepublik Deutschland besteht im Prinzip bis heute neben der Sonder-/Förderschule das dreigliedrige Schulsystem: Volksschule (später Grund- und Hauptschule), Realschule und Gymnasium mit drei Schulabschlüssen.

Auf dem Schulhof beider Schulen – der Fröbel- und der Herder-Schule – wurde mit sehr aufmerksamer Lehreraufsicht darauf geachtet, dass eine Trennung der Geschlechter mittels einer imaginären Linie peinlichst genau eingehalten wurde. 1975 wurde die Schule, die jetzt nur Fröbel-Schule heißt, zur Grundschule.

Erst im Jahre 1973 wurde in der BRD die Prügelstrafe in allen Schulen abgeschafft (außer in Bayern, dort erst 1980).

1910 Neue Schule

Die Neue Schule in Gaarden-Süd

Der Text wurde aus einer zeitgenössischen Baubeschreibung übernommen. Zum besseren Verständnis wurden einzelne Passagen vom Präsens ins Präteritum gesetzt sowie die neue deutsche Rechtschreibung eingesetzt.

Als im Jahre 1905 auf dem für Bauzwecke hergerichteten Gelände der Firma Sörensen & Bielenberg aus Kiel neue Straßen ausgelegt wurden, war mit Rücksicht auf die rege Baulust, die in Kiel und deren Vororten herrschte, vorauszusehen, dass sich an diesen Straßen eine energische Bautätigkeit entwickeln würde, die auch auf die Schulverhältnisse der Gemeinde nicht ohne Einfluss bleiben könnte.

Im Frühjahr 1906 setzte die Bautätigkeit ein und im Herbst 1906 war bereits etwa 20 Wohn- und Geschäftshäusern die Bauerlaubnis erteilt.

Schulkollegium und Gemeindevertretung mussten deshalb rechtzeitig darauf bedacht sein, für die Schule die erforderlichen Räume zu beschaffen, da am 16. Oktober 1906 die letzte Klasse im nördlichen Anbau der alten Schule in Benutzung genommen worden war. Die Erledigung der Platzfrage bereitete einige Schwierigkeiten, weil auf Erweiterung der Gemeinde nicht allein im Osten Rücksicht genommen werden musste.

Das Schulkollegium und auf dessen Vorschlag auch die Gemeindevertretung entschieden sich für das damals sehr günstig gelegene Gelände, welches von der ehemaligen Rathausstraße, Asmusstraße, der Bahn Kiel-Altona und einer im Bebauungsplan neu vorgesehenen Straße begrenzt wurde. Dieses Gelände gehörte zum Teil bereits der Gemeinde, reichte aber für eine das Bedürfnis der nächsten Jahre völlig deckenden und allen Anforderungen der Neuzeit entsprechenden Schule nicht aus, zumal noch ein von der Königlichen Eisenbahnverwaltung bzw. der Stadt Kiel projektiertes Anschlussgleis das Gelände durchschneiden sollte. Es musste deshalb von dem angrenzenden Ziegelei-Besitzer Franz Bleßmann und auch zur

Durchlegung der neuen Straße von Paulsen und dem Gärtner Schümann Gelände dazuerworben werden. Mit Bleßmann und Schümann wurde eine Einigung bzw. das Ankaufsrecht zum Preis von 12,50 Mark pro qm für das noch nicht planierte Gelände leicht erzielt, während Paulsen erhebliche Schwierigkeiten machte. Die Gemeinde musste sich endlich entschließen, den ganzen Besitz der Familie Paulsen für eine Summe von 30 000 Mark anzukaufen.

Schulkollegium und Gemeindevertretung waren sich darüber einig, dass für die Kinder das Beste gerade gut genug sei und eine allen Ansprüchen der Neuzeit entsprechende Schule geschaffen wurde, deshalb von beiden Körperschaften übereinstimmend beschlossen, fünf namhafte Kieler Architekten mit mustergültigen Entwürfen für die Schule aufzufordern.

Es gingen neun Entwürfe ein und das Preisrichter-Gremium, bestehend aus dem Baurat Bucher, Herrn Radloff, Schulinspektor Dr. Schütt und Gemeinde-Vorsteher Behrens, entschied sich einstimmig für den unter dem Motto: „Gruppierung" eingereichten Entwurf, der sich neben seiner architektonisch vollendeten Fassaden-Gestaltung besonders durch eine äußerst gute Gruppierung des Hauptgebäudes mit den Nebenanlagen (Turnhalle und Toiletten) hervorhob.

Als Verfasser dieses Entwurfes ergab sich der Architekt J. Theede aus Kiel, dem auch auf einstimmigen Beschluss die weitere Projektierung und die Bauleitung übertragen wurde.

In der Sitzung der Gemeinde-Vertretung vom 8. Juli 1907 legte der Architekt Theede nebst allgemeinen und besonderen Bedingungen vor: die Gemeinde-Vertretung erklärte sich mit diesen einverstanden und beschloss die Arbeiten und Lieferungen an einen General-Unternehmer zu übergeben.

Am 27. Juli 1907, um 18.00 Uhr, entschloss sich die Gemeinde-Verwaltung, eben nicht dem billigsten Anbieter der eingegangenen Offerten den Zuschlag zu geben, sondern einer Durchschnitts-Offerte zu folgen. Dem Maurermeister und Bauunternehmer Ernst Voß aus Gaarden wurde der Zuschlag für die Summe von 347 754,27 Mark erteilt.

Die baupolizeiliche Genehmigung ist unter dem 9. Juli 1907 durch Bauschein Nr. 225 erteilt; die vorgenommenen Bohrungen ergaben einen guten tragfähigen Baugrund.

Und am 16. August wurde dann bereits mit den Ausschachtungs-Arbeiten begonnen. Nach nur sieben Monaten konnten sechs Klassen des rechten Flügels und nach weiteren sieben Monaten die ganze Schule der Benutzung übergeben werden.

Das Schulgrundstück maß ca. 8000 qm, wovon etwa 4000 qm auf den Schulhof und 600 qm auf den Schulgarten entfielen; das Grundstück lag an der damals noch nicht benannten Diedrichstraße und der Bahnhofstraße.

Die Räume:

Außer dem Zeichensaal für Knaben liegen alle Unterrichtsräume mit Rücksicht auf ausreichende Besonnung nach Osten und Westen.

Im Gebäude-Flügel für Knaben und in dem für Mädchen liegt je ein durch sämtliche Geschosse führendes Treppenhaus. Zur Schuldiener-Wohnung (später hieß der Mann „Hausmeister") im Dachgeschoss führte eine gesonderte Treppe.

Die Deckenhöhe im Keller beträgt 3,05 Meter, die der übrigen Geschosse je 4,00 Meter.

Weitere Räume:

Keller: Kochküche, Kohlenkeller, Heizkeller, Brausebad, 2 Ankleide-Räume, Waschküche, Staubkammer

1910 Klassenraum

Erdgeschoss: 5 Klassen, 2 Direktor-Zimmer, Lehrerinnen-Zimmer, Turnhalle, Garderoben-Räume, Turnlehrer-Zimmer und 2 Geräte-Kammern
Erstes Obergeschoss: 6 Klassen, Empore für die Turnhalle, Konferenz-Zimmer, Bibliothek, Sammlungs-Räume.
Zweites Obergeschoss: 5 Klassen, Zeichensaal für Mädchen, Lehrraum für Physik, 5 Lehrmittel-Zimmer.
Dachgeschoss: Zeichensaal für Knaben, Modellkammer und Schuldiener-Wohnung.

Raumausstattung:
Ebenso wie das Äußere des Hauses durch seine schlichten Formen wirkt, wurde auch im Inneren jeder Prunk vermieden. Durch preiswerte Farben konnte geschickt eine reichere Wirkung erzielt werden. Die Klassen waren außer durch eine Windrose und einen senkrecht an der Wand aufgemalten Meterstab durch Bilder geschmückt.
Als Sitzmöbel für die Klassen hatte man Rettig-Bänke, für den Physik-Raum sogenannte Lickrothsche aufsteigende Klappbänke und für die Zeichensäle Albis-Klapptische mit Hockern gewählt. Die Kinder legten ihre Garderobe in den Korridoren der einzelnen Geschosse ab. In jedem der einzelnen Geschosse und im Wandelgang nach dem Toiletten-Gebäude waren zu Trink- und Waschzwecken je zwei dekorative Brunnen angebracht.

Beleuchtung:
Die Beleuchtung des ganzen Gebäudes war elektrisch, und zwar wurden durchweg „50-kerzige" (heute wird in Lumen gemessen) matte Osram-Glühlampen angeordnet, nur wenige untergeordnete Räume erhielten noch Kohlefaden-Lampen. Die Turnhalle wurde durch zwei Flammenbogenlampen und fünf Wandarme beleuchtet.

Heizung:
Sämtliche Räume des Gebäudes außer der mit Kachelöfen versehenen Schuldiener-Wohnung wurden durch eine Niederdruck-Dampfheizungsanlage erwärmt. Die aus vier Kesseln bestehende Kessel-Anlage ermöglichte es, sämtliche Klassenräume, die

Turnhalle, Bäder-Räume, das Rektoren-Zimmer und die Flure sowie den Luftvorwärmungskessel unabhängig voneinander zu beheizen. Die Klassenräume und Zeichensäle wurden durch Rohrspiralen, alle übrigen Räume durch Radiatoren erwärmt.

Lüftung:

Mit der Heizungsanlage war eine zentrale Überdrucklüftungsanlage mit elektrisch angetriebenem Zentrifugalventilator verbunden, durch welche die frische Luft auf jede beliebige Temperatur vorgewärmt werden konnte.

Temperatur-Regulierung:

Für die Temperatur-Regelung in den Klassen- und Rektorenzimmern war eine selbsttätige durch Druckluft getriebene Temperaturregulierungsanlage vorhanden.

Das „Brausebad“:

Den damals neuzeitigen hygienischen Anforderungen der Technik der Schulheizung folgend, war eine reichlich bemessene moderne Brausebadanlage eingerichtet worden, welche stets betriebsfertig innerhalb kurzer Zeit ein Abbrausen mehrerer Klassen ermöglichte.

Abort und Kläranlage:

Die Fäkalien der Aborte flossen, nachdem sie in einer unter Terrain befindlichen Kläranlage gereinigt worden waren, geklärt in den Straßenkanal. Die Spülung der Aborte erfolgte automatisch alle 6 Stunden.

Bauweise:

Infolge des guten Baugrunds genügte die Ausführung einfacher Betonfundamente.
Sämtliche verarbeiteten Materialien und eingebauten Konstruktionen waren für ein damaliges Verständnis dauerhaft und feuerfest angebracht. Die Decken der Geschosse sind mit Ausnahme der Balkendecke über dem 2. Obergeschoss als Eisenbetondecken ausgeführt worden.
Die Fußbodenbelege der Flure bestanden (bis heute unverändert) im Keller aus Beton mit Zementestrich, in den Geschossen aus „Meissner Platten". Der Zeichensaal für Knaben war mit Pitchpine-Parkett ausgestattet, während sämtliche übrigen Räume mit Linoleum, auf eine Unterlage von Schlacken, reinem Sand und Gipsestrich aufgebracht waren.
Alle äußeren Treppen waren (und sind auch noch) aus Granit; die inneren massiven Treppen bestehen aus Terrazzo mit Linoleum-Belag.
Sämtliche Dachstühle waren bis auf die eisernen Binder der Turnhalle aus Holz konstruiert. Das Dach wurde mit roten Bieber-Schwänzen als Kronendach belebt.
Die hohe Dachfläche wurde durch Kupferaufbauten belebt.
Die Portale aus Muschelsandstein mit Kinderfriesen, der Balkon und die Granit-Sockelverkleidung hoben sich vorteilhaft von der ruhig gelben Fläche des Terranova-Verputzes ab und trugen mit den gefälligen Linien der Giebel zu der Gesamtwirkung der Anlage bei.

1910 Turnhalle

1970 Foto aus dem Stadtarchiv

Chronik der Mittelschulen in der Iltisstraße

Das Bismarck'sche Reich freute sich seiner jungen Kraft. Außenpolitisch zunächst in seiner Stärke geachtet, dann aber gefürchtet, begann es im Innern auf allen Gebieten seinen Bestand zu festigen. Eine technische Erfindung löste die andere ab, erleichterte das Arbeiten und ließ die Menschen stolz auf das blicken, was sie geleistet hatten. Kaum einer jener Zeitgenossen aber merkte, dass mit der wachsenden Zahl der Fabrikschlote ein neues Zeitalter begann, das den Menschen abhängig von Rohstoff, Maschine und Konjunktur werden ließ. Wo sollte dieser Verlauf stärker abzulesen sein als in Gaarden, diesem durch die industrielle Entwicklung so rasch gewachsenen Stadtteil? Man verdiente gut und konnte deshalb Forderungen stellen. Und so verlangte man nicht nur nach Besserung der Zustände in der Volksschule, sondern auch nach einer Schule, in der die Kinder mehr lernten, um auf der Werft verständiger mit den neuen Maschinen umzugehen und sich im Büro rascher in die kompliziert gewordene Verwaltungsarbeit zu finden. Wenn die Eltern bei ihrer Forderung zunächst nur an ihre Söhne dachten – Mädchen wurden nicht in einen Beruf geschickt –, so sollten doch die Töchter im Bildungsgang nicht benachteiligt werden. Auch für sie gründete man eine Bürgerschule. Die allgemeine Meinung war, dass eine im Vergleich zur Knabenschule um ein Jahr verkürzte Schulzeit genüge.

Die neu zu gründende Mädchen-Mittelschule wurde dem Kloster Preetz unterstellt. Wenn ein Lehrer seinen Dienst in Gaarden antrat, musste er zuvor der Priorin in Preetz einen Besuch in Gehrock und Zylinder machen.

Der Name „4. Mädchen Mittelschule" wurde der Schule nach der Eingemeindung Gaardens gegeben: In Kiel waren drei Mädchenmittelschulen vorhanden; die aus dem

Ortsteil Gaarden hinzukommende galt also für die Stadt Kiel als vierte.
Wie geordnet und ruhig lief der Schulbetrieb ab: Jahr für Jahr die gleichen Lehrer, die gleichen Schulbücher, Jahr für Jahr zwei schulfreie Tage, nämlich Kaisers Geburtstag und die Sedan-Feier. Mit dem wachsenden Wohlstand und dem nicht endenden Menschenzustrom stieg die Zahl der Schülerinnen an.
1878 Der Gemeindevorsteher von Gaarden, Herr Dibbern, schreibt der Hohen Klösterlichen Obrigkeit zu Preetz am 8.11.1878: „Wir führen noch an, dass unsere Lehrer größtenteils unter sehr günstigen Verhältnissen arbeiten, denn die meisten Klassen haben nur eine Schülerzahl von 40–50, höchstens 60 Kindern ..." (Gesetzliche Zahl für Klassenstärken 80!)

Bis 1887 bestand die Gefahr, dass die Bürgerschule wieder mit der Freischule zusammengelegt würde.
1890 Die Bürgerschulen werden aus dem Rahmen der Volksschulen herausgehoben und verpflichtet, „eine fremde Sprache, und zwar Englisch, als obligatorischen Unterrichtsgegenstand aufzunehmen."
1891 Die Mädchenbürgerschule zieht aus dem Schulgebäude am Karlstal in das in der Schulstraße gelegene um.
1893 werden die Bürgerschulen von der Königlichen Regierung als „Mittelschulen" anerkannt.
1902 Einführung des Turnunterrichts.
1904 Wieder Einhaltung der geteilten Schulzeit: Ober- u. Mittelstufe vormittags 4 Stunden, nachmittags 2 Std., Unterstufe vormittags 3 Stunden, nachmittags 1-2 Std.

1909 Einweihung des neuen Gebäudes an der Iltisstraße. Bürgermeister Lindemann führte aus: „Eine gewaltige Entwicklung hat während der letzten 4 Jahrzehnte das ehemalige Gaarden, Kreis Plön, durchgemacht. Aus der kleinen Landgemeinde ist ein imposanter Stadtteil von über 30 000 Einwohnern geworden".
Rektor Rathje, Leiter der neuen Mädchenmittelschule, charakterisierte in seiner Eröffnungsrede, dass diese Schule neben der harmonischen Ausbildung der Intellektualität, des Gemütes und Willens, durch Erweiterung und Vertiefung der Volksschulbildung ihre Schülerinnen, im Gegensatz zu der mehr idealen Bildung der Höheren Mädchenschule, zugleich auch erziehen wolle zu praktisch denkenden, wirtschaftlich vorgebildeten, erwerbsfähigen Persönlichkeiten, befähigt, unter den heutigen volkswirtschaftlichen Verhältnissen mit Erfolg auch einzutreten ins Berufsleben und hier in den dem weiblichen Geschlecht erschlossenen Erwerbsquellen eine lohnende und zugleich geachtete Lebensstellung finden.
Kosten des Baues: 520 750 Mark. – Kosten des Inventars: 39 640 Mark.

In diese Selbstzufriedenheit und bürgerliche Sicherheit, dass sich am gewohnten Leben nichts ändern könne, solange man gesund zum Arbeiten bliebe, platzten die Schüsse von Sarajewo und ließen jeden erschrecken. Der Krieg fand in Gaarden eine Bevölkerung, die zu jedem Opfer bereit war und gemeinsam die schweren Jahre ertrug. – In der Schule wirkten sich die Veränderungen am raschesten aus: Das Schulgebäude wurde Kaserne und Lazarett, Lehrer wurden eingezogen, Klassen zusammengelegt, Stunden gekürzt. Hilfsdienst und Ernteurlaub unterbrachen das geregelte Lernen. Die Lehrer, die längst hätten im Ruhestand leben sollen, taten ihren Dienst weiter. Die Schülerinnen sammelten Spenden, Gold und

Silber, Bucheckern – alles um des bedrohten Vaterlandes willen. Wenn auch manch eine Familie um ihren Ernährer auf See oder an der Landfront bangte, so arbeiteten doch die meisten in den Rüstungsbetrieben und brachten viel Geld heim, für das sich wenig kaufen ließ. So konnte leichter das Schulgeld für die Mittelschule aufgebracht werden.

Mit der Novemberrevolution, die in Gaarden nicht so wie in Kiel zu spüren war, zerbrach nicht nur das Bismarckreich, sondern auch das „Goldgräber-Paradies", das Gaarden Jahrzehnte hindurch gewesen war. Und wieder zeichnete sich dieser Verlauf stark im Leben der Schule ab. Von der winterlichen Kohlennot hören wir, die nur Kontrollunterricht zuließ, – also Schularbeiten-Ausgabe und Einsammeln der Arbeitsergebnisse. Oft geistert das Wort „Hunger" in den alten Akten. Die Schüleranzahl geht zurück, weil die neueingerichtete 4-jährige Grundschule die Mittelschule zu einer 6-stufigen Anstalt werden lässt. Aber nicht nur durch diese Umorganisation sinkt die Zahl der Schulbesucher. Die Arbeitslosigkeit ist so weit verbreitet, ihr Ende auf Jahre nicht abzusehen, dass die Eltern das Schulgeld nicht mehr aufbringen. Je weniger Schulgeldaufkommen, desto kleiner wird die Zahl der 15 % Freiplätze, die in Kiel von der Stadtvertretung bewilligt sind. Wozu soll man auch seine Töchter in die Mittelschule schicken, wenn es wegen der in Kiel herrschenden Arbeitslosigkeit keine Berufsmöglichkeiten gibt?

Die der Schule anvertrauten jungen Menschen sollen sich nach ihrer Entlassung nicht nur des durch neue Lehrpläne gesteigerten Lernens erinnern. Sie sollen auch Erlebnisse mit ins Leben hinausnehmen. Ab jetzt geht der Lehrer mit seiner Klasse auf Fahrt, damit die Kinder die so vielartige Schönheit ihrer Heimat erleben. Das Geld dazu „ersingt und erspielt" man sich auf Elternabenden. Der auf allen Gebieten einsetzende Umbruch bringt aber auch eine Politisierung des gesamten Lebens mit sich. So ist die Mittelschule wieder wie zu Anfang ihres Bestehens starkem Für und Wider ausgeliefert und kämpft um ihr Bestehen.

1910 Ansichtskarte

1920 In der Woche vom 13.–20. März musste der Unterricht wiederholt wegen der Unruhen in der Stadt ausgesetzt werden. Am 24. März fiel der Unterricht wegen der Beerdigung der Opfer auf Anordnung des Magistrats aus.
1926 Die Schülerzahl geht zurück, das ist eine Folge des Krieges und der wirtschaftlichen Notlage. Die Arbeitslosigkeit war groß, nirgends größer als in Gaarden.
1927 Das erste Mal wird nach Abschluss des Schulbesuches die „mittlere Reife" verliehen. Die Schularbeit interessiert die Eltern nur insoweit, als sie die eigenen Kinder angeht. Das Bedürfnis, durch ein Schulfrühstück die häusliche Ernährung zu unterstützen, nimmt ab. Die Fälle sind nicht so ganz selten, dass Schülerinnen und Schüler, die vom Schularzt bestimmt werden, auf das Frühstück verzichten. Auch die Neigung zum Nörgeln darf dahin gedeutet werden, dass mangelhafte Ernährung seltener wird.
1930 Im Winter machte die wachsende Erwerbslosigkeit der Eltern, die meist auf den Werften beschäftigt waren, sich durch schlechte Ernährung der Kinder und zahlreiche Abmeldungen geltend.
1931 Die Verschlechterung der wirtschaftlichen Verhältnisse im Stadtteil Gaarden durch unaufhaltsame Zunahme der Erwerbslosigkeit in den Kreisen der Arbeiter und Angestellten brachte Abmeldungen von der gebührenpflichtigen Schule.

Seelisches Leid läutert im Allgemeinen den Menschen, Hunger und Frieren dagegen macht ihn schlechter, tierischer. So ist auch der politische Kampf in Deutschland immer brutaler und heimtückischer geworden, bis Adolf Hitler siegte und nicht weniger heimtückisch und brutal als bisher seine politischen Gegner strafte. Damals aber war nur von der vorgegaukelten Sonnenseite des Nationalsozialismus eine blinde Begeisterung entstanden. Es gab wieder Arbeit, die Gaardener verdienten wieder. Fraglos und willig nahmen sie – wie alle Deutschen – das so unruhig gewordene Leben auf sich, weil sie an ein Ziel glaubten. „Wer die Jugend hat, hat die Zukunft" und „Jugend soll durch Jugend geführt werden" – das waren die Schlagworte, die die Grundlage für schwerste Eingriffe in das Bildungsgeschehen lieferten: Lehrer wurden aus politischen Gründen entlassen, neue Lehrpläne mit neugeschaffenen Fächern verkündet, in Eile neue Lehrbücher gedruckt. Alles war neu und unterbrach die bisher gültige Tradition. Neu war auch der Staatsjugendtag und neu die vielen Feste, die gefeiert werden mussten. Wo blieb das Lernen? Idealismus und Opfersinn bei Lehrkräften und Schülerinnen ersetzten nicht den vielen ausfallenden Unterricht. Wenn auch die Sportstunden die jungen Menschen körperlich gesünder machten und erbbiologisches Denken den Blick schulte – es wog nicht den Verlust an Wissen auf.
Am 2. Dezember 1933 beging die Schule in größerem Rahmen das Fest ihres 50-jährigen Bestehens im Saale der Wilhelminenhöhe.
1934 bekämpfte die Schule die Maikäferplage (im Viehburger Gehölz 10 Pfund Maikäfer gesammelt).
20. Juli 1934: Einführung des Staatsjugendtages.
1936 Der Staatsjugendtag wurde für alle Klassen ab 26.10.36 so geregelt, dass am Sonnabend bis 12 Uhr planmäßiger Unterricht stattfand. Um diese 2 Stunden und die Nachmittage, die mit Sport, Hauswirtschaft und Religionsunterricht belegt sind, wenigstens für die HJ von Schulstunden freizuhalten, musste der Unterricht in den beiden Oberklassen viermal um 7.10 Uhr beginnen,

im Winter um 7.25 Uhr. Von den 147 Schülerinnen der Mädchen Mittelschule gehörten 144 dem BDM an.

1937 Zwar ist von einer Auflösung der 4. M. M. und Vereinigung mit der 5. K. M. noch einmal Abstand genommen worden, doch muss die Schule ebenso wie die 5. K. M. ab Ostern eine Lehrkraft abgeben.

1939 Die Schularbeit des verflossenen Jahres wurde stark beeinflusst durch die in Kiel ausgebrochene spinale Kinderlähmung. Um weitere Ausbreitung zu verhindern, mussten die Sommerferien bis zum 23. Oktober verlängert werden.

Der Zweite Weltkrieg, der, verglichen mit dem ersten, so viel furchtbarer in Deutschland hauste, brachte Gaarden und der Schule bitterste Not. Wieder ist Lehrermangel, das Schulgebäude mit dem gesamten Inventar – zunächst für Kriegszwecke beschlagnahmt – geht im Bombenangriff verloren.

Die Kinder werden durch die Kinderlandverschickung zwar aus der quälenden Nervenspannung der Angriffe gerettet, die Trennung von ihren Familien aber bringt seelische Not, die für Kinder und Eltern schwer zu tragen ist. Je länger der Krieg dauert, desto weniger ist eine Übersicht über die zur Schule gehörenden Kinder möglich. An ein erfolgreiches Unterrichten ist nicht zu denken: Kriegswichtige Aufgaben und primitive Unterbringung in den Gastorten verhindern es.

1939 Da Schulgebäude für Kriegszwecke, Lehrpersonen für Ausgabe von Bezugscheinen und Lebensmittelkarten und andere kriegsnotwendige Arbeiten in Anspruch genommen wurden und die durch Pensionierung freigewordenen Stellen nicht besetzt werden konnten, musste der Unterricht erheblich eingeschränkt werden, vom 23. Januar bis Ostern wegen der Kohlennot ganz ausfallen.

1940 Für die Metallspende zum Geburtstag des Führers führte die 4. Mädchen Mittelschule in Verbindung mit der 5. Knaben Mittelschule 40 kg Blei, Kupfer und Messing ab.

1941 Große Umwälzungen brachten die schweren Luftangriffe vom 7/8. und 8/9. April 1941. Das Schulgebäude wurde an beiden Tagen von mehreren Bomben schwer getroffen.

Am 14. Mai 1943 wurde Kiel durch einen Tagesangriff amerikanischer Bomber schwer getroffen. Das Schulhaus an der Iltisstraße erhielt einen Volltreffer, der bis in den Luftschutzkeller durchschlug. Der Flügel des Gebäudes, in dem die Mädchenschule ihr Heim hatte, wurde völlig zerstört.

1943 Die Schulen des Ostufers werden auf Anordnung des Kriegskommissars geschlossen, die Eltern aufgefordert, ihre 10 bis 14-jährigen Kinder zur Verschickung anzumelden. Die 5. und höheren Klassen bleiben in Kiel und werden in Gebäuden zusammengefasst, die in der Nähe von Bunkern liegen.

Das westliche Deutschland, besonders Schleswig-Holstein, ist 1945 überfüllt mit Ostflüchtlingen, denen zum Leben alles fehlt. Dazu sind in Gaarden alle Arbeitsstätten zerstört. Einheimische und Flüchtlinge sind müde und mutlos, in Ungewissheit um die nächsten Angehörigen und leben enggedrängt in den wenigen von den Bomben verschonten Räumen. Die Verkehrsmittel sind von Schuttbergen auf den Straßen lahmgelegt. Wird jemals wieder ein geordnetes Leben möglich sein? – Auch für den Schulunterricht fehlt alles, was man braucht: Lehrer – sie müssen entnazifiziert werden; Gebäude – sie sind zerstört; Papier – kaum zu bekommen; Lehrbücher ungültig geworden; sie müssen erst neu gedruckt werden. Dazu kommt die Nachkriegsnot, die vom ersten

Weltkrieg her bekannt ist: Nichts zu essen, keine Kleidung, keine Kohle für den Winter.

1946 Die 4. Mädchen Mittelschule durfte erst am 10. Januar 1946 ihre Tore wieder öffnen. Sie fand ein Unterkommen im Volksschulflügel der Iltisschule. Da für alle Kinder der Unterricht sehr lange ausgefallen und auch vorher höchst mangelhaft gewesen ist, fand Ostern keine Entlassung statt. Die Schulzeit wurde für alle um 1 Jahr verlängert.

Starker Zustrom in die Mittelschulen.

Eine notwendige, den Unterricht freilich sehr störende Einrichtung, sind die Schulspeisen (Es gibt einen halben Liter und Schokolade).

1949 Die Schulen erhalten ihre neuen Namen.

Die 5. Knaben Mittelschule heißt ab jetzt „Gustav-Friedrich-Meyer-Schule".

Die 4. Mädchen Mittelschule wird „Annette-von-Droste-Hülshoff-Schule" benannt.

Die Volksschulklassen werden am 5. Januar nach dem Richtfest des jetzt neu gestalteten Gebäudes in die zwei unteren Geschosse des Schulhauses untergebracht.

Zunächst heißt die Mädchen-Volksschule „Hans-Christian-Andersen-Schule" und die Volksschule für Knaben wird zur „Fritjof-Nansen-Schule".

Ordnung und Sicherheit durch das Gaardener Polizeirevier

Seit alters her bestand unter der „Klösterlichen Obrigkeit" für den Walddistrikt eine „Klostervogtei zu Preetz", der der Klostervogt vorstand. Er war zugleich klösterlicher Hebungsbeamter sowie Polizeioffizial und Wegebeamter.

In den ihm unterstehenden Dörfern, so auch in Gaarden in seiner alten dörflichen Gestalt, hatte der Bauernvogt ausübende Polizeigewalt. Oberste Gerichtsbarkeit besaß dagegen das Kloster Preetz. Er hatte für die Durchführung der klösterlichen Anordnungen zu sorgen oder diesbezügliche Anzeigen zu machen. Ihm zur Seite stand der „Klösterliche Landreuter", der den klösterlichen Walddistrikt zu beaufsichtigen hatte. Nach einer alten „Instruction" (ohne Jahresangabe) des Klosters hat er „bei Anrottungen" auf seiner Pfeife Alarm zu schlagen, dann war jeder Klösterliche Untertan verpflichtet, zu Hilfe zu eilen. Die Festgenommenen waren dem Bauernvogt zuzuführen. Außerdem war er verpflichtet, bei Gefangenen-Transporten dem Bauernvogt Beistand zu leisten. Als Kennzeichen trug er Uniform und war beritten. (Stadtarchiv Nr. 8446)

Durch Verordnung vom 26. Juni 1867 wurde die Gerichtsbarkeit des adligen Klosters über das erwähnte Gebiet aufgehoben und die Justiz von der Verwaltung getrennt. (Provinzial-Handbuch von 1894 S. 450) Ein eigener Polizeikommissar befand sich bereits 1874 in Gaarden, der dem Klostervogt unterstand.

Ein Nachtwächter, den die Gemeinde selbst unterhielt, versah die Sicherheit des anwachsenden Dorfes. Er wohnte zu der Zeit neben Stöltings Teich in einem kleinen Haus, das auf einen Sockel von Feldsteinen stand.

Die kleine Kate – erstes Gaardener Revier am Stöltingsteich

Mit der Zunahme der Bevölkerung vermehrten sich natürlich auch Diebstähle, Flurschäden und Feldfrevel, und die Hufner führten laufend Klage. Ein besonderer Feldhüter, oder auch Feldvogt genannt, zwar ohne Uniform und Waffe, musste deshalb von der Gemeinde angestellt werden. Er hatte laut „Instruction" von 1879 jederzeit die Felder „abzupatroullieren", nach den Tätern zu fahnden und diese bei der Polizeibehörde zur Bestrafung anzuzeigen.

Wegen der geringen Bezahlung (jährliches Gehalt: 240,- Mark) fand sich bald niemand mehr für diesen Posten, und die Gemeinde hielt sich nicht für verpflichtet, die Ausgaben zu erhöhen. Mit der Zeit mehrten sich die Diebstähle durch die Schuljugend, die für ihre Kaninchen und Ziegen ganze Strecken Saatklee abmähte, und der Landrat musste die erneute Anstellung eines Feldhüters erst befehlen, bis die Gemeinde erneut die Stelle ausschrieb für jährlich 300,- Mark.
(Stadtarchiv Nr. 8319)

Durch Botendienste für das Gemeindebüro, mit 40 Pfennig pro Stunde vergütet, konnte er sich einen kleinen Nebenverdienst schaffen. In den Jahren 1893/99 gingen dann viele Klagen und Gesuche des Feldhüters Friese ein, in denen um bessere Bezahlung nachgesucht wurde. Schließlich war die ganze Familie mit Frau und Tochter dabei beschäftigt, die Straßenlaternen abends anzuzünden und des Morgens wieder zu löschen, während sich die Feldhüter-Tätigkeit nur noch auf zwei Stunden pro Tag beschränkte. Im Jahre 1899 wurde auch noch das Tragen einer Schusswaffe erlaubt, doch erfolgte ein Jahr später bereits die Kündigung und damit die Aufhebung des Feldhüter-Dienstes.

Zehn Jahre später waren wegen der Größe des Ortes bereits drei Nachtwächter in Uniform mit je 600 Mark und ein Reservenachtwächter zu unterhalten, dazu zwei Vollzeit-Diener, die das Kloster bekleidete und besoldete.

Durch die Kreisordnung vom Mai 1888 sind dem Kloster schließlich alle polizeilichen Rechte genommen worden und die Gemeinden Ellerbek und Gaarden sollten „bezüglich der Polizeiverwaltung mit der Stadt Kiel vereinigt werden." (Stadtarchiv Nr. 8532)

Für Gaarden hätte dann ein besonderes Polizei-Bezirksbüro mit einem Polizeikommissar eingerichtet werden müssen. Ihm sollten die Ortschaften Ellerbek, Wellingdorf, Neumühlen und Dietrichsdorf zugelegt werden. An Polizeikräften sollten zugewiesen werden: 1 Oberpolizeisergeant und 8 Polizeisergeanten. Diese hatten in den Gemeinden verteilt zu wohnen, einer war zugleich Polizeigefangenenwärter im Hilfsgefängnis in Gaarden. Im Büro war eine Polizeiwache, sie hatte den Dienst der Nachtwächter zu kontrollieren. Für Gaarden bedeutete diese polizeiliche Vereinigung eine zusätzliche Ausgabe in Höhe von 14000,- Mark. In einem Gesuch an den Minister des Innern wurde dringend gebeten, davon abzusehen, zumal die Gemeinde bisher für Polizei nichts auszugeben brauchte. Das Gesuch wurde abgelehnt „mit Rücksicht auf die im Interesse notwendige Konzentrierung der Polizei-Verwaltung in Kiel und Umgegend." Die Vereinigung trat am 1. Oktober 1889 in Kraft.

4 Polizeisergeanten versahen seitdem in Gaarden ihren Dienst. Das Gaardener Polizeirevier 5 wurde auf dem Gelände des zugeschütteten Stöltingschen Teiches eingerichtet.

Aus weiteren Unterlagen vom 1.3.1899 geht hervor, dass es für Gaarden und Plön eine königliche Landgendarmerie gegeben hat.

Nach der Einteilung der Reviere um 1900 befand sich das 5. Polizeirevier bis 1945 im Karlstal Nr. 1.

Für ganz Kiel standen der Polizei zwei Funkstreifenwagen mit einem festen Fahrer zur Verfügung. Sie mussten bei Bedarf extra angefordert werden. Viel später – erst nach den Unruhen des Zweiten Weltkriegs – hatte das 5. Revier drei eigene Wagen. Die Polizei ging früher zu Fuß oder fuhr mit dem Fahrrad.

1946 Das Revier im Karlstal

Durch Bombentreffer stark zerstört musste das Revier zum Karlstal Nr. 16 umziehen. Die Farbe der Polizeiuniform war seinerzeit Blau, erst Ende der 50er-Jahre kam dann das Grün.

ca. 1922 Polizeischule in der Pickertkaserne

Von 1946–1970 befand sich das 5. Revier dann in der Pickertkaserne. Das war auch die Zeit, bevor Verkehrsampeln an den Straßenkreuzungen den unfallfreien Lauf des ständig steigenden Verkehrsaufkommens regelten. Diese Aufgabe wurde von zwei festen Posten des 5. Reviers „handwerklich" übernommen, und zwar am Howaldttor und an der Gablenzbrücke.

Zunächst einmal von 1970–1987 zog das Revier in die Kieler Straße 20a ins Haus der Klempnerei von Heinrich Gebhardt.
Seit dem 17.11.1987 gibt es genau an dem Vorkriegs-Standort in der Werftstraße 217 – an der Ecke zum Karlstal – das wohl endgültige Polizeirevier. Hier war bis dahin die Verwaltung und die Prüfstelle des TÜV.
Das 5. Polizeirevier wurde zuständig für die Ortsteile Gaarden, Ellerbek, Elmschenhagen, Wellsee und Kronsburg (ein Gebiet mit ca. 46 000 Einwohnern). Dies bedeutet, dass das 5. Revier etwa 100 000 Einsätze im Jahr leisten musste. Aus dem 5. Revier wurde 1998 das 4. Revier, welches mit 140 Beamten und 14 Fahrzeugen eines der größten Polizeireviere in Schleswig-Holstein ist.

Menschliche Verkehrsregelung auf der Kreuzung „Hummelwiese"
Der Gaardener Polizist Paul Schenkewitz

Mitten auf der Hummelwiese stand in den 1950/60er-Jahren ein Verkehrspolizist und regelte in einer vorbildlichen Art den von Jahr zu Jahr zunehmenden Verkehr.
Weil das elegant, diszipliniert und in einer ruhigen Form geschah, wurde dieser Beamte von vielen Rad- und Autofahrern sowie Fußgängern bald – nicht nur bei den Kielern – eine Berühmtheit.
Alle Verkehrsteilnehmer hielten es durchaus für angebracht, diesem Polizisten die nötige Anerkennung zu bekunden, weil er Tag für Tag an einem der wichtigsten Knotenpunkte der Stadt Kiel mit gleichbleibender Freundlichkeit und Ruhe im Dunst der Abgase seinen Dienst ausführte.
Schon bald hatte Kiel weit über die Stadtgrenzen hinaus den Ruf, den besten und freundlichsten Verkehrspolizisten zu besitzen. Er, der selbst scheinbar unberührt von einem wütenden Regensturm, vor dessen unbarmherziger Wucht, jeder andere eilend unter ein rettendes Dach geflohen wäre, hieß Paul Schenkewitz und wohnte von 1953 bis 1974 in der Iltisstraße Nr. 63.
Geboren wurde Paul Bruno Schenkewitz in Tapiau in Ostpreußen am 31. Mai 1918.
Hier in Tapiau ging Paul zur Schule bis zur mittleren Reife und wurde anschließend zum „Reichsarbeitsdienst" abkommandiert, um dann übergangslos zur Wehrmacht wechseln zu müssen.
Mitten im Krieg heiratete der Hauptfeldwebel Schenkewitz am 17. April 1943 seine Jugendliebe Erna Elisabeth. Er musste danach sofort wieder an die Front und sollte seine Frau erst im Februar 1947 in Kiel wiedersehen.
Frau Erna Schenkewitz floh 1945 mit einem Schiff von Pillau aus über die Ostsee und landete in dem Flüchtlingslager von Oksbüll in Dänemark.
Paul Schenkewitz machte sich, als er aus der Kriegsgefangenschaft bei den Engländern entlassen wurde, auf die Suche nach seiner Frau. Diese Suche brachte ihn nach Kiel und in einem Zimmer unter dem Dach eines Hauses in der Saarbrückenstraße trafen die beiden 1947 endlich wieder zusammen. Paul hatte sich 1945 bei der Schutzpolizei in Kiel beworben, wurde Polizeianwärter und war nun Wachtmeister. In der Saarbrückenstraße in einem kleinen Stübchen wurde am 1. Februar 1948 der Sohn Klaus Rüdiger geboren. Die kleine Familie zog dann 1949 in eine Eineinhalb-Zimmer-Wohnung des Hauses Preetzer Straße Nr. 59.

1947 Polizeianwärter Paul Schenkewitz und Frau überqueren das Sophienblatt bei der Ringstraße

Was war an ihm, was die Menschen faszinierte: Es war die unüberbietbare Grazie seiner Handbewegungen, mit denen er den endlosen Strom der Straßenbahnen, Autos, Motorräder und Radfahrer und der Fußgänger, mit beinahe klassisch anmutendem Rhythmus bald zu ungehemmtem Fließen, bald zu gehorsamem Erstarren brachte. Jedermann konnte so auf der Bühne der rauen Wirklichkeit beobachten, wie die Hände dieses Verkehrspolizisten mit ihren Bewegungen nicht einfach den brandenden Verkehr regelten, sie taten mehr. Sie beherrschten souverän sowohl den ungeduldigen Menschen wie die ungebärdige Materie. Nicht nur die Hände schlechthin wirkten bei diesem virtuosen Schauspiel stummer Gesten mit, sondern buchstäblich jeder einzelne Finger. Der Daumen der erhobenen Hand wies dem einen Fahrer den Weg, der Zeigefinger erlaubte einem anderen, die kleine Linkskurve zum Einbiegen zu nehmen, die beiden nächsten Finger gaben einem riesigen Fernlastzug den Weg frei und selbst der kleine Finger der weiß behandschuhten Hand war nicht müßig, – sein Winken galt einer verängstigten Fahrerin, die aus diesem winzigen Wink mit weit offenen Augen ihr Heil zu finden hoffte. Dies alles hieß diesem Polizisten auch eine gebührende Bewunderung zu zollen, und das passierte nicht nur zum Weihnachtsfest durch die vielen Geschenke, die neben Paul Schenkewitz auf der Kreuzung übergeben wurden, sondern auch dadurch, dass er auf seinem Gang zum Dienst stets an der Preetzer Straße – spätestens hinter dem Bunker – von einem Autofahrer mitgenommen wurde.

1978 schied er – zwischenzeitlich Polizeihauptmeister – als Leiter des Gewahrsams (genannt Blume) in der Gartenstraße aus dem Polizeidienst. Endlich konnte sich der lebensbejahende Pensionär nun seiner Familie widmen, die ihm ohnehin immer das wichtigste war.

Die Kinder in der Iltisstraße kannten den Polizisten als fröhlichen, freundlichen Mann, der nach Dienstschluss, wenn er sein Auto auf den Garagenhof hinter der Iltisstraße 58 fuhr, von allen respektvoll begrüßt wurde.

Paul Bruno Schenkewitz, der stadtbekannte Polizist vom Gaardener 5. Revier, starb am 5. Mai 1991.

Die Wucht der Veränderung

Aus der Geborgenheit ländlicher Stille sollte Gaarden jäh emporgerissen werden, als sich der Staat und Aktiengesellschaften für die Anlage von Schiffswerften im ganz großen Stil zu interessieren begannen, als die Maschinen zu hämmern anfingen und immer mehr Arbeiterheere ansogen, als das Acker- und Wiesenland zu Bauparzellen umgestaltet wurde und darauf Häuser ohne Stil und Straßen ohne einheitliche Planung wie Pilze aus der Erde schossen, kurz, als eine Entwicklung des Dorfes anhob, die in diesem Tempo alle kühnsten Erwartungen übertraf. Die Entstehung und dauernde Vergrößerung der Werftanlagen verändert in demselben Maße auch das dörfliche Aussehen Gaardens. Noch 1866 wurden ca. 400 Einwohner gezählt, ein Jahr später bereits hatte sich die Zahl auf 867 mehr als verdoppelt und bis 1871 mit 2915 Einwohnern versiebenfacht.

Das Gaardener Straßennetz entsteht

Firma Steffen Sohst trägt die Blessmanndamm'sche Kiesgrube ab. Das Karlstal entsteht.

Das zunächst zur Bebauung in Betracht gezogene Gebiet, wurde durch die Schönberger Straße, die Kaiserstraße und die Preetzer Chaussee umgrenzt. Die Schönberger Straße, früher die einzige Dorfstraße, wurde 1878 von der Provinz dem Dorfe im durchweg ländlichen Zustand überlassen und die Kaiserstraße wurde dafür von der Provinz als Provinzialstraße gebaut. Die Preetzer Chaussee, die schon frühzeitig in Urkunden erwähnt wird, ist als die älteste anzusehen. Parallel zur letzteren entstanden das Karlstal, die Johannes-, die Kieler-, die Augusten-, die Norddeutsche, die Werft- (heute Sandkrug) und die Wlihelminenstraße (heute Hügelstraße). Sie erhielten Verbindung untereinander durch die Schulstraße und deren Verlängerung, die Querstraße (heute Raaschstraße) und durch die Elisabethstraße, die alle nach und nach ausgebaut wurden.

1880 Werftstraße

Die Schönberger Straße, der Dorfteich und das Karlstal

Der Teich bestand ursprünglich aus zwei Teichen, durch einen schmalen Damm voneinander getrennt, und wurde zur Karpfenzucht benutzt. Er gehörte zum Gewese des Fischhändlers Stölting, das sich links von ihm an der Schönberger Straße anschloss. (Heute kreuzt hier das Karlstal und der Blessmanndamm die Werftstraße.) Geläufiger war damals der Name „Stöltings Teich".
1872 wurde dem Hufner M. D. Schmidt die Vergünstigung zuteil, eine Wasserleitung von ihm aus in seinen Kuhstall zu legen.

Ein Jahr später wurde er zum Streitobjekt zwischen Stölting und dem östlichen Anlieger Blessmann wegen der Wegebenutzung um den Teich. Der Weg wurde beiden zur Hälfte und zur gemeinsamen Benutzung zugesprochen. Als Stölting den Teich ein paar Jahre später zuschütten wollte, kaufte die Gemeinde ihn mit der unmittelbaren Umgebung, um ihn als Feuerlöschteich zu erhalten. Er wurde aber zu einem ständigen Tummelplatz der Schuljugend und hatte dadurch häufig Anlass zu Unglücken gegeben. Daher machte der gegenüberliegende Gastwirt der „Alhambra", Steffen, den Vorschlag, ihm den Teich gegen eine jährliche Miete zu überlassen. Er wollte ihn einfriedigen, beaufsichtigen und reinigen lassen. Sein Vorschlag wurde aber von der Gemeinde abgelehnt.

Franz Blessmann

Von Jahr zu Jahr mehrten sich sodann die Klagen über die häufige Verschlammung und Verunreinigung des Teiches, die dadurch entstand, dass die Anlieger des Karlstals ihre Abwässer in den Teich leiteten. „Er belästigte durch seine üble Ausdünstung besonders im Sommer die Anlieger und zahlreiche Passanten." Nachdem dann auch noch die Steinmauer zu zerfallen drohte, wurde 1898 seine Zuschüttung begonnen und das gewonnene Gelände an die Firma Krupp verkauft.
Ein Feldweg, der bei dem Teich in die Schönberger Straße mündete, stellte die älteste Querverbindung zur Preetzer Landstraße dar und bildete das „große Redder". Aus ihm entstand der heutige Kirchenweg, womit gleichzeitig seine Bestimmung aufgezeigt wird.

Der Ziegeleibesitzer Christian Blessmann, welcher 1854 Bürger von Kiel wurde, hatte das alte Schulgrundstück 1871 käuflich erworben: Das oberhalb des „Stöltings Teich" liegende, sumpfige Wiesental war schon vorher vom Hufner Wörpel in seinen Besitz übergegangen. Das Gelände war in den Jahren 1869 und 187o zugeschüttet und eine breite bekieste Straße hindurchgelegt worden. Zu beiden Seiten wurden Linden angepflanzt und rechts und links in Bauparzellen eingeteilt sowie durch Tannen und Obstbaumanpflanzungen verschönt. Bezüglich der Erhaltung seiner Anpflanzungen sowie der Einrichtung der zu bauenden Häuser machte Blessmann beim Verkauf von Bauplätzen jedes Mal besondere Vorschriften. So durften nur villenartige Wohnhäuser, die außer dem Kellergeschoss höchstens zwei Stockwerke und ein ausgebautes Dachgeschoss hatten, gebaut werden. (Festgelegt im Ortsstatut vom 20. Juni 1878). Das „Karlstal" wurde durch solche zielbewusste Anlage zu einem gern gesehenen Schmuckstück des Dorfes. Den Namen erhielt es zur Erinnerung an einen vielleicht früh verstorbenen Sohn Blessmanns, der nicht weiter genannt wird. (Nach einer Tochter Blessmanns wurde noch eine weitere Kieler Straße benannt – die Minnastraße in Wellingdorf.) Blessmann selbst brachte sich in Erinnerung im „Blessmanndamm", eine Verlängerung des Karlstals auf das zugeschüttete Hafenbecken. Die erweiterten Anlagen der späteren

1905 Der Kaisersaal

Ansichtskarten 1900 Karlstal

Germaniawerft haben ihn für einige Zeit in die Versenkung verbracht.

An seiner Einmündung in die Schönberger Straße entstanden zwei große Gaststätten. Das „Orpheum", das 1871 abbrannte und mit einem Kostenaufwand von 120 000 Mark als „Kaisersaal" neu entstand. Vorher stand an dieser Stelle ein einfaches strohgedecktes Wirtshaus „Zur Erholung", verbunden mit einem Tanzsaal.
Die Frage des Fortbestandes der Karlstal-Anlagen sollte der Gemeinde noch viel Kummer bereiten. Anfang der 80er-Jahre geriet Blessmann in Konkurs, seine Grundstücke gingen in fremde Hände über, und den Inhabern war es gleichgültig, was für Häuser dort gebaut wurden, wenn sie nur Grundstücke verkaufen konnten.

Im Jahre 1875 wurde das Karlstal „unter Beibehaltung dieses Namens und gegen Übernahme der Verpflichtung dem seitherigen Besitzer gegenüber, die von demselben an dieser Straße angelegte Lindenallee zu conservieren und zu unterhalten, auf die Commune

1941 Die Apotheke am Karlstal

übernommen, wenn der genannte Blessmann andererseits sich verpflichtete, die projektierte Schulstrasse vom Karlstal aus, soweit sie über sein Grundstück führt, zu öffnen und nachständig auszulegen." So das Gemeindeprotokoll Band 3 vom 14. Oktober 1875. So wurden die Tannenschonungen kurzweg gerodet und trotz Einspruch der Gemeindevertretung ein dreistöckiges, mit acht Wohnungen versehenes Wohnhaus errichtet, „wodurch der anmutige Charakter der Straße zum Ärger, nicht allein der übrigen Anwohner, sondern vieler Passanten, die bei ihren Spaziergängen so gern das Karlstal benutzten, beeinträchtigt wurde."

In Zukunft wollte man sich durch eine Polizeiverordnung gegen weitere Übergriffe dieser Art schützen, die vor allem durch die zu erwartende Vergrößerung der Krupp'schen Fabrikanlagen (Krupp hatte 1898 das Gebiet links vom Karlstal käuflich erworben) befürchtete. Eine solche Verordnung wurde zunächst von der Kieler Polizeibehörde als nicht zuständig abgelehnt, aber schließlich doch auf Geheiß des Regierungspräsidenten am 5. September 1895 erlassen. Sie führte dazu, dass in den Jahren bis 1899 am Karlstal kein Bau mehr errichtet wurde. Für die Kruppanlagen, über die sich die Anlieger des Karlstals beschwerten, traten keine Einschränkungen ein, da angeblich „50 Meter von der Straße entfernt liegende Grundstücke nicht unter die Verordnung fallen, sonst hätten beispielsweise links vor dem Karlstal die 'Vereinsbäckerei' und rechts die Kohlenhandlung; von Ihms & Graf' nicht errichtet werden dürfen." (Antwort des Polizeipräsidenten von Kiel am 26. Februar 1899). Krupp selber beabsichtigte zur Beruhigung der Anlieger des Karlstals eine Mauer aus Ziegelsteinen von der Schulstraße bis zur Vereinsbäckerei zu errichten, um somit seine Anlagen von den Vorgärten am Karlstal abzugrenzen.

Gesamtübersicht der Gaardener Straßen

Ganz neue Häuserreihen und Straßen entstanden. Die Schönberger Straße war durch die Alteingesessenen bewohnt. Also wurden von hier aus unmittelbar an den Industriestreifen anschließend neue Straßenzüge in das ansteigende Gelände hineingeschoben und zum Wohnviertel umgebaut. Es waren deutlich die „Entwicklungsstufen" zu erkennen:

„Im Anfang der Entwicklung stand noch genügend Platz zur Verfügung, man baute nur mittelhoch und das Häusergefüge war nur mäßig verdichtet. Von vielen kleinen privaten Unternehmern wurden einzelne Straßen ausgelegt; daher treten die verschiedensten Mietshaus-Typen auf. Sämtliche Straßennamen des älteren Teils (mit Ausnahme der wenigen wie Werftstraße, Preetzer Chaussee) tragen die Familiennamen der Unternehmer oder die Vornamen von Familienmitgliedern. In der späteren Periode ist der Boden teurer, und es wird dicht, vier- bis fünfgeschossig und in einem sogenannten Miethausschema gebaut". So Hädicke in seiner Stadtgeografischen Untersuchung auf Seite 65.

Schwierigkeiten bereitete nur das mehr oder minder abschüssige Gelände. Aber, um die Arbeiter in der Nähe ihrer Arbeitsstätten unterzubringen, wurden die Bauunternehmer gezwungen, sich über alle Bodenschwierigkeiten hinwegzusetzen. Da, wo das Gelände weniger steil zur Schönberger Straße abfiel, trugen sie es mehr und mehr ab. Unangenehmer war es schon, mit der Hügelstraße und dem „Sandkrug" an der Ellerbeker Seite, die an der Wasserseite ein Gefälle von 8 Grad aufweisen. „Hier hat man beim Betrachten dieser Häuserviertel das Gefühl, das Bauamt habe mit dem Anwachsen der Straße nach Zahl und Länge nicht Schritt halten können und sei mit den Plänen und Berechnungen hinter der Wirklichkeit zurückgeblieben." (Zitat aus Band 49 der Gesellschaft für Schlesw.-Holst. Geschichte, S. 255).

Ansichtskarte von 1904 Schönberger Straße – heute Werftstraße

1904 Ecke Schulstr. und Kieler Str.

Südlich der Kaiserlichen Werft, wo der Steilrand sich 26 m hoch so steil erhebt, dass Stufen hinaufführen müssen, und wo für eine Bebauung zu große Erdarbeiten erforderlich gewesen wären, hat man ein 500 Meter langes und 300 Meter breites Feld freigelassen, auf dem später der Werftpark entstand.
Für die anderen im raschen Entstehen begriffenen Straßen gilt, dass sie im Hinblick auf den augenblicklichen Vorteil von verschiedenen privaten Unternehmern in übereilten Spekulationen errichtet und bebaut wurden, ohne jede Berücksichtigung der ungünstigen Bodenverhältnisse und ohne Blick für eine zukünftige Weiterentwicklung, die unter erheblichen Kosten die Fehler gutmachen musste. Heute hat der Bombenkrieg eine radikale Wendung und neue Möglichkeiten geschaffen, aber die stehen gebliebenen Häuser am Vinetaplatz krankten noch lange weiter auf dem moorigen Untergrund. Die aneinandergereihten Dachgiebel wollten sich einst noch gegenseitig erdrücken. In schwungvollen Bögen wurde versucht, den Straßen ein angenehmeres Gefälle zu geben und die Höhenunterschiede auszugleichen.

Die Kieler Straße war zum größten Teil dadurch entstanden, dass aus der Wohnungsnot der in Holzbaracken wohnenden Schweden, die anlässlich eines Streiks vom damaligen Werftdirektor Conradi herbeigeholt worden waren, für sie fünf große massive Häuser, die sogenannten Schweden-Häuser, erbaut wurden und somit der Grund zur Kieler Straße gelegt wurde.
Der damalige Gemeindevorsteher Dibbern (1883 gestorben) baute später an der Ecke Kieler- und Schulstraße eine Reihe weiterer Häuser und verlängerte damit die Schulstraße durch das dem Fischteichhändler Stölting gehörende Land bis zur Augusten- und Norddeutschen Straße. Auch für die Augustenstraße, die durch das Land des Hufners Schlüter führte, wurde Dibbern tätig. In kurzer Zeit folgten der Anbau der Norddeutschen- und Werftstraße (später Sandkrug), ebenfalls auf Schlüters Grund und Boden, durch Schlüter selbst und durch die Unternehmer Krück und Hosmann. Etwas weiter hinaus baute der Unternehmer Staak auf dem hügeligen Boden der Wilhelminenstraße (1901 in Hügelstraße umbenannt), der dem Hufner Schmidt gehörte. Die Werft- und die Wilhelminenstraße hatten bereits 1875 (laut Gemeindeprotokoll v. 5. Nov. 1875) eine Pflasterung und in der Norddeutschen- sowie der Kieler Straße war damit

bereits begonnen worden. Ein Personenkreis aus dem Unternehmer Gericke, Gastwirt Heuer (Wilhelminenhöhe) und dem Ingenieur Münch schloss sich zusammen zur Legung der Elisabethstraße auf dem Grund der Hufner Wörpel und Rosenfeldt.
Die Johannesstraße wurde vom Besitzer Hufner Johannes Schnoor 1874 angelegt und trägt seitdem auch seinen Namen.
An ihr entstanden zuerst die Häuser der Lehrer Hansohm und Lithmann. Die Kirchenstraße war anfangs nur ein Verbindungsweg zum 1875 entstehenden Krankenhaus. Sie wurde bereits 1853 auf der Koppel des Hufners Göttsch ausgelegt. Hierhin führte der Weg zur Gaardener Johanneskirche und es entstanden hier eine ganze Reihe von weiteren zur Gemeinde gehörenden öffentlichen Bauten.
Urwüchsig und primitiv in Anlage und Pflasterung müssen heute diese Straßen vorzustellen sein – an beiden Seiten mit Bäumen, kleinen Häusern (abgesehen von den lang gestreckten Arbeiterhäusern der Kieler Straße) und hübschen Vorgärten umgeben.
Führte der Zuzug der Werftarbeiterschaft dazu, dass um 1880 die genannten Straßenzüge bereits vorhanden oder im Bau befindlich waren, so zeigt ein Blick auf die südliche Seite des Karlstals, wie es um diese Zeit in Gaarden ausgesehen hätte, wo auch erst lediglich der linke Rand der Preetzer Chaussee die dort einmündenden Straßen durch kleine Häuser andeutete.
In einem Bericht des klösterlichen Wegeschaubeamten an die Gemeinde-Vertretung aus dem Jahre 1880 über den Zustand des an die Preetzer Chaussee führenden Kirchenweges heißt es u. a., „dass die Strecke von der Ausmündung ins Karlstal bei der Schönberger Straße vor dem Rosenfeldt'schen Hause in einer ganz ordnungswidrigen Verfassung sei und als öffentliche Messtrecke nicht gut länger so belassen werden kann, ... für Fußgänger ist der schmale Weg zeitweise und stellenweise schlecht zu marschieren." (Stadtarchiv Nr. 16 785) Es wird noch zusätzlich der Vorschlag unterbreitet, den Hufner Schnoor als Hauptanlieger zur Instandsetzung heranzuziehen, was allerdings eine gewisse Härte wäre, „da der Weg jetzt von einer weit größeren Zahl von Passanten benutzt wird als früher", oder aber die Wegestrecke ganz eingehen zu lassen und die obere Strecke durch einen Querweg durch Blessmanns Besitz dem Karlstal zuzuführen.

Nachdem Blessmann sich hierzu weigerte, wurde beschlossen, dass Schnoor den verfallenen Graben auf der Südseite wieder in ordentlichen Stand setzt, und Blessmann „entweder den von ihm zugeschütteten Graben auf der Nordseite des Weges wieder herstellte, oder auch einen zur Aufnahme des von der oberen Strecke kommenden Wassers genügenden Rinnstein machen lasse, und somit beide den Weg instandsetzen zu lassen haben."
Dieser von alters her bestehende schmale Knick-Weg war in den 1870er-Jahren von dem vormaligen Anlieger Hufner Mordhorst ausgerodet worden. Nur am nördlichen Ende des Weges entstanden einige wenige Häuser. Danach ruhten die Bauten längere Jahre hindurch völlig, bis schließlich der Besitz zu beiden Seiten an Dr. Klünder überging und dieser eine Querstraße projektierte, die ins Karlstal mündete (sog. verlängerte Elisabethstraße).

Blick auf Gaarden-Süd

Besonderheiten in den Gaardener Straßen, ihre Entstehungszeit und die Erklärung ihrer Namen

Alte Lübecker Chaussee: angefangen als Lübecker Chaussee 1789. Bereits auf der „Topographisch Militärischen Charte des Herzogtums Holstein (1789–1796)" Nr. 21 von Major Gustav Adolf von Varendorf eingezeichnet (ohne Straßennamen) 1872 erstmals aufgeführt im Adressbuch Kiel.
1907 wird einstimmig beschlossen die Kiel-Lübecker Chaussee von der Provinzialverwaltung zu übernehmen und zwar: Teil auf Kieler Gebiet für 19 922,88 Mark, Teil auf Gaardener Gebiet für 81 660,20 Mark.1926 Umbenennung in „Alte Lübecker Chaussee", 1972 Teil Bahnlinie bis Sörensenstraße wird umbenannt in „Zum Brook", 1983 wird das Teilstück der Alten Lübecker Chaussee zwischen Lübscher Baum und Tonberg zur Lauenburger Straße. Der Verlauf: 1789 vom Sophienblatt, 1905 Sophienblatt-Waldemarstraße, 1908 Sophienblatt-Sörensenstraße, 1972 Sophienblatt-Bahnlinie, Seit 1983 Sophienblatt-Lübscher Baum. Der Name entspricht einer alten Heerstraße durch Ostholstein bis nach Lübeck.

Asmusstraße: 1904 wird der Name durch den Gemeinderat von Gaarden-Süd beschlossen. 1923 wird der Teil zwischen dem Wellseer Weg und Rathausstraße als öffentlicher Weg aufgehoben. Der Verlauf: 1904 Wellseer Weg-Waldemarstraße, 1908 Wellseer Weg-Sörensenstraße, 1923 Rathausstraße-Sörensenstraße und seit 1936 Oldesloer Straße-Sörensenstraße. Benannt nach Asmus Bustorf, Bauunternehmer und Gemeindevertreter in Gaarden.

Ansichtskarte 1911 Augustenstraße

Augustenstraße: seit 1878 vorhanden und nach der Tochter des ehemaligen Grundstückseigentümers H. Schlüter benannt.

Mit der Erweiterung der Straßen in Gaarden-Süd durch den Wohnungsbau für die Arbeiter der Germania- und der Krupp'schen Werft im Jahre 1937 bis 1939 wurden neu angelegte Straßen nach den Orten Ascheberg, Lensahn und Oldenburg benannt.

Bahnhofstraße: Im Protokolltext der Gemeinderatssitzung von Gaarden-Süd 1898 erstmals erwähnt. Seit 1910: (Eingemeindung) vom Schwedendamm an führt die Straße zum früheren Kleinbahnhof (für die Strecken Kiel-Segeberg sowie Kiel-Schönberg) und verbindet so beide Bahnhöfe.

Bielenbergstraße: Nach dem Kaufmann Johannes Bielenberg, Inhaber der Kieler Getreide- und Speditionsfirma Bielenberg und Sörensen. Beide kauften 1901 den 230 Tonnen großen Gutshof „Marienlust" von Clahsen (am Mühlenteich – Dreis gegenüber) und parzellierten das Gelände zur Bebauung. 1912 erfolgte der Ausbau der Strecke Hofstraße zur Preetzer Chaussee.

Die im Stübbenplan vorgesehene Straße wurde nach 1905 zusammen mit der westlich von ihr parallel verlaufenden Sörensenstraße und den beide verbindenden Querstraßen Heisch-, Heintze- und Hofstraße von der auch im Grundstücksgeschäft tätigen Getreide- und Speditionsfirma Bielenberg und Sörensen angelegt. Auf der Westseite war sie bis 1910 mit viergeschossigen Wohnhäusern geschlossen bis an die Hofstraße bebaut. Erst in den fortgeschrittenen 1930er-Jahren kamen auf der gegenüberliegenden Seite Mietwohnungsblocks hinzu, die von dem Bauunternehmer Ernst Voss gebaut wurden. Die Häuser erhielten über den Türen Tiermotive aus Sandstein. Voss baute sich das Haus in der Bielenbergstraße Nr. 14, in dem jahrelang noch die Gaststätte „Voss-Eck" betrieben wurde.

Gegenüber – in ebenfalls seinem Haus mit der Nr. 19 – hatte Voss seinen Betriebshof. Er baute auch die neue Fröbelschule sowie

1932 Familienfeier im Hause des Bauunternehmers Ernst Voss

neue Brückenfundamente für die Gablenzbrücke. Die sogenannten Konsum-Häuser wurden ebenfalls von Voss gebaut. Der Maurermeister Voss kam 1903 aus Eutin, wo er 1877 geboren worden war.

Buschfeldstraße: Nach Wilhelm Buschfeld. Er war 1910–1926 Kaufmännischer Direktor der Friedrich-Krupp-Germaniawerft AG. gest. 1937
Ab 1936 entstand am Ende des Straßenzuges zwischen der neu angelegten Buschfeld- und der Preetzer Straße nach Entwurf von Karl Doonnann für die Germaniawerft ein dreigeschossiger Wohnblock, dessen Eckhaus die Sandsteinfigur eines Werftarbeiters schmückt.

Blessmannsdamm: am 25. 1. 1877 Bauerlaubnis an den Unternehmer Blessmann erteilt.

Blitzstraße: im Jahre 1902 nach dem Aviso der kaiserlichen „SMS Blitz" benannt, welche im gleichen Jahr auf der Gaardener Germaniawerft vom Stapel lief.

Bothwellstraße: 1907 nach Jacob Robert Arthur Bothwell (1822–1904), Kapitän z. S. und ehemaliger Chef der Marinestation der Ostsee, zeichnete sich aus im Gefecht bei Tres Forkas, 1852 vor Marokko.

Brommystraße: 1904 zwischen Pickert- und Ernestinenstraße erbaut, wird sie 1947 zum Teil des Ostrings. Der Name der Straße ist nach Karl Rudolf Bromme, genannt Brommy (1804–60) ausgewählt worden. Er war einige Jahre Fregattenkapitän in griechischen Diensten, wurde auf Grund eines Werkes „Die Marine" 1843 in die Marinekommission der deutschen Nationalversammlung berufen und dort mit der Schaffung einer deutschen Flotte beauftragt.

1928 Brommystraße, Restaurant Augustenhof, Besitzer Otto Müller

Die längst vergessene Brommystraße

Im Jahre 1908 wurde eine neu zu bebauende Straße in Gaarden-Ost von der Pickertstraße bis zur Stoschstraße nach Admiral Karl Rudolf Bromme (gen. ‚Brommy') benannt. Brommy schuf 1849 im Auftrag der Deutschen Nationalversammlung die erste „Deutsche Kriegsflotte" und kann somit als Gründer der Deutschen Marine angesehen werden.

Die Straße wurde mit Mietshäusern für die Familien der Werftarbeiter und einigen sogenannten „Tante-Emma-Läden" sowie teilweise auch auf den Innenhöfen der Häuser für Kleingewerbe bebaut.

Bereits 1913 wird diese Straße bis zur Ernestinenstraße verlängert. Der unbebaute Teil wird 1928 bis zur Pickertstraße in „Gebhardstraße" umbenannt.

Am 30. August 1944 werden alle Häuser – bis auf eins – durch einen Bombenangriff der US Air-Force zerstört.

Die gesamte Straße verschwand in einem Feuersturm.

Das letzte Haus der Brommy Straße – heute Ostring

Das einzige Haus aus der Zeit vor dem Zweiten Weltkrieg steht heute als Haus Ostring Nr. 188 zwischen all den vielen Nachkriegs-Neubauten.

1945 zerstörte Brommy Straße

1910 Neubauten in der Elisabethstraße

Elisabethstraße: nach der Tochter des Oberingenieurs Münch, der diese Straße legte, benannt (zuerst im Kieler Adressbuch von 1880 erwähnt). Der Ausbau zwischen Johannesstraße und Karlstal erfolgte 1903 und seit 1910 läuft die Straße von der Preetzer Chaussee bis zur Werftstraße.

Die Elisabethstraße wird zum Standort der meistfrequentierten Geschäfte auf dem Kieler Ostufer

Mit dem Wachstum der Einwohnerschaft des Werftarbeiter-Stadtteils Gaarden wuchs auch der Anteil der vielen kleineren und großen Einzelhandelsgeschäfte. So wurde die Elisabethstraße als Einkaufsstraße vollendet und mit dem Jahr 1904 durch die Umbauung des Vinetaplatzes komplettiert.

Ab dem Karlstal reihten sich in nördlicher Richtung bis zur Ecke der Augustenstraße in jedem Wohnhaus ein Geschäft an das andere. Die Einzelhandelsgeschäfte wechselten vom „Tante-Emma-Laden" über die verschiedensten Fachhandels-Unternehmen bis hin zu den größeren Waren- und Manufaktur-Häusern.

Die großen Häuser waren das Haus von Stahl und Stiller am Vinetaplatz und das „Gaardener Kaufhaus" von Alfons Jonas an der Ecke zur Augustenstraße. Interessanterweise bog davor die Straßenbahn nicht in die Elisabethstraße in Richtung Werft ab, sondern fuhr durch die Augustenstraße weiter über die Kreuzung bis zur Kaiserstraße, um hier das Werft-Tor zu erreichen und weiter in Richtung Ellerbek zu fahren. Auf den nachfolgenden Bildern weisen die Schienen der Straßenbahn darauf hin. Ein weiteres Bild aus 1940 zeigt auch die Linie 4 in der Augustenstraße auf dem Weg zur Kaiserstraße.

Der Wiederaufbau des einst recht großen Gaardener Kaufhauses in der Elisabethstraße an der Ecke zur Augustenstraße erfolgte erst im Jahre 1954. Der Sohn des Gründers, Herr Alfons Jonas, weihte seinen Neubau im Jahre 1955 ein. Die jüdische Familie war vor der Verfolgung durch die Nationalsozialisten aus Kiel nach Haifa in Israel geflohen, wo Alfons Jonas ein neues Kaufhaus errichtete. Das Gaardener Kaufhaus hat Jonas Jahre später wieder verkauft um dann nach Haifa zurückzukehren.
Beachtenswert ist, dass die Straßenbahn, welche die Augustenstraße hinunterkam, über

1938 Straßenbahn in der Augustenstraße Richtung Kaiserstraße

die Elisabethstraße hinweg weiter und erst die Kaiserstraße hinab zur Werftstraße fuhr. Gleich hinter der Ecke von der Elisabethstraße – das zweite Haus in der Augustenstraße – war seit 1906 das Haus des Bäckers Ferdinand Speetzen, welches bei einem Bombenangriff der Royal Air Force in der Nacht vom 8. auf den 9. April 1941 zerstört wurde. Nach dem Krieg hat Alfons Jonas das Ruinen-Grundstück aufgekauft.

Die Familie der jetzt bereits dritten Generation des Bäckers Speetzen war nach der Zerstörung ihres Wohn- und Geschäftshauses in das Germania-Hotel in Bad Segeberg evakuiert worden.

Um die Versorgung der Einwohner im Kieler Stadtteil Gaarden auch während des Krieges zu gewährleisten, hat die nationalsozialistische Stadtverwaltung darauf bestanden, dass gerade die Herstellung und Verteilung mit Brot von mehreren Bäckereien der Stadt vorgenommen wurde.

Dabei waren jedoch die meisten Bäckermeister an der Front – so auch Walter Speetzen (Jahrgang 1908), der ein Enkel des Betriebsgründers war.

Nun – und aus der Not geboren – musste die junge Ehefrau von Walter, Frau Christine Speetzen zwei mal wöchentlich mit der Segeberger Eisenbahn oder sogar oft noch mit dem Fahrrad nach Gaarden fahren.

Hier hatte sie in der Vertretung für die Gebrüder Ratjen, die auch in den Krieg ziehen mussten, die Bäckerei in der Iltisstraße Nr. 7 zu führen. Sie wurde in der Zeit von 1941 bis 1945 von dem Rest der Familie voll unterstützt, welche auch an allen anderen Wochentagen das Brot gebacken und verkauft haben.

Der neue Anfang mit einer eigenen Bäckerei wurde erneut in der Augustenstraße, durch die rührige Frau Christine Speetzen, im Jahre

Elisabethstraße – hinten rechts das Gaardener Kaufhaus

Bäcker Speetzen, Augustenstraße – neben dem Gaardener Kaufhaus

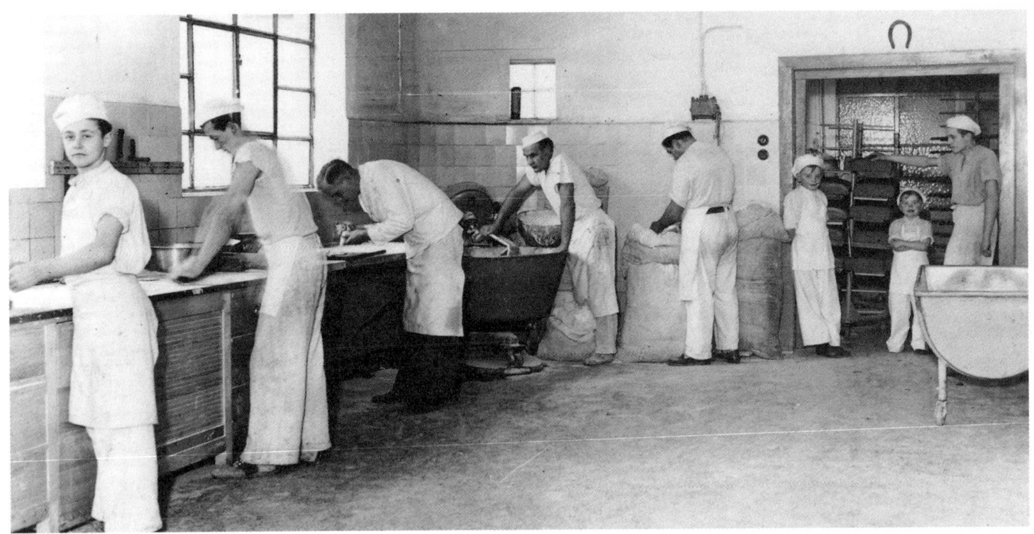

Backstube, Augustenstraße 41

1946 vorangebracht. In dem Hause des Optikers Jürgens in der Augustenstraße Nr. 41, wurde der ehemalige Feinkostladen von Heinrich Kühl für die nächsten Jahrzehnte zum Bäckerei-Fachgeschäft umgebaut.

Die Familie des Bäckers Ratjen übernahm jetzt auch wieder ihren Betrieb und ihre Wohnung, in der während der Kriegszeit die Familie Speetzen die Küche und ein Zimmer noch als Wohnung mitgenutzt hatte.

Der Bäckermeister Walter Speetzen kehrte nun auch aus der amerikanischen Kriegsgefangenschaft zurück und so begann für das neue Bäckerei-Geschäft eine neue Ära.

Aber der Erfolg blieb aus. Der Betrieb wurde bereits im Jahre 1961 von dem Ehepaar Speetzen wegen schwerer Krankheit wieder aufgegeben. Ebenso lohnte es sich auch mehr für Christina und den nun behinderten Bäckermeister, als Angestellte zu arbeiten. Der kleine Uwe lernte noch den Beruf des Bäckers – aber das ist eine andere Geschichte.

Im Zweiten Weltkrieg waren auch die Häuser Nr. 70, 70b sowie Nr. 72 in der Elisabethstraße zerstört worden, sodass nach dem Krieg hier ein wildwuchernder Durchgang zum Ebertplatz entstand.

Die Häuser 70 und 70b hatte einst der Bauunternehmer Schütt errichten lassen und einem Verwandten in dem Haus Nr. 70 ein Fischgeschäft vermietet.

Im Laufe der Erbfolge wurden zwei Schwestern, Martha und Rosa Schütt, die Betreiber des Fischgeschäftes, welches nach 1945 nur noch in einer Ruine untergebracht war.

Die beiden Damen waren in Gaarden unter dem Namen „Süß und Sauer" bekannt, was

1946 Ruinen in der Elisabethstraße

1944 Evakuierung

auf den Umgangston mit ihren Kunden rückschließen ließ. Es wurde gesagt, dass die Dame „Sauer" auch vor dem Traualtar wohl noch „Nein" gesagt hätte. Ein Mythos.

Im Jahre 1958 übernahm Wilhelm Schütt, der weder mit dem ehemaligen Bauunternehmer noch mit den beiden Schwestern verwandt war, das Fischgeschäft am Vinetaplatz. Wilhelm Schütt und seine Frau kauften dann 1975 das Haus mit dem Hotel „Holsteiner Hof" in der Johannesstraße – an der Ecke zur Elisabethstraße. Das Hotel blieb im Besitz des Ehepaars Schütt bis zum Tod von Wilhelm Schütt im Jahre 1975. Das Fischgeschäft hat dann Herbert Berckemeyer, ein ehemaliger Vertreter des Fischverarbeitungs-Betriebs „Dr. Schröder" auf dem Seefischmarkt, übernommen und bis zum Abriss des Gebäudes erfolgreich betrieben.

Nach dem Krieg, inmitten von Trümmern und Ruinen eröffneten mutige Geschäftsleute erneut ihre alten Geschäfte, und neue Händler kamen hinzu. Einer von ihnen war der Kriegsheimkehrer Max Ahrens, der den einst recht kleinen „Tante-Emma-Laden" seiner Großmutter in der Elisabethstraße Nr. 48 zu einem stattlichen Lebensmittel-Geschäft ausbaute. Dieser Laden war schon bald nicht nur in Gaarden wegen der günstigen Preise bekannt geworden, sondern hier konnten die Hausfrauen auch mal bis zum nächsten Ersten anschreiben lassen. Wenn sie nicht bezahlten, kam der Schwiegersohn von Max Ahrens und forderte das ausstehende Geld ein. Er hatte viel zu tun.

Der ganze Verkaufsraum mit den zwei Schaufenstern war nur 30 Quadratmeter groß und dahinter gab es noch einen Lagerraum. Ahrens konnte seine Waren mit den verbraucherfreundlichen Preisen nur anbieten, weil er vieles ganz unabhängig selbst einkaufte. So lieferte die Bäckerei Speetzen das Brot, der Zucker kam in 50 kg Säcken und musste in Pfundpakete ausgewogen werden, der Wein wurde von Winzern direkt aufgekauft. Die Weinflaschen waren recycelt und wurden in der Küche in einem Bassin ausgewaschen. „Immer den ganzen Tag mit den Händen im kalten Wasser", so erinnert sich die Tochter des Hauses. „Die Buchhaltung und der Schriftverkehr kam auf den großen Esstisch in der Küche und wurde einmal pro Woche erledigt".

Alles lief in einem sehr geordneten Rahmen ab. Um punkt 12.00 Uhr gab es das von der Oma gekochte Mittagessen und ganz besonders achtete Max Ahrens auf das äußere

1967 Eilisabethstraße 48

Familie Ahrens und Mitarbeiter

Erscheinungsbild seiner Familie. Auch Max selbst war stets korrekt gekleidet und traf am Nachmittag in der Elisabethstraße den Möbelhändler Strunk, um mit ihm nicht nur zu plaudern, sondern die Herren begrüßten ihre vielen Kunden, indem sie beide stets höflich ihre Hüte zogen.
1962 wurde das Geschäft geschlossen und Max Ahrens ging in die Rente. Er kaufte am Schönberger Strand für sich und seine Frau Anni ein Wochenendhaus.

Im Haus Elisabethstraße Nr. 74 befand sich ab 1952 das Möbelgeschäft Vierow, dem auch das Haus gehörte. In Nr. 76 hatte zur selben Zeit der Sattlermeister Janneck seinen Betrieb. Das Möbelgeschäft wurde später von dem Tischler Knopp aus Raisdorf übernommen.
Dieser teilte sich die Ladenfläche im Erdgeschoss mit einem Blumenladen, der zunächst von Lange und später vom Ehepaar Lehmann geführt wurde. Das Ledergeschäft von

ca. 1960 Elisabethstraße

Elisabethstraße 74

Ansichtskarte von 1930   Die Elisabethstraße

Janneck hatten die Gebrüder Arp nachfolgend gemietet. Im Zuge der Sanierungsmaßnahmen wurden von der Ecke Elisabethstraße/Ebertplatz alle Häuser bis zur Elisabethstraße Nr. 68 (Niclas) im Jahre 1979 abgerissen.

Kieler Sprotten aus der Elisabethstraße Nr. 52

Die Eckernförder Fischer behaupten, dass der kleine geräucherte „Breitling" geräuchert als „Kieler Sprotte" in kleinen Holzkisten eine Erfindung aus Eckernförde ist – sollen sie auch. Es ist aber ebenso richtig, dass die Ellerbeker Fischer den Fisch „Clupea Sprattus" oder Sprott am Kieler Fischleger, der ungefähr dort lag, wo heute das Haus mit der Landesbibliothek steht, hier diese auch geräuchert angeboten haben. Damals, zu Beginn des neuen Jahrhunderts, waren Sprotten eine beliebte billige Speise auf dem Tisch der ärmeren Leute.

Als dann im Jahre 1910 das Fischerdorf Ellerbek nach Kiel eingebürgert wurde, musste hier erst recht auch von „Kieler Sprotten" gesprochen werden. Es gab also „Kieler Sprotten aus Eckernförde, aus Ellerbek und aus Kiel.

Nach neuesten Erkenntnissen gab es aber auch „Original Kieler Sprotten" in kleinen Holzkisten mit Aufdruck „Kieler Sprotten" aus der Elisabethstraße Nr. 52, und die waren aus Schokolade – eine Nachkriegserfindung des Herrn Max Bamler jun.

Schon im Jahre 1905 hatte Max Bamler sen., der Vater des Schokoladen-Sprotten-Erfinders, ein Süßwaren- und Kaffee-Geschäft im Erdgeschoss der Elisabethstraße Nr. 52 eröffnet. Das Haus gehörte zunächst dem Prokuristen H. Göttsch. Aber am Ende der 1920er-Jahre hat Max Bamler sen. ihm diese Immobilie abgekauft. Er selbst wohnte in der ersten Etage und sein Sohn Max jun. mit Frau und zwei Kindern in der zweiten Etage. Das Geschäft in der Gaardener Elisabethstraße wurde so gut auch von Nicht-Gaardener

Frontansicht des Ladengeschäfts in der Elisabethstraße Nr. 52

Kunden aufgesucht, dass immer wieder Filialen in ganz Kiel eröffnet wurden.
So entstanden nach und nach weitere Verkaufsstellen von Max Bamler in der Dänischen Straße Nr. 8, in der Holtenauer Straße Nr. 48 und in der Holstenstraße Nr. 51 bis 53. In Gaarden war bereits noch vor dem Ersten Weltkrieg eine Filiale in der Augustenstraße Nr. 38 eröffnet worden. Dieses Haus hatte der Architekt Koppelgaard erbaut. Später sollte es in den Besitz von Wilhelm Hansohm übergehen.

Ladengeschäft Max Bamler in der Augustenstraße Nr. 38

Blühte das Geschäft in den 1920er-Jahren noch immer weiter auf, so brach aber mit dem Dritten Reich der Umsatz doch heftig ein. Das Nazireich schlingerte immer am Rande der Insolvenz, entlang und so kam es immer wieder zu Import-Einbrüchen. Kaffee und Kakao wurden nicht nur knapp, sondern auch teuer. Zucker gab es gerade noch genug für die Firma Bamler.
Der „Gute Bohnenkaffee" wurde mit sogenanntem „Kornkaffee" gestreckt. Bei Bamler gab es blaue Packungen mit 50 zu 50, rote mit 40 zu 60 und grüne Packungen mit 30 zu 70 % Kornkaffee gemischt. Lieferant für den Kaffee war eine Firma Hansen in der Kirchhofallee.
Als der Zweite Weltkrieg ausbrach, wurden alle Lebensmittel in allen Läden stark reduziert. Der ganz große Schlag für die Firma Max Bamler sollte aber noch kommen, als Max Junior (Jahrgang 1905) zu Hitlers Soldaten musste. Und als es mit den Bomben auf Kiel und auf Gaarden immer heftiger wurde, blieb auch die gesamte Elisabethstraße nicht verschont.
Im Mai 1943 wurde das Haus Elisabethstraße Nr. 52 so stark zerstört, dass es unbewohnbar zu einer Ruine wurde. Die Familie Bamler zog in ein Mietshaus in der Pickertstraße, wo sie dann auch noch im April 1945 wieder „ausgebomt" und nach Stocksee evakuiert wurden. Die Tochter Trude (Jahrgang 1926) musste hier zum Arbeitsdienst. Sie war von der Schule in der Gaardener Gaußstraße zur Hindenburgschule, der heutigen Käthe-Kollwitz-Schule gekommen – jetzt Arbeitsdienst statt Abitur.
Max Bamler jun. kehrte krank und traumatisiert aus der Kriegsgefangenschaft schon 1947 wieder heim nach Gaarden und konnte den Wiederaufbau seiner Firma mit dem Haus in der Elisabethstraße als Bauherr miterleben.

20. Mai 1943 Die zerstörte Elisabethstraße. Foto Harder Repro Walter Ehlert

Das Haus bekam gleich Toiletten mit Wasserspülung und auf dem Hof wurde das Gebäude für die Marzipan-Werkstatt in 40 m^2 Größe und komfortabler Inneneinrichtung wiederhergestellt. Hier konnte der junge Max Bamler zeigen, dass seine Kreativität trotz der schrecklichen Kriegserlebnisse nicht gelitten hatte. Ab 1950 stellte Bamler in seinem Hofgebäude Marzipan-Kartoffeln und -Brote sowie Ostereier und Pralinen (mit Ananas) her.

Dann ging Max zum Chef der Fisch-Räucherei Fritz Mahrt in die Preetzer Chaussee und handelte mit ihm aus, dass er nun doch gerne die Original-Sprotten-Kisten für 125 Gramm Kieler Sprotten mit Etikett vom Hersteller gleich mitbestellen sollte. Mahrt war von der Idee des cleveren Bamler ganz begeistert und empfahl ihm, ein Patent darauf anzumelden.

Max Bamler meldete seine Idee beim Patentamt an und packte von nun an kleine Schokoladenfische mit Staniolpapier in kleine Kisten, nagelte diese zu, versah sie mit einem aussagekräftigen Etikett, damit sie so auch zum Versand angeboten werden konnten. Perfekt! Jetzt wurde auch noch eine Filiale im Knooper Weg eröffnet, welche von der Tochter Trude geleitet werden sollte.

Denn Bamler hatte eine ganze Waggonladung Studentenfutter angeboten bekommen. Dazu wurde ein zusätzlicher Lagerraum benötigt. Überall in den Bamler-Läden gab es zur Nachkriegszeit abgepacktes Studentenfutter. Es ging laufend weg – ein gutes Geschäft!

1954 stand eines Tages in dem Laden in der Elisabethstraße ein riesig großer Kasten – das war ein Gefrierschrank. Bamler hatte das erste Eis am Stiel!

1956 erlag Max Bamler jun. seinen Kriegsleiden. Die Filialen wurden geschlossen. 1958 kaufte die Firma „Arko" das Geschäft in der Elisabethstraße Nr. 52.

Die Kieler Sprotten in den Original-Kisten verkaufte jetzt der Konditor Karl Schreiner am Vinetaplatz – aber nur noch für kurze Zeit.

Bamler – Nachkriegswerbung

Heute verkaufen viele Konditoren auch Kieler Sprotten. So auch „Arko" – aber keiner verkauft die Schokoladen-Sprotten in den Holzkisten von Fritz Mahrt. Gaardener Sprotten gab es einmalig nur bei Bamler.

Ernestinenstraße: 1902 nach der Tochter des Grundstückseigentümers Zimmerermeisters Hagedorn benannt. Der Verlauf ist seit 1947 von der Pickertstraße bis zum Ostring.

Ansichtskarte aus 1904

Gazellestraße: Seit 1905 nach dem Kreuzer „SMS Gazelle", welcher 1859 auf der königlichen Werft in Danzig erbaut wurde. Nach nur einer Reise die afrikanische Küste entlang, diente die Gazelle als Schulschiff für Maschinisten und Heizer sowie als Fischereischutzschiff. Sie wurde 1884 aus der Liste der Kriegsschiffe gestrichen und diente danach bis zu ihrer Abwrackung 1906 als Wohnhulk in Wilhelmshaven.

Gaußstraße: Sie verlief seit 1903 von der Stoschstraße bis zum Kirchenweg – erst seit 1954 wurde sie von der Helmholtzstraße zum Kirchenweg verkürzt. Der Straßenname wurde zur Erinnerung an die mit dem Schiff „Gauß" von Kiel aus angetretene Südpolarexpedition festgelegt. Als Gaußplatz wurde das Gelände, welches als Sportplatz genutzt wurde, zwischen Helmholtz- und Stoschstraße bezeichnet. Hier steht heute die Hans-Christian-Andersen Schule.

Gaußplatz – heute steht rechts die Hans-Christian-Andersen-Schule

Das Forschungsschiff – die erste Gauß wurde in Kiel-Dietrichsdorf bei den Howaldtswerken gebaut –, lief im April 1901 vom Stapel und konnte schon drei Monate später an den Auftraggeber abgeliefert werden. Der Taufname GAUSS ehrt die Leistungen von Carl Friedrich Gauß, der als Erster die Lage der magnetischen Pole berechnet hatte. Das Schiff war als Dreimast-Marssegelschoner getakelt. Es besaß zudem einen Schraubenantrieb mit einer Dampfmaschine,

aus dem Schifffahrtsmuseum „SMS Gauß"

elektrische Beleuchtung und eine Dampf-Heizung.

Die Baupläne entstanden in Anlehnung an die Fram des Polarforschers Fridtjof Nansen. Um die Gauß vor Schäden durch den Eisgang zu schützen, wurden verschiedene Maßnahmen ergriffen. Die Kieler Schiffbauer verwendeten eine dreifache, untereinander fest verbundene Verplankung aus Eiche. Am Bug und am Heck wurden speziell konstruierte Stahlplatten angebracht. Es wurden innere Abstützungen aus gewachsenem Eichenkrummholz verlegt. Das Zwischendeck wurde in die Nähe der Wasserlinie versetzt. Zusätzlich konstruierten die Erbauer einen relativ runden Rumpfquerschnitt, um das Schiff bei Eisdruck auf das Eis zu heben und damit ein Zerdrücken zu verhindern. Das war Schiffsbaukunst auf sehr hohem Niveau, wodurch sich auch in der weiteren Zukunft die Kieler Howaldtswerke besonders auszeichnen sollten. Schon am 11. August 1901 lief die Gauß zur ihrer Südpolarfahrt aus. Die Ausstattung umfasste zwei Dampfwinden für die wissenschaftliche Forschung und für die Ankervorrichtungen, einen Apparat zur Destillation von Trinkwasser, eine Feuerlöscheinrichtung, ein Naphtha-Motorboot sowie fünf weitere Boote, eine Anzahl Schlitten, die von Hunden gezogen werden sollten, zwei Fesselballons mit dem erforderlichen Wasserstoffgas in nahtlosen Stahlzylindern, einen Scheinwerfer, die modernsten Fischereigeräte sowie zuverlässige physikalische Instrumente. Die Gauß enthielt Unterkünfte für fünf Forscher, fünf Offiziere und für die 22 Mann zählende Crew.

Das Schiff verließ Kiel am 11. August 1901 und kehrte am 24. November 1903 mit neuen, noch heute genutzten Forschungsergebnissen dorthin zurück. 1904 wurde das Schiff von der kanadischen Regierung angekauft, in Arctic umbenannt und dem Kapitän Joseph-Elzéar Bernier für eine Nordpolfahrt zur Verfügung gestellt. Als Arctic segelte sie sieben Jahre unter dem Kommando von Bernier durch die nordkanadische Inselwelt. Auf Grund der fünfjährigen Präsenz in diesen Gewässern hat Bernier die arktischen Inseln am 1. Juli 1909 offiziell für Kanada in Besitz genommen.

Die Arctic wurde danach bis in die zwanziger Jahre unter anderem als Versorgungsschiff für Siedlungen im hohen Norden Kanadas eingesetzt und ab 1922 für vier Jahre für Explorationsaufgaben reaktiviert, wieder unter dem jetzt über 70 Jahre alten Kapitän Bernier. Nach diesen erneuten Fahrten war das Schiff stark mitgenommen und wurde auf Abbruch verkauft. Die starke Holzkonstruktion widerstand aber den Bemühungen der Abwracker, und so ließ man das Schiff langsam verrotten.

Nach diesem stabilen Schiff aus Kiel wurde die Gaußstraße in Kiel-Gaarden benannt. Eine Erinnerung an eine Zeit, als es noch hölzerne Schiffe und eiserne Seemänner gab.

Georg-Pfingsten-Straße: Seit 1905 verbindet diese Straße den Mühlenweg mit der Kaiserstraße. Georg Pfingsten war Professor und Begründer der Taubstummenfürsorge in Schleswig-Holstein (1746–1827). Sein Institut befand sich in der Kieler Fischerstraße.

Drechsler und Schirmherr

Die Georg-Pfingsten-Straße kreuzt, während sie die Kaiserstraße mit der Mühlenstraße verbindet, die Elisabethstraße und die Reeperbahn. Hier, in der Georg-Pfingsten-Straße auf einem von den vielen noch unbebauten Grundstücken der Straße, bezog im Jahre 1908 der Drechslermeister Wilhelm Carstens einen Schuppen und richtete sich seine Drechsler-Werkstatt ein. Eine kleine Wohnung mit drei Zimmern für die Familie wurde im vierten Stock des Hauses Reeperbahn Nr. 17 angemietet.

Wilhelm Carstens stammte aus Angeln. In dem Dörfchen Ausackerholz hatte bereits der Großvater und nachfolgend der Vater einen umfangreichen Tischlereibetrieb, der für die immer größer gewordene Familie nicht genug Arbeit und Verdienst bot. Also zog der

Baracke für Harder und Carstens

Dritter von links Georg und zweiter von rechts der Vater Wilhelm Carstens

Sohn Wilhelm in die aufstrebende Stadt mit dem Reichskriegshafen an der Förde, um hier an dem zunehmenden Schiffs- und Wohnungsneubau mitzuarbeiten.

Der Bau von Mietshäusern – nicht nur im Stadtteil Gaarden – sollte auch schnell dem Drechsler Carstens ein gutes Einkommen sichern. Alle Mietshäuser wurden mit vier oder gar mit fünf Etagen erbaut – für Werftarbeiter und die Marine musste Wohnraum geschaffen werden. Für die Treppenanlagen der Häuser hat der Drechsler unzählige Geländer mit kunstvollen Sprossen und dekorativen Eckpfosten – sogar oftmals mit ganz blanken Kugelaufsätzen – aufwendig hergestellt. Viele Häuser in Gaarden zeigen noch heute diese schönen Handwerksarbeiten, welche dann mit dem Nachkriegsneubau durch recht einfache Metallverschweißungen ersetzt wurden.

Hinzu kamen noch unzählige Fahnenstöpsel und Möbelteile oder gar Bilderrahmen und Holzschalen in allen Größen, die Carstens über viele Jahre hindurch anfertigte.

Traditionell lernte dann auch der 1908 geborene Sohn Georg Carstens den Handwerksberuf seines Vaters in dessen eigenem Betrieb. Der Betrieb wurde, nachdem die Nazis auch in Kiel immer mehr Unruhe verbreiteten, etwas verkleinert. Georg ging zur Arbeit auf die Krupp'sche Germania-Werft und fertigte die Holzteile im U-Bootsbau. Wilhelm Carstens kam in das Alter, in dem er kürzertreten musste. Also wurde ein Geselle eingestellt. Dieser Mann hieß Asmus und arbeitete mit einer Motorrad-Brille, um sich so gegen den Staub, wenn er Teakholz oder andere Harthölzer an der Drechselbank bearbeitete, zu schützen.

Dann kam der Krieg nach Kiel und nach Gaarden. Überall fielen jetzt die Bomben. Georg blieb beim U-Bootsbau und überstand mit seiner Familie und der Werkstatt unbeschadet den Zweiten Weltkrieg. 1949 heiratete Georg Carstens seine Thea und zog zu ihr in die Zweizimmerwohnung in der Reeperbahn Nr. 6. Hier wohnten bereits Theas

Tochter Karen zusammen mit ihren Eltern. Ein Jahr später kam die gemeinsame Tochter Heidrun zur Welt.
1951 legte Georg Carstens erfolgreich seine Meisterprüfung vor der Handwerkskammer ab und bearbeitete jetzt mit Herrn Asmus die kleineren Aufträge in der Werkstatt in der Georg-Pfingsten-Straße. Bis es sich nicht mehr lohnte und Georg wieder eine Arbeit auf der nun neugegründeten Howaldtswerft bekam.
Thea war es auch, die 1952 ein Schirmgeschäft an der Ecke Elisabethstraße und Jägerstraße mit dem Bilderladen Rösler aus der Holtenauer Straße eröffnete. Ein Ladengeschäft, das zur Hälfte mit Bildern und asiatischem Teegeschirr, zur anderen Hälfte mit Schirmen ausgestattet wurde. Das Schirmgeschäft „Schirm-Carstens" zog 1962 mit zwei weiteren Geschäftsbetreibern in einen Behelfsbau an der Ecke zur Kieler Straße und wurde in Gaarden immer bekannter.

Als die Elisabethstraße neugestaltet und 1964 auf dem Grundstück Nr. 30 ein Neubau entstand, bezog die Firma „Schirm-Carstens" einen neuen Geschäftsraum – direkt an der Straßenbahn-Haltestelle. Georg Carstens kündigte seinen Job auf der Werft und war jetzt der Schirmherr.
Die Wohnung in der Reeperbahn Nr. 6 war vorher mit sechs Personen in zwei Zimmern zu klein geworden. Das Ehepaar Carstens zog mit den zwei Töchtern und den Großeltern in eine größere Wohnung in der Iltisstraße Nr. 9 mit drei Zimmern – von denen musste zunächst noch ein Zimmer an eine Flüchtlingsfrau zur Untermiete abgegeben werden.

Das Geschäft „Schirm-Carstens" war nun in ganz Kiel bekannt geworden. Immer mehr Aufträge kamen, die kaputten Schirme neu zu beziehen, weil der Stoff zerrissen war

Frau Thea Carstens und die „Knirpse"

oder das Gestänge musste gerichtet werden. Die Reparaturen wurden auch für andere Geschäfte in Kiel durchgeführt.
Der Transport der reparierten Schirme aus Gaarden erfolgte mit der jüngsten Tochter Heidrun per Linie 4 der Kieler Verkehrs A.G. Straßenbahnen. Das Beziehen der Schirme in der Werkstatt lag in den geschickten Händen der älteren Tochter Karen.
Der Verkauf von dem jetzt stark beworbenen KNIRPS – der mit dem roten Punkt – von der Firma Bremshey, sorgte für sehr gute Umsätze. Man ging in Kiel nicht ohne Schirm. Gab es doch das berühmt-berüchtigte „Kieler Schmuddelwetter".
Thea und Georg Carstens waren sehr rührig und erweiterten im Laufe der Jahre immer wieder das Verkaufsprogramm. Es gab bald hochwertige Handtaschen mit und ohne Schirmfach sowie Einkaufstaschen, Gürtel und Handschuhe – die aus dem ganz weichen

Leder. Abends saß dann Thea und schrieb alle Preisetiketten sorgsam mit der Hand in einer Schrift, die aussah wie gedruckt.
1974 war der Mietvertrag, der einst über zehn Jahre festgeschrieben war, beendet und das Ehepaar Carstens ging in den Ruhestand. Am 22. Juli 1984 verstarb der Drechslermeister Georg Carstens.
Seine Frau Thea wurde 101 Jahr alt. Sie starb erst am 15. April 2013.

Germaniaring: Das war seit 1902 die Ringstraße, welche durch das Arbeiter-Wohnungsgelände der Krupp'schen Germania-Werft führte und 1936 bis zur Segeberger Landstraße ausgebaut wurde. Heute heißt auch dieser Teil Ostring.

Goschstraße: Hieß seit 1882 Kirchenstraße und wurde 1901 nach dem ersten Pastor der Johanneskirche benannt.

Greifstraße: Seit 1902 Germaniaring–Blitzstraße und ab 1947 Ostring–Blitzstraße. Nach dem Aviso „Greif" benannt (Aviso war ein schnelles, leicht bewaffnetes Depeschenboot und Aufklärungsschiff; Vorläufer des kleinen Kreuzers). Das Schiff wurde auf der Germaniawerft in Kiel im Jahre 1886 gebaut. Am 25. Oktober 1912 wurde die Greif aus der Liste der aktiven Schiffe gestrichen. Zu alt, um im Ersten Weltkrieg noch einmal reaktiviert zu werden, versah das Schiff 1917 noch einmal Dienst als Minenhulk. Es wurde 1921 in Hamburg verschrottet.

Heintzestraße: 1906 angefangen als von Heintzestraße, Name durch Gemeinderat Gaarden-Süd beschlossen. Die „von Heintzestraße" wird umbenannt in „Heintzestraße" am 19. 2. 1906 und der Verlauf war: 1906 Waldemarstraße–Bielenbergstraße, ab 1908 Sörensenstraße–Bielenbergstraße. Benannt nach Adolph Freiherr von Heintze (10. 5. 1864–11. 3. 1956), Landrat des früheren Kreises Bordesholm.

Heischstraße: seit 1905 Verlauf: 1905 Asmusstraße–Bielenbergstraße, 1964 Sörensenstraße–Bielenbergstraße. Nach einer alten Flurbezeichnung in der ehemaligen Gemeinde Gaarden (Buschwald) (Heisch auch = offenes, uneingefriedigtes Saatland)

Helmholtzstraße: 1908 wurde der Name festgelegt. Der Verlauf: 1908 von der Kaiserstraße an, 1923 Kaiserstraße–Germaniaring, 1947 Kaiserstraße–Ostring. Nach Hermann Ludwig Ferdinand von Helmholtz (31. 8. 1821–8. 9. 1894) bedeutender Physiker und Physiologe.

Hofstraße: 1906 wurde der Name durch den Gemeinderat von Gaarden-Süd beschlossen. Der Verlauf: 1906 Waldemarstraße–Bielenbergstraße, 1908 Sörensenstraße–Bielenbergstraße, 1938 Sörensenstraße–Ascheberger Straße. Hofstraße = Nach dem früheren „Hof" Marienlust benannt

Hofteich: 1936 erstmals aufgeführt, 1938 Einbeziehung in „Diedrichstraße"

Hofteichstraße: 1936 Name durch den Polizei-Präsidenten genehmigt. Der Verlauf:

Otto Zahlmann

Hofstr. 19 Kiel-Gaarden Hofstr. 19

Abfuhrunternehmer

∘ Fuhrgeschäft ∘

1942 Visitenkarte

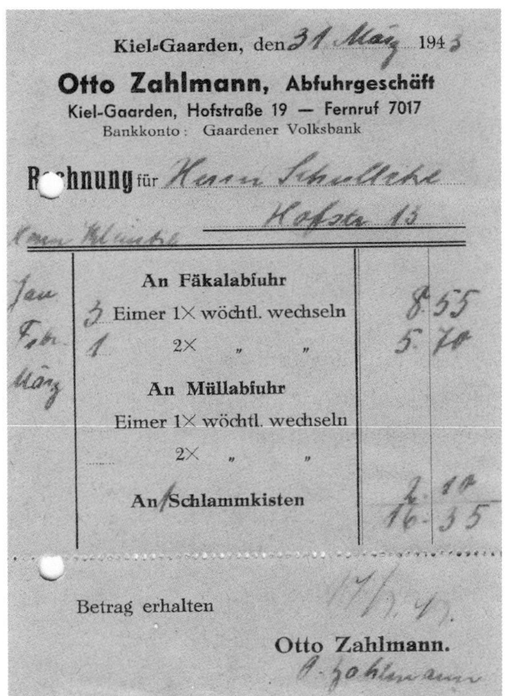

Kiel-Gaarden, den 31 Mai 1943

Otto Zahlmann, Abfuhrgeschäft
Kiel-Gaarden, Hofstraße 19 — Fernruf 7017
Bankkonto: Gaardener Volksbank

Rechnung für Herrn [illegible]
Hofstr. 13

Jan	An Fäkalabfuhr	
Febr	3 Eimer 1× wöchtl. wechseln	8.55
März	1 2× „ „	5.70
	An Müllabfuhr	
	Eimer 1× wöchtl. wechseln	
	2× „ „	
	An Schlammkisten	2.10
		16.35

Betrag erhalten

Otto Zahlmann.

Wilhelm Zahlmann hoch zu Ross

Rechnung aus 1943

1936 vom Barkauer Weg an, seit 1957 von Neue Hamburger Straße an. Der Name bezeichnet die Wiese südlich der Straße. Sie führte die Flurbezeichnung „Hofteich".

Hohwachter Weg: Diese Straße gibt es erst seit 1964. Sie beginnt am Ostring und ist eine Sackgasse. Hohwacht ist eine Gemeinde im Kreis Plön.

Iltisstraße: 1904 wurde der Name festgelegt und sie verlief von der Stoschstraße bis zum Kirchenweg. 1905 von der Stoschstraße bis Preetzer Chaussee, 1909 endlich von der Stoschstraße bis zur Schule am Brook. Benannt ist die Straße nach dem Kanonenboot S.M.S. „Iltis", 1895 untergegangen bei einem Orkan im chinesischen Meer.

Jachmannstraße: Seit 1904 Verlauf von der Pickertstraße bis Stoschstraße und nach

1911 Iltisstraße 49
Heute Bambule am Henry-Vahl-Platz

Eduard Karl Emanuel v. Jachmann (2. 3. 1822–24. 10. 1887), Admiral, von 1871/73 Oberbefehlshaber der Deutschen Seestreitkräfte, mit v. Jachmann begann Kiels Aufschwung als Kriegshafen.

Jägerstraße: Seit 1877 zwischen Elisabethstraße und Kaiserstraße. 1992 wird der Abschnitt der Jägerstraße an der Einmündung zur Elisabethstraße für den öffentlichen Verkehr eingezogen.

Johannesstraße: Nach Johannes Schnoor, dem Hufner und ehemaligem Besitzer des Geländes, im Jahre 1880 benannt, verläuft die Straße nur bis zur Schulstraße. Und wird 1903 bis zur Kaiserstraße verlängert.

Joachimplatz: 1904 Name durch den Gemeinderat Gaarden-Süd beschlossen. Mit dem Verlauf von der Bahnhofstraße an wird die Straße im Jahre 1955 zu Grünanlagen und 1975 zum Verkehrsknotenpunkt Theodor-Heuss-Ring / Bahnhofstraße / Sörensenstraße. Der Name ist zur Erinnerung an den Lohgerber Joachim Arp, von 1892–1901 einer der letzten Gemeindevorsteher des Dorfes „Fürstlich Gaarden" ausgewählt worden. In seine Amtszeit fielen die schnelle industrielle Entwicklung und städtebauliche Veränderungen Gaardens.

Johannsenweg: Seit dem 17. 9. 1959 verläuft diese Straße von der Kaiserstraße an und endet in einer Sackgasse. Sie wurde benannt nach Heinrich Johannsen (29. 7. 1864–8. 2. 1947). Er war Musikdirektor – Komponist und Schöpfer der Melodie, welche die Kieler Rathausuhr allen ins Gewissen ruft: „Kiel hat kein Geld".

Kaiserstraße: 1875 erstmals im Kieler Adressbuch aufgeführt Auf einem Kieler Stadtplan von 1880 ist die Straße zwischen Ringstraße und Carlstal mit Kaiserstraße bezeichnet, zw. Carlstal und Kirchenweg trägt sie die Bezeichnung „Blessmann's – Anlagen" (nach dem Ziegeleibesitzer und Grundstücksmakler Blessmann) und mündet danach in die Preetzer Straße ein. 1895 einschl. Preetzer Straße (Teilstück: Kirchenweg–Preetzer Chaussee), 1910 Werftstraße–Preetzer Chaussee, 1945 Werftstraße–Preetzer Straße, 1970 Werftstraße–Georg-Pfingsten-Straße. Vermutlich wurde diese Straße nach der Kaiserlichen Werft benannt, bei der sie einst begann.

Bauklempnerei Lehmkuhl – jeder Schwiegersohn ein Meister

Es begann in der Kaiserstraße 89 – gleich hinter der Kreuzung mit dem Kirchenweg. Dort auf dem Hinterhof war im Jahre 1907 bereits die Werkstatt des Klempnermeisters Detlef Klook. Der hatte mit dem Aufbau der Häuser mit den Wohnungen für die Werftarbeiter in dem aufstrebenden Kieler Stadtteil Gaarden stets volle Auftragsbücher. Wasserleitungen für Frisch- und Abwasser sowie Dachrinnen für das Regenwasser von den Häusern der Dächer und für die Weiterleitung des Regenwassers durch die Straßen, das war das Fach, welches Bauklempner beherrschten. Sie wurden gebraucht.

1920 übergab Detlef Klook seine Firma an den Klempnermeister Friedrich Knudsen. In dieser Zeit wurde das Ungetüm einer fahrbaren, recht großen Drehleiter aus Metall (kein Aluminium!) angeschafft, mit der dann auch in größeren Höhen leichter gearbeitet werden konnte.
Es muss doch wohl eine schwere Wühlerei gewesen sein, dieses metallene Gestell mit der beachtlichen Größe, mit lautem

Haus in der Kaiserstraße 89

Geschäpper durch die holprigen Straßen des Stadtteils zu manövrieren.
Zu dem Grundstück in der Kaiserstraße Nr. 89 gehörte auch das Vorderhaus, welches heute bis weit in den Fußweg hineinragt. Jener Umstand ist wohl darin begründet, dass der Verlauf der Häuserreihe in der Kaiserstraße vormals anders geplant war. Noch heute steht dieses Haus an seinem alten Platz. Hier verjüngt sich der Gehweg immer noch. Dahinter geht es auch immer noch durch eine Einfahrt auf den Werkstatthof und genau hinter dieser Einfahrt – gleich rechts – dort stand die alte Drehleiter, die nach dem Zweiten Weltkrieg nun nicht mehr genutzt werden sollte. Aber es kam dann doch anders ...
Friedrich Knudsen übergab den Klempnerei-Betrieb im Kriegsjahr 1943 an seinen Gesellen Karl Lehmkuhl. Auch das Wohnhaus Kaiserstraße Nr. 89 ging an Lehmkuhl. Ihm wurde gleich auch der Bombenschaden vom 13. Dezember 1943 bescheinigt. Die Firma hieß ab jetzt Karl Lehmkuhl vormals Friedrich Knudsen.

Lehmkuhl machte dann 1947 – nach dem Zweiten Weltkrieg – seinen Meister im Klempnerhandwerk und wurde 1949 Meister im Installateur-Handwerk.
Zusätzlich übernahm Karl Lehmkuhl auch die ganze Werkstatt-Ausrüstung und dazu gehörte auch die mittlerweile in die Jahre gekommene Drehleiter, die noch immer in

Nachkriegsfoto: Der erste Firmenwagen

der Ecke hinter dem Einfahrtstor ihr Dasein fristete.

In der Nachkriegszeit war zwar viel zu reparieren, aber es ging nur recht langsam voran, sodass die Handwerker oft Zeiten ohne Aufträge zu überbrücken hatten.

Bei Lehmkuhl wurden jetzt die Kochtöpfe wieder gelötet, die den Krieg nicht überstanden hatten. Diese Aufträge häuften sich. Sie kamen aus ganz Kiel. Ein großer Posten von einem Großkunden kam aus Friedrichsort. Jede Menge Kochtöpfe wurden, als sie fertig gelötet waren, auf eine Schottsche Karre gestapelt und verzurrt, sodass nun auch alle heil in Friedrichsort wieder ankamen. Die Karre wurde von einem Lehrling und einem Gesellen nach Friedrichsort geschoben – die Bergstraße hoch.

Der Lehrling schob und der Geselle passte auf. So waren die Bräuche damals noch.

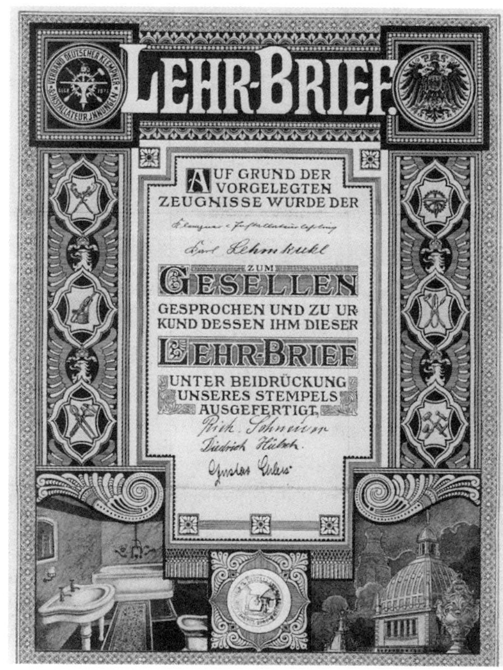

LEHR-BRIEF

AUF GRUND DER VORGELEGTEN ZEUGNISSE WURDE DER

[illegible]

Karl Lehmkuhl

ZUM

GESELLEN

GESPROCHEN UND ZU URKUND DESSEN IHM DIESER

LEHR-BRIEF

UNTER BEIDRÜCKUNG UNSERES STEMPELS AUSGEFERTIGT.

[illegible]

ca. 1924
Lehrbrief des Klempnergesellen Karl Lehmkuhl

Als sich dann in den 1950er-Jahren die Auftragslage für die Klempnerei Lehmkuhl wieder erholte, kam auch die mehr oder weniger gute Drehleiter zu neuen Ehren. Besser gesagt: Man wollte sie wieder benutzen. Also wurde die Leiter bis zum Anschlag ganz ausgefahren und einer der schwindelfreien Gesellen wagte den steilen Aufstieg. Oben angekommen stellte der Mann aber fest, dass sich die Drehleiter recht langsam, aber stetig ohne sein Dazutun absenkte. Immer weiter strebten die oberen Sprossen der Erde zu – welch ein Erlebnis.

Das unheimlich gewordene, klapprige Monster wurde wieder in die Ecke bei der Einfahrt verbannt und diente nur noch als Anschauungs-Objekt für einen kleinen Jungen, der hier vorbeiging, um seine Tante zu besuchen. Das ist schon fünfzig Jahre oder gar noch länger her.

1959 Rohrverlegung

1974 machte Lehmkuhls Schwiegersohn, Gerd Baasch, seine Meisterprüfung und im Jahre 1978 hieß die Firma Karl Lehmkuhl, Inhaber Gerd Baasch, und seit 1981 Lehmkuhl Sanitärtechnik GmbH.

Karl Lehmkuhl hatte seinem Nachfolger einen durchaus gesunden Handwerksbetrieb übergeben und Gerd Baasch machte daraus eine stadtbekannte Installations-Firma, die nunmehr jedem Auftrag gerecht wurde. Auch äußerlich ist heute die Kaiserstraße um ein schmuckes Haus mit einem aufgeräumten Werkstatt-Hof reicher geworden. Noch in den 1970er-Jahren hatte Gerd Baasch die alte rostige Drehleiter dem Schrotthandel Hass am Schwedendamm verkauft.

Im neuen Jahrtausend legte Baaschs Schwiegersohn Karsten Neumann seine Meisterprüfung ab und übernahm 2006 den sauberen, bereits 100 Jahre alten, vorzeigbaren Familienbetrieb, der immer noch in der Gaardener Kaiserstraße Nr. 89 ansässig ist.

Nachkriegs-Fotografie von Rohrverlegungsarbeiten

Nachkriegs-Fotografie – Beim Bau eines Behelfsheims werden die Dachrinnen von der Klempnerei Lehmkuhl montiert.

Kasernenstraße: Die Straße führte seit 1888 zur Pickert-Kaserne und wurde 1901 in Augustenstraße umbenannt.

Katzheide: ist ein alter Name eines ausgebauten Geländes, nahe der Ellerbecker Grenze.

Kirchenstraße: siehe Goschstraße

Kirchenweg: 1882 erstmals aufgeführt. Der Verlauf: 1882 vom Carlsthal an, 1904 Verbindungsstraße-Preetzer Chaussee, 1908 Verbindungsstraße-Hertzstraße (heute Röntgenstr.), 1939 Verbindungsstraße-Röntgenstraße. Die Straße folgt dem Verlauf des seit 1882 so bezeichneten Feldweges, der von Klösterlich Gaarden über die Preetzer Chaussee zur Kirche in Elmschenhagen führte.

Kehrwieder: Angefangen als Kehrwiederstraße 1884 – 1911 Ausbau bis Asmusstraße, 1913 Umbenennung in „Kehrwieder", Verlauf: 1884 von der Lübecker Chaussee an, 1911 Lübecker Chaussee-Asmusstraße, 1926 Alte Lübecker Chaussee-Asmusstraße, 1972 Zum Brook-Asmusstraße. Name einer ehemaligen dort gelegenen Gastwirtschaft, welche nach einem Hof hieß.

Teil des Hochhauses mit Wohnungen für alleinstehende Damen

Kieler Straße: 1875 erstmals aufgeführt im Adressbuch Kiel – 1877 Die Verlängerung bis zur Kaiserstraße wird ebenfalls Kieler Straße und im Jahre 2000 wird die Teilfläche der Kieler Straße zwischen Werftstraße und dem selbstständigen Gehweg zur Werftstraße mit eingezogen unter Beschränkung der Widmung auf den Fußgänger- und Radfahrverkehr. Der Bereich der Kieler Straße zwischen dem selbständigen Gehweg zur Werftstraße und der Schulstraße ist ebenfalls teileingezogen. Hier entsteht eine verkehrsberuhigte Mischfläche. (Kieler Nachrichten 4.3.2000)

Lauenburger Straße: Seit 1983 heißt das Teilstück der Alten Lübecker Chaussee zwischen Lübscher Baum und Tonberg „Lauenburger Straße" – nach der Stadt Lauenburg benannt.

Medusastraße: seit 1906 und 1907 Verlängerung bis zur verl. Gaußstraße.
Verlauf: 1906 Vinetaplatz-Kaiserstraße, 1907 Vinetaplatz-Gaußstraße, 1954 Straße endet hinter der Iltisstraße als Sackgasse.
Die Straße wurde nach der Korvette „Medusa" benannt, die 1864 in Dienst gestellt wurde. Sie ging 1869 zur Vertretung der Interessen des Norddeutschen Bundes nach Ostasien.
1954 entsteht das erste Hochhaus in Kiel zwischen der Medusa- und der Helmholtzstraße.

Mühlenstraße: Der Name ist seit 1878 bekannt. Die Straße führt von der Preetzer

Chaussee zum Kirchenweg. In der Mühlenstraße stand früher eine Windmühle, die 1906 abgetragen wurde.

Norddeutsche Straße: 1874 erstmals aufgeführt und nach der ehemaligen Norddeutschen Werft benannt.

Oldesloer Straße: 1902 angefangen als Rathausstraße. 1936 Umbenennung in „Oldesloer Straße". Der Verlauf: 1902 von der Lübecker Chaussee an, 1926 Alte Lübecker Chaussee–Joachimplatz, seit 1972 Zum Brook-Joachimplatz.

Pickertstraße: Dr. jur. Pickert war von 1897 bis 1901 kommissarischer Gemeindevorsteher von Gaarden-Ost. Die Straße läuft von der Kaiserstraße bis zur Ernestinenstraße.

Preetzer Straße: Hieß vor 1945 Preetzer Chaussee, 1973 wird das Teilstück Preetzer Chaussee von Preetzer Straße Kiel bis zur Einmündung in die B 76 ebenfalls mit „Preetzer Straße" bezeichnet. Der Verlauf: 1945 Werftstraße–Klausdorf/Schwentine und seit 1973 Werftstraße–Villacher Straße.
Name einer alten Landstraße von Gaarden nach Preetz

Raaschstraße: Vormals Querstraße, nach der Eingemeindung von Gaarden-Ost wurde die Straße nach dem Zimmerermeister August Ferdinand Raasch (4. 4. 1826–3. 8. 1886), umbenannt, welcher der Eigentümer des Geländes war und auch hier seinen Werkplatz betrieb.

Rathausstraße: 1902 Name durch den Gemeinderat Gaarden-Süd beschlossen und 1936 Umbenennung in „Oldesloer Straße". Der Verlauf: 1902 von der Lübecker Chaussee an, 1926 Alte Lübecker Chaussee–Joachimplatz. Nach dem hier belegenen Verwaltungsgebäude der 1910 eingemeindeten Landgemeinde Gaarden, die damals noch zum Kreis Bordesholm gehörte.

1943 Oldesloer Straße Ecke Joachimsplatz

1916 Reeperbahn Postkarte aus Sammlung Berthold

Werkswohnungen der Deutschen Werke in der Röntgenstraße

Reeperbahn: Seit 1880, nach einer früher dort gelegenen Reep-Schlägerei der Firma „C. Schmidt & Co." benannt. Zunächst errichtete die Firma auf einem Grundstück in Gaarden eine Seilerbahn. Die Zufahrtsstraße erhielt später den Namen Reeperbahn. 1882, nach dem Kauf eines großen Grundstückes an der Preetzer Straße 42, siedelte die Firma um. Porträt in dem Buch „Gaardener Handel und Wandel", Husum Verlag.

Röntgenstraße: Im Jahre 1908 als Hertzstraße begonnen, 1939 Umbenennung in „Röntgenstraße". Verlauf: Preetzer Chaussee-Helmholtzstraße – benannt nach Wilhelm Conrad Röntgen (27.3.1845–10.2.1923) Physiker, entdeckte 1895 die nach ihm benannten Strahlen. Er erhielt 1901 den ersten Nobelpreis für Physik.

Sandkrug: 1875 erstmals als Werftstraße aufgeführt, 1910 Umbenennung in „Sandkrug", Verlauf: 1875 von der Schönberger Straße an, 1880 Schönberger Straße–Kaiserstraße, 1902 Schönberger Straße–Elisabethstraße, 1910 Werftstraße–Elisabethstraße, 1971 Raaschstraße–Elisabethstraße (benannt nach einer früheren Gastwirtschaft)

Schönberger Straße: bekannt seit 1789, 1910 mit Ringstraße in Ellerbek zur Werftstraße umbenannt

Schulstraße: 1878 erstmals aufgeführt im Adb. Kiel, Verlauf: von der Norddeutsche Straße–Karlstal. Hier befand sich früher die Gaardener Gemeindeschule.

Schwedendamm: Der Name existiert seit 1918. Der Verlauf: 1918 Bahnhofstraße–Werftbahnstraße, 1928 Bahnhofstraße–Preetzer Chaussee, 1947 Bahnhofstraße–Preetzer Straße.
Die Straße befindet sich in der Nähe der früheren Liegestelle der schwedischen und finnischen Segelschiffe und der Holzlagerplätze. Der Hafen reichte zur damaligen Zeit noch bis zur Lübecker Chaussee. Erst Mitte der 70er-Jahre des 19. Jahrhunderts wurde er bis zur heutigen Größe zugeschüttet.

Der ehemalige Milchhof am Schwedendamm wird zur Margarinefabrik Seibel

Der Name der Straße Schwedendamm wurde bereits 1918 festgelegt. Die Straße befand und befindet sich in der Nähe der früheren Liegestelle der schwedischen und finnischen Segelschiffe und der Holzlagerplätze. Der Hafen reichte zur damaligen Zeit noch bis zur Lübecker Chaussee. Erst Mitte der 70er-Jahre des 19. Jahrhunderts wurde er bis zur heutigen Größe zugeschüttet.

Am Schwedendamm 8 in Gaarden steht ein altes Fabrikgebäude, das der Kieler als „Margarinefabrik Seibel" kennt. Entworfen wurde das mächtig anmutende Bauwerk im Jahre 1927 vom Ellerbeker Johann Theede (1876-1934) als sogenannte „Etagenmeierei" zur Milchverarbeitung. Die Herausforderung bestand darin, die Milch- und Butterproduktion auch ohne Pumpen zu gewährleisten.

Die Baugeschichte des Milchhofs:
Im Sommer 1927 reichte der Architekt BDA Johann Theede bei der städtischen Polizeibehörde einen Bauantrag für den Milchhof Kiel an der Lübecker Chaussee 99/99a (heute: Zum Brook) in Kiel-Gaarden ein. Der Bauantrag enthielt das Projekt einer mehrgeschossigen Etagenmeierei mit eingeschossigen Anbauten und einem isoliert stehenden Schornstein.
Das Grundstück war damals durch die angrenzende Brandwand eines benachbarten Speichers in der Nutzung eingeschränkt. Die Kunstkommission der Stadt Kiel hat in ihrer Stellungnahme zum Bauantrag nur empfohlen, die benachbarte Brandwand ziegelrot zu streichen und mit einer vorgestellten Reihe von Pyramidenpappeln zu verdecken. In einem Nachtrag zum Bauantrag reichte Johann Theede im November

Milchhof, Ansicht von Norden

1927 überarbeitete Planunterlagen ein, die eine Vergrößerung des nördlichen Anbaues, eine Erhöhung der Geschosse und der Walmdächer, eine Einbindung des Schornsteins in den südlichen Anbau sowie die Anpflanzung einer Pappelreihe vor der benachbarten Brandwand umfassten. Weitere Bauanträge enthielten das Projekt eines Pferdestalles mit Wagenremise für die Pferdefuhrwerke

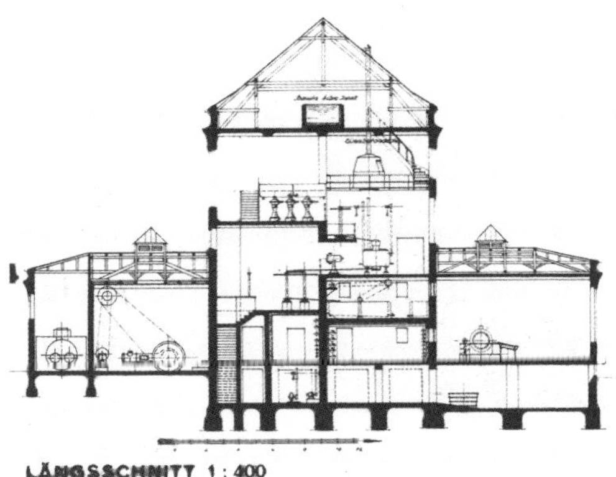

1927 Bauzeichnung Architekt Theede

des Milchhofes sowie den Umbau des Wohnhauses, das bereits um die Jahrhundertwende auf dem gleichen Grundstück entstanden war. Im April 1928 beantragte Johann Theede die Abnahme des Kesselhauses und des Schornsteins der Etagenmeierei, die noch im gleichen Jahr ihren Betrieb aufnahm. Eine Besprechung in der Deutschen Bauzeitung von 1930 zeigt das allgemeine Interesse, das das Bauwerk damals fand:

Der Milchhof in Kiel, der ein Wahrzeichen des Stadtteils Gaarden darstellt, ist die erste Etagenmeierei Deutschlands und dürfte in vieler Beziehung einzig in Europa dastehen.

Zusammen mit dem Verwaltungsgebäude und den Stallungen bietet die gesamte Anlage ein Beispiel praktischer, modern durchdachter Durchbildung für diesen Industriezweig.
Eine in baulicher und maschinentechnischer Hinsicht schwierige Aufgabe war zu lösen.

Milchhof, Pumpenanlage

Dass dies in hervorragender Weise geschehen ist, kann jetzt, nachdem die Anlage eine Zeitlang in Betrieb ist, mit Recht behauptet werden.
Der Grundgedanke bei diesem Sondergebiet industrieller Produktion war der, dass mit Hilfe der Fließarbeit ein rationeller Arbeitsprozess zur Durchführung gelangte.

1926 Milchhof, Filteranlage

Da es sich im vorliegenden Falle um Milch handelt, so kann man in wahrster Bedeutung des Wortes von Fließarbeit sprechen. Sie fließt naturgemäß selbsttätig, ohne Pumpen zu benötigen, dem Gesetz der Schwere folgend, von Arbeitsstelle zu Arbeitsstelle, wenn sie an der höchsten Stelle des Gebäudes in den Arbeitsgang hineingegeben wird. So geschieht es im Milchhof Kiel, in dem die von den Gutshöfen kommenden Milchkannen durch ein Paternosterwerk in das oberste Geschoss geschafft werden. Von dort aus wird die Milch zwei Behandlungsweisen zugeführt. Der eine Teil der Milch soll dem alsbaldigen Gebrauch als gesundheitlich einwandfreie Vollmilch dienen, der andere auf Gewinnung von Rahm und Butter behandelt werden. Deshalb ist das Gebäude vom obersten Stockwerk ab für diese beiden Behandlungsarten, wenn auch nur organisatorisch, in zwei Abteilungen getrennt.

Die für den alsbaldigen Gebrauch bestimmte Milch wird pasteurisiert, d. h. einer Dauererhitzung auf 63 Grad unterworfen. Bei diesem Verfahren werden die in der Milch enthaltenen Vitamine erhalten. Sodann wird die Milch abgekühlt bis auf etwa 3 Grad Wärme und auf dieser Temperatur bis zur Abgabe an die Verbraucher erhalten, teils in Kannen, teils in verschlossenen kleinen Glasflaschen. Das Füllen und Verschließen dieser Flaschen geschieht maschinell, ebenso wie das Säubern der gebrauchten Flaschen und Kannen. Die Erzeugung von Butter wird in der üblichen Weise in Milchschleudern und durch Butterfertiger vorgenommen, sodass auch hier der nötige Personalstand nur ein ganz geringer zu sein braucht.

Es entspricht dem Charakter des Milchhofes als einer hygienisch vorbildlichen Anlage, dass ihm ein Kontroll-Laboratorium angegliedert ist. Die gesamte mechanisch maschinelle Einrichtung für die Milchbehandlung wurde von der Bergedorfer Eisenwerk A.-G. Astra-Werke Bergedorf, geliefert, die auf diesem Gebiet des Meierei-Wesens über langjährige Erfahrungen verfügt. Die nötigen Apparate für Reinigung, Erhitzung, Kühlung und Füllung sind so eingerichtet, dass bei dem Arbeitsgange die Milch nicht mit der Hand in Berührung kommt, sondern alles automatisch erfolgt. Die mit Sodalauge, Heiß- und Kaltwasser ausgespritzten und ausgespülten Flaschen wandern auf Transportbändern zur Füllmaschine, von wo sie nach Füllung in die Kühlräume im Keller befördert werden. Besonders lange sollte der „Milchhof Kiel" seiner Bestimmung jedoch nicht folgen können.

Die Firma J. W. Seibel übernahm die Fabrik 1930 und stellte die Produktion auf Margarine um. Diese „Kunstbutter" war

1932 Margarineproduktion

erschwingliches Streichfett und ein Segen für die damalige Zeit. In den frühen 1960ern versuchte Heinz Seibel als Vorsitzender des deutschen Margarineverbands große Skandale um krankheitserregende Zusätze im Margarinetopf klein zu halten. Auch die marktbeherrschende Margarine-Union (u. a. Rama) machte dem „Margarine-Diplomaten" das Leben schwer. Ihr Marktanteil wurde in den Siebzigern so allumfassend, dass viele unabhängige Margarinehersteller die Segel streichen mussten – auch der Herr Seibel.
Wie das so ist mit leer stehenden Fabrikgebäuden: Bald zierten bunte Sprühbildchen das einst so stolze Klinkerkleid, die Fenster barsten und wilder Pflanzenbewuchs nahm das Gelände ein. Dieses Bild prägte für lange Zeit den Schwedendamm.
Die Ideen zur zukünftigen Nutzung des Gebäudes reichten von Restaurant bis Kinokomplex aber nach diversen Eigentümerwechseln wurde die Immobilie 1998 – immer noch ohne Bestimmung – zwangsversteigert. Es gingen zwar noch einige Jahre ins Land aber seit 2006 nennt die Musikschule Kiel nun endlich das schöne Haus ihr Heim.

1932 Seibel LKW

Segeberger Straße: Bereits auf der „Topographisch Militärischen Charte des Herzogtums Holstein (1789–1796)" Nr. 21 von Major Gustav Adolf von Varendorf eingezeichnet. 1878 erstmals aufgeführt im Adressbuch Kiel, 1905 Ausbau bis Germaniaring beschlossen, 1906 von der Bahnhofstraße an in „Segeberger Straße" umbenannt. 1973 wird die Segeberger Straße von Theodor-Heuss-Ring/Sörensenstraße bis zum Ostring ebenfalls mit „Theodor-Heuss-Ring" bezeichnet und der Rest wird Teil des Konrad-Adenauer-Dammes und der späteren Segeberger Landstraße. 1974: Der Abschnitt Segeberger Straße vom Konrad-Adenauer-Damm bis zur ehemaligen Stadtgrenze (Wellsee) wird mit „Segeberger Landstraße" bezeichnet.

Sörensenstraße: Wurde bereits 1905 angefangen als Waldemarstraße. Dieser Name wurde durch den Gemeinderat Gaarden-Süd beschlossen. 1906 erfolgten der Ausbau und eine Verlängerung der Waldemarstraße – 1908 Umbenennung in „Sörensenstraße". Zusätzlich wird der südlich der Preetzer Straße gelegene Teil der Werftstraße in die „Sörensenstraße" einbezogen. Der Verlauf: 1905 Segeberger Landstraße–Lübecker Chaussee, 1906 Segeberger Straße–Lübecker Chaussee, 1926 Segeberger Straße–Alte Lübecker Chaussee, 1964 Theodor-Heuss-Ring–Alte Lübecker Chaussee, 1972 Theodor-Heuss-Ring–Zum Brook, 1980 Theodor-Heuss-Ring–Werftstraße. Der Name der Straße ist nach Waldemar Sörensen benannt (1841–1913), dem Mitinhaber der Fa. Bielenberg & Sörensen.

Steinmarderweg: Seit 1968 vom Kirchenweg an. Wie jemand nun darauf gekommen ist, diese Straße in Anlehnung an die in der Nähe befindliche „Iltisstraße" so zu benennen, ist dem Autor ein Rätsel.

Stoschstraße: Seit 1901, Verlauf: 1903 von der Kaiserstraße an, 1908 Kaiserstraße–Bothwellstraße, 1939 verlängert bis zur Eisenbahnlinie Kiel–Schönberg, benannt nach General Albrecht v. Stosch (20. 4. 1818–29. 2. 1896), von 1872, 1883 Chef der Admiralität, seit 1875 Admiral.

Vinetaplatz: Der Name wurde 1903 festgelegt, Verlauf: Elisabethstraße–Wikingerstraße–Medusastraße. Seit 1907 wird auf dem Platz Markt abgehalten. Benannt nach dem großen Kreuzer „SMS VINETA".
Sämtliche Gebäude an der Westseite des Platzes Elisabethstraße 62–70 (die sog. „Schiefen Häuser") sind 1982 wegen ihres schlechten Erhaltungszustands abgebrochen und durch zusammenhängende Wohnungsneubauten ersetzt worden. Der Platz war und ist das Gaardener Zentrum.

Ansichtskarte ca. 1920
Wikingerstraße Vinetaplatz

Der Vinetaplatz und die Moorlinse

Viele Gaardener Straßen haben ihren Namen von Kriegsschiffen erhalten. So verdankt dann auch der Vinetaplatz einem Kreuzer Seiner Majestät Kaiser Wilhelm II. seinen Namen.

Der Kreuzer SMS Vineta lief am 9. Dezember 1897 auf der Kaiserlichen Werft in Danzig vom Stapel und wurde am 13. September 1899 erstmals in Dienst gestellt. Ebenso wie ihre Schwesterschiffe wurde die Vineta in der Folgezeit als Schulschiff für Seekadetten und Schiffsjungen hergerichtet. Bei Ausbruch des Ersten Weltkrieges lag die Vineta in Wilhelmshaven in der Werft.
Sie wurde vom 27. August 1914 an in der westlichen Ostsee im Vorpostendienst eingesetzt. Am 16. November 1914 wurde die Vineta außer Dienst gestellt und lag zunächst ungenutzt in Kiel. Der Kreuzer diente dort von 1915 bis Kriegsende als Wohnschiff für U-Boot-Besatzungen. 1920 wurde das Schiff in Hamburg abgewrackt.

Nach 1918 wurde der Vinetaplatz, obgleich er nur für wenige Tausend Menschen Raum hat, zu einer Stätte politischer Kundgebungen auf dem Ostufer. Dort versammelten sich die Werftarbeiter zu Kundgebungen ihrer Partei oder Gewerkschaft, dort hielten Politiker anderer Parteien ihre Reden, wenn sie vor Kommunal- und Reichstagwahlen zur Kieler Arbeiterschaft sprechen wollten.

Wie bei vielen anderen Plätzen und Straßen geschehen, ereilte auch den Vinetaplatz die Propagandamaschinerie der Nationalsozialisten. Laut einem Plan aus den Jahren 1940/41, sollte der Vinetaplatz zum Aufmarsch-Platz für das „Dritte Reich" werden. Goebbels beabsichtigte die schon schiefen

H.J. 1934

Häuser an der Elisabethstraße abzureißen, den Vinetaplatz bis zur Schulstraße zu erweitern und eine Fläche für bis zu 20 000 Menschen erbauen zu lassen.

Aus diesen Großmachtplänen ist allerdings nichts geworden.
Es musste stattdessen ein Tiefbunker unter dem Platz gebaut werden, der im Krieg schwer beschädigt und 1946 endgültig zugeschüttet wurde.
Der gesamte Vinetaplatz ist während des 2. Weltkrieges oft bombardiert worden und es brauchte eine sehr lange Zeit, bis der Platz wieder völlig neu gestaltet wurde und auch die schiefen Häuser an der Westseite ganz neu errichtet worden sind.

Die Elisabethstraße begrenzte den Vinetaplatz an seiner Westseite und hatte im Erdgeschoss der Häuser vom Karlstal an bis zur Norddeutschen Straße hinunter ein Geschäft neben dem anderen. Dieser Teil der Elisabethstraße war seit 1906/07 die Haupteinkaufsstraße des Stadtteils, und das ist sie bis heute noch. Nach einer Untersuchung von 1982 kauften 83 % der Gaardener Bevölkerung regelmäßig in Gaarden ein. 58 % der Gaardener suchten nur sehr selten oder maximal einmal pro Monat die Kieler Innenstadt auf.

Pfeil: Eingang des Tiefbunkers unter dem Vinetaplatz

Nach dem Zweiten Weltkrieg baute das Textilkaufhaus Stahl & Stiller in die Ruinen der beiden Häuser mit der Hausnummer 58 und 60 eine Schaufenster-Reihe ein, welche bis zur Sanierung des ganzen Quartiers die gesamte Front einnahm.

Das ehemalige Haus mit der Nr. 60 ist im Adressbuch Kiel von 1915 mit dem Schlosser

ca. 1969

Das Nachkriegsbild zeigt rechts die „Schiefen Häuser" und links die Häuser, die nach der Sanierung stehen geblieben sind

Segebarth als Eigentümer eingetragen. War im Jahre 1915 noch kein Geschäft in diesem Haus eingetragen, so eröffnete im Jahre 1925 lt. AB jener Segebarth im Erdgeschoss einen Handel mit Lampen und daneben war jetzt der Butterhändler Jensen & Madsen mit seinem Laden. Im Adressbuch von 1934 ist verzeichnet, dass Segebarth das gesamte Erdgeschoss zu einem Lebensmittel-Geschäft umgebaut hatte, welches er auch selbst betrieb. Dieses Haus wurde vor dem Nachbarhaus im Zweiten Weltkrieg zerstört.

Das Haus Nr. 58 gehörte lt. Adressbuch ab 1915 dem Dreher Plöhn. Im Erdgeschoss befand sich schon damals die Lederhandlung der Gebrüder Arp sowie im ersten Stockwerk die Wohnung des Juweliers Baumgarten. Baumgarten hatte sein Geschäft zunächst nur im Haus Nr. 56. Er erweiterte 1934 seinen Laden bis in das Nebenhaus Nr. 58 hinein. Das Geschäft wurde in der sogenannten „Reichskristallnacht" durch die Nazi-Schergen der S.A. total zerstört. Der Verbleib der Familie Baumgarten ist unbekannt. Auch das Haus Elisabethstraße Nr. 58 wurde ein Opfer der Bomben.

Die Häuser, die einst am Vinetaplatz entstanden, wurden in den 1980er-Jahren abgerissen und machten so Platz für einen Neubau-Komplex. Der Abriss war durch die Absenkung der Häuser, die sich nahezu einen Meter in die darunterliegende Moorlinse abgesenkt hatten, immer akuter.
Es war zwar von den Erbauern eine dicke Betonplatte als Fundament verlegt worden und eine unterirdische Beek (von der Mühlenau), die einst hier wohl überirdisch noch plätscherte, wurde beim Bau unter jene „schiefen Häuser" einfach zugeschüttet.

Die „Schiefen Häuser" Rückansicht – Kieler Stadtentwicklung

Der Goldschmied Arthur Petersen ahnte schon vor 1920, dass die Häuser am Vinetaplatz, wegen des moorigen Untergrundes, dem Verfall ausgeliefert waren und somit dem Abriss immer näher kommen würden. Arthur Petersen wusste, dass sein Haus mit den Nachbarhäusern auf einer Betonplatte und eben nicht auf einer stabilen ausreichenden Pfahlgründung erbaut worden waren. All seine Einwendungen blieben ungehört, so auch eine Eingabe aus dem Jahre 1931 an den Polizeipräsidenten.

Bei der Sanierung diente eine Pfahlgründung aus Betonpfählen als Fundament und der zugeschüttete Bach wurde so drainiert, dass jeder noch heute das Plätschern durch die Rohre unter dem Vinetaplatz hören kann.

Die Häuser, die nicht auf dieser Moorlinse standen, blieben selbstverständlich vom Abriss verschont. Schon die Bauherren dieser Häuser, wie Robert Minsel und Jürgen Husfeldt wussten bei der Bebauung ihrer Grundstücke durchaus von dem benachbarten Moor-Untergrund und hatten ihre Gebäude sehr bewusst daneben – Elisabethstraße 56 und 54 – errichtet.

Eine zeitgenössische Ansichts-Postkarte zeigt das erweiterte Mode-Geschäft von Niclas

Als die schiefen Häuser am Vinetaplatz noch gerade standen

Das große Geschäft mit den zwei Schaufenstern im Bild oben ist eine Filiale der Seifenfabrik Sievers & Brandt GmbH. Das „Hauptbureau" befand sich in der Stadtrade Nr. 18 und weitere Filialen in der dänischen Straße Nr. 28, Exerzierplatz Nr. 26, Gerhardstraße 40, Holtenauer Straße Nr. 47 und Nr. 196, Kirchhofallee Nr. 56, Sophienblatt Nr. 66 sowie in der Augustenstraße Nr. 51

Daneben (halb verdeckt) ist das Geschäft für Herren- und Damenartikel (Unterwäsche) von Fräulein Marie Kopff.

Im Jahre 1952 war dieses Geschäft ein Zigarren-Laden von M. Jensen. Das Mietshaus gehörte (1915) dem Lehrer Hans Prüß. 1968 hatte der Herren-Ausstatter vom Haus nebenan – Niclas – dieses Mietshaus erworben und er erweiterte im Jahr 1963 sein Geschäft mit Damenmoden bis in dieses Haus hinein.

Fotos aus der Sammlung W. Ehlert

1969 Kundgebung Willy Brandt, Foto Magnussen – Stadtarchiv

Werftstraße: 1874 Regulierung und Pflasterung der Werftstraße nach Plänen des Kreisbaumeisters in Plön beschlossen – 1875 erstmals aufgeführt im Adressbuch. Kiel 1875.
Seitens der Gemeinde wurden folgende Straßenstrecken abgenommen – verl. Werftstraße bis Elisabethstraße – im Stadtplan von 1880 aufgeführt. 1910 Umbenennung in „Sandkrug".
Der Verlauf: 1875 von der Schönberger Straße an, 1880 Schönberger Straße–Elisabethstraße, 1880 Schönberger Straße–Kaiserstraße, 1902 Schönberger Straße–Elisabethstraße
1789: Bereits auf der „Topographisch Militärischen Charte des Herzogtums Holstein (1789–1796)" Nr. 21 von Major. Gustav Adolf von Varendorf eingezeichnet.
1910: Umbenennung der Ringstraße und Schönberger Straße in Gaarden in „Werftstraße".
1980: Der südlich der Preetzer Straße gelegene Teil der Werftstraße wird „Sörensenstraße". Die Straße grenzte an die Umfassungsmauer der Germaniawerft.

Wikingerstraße: Seit 1903 vom Vinetaplatz zur Kaiserstraße.

Wilhelmstraße: Wird 1890 erstmals aufgeführt – Verlauf: 1890 von der Schönberger Straße an 1910 von der Werftstraße an Benannt nach dem Sohne des Grundstückseigentümers, des Bauunternehmers Steffen Sohst.

Zum Brook: War vor 1972 der Endteil der Alten Lübecker Chaussee. Seit 1972 verläuft die Straße ab Alte Lübecker Chaussee (ehem. Bahnübergang)–Sörensenstraße. Der Name ist einem Flurnamen nachempfunden (Brook = Bruch, Sumpf). Der Brook ist auch der Name einer Parkanlage in Gaarden-Süd, mitten in den Bauten für die Arbeiter der Germania- und der Kruppschen Werft.

Der „Brook" in Gaarden

Die Karte ist aus 1926 und zeigt die voraussichtlichen Veränderungen zur Neugestaltung einer zu dieser Zeit noch sehr ungepflegten Grünfläche durch die, die vom Schwarzland her kommende Mühlenau plättschernd fließt.
Die Planung stammt vom Stadtrat der Stadt Kiel, Willy Hahn, und dem Stadtgartenbaudirektor Ferdinand Hurtzig.
Allerdings wurde dieser Plan und auch ein im Jahre 1934 neuer Vorschlag, der noch zusätzlich einen größeren Nazi-Aufmarschplatz beinhaltete, nicht umgesetzt.
Das auf der Karte von 1926 dargestellte Gebiet wird 1937 mehr als nur zur Hälfte geteilt. Die hier gezeigten Gebiete mit den Übungs- und Kampfplatzanlagen werden zu Bauland für die Werftarbeiter der Deutschen Werke. So entstehen die Ascheberger Straße, die Oldenburger Straße, die Lensahner- und die Eutiner Straße.
Der Spielplatz wird 1947 angelegt. Er befindet sich seitdem direkt dem Schwarzland gegenüber am ehemaligen Germania-Ring (auf der Karte ganz oben in der Mitte). Das Gelände wird im selben Jahr zu einer gepflegten kleinen Parkanlage mit einer eigens dafür zuständigen stadteigenen Gärtnerei, die nun auch das Schwarzland von den Trümmern des Krieges befreit, die hier abgeladen wurden. Auch die „Schwarzland-Wiesen" werden zu einer Grünanlage mit Sportplatz, der zunächst noch mit Asche belegt wurde und in den 1970ern endlich in eine Rasenfläche verwandelt wurde.
Mit dem neuen Jahrtausend konnte das Privat-Gelände der ehemaligen Wurstfabrik von

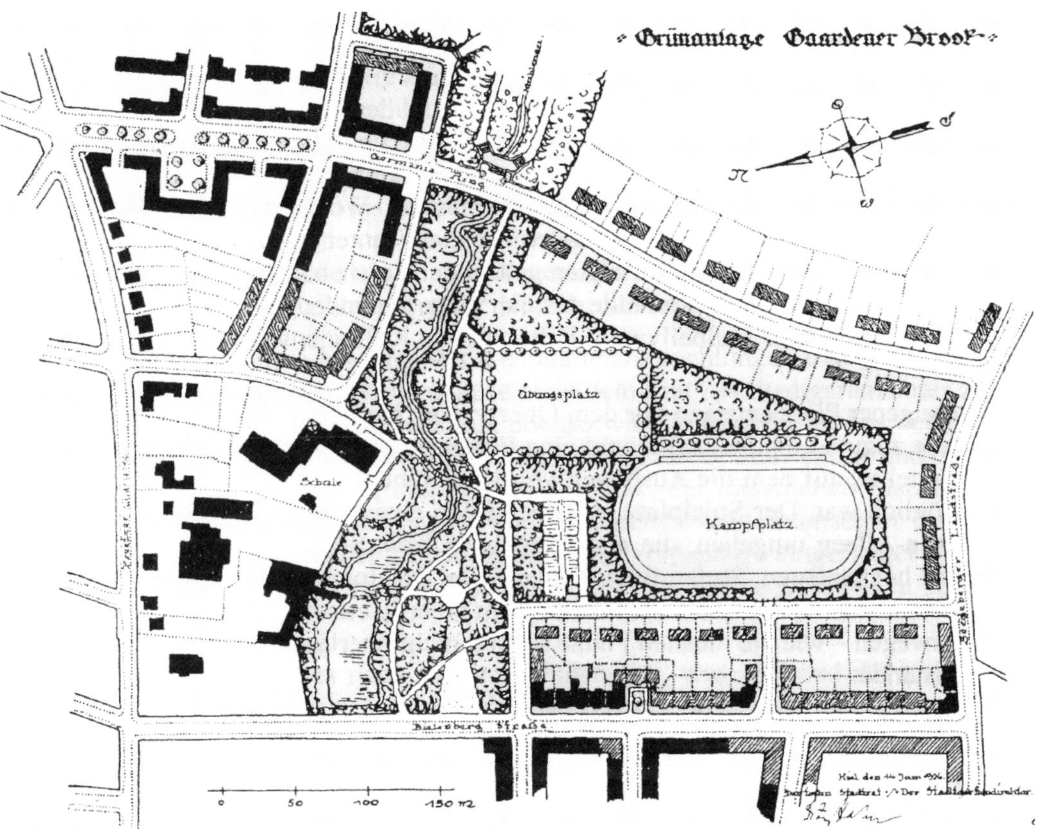

„EHLERS" mit in die Grünanlage „Gaardener Brook" eingegliedert werden. Und als abschließend das gesamte Areal mit einer Neuen Brücke über die tiefe Rinne der Mühlenau auch noch barrierefrei wurde, entstand direkt an der Grenze der beiden Stadtteile Gaarden ein idyllisch kleines Naherholungsgebiet.

Lagerplatz Schulstraße der Firma Steffen Sohst

Der Steffen-Sohst-Platz in der Schulstraße

Der Begründer der Firma war der Bauunternehmer Steffen Sohst, welcher bis zu seinem Tode im Jahre 1908 das Geschäft leitete. Sein Nachfolger im Unternehmen wurde sein Sohn Wilhelm Sohst.

Die Gründung fiel in die günstige Zeit des allgemeinen wirtschaftlichen und industriellen Aufschwungs unmittelbar nach dem Deutsch-Französischen Kriege. Auch für Kiel bot sich mit dem Ausbau des Reichskriegshafens eine Fülle neuer Arbeiten. Durch Beteiligung an diesen Gewerken erweiterte sich der anfänglich kleine Zimmereibetrieb bald zu einem größeren Tiefbauunternehmen, welchem Anfang der 1890er-Jahre ein Baggereibetrieb angegliedert wurde – zunächst noch in Verbindung mit der Fa. Gebrüder Ihms.

Der erste Zimmerplatz war gemietet; im Jahre 1877 wurde ein eigenes Grundstück, Augustenstraße 58, erworben.

Dieses genügte bald der Umstellung und Erweiterung des Geschäfts auf Tiefbau nicht mehr, sodass ein größerer Lagerplatz an der Schulstraße gekauft wurde. Als dieser dem Neubau der Germaniawerft weichen musste, wurde der gegenüberliegende Platz, Schulstraße 31-41, in einer Größe von 15000 qm als Zimmer- und Lagerplatz angelegt.

Er enthielt große Lagerschuppen zur Aufnahme der zahlreichen Geräte, Lokomotiven, Lokomobilen, Dampframmen, Betonmischmaschinen, Hebezeuge, Pumpen, Kippwagen und Schienen; ferner befand sich dort ein großes Lager der gebräuchlichsten Schnitt- und Rundhölzer. Außerdem waren auch zwei Wohnhäuser für Angestellte, Pferdestall, Schmiede- und Zimmerwerkstatt vorhanden. Um für die immer zahlreicher werdenden schwimmenden Geräte wie Schwimmbagger, Greifbagger, Baggerschuten, Dampfer, Schwimmrammen und Leichter eine Liegestelle zu schaffen, wurde im Jahre 1909 ein Grundstück an der Schwentine erworben und als Reparaturwerft mit eigener Patent-Slip-Anlage eingerichtet. Diese Werft war mit allen modernen Werkzeugen, Dampfhammer, Presslufthammer, Dreherei, Kränen und einer autogenen Schweißanlage ausgerüstet.

Hof in der Schulstraße

Die größeren Arbeiten in Kiel von der Firma Steffen Sohst vor dem Zweiten Weltkrieg waren:

Straßenausbau:
- Ausbau der Strecke Kiel-Russee – Rendsburger Chaussee
- Straßen-Umpflasterung und Kanalisationsarbeiten in Kiel-Gaarden

Erdarbeiten:
- Abtragung des Oberhofs auf der Germaniawerft. Schaffung von Bauterrains auf der Katzheide Kiel-Gaarden
- Lieferung von 75 000 cbm Betonkies für die Erweiterungsbauten des Kaiser-Wilhelm-Kanals

Betonarbeiten:
- Bau von Stützmauern, Fundament für einen 150-t-Kran, Helling-Anlagen auf der Germaniawerft
- Herstellung von Kaimauern aus Beton für den Kaiser-Wilhelm-Kanal
- Bau von Kaimauern auf den Howaldtswerken
- Fundamente der großen Schiffbauwerkstatt u. Verbreiterung des Torpedobootshellings auf der Kaiserlichen Werft Kiel

Wasserbauten:
- Hellinganlage und Kaimauern Kaiserliche Werft Kiel. Mole Torpedobootshafen
- Abbruch der alten Holtenauer Schleusen.
- Bau von Kaimauern und Molen am Innen- und Außenhafen für den Neu- und Erweiterungsbau des Kaiser-Wilhelm-Kanals in Holtenau
- Neubau der Germaniawerft Kiel
- Bau von Hellinganlagen auf den Howaldswerken
- Bau von Kaimauern für die Stadt Kiel

Baggerarbeiten:
- Vertiefung des Kieler Innenhafens
- Baggerung für die Helling-Anlagen der Germaniawerft
- Baggerung vor den Howaldtswerken.
- Vertiefung des Reichskriegshafens
- Baggerung für die Erweiterung des Kaiser-Wilhelm-Kanals
- Herstellung einer Docksenkgrube für Kaiserliche Werft Kiel

Die Ausführung dieser Arbeiten zeigt, dass die Kieler Firma Steffen Sohst, welche über die modernsten Geräte dieser Zeit verfügte, in der Lage war, selbst die größten und schwierigsten Aufträge zu erledigen.

1897–1901 Neubau der Germaniawerft in Kiel. Herstellung der Stützmauer auf dem Oberhof

Mit der großen Firma war es dann Anfang der 1960er-Jahre stark bergab gegangen: In dritter Generation leitete Familienoberhaupt Steffen Sohst damals das Kieler Tief- und Wasserbauunternehmen „Steffen Sohst", mit zeitweise 1000 Beschäftigten die größte Firma ihrer Art in Norddeutschland.

Von Sohst stammte auch die Levensauer Hochbrücke über den Nord-Ostsee-Kanal und nach dem Zweiten Weltkrieg bauten Sohst-Arbeiter die Leuchtturminsel in der Kieler Förde.

Aber der Firmenchef in dritter Generation taktierte geschäftlich glücklos.

Eine Wende zum Besseren ließ ein Großauftrag bei der Erweiterung der bremischen Häfen erhoffen. Doch um den Auftrag zu bekommen, brauchte die Firma einen neuen Saugbagger, und bei Orenstein & Koppel in Lübeck ließ sich Sohst darum den „Wiking" bauen, fünf Millionen Deutsche Mark teuer und damals der größte Saugbagger der Bundesrepublik.

Um das Fünf-Millionen-Ding finanzieren zu können, waren allerdings etliche Winkelzüge notwendig. Das war nicht zu schaffen. Die Firma musste alle ihre Arbeiten einstellen, die Mitarbeiter entlassen und im Februar 1966 ging das Familienunternehmen endgültig in Konkurs.

Der Platz hinter den schiefen Häusern wurde zum Bolzplatz für Gaardener Jungs und wurde dann im Jahre 1980 mit der Sanierung des gesamten Quartiers neu mit Wohnungen und einem Parkhaus überbaut.

1845–1908 Steffen Sohst

Ansichtskarte ca. 1925 Blick auf die Krupp'sche Germania Werft

Mit der Germaniawerft schrieb Krupp in Kiel Geschichte

Eine Werft für die Marine, einige Millionäre und viele Gaardener Arbeiter

Sie waren in Kiel schlicht und einfach „die Kruppianer". Mehr Worte brauchte man über die Arbeiter auf der alten „Germaniawerft" nicht zu verlieren – die Anlagen an der Hörn sprachen für sich. Schließlich beherrschten die Kräne, Lagerhäuser und überdachten Hellinge der Werft den Blick von der Innenförde auf das Ostufer, und der Name „Krupp" prangte in großen, imposanten Lettern an der kilometerlangen Wasserfront. Für das Essener Familienunternehmen gab es damals allen Grund, sein Firmenzeichen, die drei ineinander verschlungenen Ringe, auch zu einem Markenzeichen für Kiel zu machen: Denn in der Stadt begann der Konzern mit seinen ersten Gehversuchen im Seeschiffbau. Er leitete damit auch ein neues Kapitel in der Firmengeschichte ein – eine Ära, die viele Jahre hindurch Bestand hatte. Mit der Einbringung der Bremerhavener Seeheck-Werft in den Bremer Werftenverbund zog sich Krupp nach 90 Jahren aus dem Schiffbau zurück. Und beendete damit eine Entwicklung, die in Kiel ihren Anfang genommen hatte.

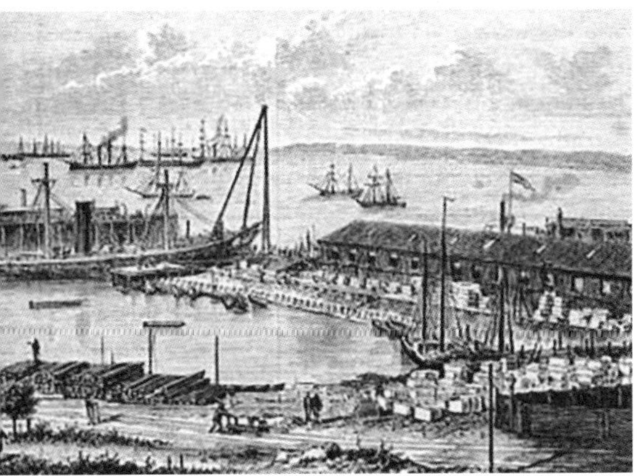

Holzstich von 1881 Norddeutsche Werft

Wie sein Vater war auch Friedrich Alfred Krupp fest entschlossen, in der Stahlerzeugung in vorderster Front zu stehen und in der Wehr- und Waffenindustrie die führende Stellung zu behaupten. Mit dem Erwerb einer in einem deutschen Kriegshafen gelegenen

Werft wollte er beides miteinander verbinden. Das gesuchte Objekt fand er in Kiel: die ehemalige „Norddeutsche Werft", die 1863 mit damals dänischer Konzession vom Bornhöveder Schiffbauer Theodor Christian Bruhn „auf einem Uferplatz des Dorfes Gaarden gegründet" und nach kurzer Zeit von der „Norddeutschen Schiffbaugesellschaft Berlin" übernommen worden war. Die, laut Jahresbericht der Handelskammer 1871 „zu den großartigsten Etablissements ihrer Gattung" zählende Werft musste sieben Jahre später Konkurs anmelden.

Als Vorgängerin der Germaniawerft gilt daher die in dänischer Konzession durch den Schiffbauer Christian Bruhn aus Bornhöved 1863 in Kiel gegründete Bruhn'sche Werft. Deren Nachfolgerin wurde die Norddeutsche Schiffbaugesellschaft, als ihr die Stadt Kiel am 8. März 1865 unentgeltlich das Gelände am Gaardener Strand überließ. Im Jahr 1867 ging die Norddeutsche Schiffbau-Actiengesellschaft aus ihr hervor. Das Anlage- und Betriebskapital von 10 Millionen Talern stammte von deutschen Investoren um die Herzöge von Ujest und Ratibor, sowie englischen Investoren, darunter vor allem Lloyd Foster aus Wednesbury.

In den Jahren kurz vor der Deutschen Reichsgründung von 1871 erfolgten an der deutschen Küste zahlreiche Werftgründungen. Hintergrund war die unter Marineminister Albrecht von Roon betriebene Politik, eine Kriegsflotte aus Eisenschiffen mit Dampfantrieb aufzubauen und dabei die einheimische Schiffbauindustrie zu fördern, die im Gegensatz zu fortschrittlicheren, vor allem britischen Werftbetrieben, bislang nur auf den Bau von Holzschiffen ausgerichtet war. Georg Howaldt, ein studierter Maschinenbauer und Sohn des Industriellen August Howaldt, hatte mit dem Bau der Vorwärts auf der ehemaligen Schleswig-Holsteinischen Marinewerft in Ellerbek bereits 1865 einen Einstieg in den Eisenschiffbau geschafft. Nach zwei Jahren und sieben Schiffen lief jedoch 1897 sein Pachtvertrag aus. Die Marine des Norddeutschen Bundes übernahm das Gelände in Ellerbek, um die Königliche Werft Kiel zu errichten, aus der 1871 die Kaiserliche Werft Kiel hervorging. Georg Howaldt übernahm die Leitung der Norddeutschen Schiffbau-Actiengesellschaft, an der sich die Familie und das Maschinenbauunternehmen seines Vaters, Schweffel & Howaldt in Kiel, finanziell beteiligten.

1902 Norddeutsche Werft wird Germaniawerft

1899 Die Werft brennt

Rudolf Reuter war der zweite Sohn des Orgelbauers Andreas Reuter, sein Bruder war Conrad Reuter. Er war verheiratet mit Henriette Johanna Dorothea geborene Boysen (1840–1926) aus Itzehoe.

Reuter war Mitbegründer der Schiffbauwerkstatt Reuter & Ihms in Kiel (1842–1885), die 1889 in der Howaldtswerke AG aufging. Zum damaligen Werftgelände am Seegarten (Westufer) erwarb er noch das Gelände nördlich der Schwentinemündung als Betriebserweiterung für den Eisenschiffbau, auf der Georg Howaldt 1876 mit seiner Schiffswerft begann, verunglückte aber noch vor Ausführung seiner Pläne 1871 bei einem Bootsunfall.

1889 entschied sich die Stadt Kiel zur Errichtung einer öffentlichen Gartenanlage mit Anlegebrücken, Fährhalle und dem Restaurant „Seegarten" auf dem früheren Werftgelände.

Als „Germaniawerft" brachte es die ehemalige Norddeutsche Werft 1891 bereits wieder auf 1100 Arbeiter. Fünf Jahre später übernahm Krupp den Betrieb; 1902 ging die Germaniawerft von der „Schiff- und Maschinenbau AG. Germania Berlin Tegel" ganz in den Besitz der Familie Krupp über und wurde an die Hörn verlegt. Sie machte dort den Anfang einer dichten Kette von Werftanlagen, die sich über die Kaiserliche Werft (später Reichswerft, dann Deutsche Werke), die Nordwerft (später Marinearsenal, zuletzt Kriegsmarine-Werft) und die Howaldtswerke über die Schwentinemündung hinaus erstreckte.

Die wechselvollen Gründerjahre der Germaniawerft gingen mit der Bindung an die Familie Krupp zu Ende. Erfolgreich und – für die auch damals schon krisenerprobten Werftarbeiter – zuverlässig steuerte die Firmenleitung das Unternehmen durch die von

1911 Das erste der auf der Germania-Werft Kiel erbauten Flettner-Rotor Schiffe

politischen, wirtschaftlichen und sozialen Krisen bewegten Jahre: Nachkriegszeit, Inflation, Werften- und Weltwirtschaftskrise. Eine Voraussetzung dafür war die Fähigkeit, sich eine breite Fertigungspalette zu erhalten.

So gelang der Germaniawerft, wo übrigens auch die in Essen gebauten Lokomotiven und Eisenbahnwagen repariert wurden, nach dem Ersten Weltkrieg rasch die Umstellung vom Kriegsschiffbau auf die Friedensproduktion: Zum Teil aus noch vorhandenen Torpedobootskörpern entstanden Handels- und große Fahrgastschiffe, Tanker und Luxusyachten. Starke Rückschläge in der Firmengeschichte sind mit den zwei Bränden am 30. April 1899 und im Jahre 1929 zu verzeichnen. Beide Brände richteten Millionen-Schäden an, vernichteten viele Arbeitsplätze und waren für die ohnehin schon angespannte Werftindustrie eine Katastrophe. Die Werft, die zu Beginn des 20. Jahrhunderts mit dem Torpedoboot „G 194" (es erreichte 1911 die spektakuläre Geschwindigkeit von 30 Knoten) oder mit dem ersten „echten" Unterseeboot, der „Forelle", Schiffbaugeschichte geschrieben hatte, machte Kiel jetzt zur Geburtsstätte von Segelschiffen wie dem 7295-Tonnen-Vollschiff „Magdalene Vinnen" oder von Luxusgefährten für den ägyptischen Thronfolger, für die Woolworth-Erbin Barbara Hutton oder den amerikanischen Industriellen Vanderbilt. Die 6000 BRT große „Rio Bravo", das erste deutsche Passagierschiff mit Motorantrieb, lief in der Landeshauptstadt für die Hamburger Ozean-Linie vom Stapel. Und noch eine andere Neuerung machte von der Förde aus unter Schiffbauern Furore: das Flettner-Rotorschiff „Buckau", bei dem, anstelle von Segeln überdimensionale, rotierende Stahlblech-Zylinder den Windantrieb nutzen sollten. Diese Rotoren, die, wie riesige Litfaßsäulen vom Schiffsrumpf emporragten, faszinierten übrigens nicht nur die Schifffahrtswelt, sondern auch einen Schlagerkomponisten: „Der Flettner, der Flettner, der hat den Bogen raus" schwärmte ganz Kiel im Dreivierteltakt.
Aber nicht nur melodiöse Töne zeugten von der Anwesenheit der Werften: Das Heulen der Sirenen und das arhythmische Gedröhn der Pressluft-Hämmer rückten den Kielern lautstark ins Bewusstsein, worin das wirtschaftliche Rückgrat ihrer Stadt bestand.

1911 U-Boot U 1 „Forelle" am Haken vom großen Kran

Die Wiege des Unterseeboots in Deutschland

Der folgende Text ist aus einem Reklame-Prospekt der Germaniawerft von 1916 entnommen und wurde so nur unter Verwendung der neuen Rechtschreibung übernommen, um hier auch die Sprache des Zeitgeistes aufzuzeigen:

„Fast drei Jahre schon stehen wir im Kampfe gegen eine Welt von Feinden. Der Heldenmut unsrer Feldgrauen, die Opferwilligkeit unsrer in der Heimat zurück gebliebenen Bevölkerung schützen unser Vaterland. Unzählige Hände arbeiten Tag und Nacht an der Schaffung des Kriegsgeräts, das uns in den Stand setzt, das schwere Ringen bis zum siegreichen Ende auszukämpfen. Hervorragenden Anteil hat daran, wie nicht nur jeder Deutsche, sondern auch in fernsten Erdteilen bekannt ist, die Fried. Krupp Aktiengesellschaft in Essen mit den Außenwerken: Grusowerk in Magdeburg-Buckau, Germaniawerft in Kiel-Gaarden, Stahlwerk Annen in Annen und Friedrich Krupp-Hütte in Rheinhausen.
Von diesen hat die Germaniawerft besonderen Anteil an der Schaffung unsrer Flotte, da auf ihr Kriegsschiffe fast aller Typen in großer Zahl gebaut worden sind. Auf ihr sind auch die ersten Tauchboote entstanden, die in Deutschland gebaut wurden.
Als die Germaniawerft den Entschluss fasste, den Bau aufzunehmen, besaßen einige Länder schon derartige Boote, deren Betriebssicherheit aber noch zu wünschen übrig ließ, wie die Unglücksfälle, die mit ihnen vorgekommen sind, zeigen.

Die Kruppsche Germaniawerft trat mit den Plänen für U-Boote erst hervor, als sie glaubte, wirklich brauchbares schaffen zu können.
Zunächst baute sie ein Boot mit nur 16 t Verdrang, um eigene praktische Erfahrungen zu sammeln. Wie klein es war, zeigt eine Abbildung, auf der es, vor dem Zuwasserbringen im Jahre 1903, an einem Kran hängend, zu sehen ist. Dieses trug den Namen „Forelle" und ging später in den Besitz Russlands über.

Werbung aus 1934

Das Boot hatte rein elektrischen Antrieb.
Die Gefahren, welche die damals in fremden Marinen übliche Verwendung von Benzin mit sich bringt, ließen es wünschenswert erscheinen, Motoren einzuführen, die für das Schiff und die Besatzung mehr Sicherheit boten. Schon bald konnte eine Verbesserung erzielt werden durch Verwendung des Körtingschen Petroleum-Motors, der allerdings sehr bald dem auf der Germaniawerft durchgebildeten Schiffsdieselmotor Platz machen musste, und die mit der ‚Forelle' gemachten Erfahrungen, sowie die rastlos fortgesetzten Vorarbeiten ermöglichten es der Germaniawerft, zum Bau größerer Boote zu schreiten.
Wie im Jahre 1856 die erste größere Bestellung auf Kruppsche Gussstahl Kanonen vom Ausland (Ägypten) ausging, so erfolgte auch die erste Bestellung auf Tauchboote von einer ausländischen Regierung, nämlich von Russland, das im Jahre 1901 drei Unterseeboote bei der Germaniawerft in Auftrag gab.
Auf Grund der mit den Germania-Booten erzielten Erfolge gingen der Germaniawerft bald weitere Aufträge vom Ausland zu, und zwar bestellten Österreich-Ungarn für die K & K Marine zwei Boote, ‚U3' und ‚U1', und Norwegen zunächst den aus zahlreichen Veröffentlichungen bekannten ‚Kobben'.

Die Werft beschäftigte sich weiter mit der Vervollkommnung dieser Waffe, deren Bedeutung erst im jetzigen Weltkriege ganz vor aller Augen getreten ist, und erhielt von der deutschen Marine bald die Bestellung der Boote ‚U5' bis ‚U8', die schon 500 t Wasserverdrängung an der Oberfläche, 14 Knoten Geschwindigkeit

1916 Einblick in den „Kobben"

hatten und mit zwei Bug- und 2 Heckrohren bewaffnet waren: sie liefen 1910 und 1911 vom Stapel.
Die weiteren, für unsere Marine bestimmten U-Boote der Germaniawerft zeigen eine stetige von Boot zu Boot steigende Leistungsfähigkeit.
Niemals unterbrochene Bemühungen, unserer Marine auch hinsichtlich der Motoren mit dem für diesen Zweck vollkommensten Typ auszustatten, veranlassten die Verwendung von Diesel Motoren. Die mit ihnen ausgerüsteten Boote der Germaniawerft, wiederum größer als die früheren, hatten etwa 650 t Wasserverdrängung, 1700 PS, 4 Rohre und leichte Geschützarmierung; ihre Motoren waren Zweitakt-Diesel-Motoren eigenen Systems der Germaniawerft.
Auch für das Ausland war die Kruppsche Werft weiter im Unterseebootsbau beschäftigt. Erwähnt sei hier nur das häufig genannte U-Boot ‚Atropov'. Es befindet sich im Besitze Italiens und seine hervorragenden Leistungen wurden kürzlich in der feindlichen Presse besonders hervorgehoben.

Über die weiteren deutschen Bauten können, wie verständlich ist, zurzeit keine Angaben gemacht werden, sodass es leider auch nicht möglich ist, hier Boote neuester Art, die hervorragende Wahrzeichen deutschen Fleißes und Könnens bilden, in Abbildung zu zeigen.

Wie die Kruppsche Germaniawerft die ersten Tauchboote für Kriegszwecke in Deutschland geliefert hat und sich somit mit Stolz als Wiege des Unterseebootes in Deutschland bezeichnen darf, hat sich auch das erste Unterseeboot für die friedlichen Zwecke des Handels aus eigenem Entschluss und auf eigene Verantwortung geschaffen. Welches Aufsehen erregten die ersten Nachrichten, die über die ‚Deutschland' und ‚Bremen' in die Öffentlichkeit drangen! “

1902 Die Krupp'sche Germaniawerft entsteht.

Die Aussagen des U-Boot-Prospektes von 1916 setzten sich in derselben Wortwahl auch noch bis zum 1. Mai 1936 in einem weiteren Werbe-Prospekt der Krupp'schen Werft fort. Hier schrieb der Dipl. Ing. Nickel (Auszug):

» *Bislang hatte die Firma Krupp in ihren Essener Betrieben bereits das Material zum Bau von Schiffskörpern sowie Panzerplatten für Kriegsschiffe erzeugt. So war es ein folgerichtiger Schritt im weiteren Ausbau ihrer Werke, als sie endlich auch den Schiffbau selbst in den Bereich ihres Arbeitsfeldes einbezog. Zu diesem Zwecke übernahm die Firma Krupp im Jahre 1896 den Werftbetrieb der ‚Schiff- und Maschinenbau-Aktiengesellschaft Germania', für die sie bislang die notwendigen Werkstoffe geliefert hatte, zunächst auf eigene Verantwortung. Angeschlossen waren diesem Werke eine Maschinenfabrik, verbunden mit Gießerei und Kesselschmiede, in Tegel bei Berlin, die ebenfalls bis dahin Eigentum dieser Gesellschaft waren. Dieses genannte Unternehmen mit seinen Niederlassungen in Kiel und in Tegel ging am 1. April 1902 durch Ankauf in den endgültigen Besitz der Firma Krupp Essen über. Die Kieler Werftanlagen wurden nun den neuesten Anforderungen entsprechend umgestaltet und der Betrieb des Tegeler Werkes örtlich nach Kiel verlegt. Nun setzte eine rasche Entfaltung und starke Aufwärtsentwicklung der Germaniawerft ein, vorwärtsgetrieben durch die Schaffenskraft und durch das Wirtschaftstalent ihrer Gründer.*
Groß und bedeutsam wuchs hier nach den weltweiten Plänen ihrer Erbauer ein Industriewerk auf, das bald unter den deutschen Großwerften eine führende Stellung einnehmen konnte. Auf einer Fläche von rund 25 Hektar erstreckten sich über eine Wasserfront von mehr als einen Kilometer Länge am Ostufer der Kieler Förde die großzügigen Werftanlagen. Ihre acht Großhellinge, von denen vier glasbedacht sind, ihre Dockanlagen und ihre Werftkräne geben schon von weitem dem Beschauer den Eindruck einer bedeutenden Schiffswerft. Dockanlagen bis zu einer Länge von 210 Metern gestatten die Eindockung großer Schiffe, und auf den Hellingen mit ihrem Längenmaß von über 200 Meter kann die Kiellegung größter Schiffseinheiten erfolgen.

Hier entstanden in der Vorkriegszeit und während des Weltkrieges Kriegsschiffe aller Gattungen. Der deutsche U-Boots-Bau hatte hier seinen Ursprung. Aber auch der Bau von Handelsschiffen, Fracht- und Fahrgastschiffen war bereits in der Vorkriegszeit gepflegt worden, sodass die notwendig gewordene Umstellung auf Friedensarbeit ohne Schwierigkeiten erfolgte. So konnte die Germaniawerft auf dem Gebiete des Tankschiffbaues und im Bau von seegehenden Luxusjachten hervorragende Erfolge erzielen. In der Herstellung von Motortankschiffen steht die Friedr. Krupp Germaniawerft mit einer Gesamttonnage von über 300 000 Tonnen unter den deutschen Schiffswerften an führender Stelle. Im gleichen fortstrebenden Schrittmaß mit dem Werftbetrieb nahm auch der Maschinenbau, insbesondere der Dieselmotoren- und Kesselbau auf der Germaniawerft eine günstige Aufwärtsentwicklung.
Die allgemeine Weltwirtschaftskrise, der politische wirtschaftliche Niedergang unseres Vaterlandes gehen jedoch nicht spurlos an dieser vorwärtsstrebenden Entwicklung vorüber und schlagen dem gesunden Lebensorganismus der Kruppschen Werke tiefe Wunden.

Die Werteschaffende Erzeugung geht zurück, und unter gegenseitiger Wechselwirkung fällt unter Schwankungen die normale Belegschaftsziffer der Vorkriegszeit. Auf der Germaniawerft sinkt diese Ziffer von über 7000 auf den Tiefstand des Jahres 1926 mit 1593 Gefolgschaftsmitgliedern. Das deutsche Wirtschaftsleben erscheint in seinen Grundlagen erschüttert. Da vollzieht sich im Jahre 1933 der politische und wirtschaftliche Umbruch der deutschen Nation und damit der Aufbruch einer neuen Zeit. Der starke Wille des jungen Deutschland wird Triebkraft des Vorwärtsstrebens, und mit der Wehrhaftmachung des deutschen Volkes setzt die Aufwärtsentwicklung auf allen Gebieten ein. In den Werkshallen und Hellingen dröhnen in freudigem Echo die Hämmer, wiedergeboren und erneut schlägt der Rhythmus der Arbeit. Auf der Germaniawerft zählt heute die Belegschaft ein Vielfaches der Beschäftigungsziffer des Jahres 1926 und übertrifft den normalen Belegschaftstand der Vorkriegszeit. Die vorwärtsstrebende Entwicklung ist noch nicht abgeschlossen. Ein neuer Zeitabschnitt für die Germaniawerft beginnt. (!) ‹‹

Ansichtskarte 1934 Das große Schwimmdock

Viermastbark „Magdalene Vinnen", heute „SEDOV" (Foto: Karl Geuther Handels-GmbH)

Werkhalle

Die 117 Meter lange Viermastbark „Sedov" ist 1921 als „Magdalene Vinnen" in Kiel gebaut worden. Sie lief am 14. Februar 1921 auf der Kieler „Friedrich Krupp Germaniawerft" vom Stapel.

Nicht nur bei den vielen Zulieferern und den (in guten Zeiten) 17 000 Kieler Werftarbeitern war die Identifikation mit den Schiffbaubetrieben deshalb sehr hoch. Am höchsten aber – war sie offenbar auf der Krupp'schen Germaniawerft.

„Es herrschte damals ein großes Zusammengehörigkeitsgefühl. Sie lebten mit ihrer Firma – die alten Kruppianer. Oft waren ganze Generationen einer Familie bei Krupp beschäftigt." Julius Bredenbek muss es wissen: Als Dreher-Lehrling auf der Germaniawerft hatte er 1923 seine Karriere begonnen, die mit Führungspositionen auf Betriebs- wie auf Gewerkschaftsebene endete. (Zusammen mit Bredenbek begannen übrigens noch andere bekannte Kieler ihre berufliche Laufbahn auf der Germaniawerft: Hans Adam, der spätere Leiter der Ingenieurschule, Walter Lehmkuhl, ehemaliger Kieler Stadtdirektor und späterer Oberbürgermeister von Neumünster, und last but not least Ernst Busch, Schauspieler; zuletzt in Brechts „Berliner Ensemble" – und engagierter Sänger kämpferischer proletarischer Lieder.

Zu Krupp kam auch Bredenbek aus Tradition, denn sein Vater war bis zu seinem Ruhestand in den 40er-Jahren Maler auf der Germaniawerft. „Er war der einzige, der die Beschriftungen in allen Sprachen ausführen konnte", erinnert sich Bredenbek nicht ohne Stolz. Sein Talent hätte es ihm erlaubt, sich selbständig zu machen.

„Aber das wollte er nicht. Krupp verlässt man doch nicht freiwillig, sagte er immer. Er war halt treu – oder blöd, das weiß ich nicht."
Bevor Julius Bredenbek selbst dem Wahlspruch seines Vaters untreu wurde und Krupp 1930 verließ, um auf Wanderschaft zu gehen, war er „Generalobmann", Vertrauensmann für die Lehrlinge auf der Werft – nach Bredenbeks Schätzung 800 an der Zahl. „Die Zahl der Ausbildungsberufe war noch sehr breit. Es gab damals ja noch Kupfer- und Kesselschmiede oder klassische Schiffbauer, die auf dem Schnürboden arbeiteten", erzählt der 80-jährige. Die Ausbildung auf der Werft – für klassische Handwerksberufe vier Jahre – ist ihm heute noch als „vorbildlich und sehr fortschrittlich" in Erinnerung. Wie noch etwas anderes: die soziale Haltung bei Krupp, von den Einrichtungen wie der Kruppsche Konsumverein oder die gleichnamige Wohnkolonie, aber auch durchaus unkonventionelle Maßnahmen der Firmenleitung zeugten.

„Die Strafe fürs Zuspätkommen wurde immer auf einen besonderen Fonds eingezahlt, der den Arbeitern dann später – bei Konfirmationen, Jubiläen – wieder zugutekam", berichtet Bredenbek. Und noch ein Beispiel fällt ihm ein: „Es war im Lehrvertrag geregelt, dass ein Teil des Entgeltes auf ein Sperrkonto überwiesen wurde. Zum Ende der Lehre wurde das dann – mit Zins und Zinseszins – ausbezahlt." In Zeiten, wo der Durchschnittslohn eines Facharbeiters auf den Werften ganze 36 Goldpfennige betrug, eine nicht zu unterschätzende Summe: „Das reichte mindestens für einen Anzug."

Mit der Machtergreifung Hitlers war dann auf der Germaniawerft noch einmal das Talent gefragt, vom klassischen Seeschiffbau auf Kanonen umzuschalten – prominentestes Ergebnis ist sicher der über 200 Meter lange und 22 Meter breite Kreuzer „Prinz Eugen" (eine seiner Schiffsschrauben ist heute vor dem Laboer Ehrenmal zu besichtigen).

Eiswinter 1947-1948 Die zerstörte Germaniawerft

1903 und 1945 Germaniawerft – Der Eingang und das Verwaltungsgebäude

Der Einzug der britischen Truppen bereitet der florierenden Produktion von Kriegsschiffen im Mai 1945 ein jähes Ende. Vier Jahre später, am 10. und 11. März 1949, wurden auf den Befehl der britischen Militärregierung die Sprengungen der Werftanlagen in Angriff genommen. Erstes Opfer: die Krananlage auf der Germaniawerft.

Als die Trümmer des 30 Meter hohen Eisengerüsts krachend in die Förde stürzten, saß Julius Bredenbek als „Agent Kurt Schumachers" in Bautzen in Haft. (Das Gespräch mit Julius Bredenbek führte Kirsten Hansen im Jahre 1987.)

Die Männer von der Wache in der Goschstraße

Die Gaardener Feuerwehr

Gegen Ende des 17. Jahrhunderts war es mit dem Feuerlöschwesen im klösterlichen Gaarden recht dürftig bestellt, obwohl die Brandgefahr durch die Ofenheizungen bedeutend größer war. Auch waren die Wohnungen oft mit den Handwerksbetrieben unter einem Dach.
Nur eine kleine Feuerspritze und einige Geräte waren vorhanden. Erst auf die Anregung des Turnlehrers Benjamin Schmidt vom Gaardener Männer-Turnerbund wurden etwa 20 junge Turner an der Feuerspritze und sonstigen Geräten ausgebildet. Die Übungen wurden am Stöltingsteich, Ecke Karlstal und Schönbergerstr. (jetzt Werftstr.), oder an einem kleinen Wassertümpel an der Kaiserstr., nahe dem jetzigen Vinetaplatz, mit großem Eifer abgehalten.

Bei der ständigen Vergrößerung der Werften schritt die Bebauung Gaardens schnell voran, so dass die Turnerfeuerwehr nicht mehr ausreichte. Gemeindevorsteher Mommsen nahm die Angelegenheit in die Hand und gründete am 11. Januar 1877 im Klösterlichen Gaarden die freiwillige Feuerwehr (III. Kamp.). Als Mitgründer sind zu nennen: Malermeister August Rohwer, Turnlehrer Schmidt, Tischler Fritz Lühr, Schlosser Emil Weber.
Zum ersten Feuerwehrhauptmann wurde der Inspektor des Gaardener Armenhauses, Kahl, ernannt. Kahl war früher dänischer Offizier und als solcher der Deutschen Sprache noch nicht recht mächtig. Infolgedessen kam er mit den Kommandos nicht zurecht. Es erwies sich daher als notwendig, dem Vizehauptmann, Malermeister August Rohwer, als ehemaligem gedienten Soldaten das Amt des Hauptmannes zu übertragen. August Rohwer hat fast 30 Jahre diesen Posten mit großem Erfolg bekleidet. Die Gaardener Freiwillige Feuerwehr zählte um die Jahrhundertwende über 80 Mitglieder. Daneben konnte in Notfällen eine Zwangsfeuerwehr aus der Einwohnerschaft Gaardens eingesetzt werden,

Wache Goschstraße

Wache Ost am Joachimsplatz

deren Mitglieder jeweils durch das Los bestimmt wurden.
Als Vertreter von Hauptmann August Rohwer wirkte jahrelang der Friseurmeister Sittig. Als Obersteiger sind noch zu nennen der frühere Zimmermeister Georg Wilkens und der Schlosser Karl Rasmus.
Im Fürstlichen Gaarden wurde etwa um die gleiche Zeit die IV. Kompanie der Freiwilligen Feuerwehr gebildet. Am Wellseer Weg entstand später eine für damalige Zeit verhältnismäßig große Feuerwache. Die Mitgliederzahl betrug nach 1900 etwa fünfzig Männer. Es wurden häufig Feuerlösch-Übungen veranstaltet.

In der Reihe der Hauptleute sind zu nennen: Lohgerber Joachim Arp, Ziegeleibesitzer Franz Blessmann und der Zimmermeister Joh. Bustorff. Beide Wehren hatten ein eigenes Trommler- und Pfeiffercorps. Nach der Eingemeindung lösten sich diese Wehren auf.

Ein großer Fortschritt waren die neuen Gebäude der Feuerwehr-Wachen in der Goschstraße und am Joachimsplatz in Gaarden-Süd. Der Bau am Joachimsplatz musste der Friesenbrücke weichen, während die Wache in Gaarden-Ost schon im Zweiten Weltkrieg total zerstört wurde.

Die Wache am Joachimsplatz wurde nach dem Zweiten Weltkrieg zur Feuerwache Kiel-Ost der Kieler Berufsfeuerwehr. In dem Haus gegenüber war die Remise mit vier Toren, hinter denen drei Fahrzeuge und ganz links, eine Werkstatt für den Schuhmacher und den Klempner untergebracht waren.

Der Frühsport der Feuerwehrmannschaft fand unter der Leitung von Bruno Schacht auf dem Hof der Fröbel-Schule statt.

Im Winter musste die Wache selbstverständlich auch beheizt werden. Dazu gab es einen Kessel für die Zentralheizung und so mussten die Feuerwehrleute mit einer Schubkarre um das Haus herum und dann aus dem Keller die Kohlen zu dem Kessel hin verbringen – jeden Tag. Im Sommer hieß es dann, den Kessel vom Ruß wieder zu befreien. Das Heizen aber war nur eine der Arbeiten, welche die diensttuenden Männer (2 x 12 Mann im 24 Stunden Rhythmus) zu verrichten hatten.
Im Erdgeschoss der Wache stand ein langer Tisch mit einfachen Hockern, aus denen ein jeder sofort bei Alarm hochspringen konnte. In dem Raum nebenan waren Ruheräume mit acht Betten sowie ein Postenzimmer mit dem einzigen Telefon, welches Tag und Nacht ständig besetzt sein musste. Der Tagesposten

ca. 1960 Remise am Joachimsplatz

hieß Fiete Asmussen. Er blieb auch im Hause, wenn die anderen im Einsatz waren.
Im ersten Stock befanden sich die Diensträume des Brandmeisters, eines Oberfeuerwehrmannes sowie des Löschmeisters.

Bis 1962 standen in der Remise ein Leiterwagen LF 24 Magirus, ein Tankspritz- und Löschfahrzeug TLF und ein Rettungswagen. Die regulären Krankenwagen waren in der Hauptwache am Westring stationiert.

Ganz hinten rechts die Remise. 1957 Foto Magnussen Stadtarchiv

Fotografie aus den 20er-Jahren Germaniawerft

Des Weiteren war in der Gaardener Wache auch die Atemschutz-Werkstatt, welche anfangs noch mit Akali-Kreislaufpaketen, wie in den Tauchrettern arbeiten musste.
Auf dem Grundstück im hinteren Bereich stand noch eine Baracke, in der Privatleute wohnten. Die Baracke brach unter der Last einer umgekippten Drehleiter schon am Anfang der 1960er-Jahre zusammen. Es gab dabei sogar einen Toten, einen schwer und einen leicht Verletzten.
Im Herbst 1962 zog die Gaardener Berufsfeuerwehr in die neue Wache Ost an der Preetzer Straße – Ecke Röntgenstraße um. Auch hier hatten die Männer der Feuerwehr Pech mit ihrer Drehleiter. Eine kippte auf dem Hof um – Totalschaden. Eine weitere verunfallte in der Andreas-Gayck-Straße, als das Woolworth-Haus ausbrannte.
Am Joachimsplatz blieb nur die Remise mit einem Löschzug bis nach 1962 für die freiwillige Schornstein-Feuerwehr stehen.
Die Werften hatten schon immer ihre eigenen Feuerwehren.

1909 Feuerwache

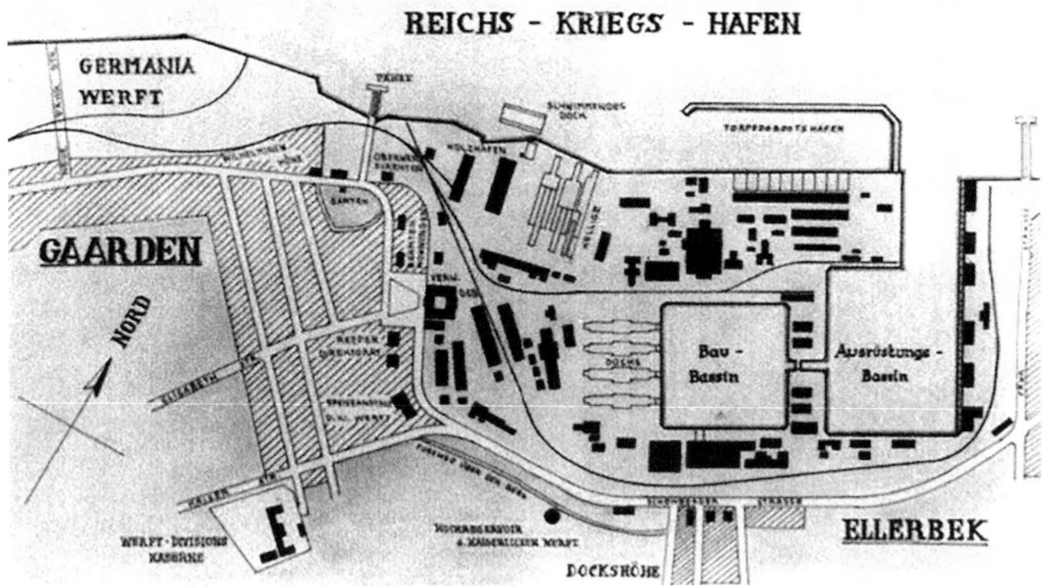

1918 Plan: Kaiserliche Werft

Seit 1925 – Deutsche Werke AG

Die einstige Kaiserliche Werft in Kiel wurde nach dem Waffenstillstand am 12. November 1918 vorläufig als Reichswerft weitergeführt. Am 22. Oktober 1919 wurde der südliche Teil (Südwerft) mit den Schiffbauhallen, Maschinenbauwerkstätten, Dockeinrichtungen und Schwimmkranen dem Reichsschatzministerium übergeben und ebenso wie die UTO-Werft in Rüstringen am 17. Juni 1920 in die Deutsche Werke AG überführt. Nur der nördliche Teil (Nordwerft) wurde von der Reichsmarine als Marinearsenal weitergenutzt.

Am 28. Mai 1925 kam es zur Gründung der Deutsche Werke Kiel AG mit der Werft in Kiel und der ehemaligen Torpedowerkstatt in Friedrichsort. Die Deutschen Werke in Kiel beschäftigten 1921 etwa 7000 Personen und führten neben Schiffsumbauten und der Reparatur von Lokomotiven und Eisenbahnwaggons auch den Neubau von Fischdampfern und Frachtern durch.

Nach Kriegsende konnten etwa 3000 ehemalige Betriebsangehörige, die als Soldaten im Krieg gedient hatten, ihren alten Arbeitsplatz wieder einnehmen. Viele ehemalige „Kaiserliche" Arbeiter konnten aber nicht mehr auf dieser Werft beschäftigt werden und reihten sich in die ohnehin schon große Zahl der Kieler Arbeitslosen ein.

Erster Generaldirektor wurde Heinrich Tousaint. Erste Schiffsneubauten waren zwölf Fischdampfer, deren Auftraggeber das Reichsschatzministerium war. Auch Reparationen, 50 Peschinen und 20 Caminen (Binnenschiffe) gingen nach Frankreich, für Italien wurden vier Fischdampfer und ein Tanker gebaut. Es folgten 15 weitere Fischdampfer für mehrere deutsche Auftraggeber.

Am 28. Mai 1925 erfolgte eine neue Umbenennung des Unternehmens in nunmehr „Deutsche Werke Kiel A.G.". Das Aktien Kapital auf 300 000 000 RM Stammaktien und

Ansichtskarte aus 1938 Luftaufnahme Deutsche Werke

50 000 000 RM Vorzugsaktien. Als Firmenzeichen wird der Löwe zu einem „D" stilisiert vorgestellt. Neuer Generaldirektor wird Heinrich Hansen. Nach und nach machte die Werft sich nunmehr einen Namen im Großschiffbau für in- und ausländische Reeder. Bekannt wurden die Motorfrachter für die norwegische Reederei Wilhelmsen, die „Topeka", „Toulouse", „Tai Ying" und viele mehr. Aber auch Eisbrecher und der Umbau des Flugzeugkatapultschiffes „Schwabenland" für eine deutsche Antarktis Expedition – die Belegschaft stieg auf 8600 Personen.

Auch die Reichsmarine vergab Aufträge an die Werft. So entstanden bereits 1931 der Kreuzer „Karlsruhe" und das Panzerschiff „Deutschland".
1939 kehrte die „Deutschland" nach Kiel zurück, wo sie auf Führerbefehl hin den neuen Namen Lützow erhielt und zum Schweren Kreuzer umklassifiziert wurde.
Während der langen Reparaturzeit im Dock VI der Deutschen Werke in Kiel erhielt sie am 9. Juli 1940 bei einem Luftangriff einen Treffer durch einen Blindgänger. Im Zuge der Reparatur wurde der gerade Bug in eine leicht sichelförmige Form gebracht. An der Südwestspitze von Norwegen erhielt sie am 12. Juni durch eine Bristol Beaufort einen Torpedotreffer an der Backbordseite im Mittschiff. Der Treffer hatte den Ausfall der Antriebsanlage zur Folge, doch gelang es schließlich, mit eigener Kraft den Rückmarsch anzutreten.

Am Nachmittag des 14. Juni wurde Kiel erreicht. Am 4. Mai 1945 wurde die Lützow schließlich aufgegeben und zur Selbstversenkung vorbereitet.
1934 gab es mit der neuen Reichsregierung auch einen Wechsel an der Konzernspitze. Heinrich Middendorf übernahm die Führung. Im Gebäude 114 wurden streng geheim die ersten U-Boote nach dem Krieg hergestellt.

1940 Deutsche Werke Schlachtschiff „Lützow"

In den Trockendocks 1-4 die ersten Zerstörer der „Maas" Klasse. 1936 wurde der Kiel gelegt für den ersten deutschen Flugzeugträger, „Graf Zeppelin".

Schon vorher gingen die Kreuzer „Nürnberg" und das Schlachtschiff „Gneisenau" ihrer Vollendung entgegen. Die „Gneisenau" lief bei ihrem Stapellauf zu weit hinaus und rammte so, unter den Augen des „Führers", das gegenüberliegende Ufer. Ein Skandal.

1937 wurde dann der schwere Kreuzer „Blücher" auf Kiel gelegt.

Auf Veranlassung der Reichsregierung wurde im März 1937 der Zusammenschluss mit den Kieler Howaldtswerken beschlossen und so entstand die „Kriegsmarinewerft Kiel". Mit Beginn des Krieges ließ die Kriegsmarine verstärkt auf den Hellingen U-Boote bauen, es wurden insgesamt 71 Einheiten diverser Typen geliefert. Schwerpunkt aber war die Reparatur und Instandhaltung an den Schiffen der Kriegsflotte.

1943 wurden die Howaldtswerke aus dem Verbund Kriegsmarinewerft wieder ausgegliedert, da sie die Wirtschaftlichkeit des Zusammenschlusses nicht erfüllen konnte. Mit dem Sektionsbau des U-Boot Typ XXI C wurde der Werft der Bau der Bugsektion 8 zugewiesen. Es wurden insgesamt 150 Sektionen gebaut und abgeliefert.

1944 erfolgte ein neuer Wechsel an der Spitze des Werkes. Dr. Ing. Werner Immich lenkte nun das Geschehen. Ebenfalls 1944 wurde der U-Boot-Bunker „Conrad" errichtet, in dem noch bis in die letzten Kriegstage Kleinst-U-Boote vom Typ „Seehund" gefertigt wurden. Mit Beginn des verstärkten Bombenkrieges seit Mai 1943 auch in Tagesangriffen ging die Werft mehr und mehr der Zerstörung entgegen, sodass bei Kriegsende 1945 über 50% der Bauten nur noch aus Trümmern und Ruinen bestanden. Den Rest besorgten die Sprengungen der Engländer.

Die Bau- und Ausrüstungsbecken wurden recht umfangreich mit dem Trümmerschutt der Stadt Kiel verfüllt sowie zusätzlich mit großen Betonblöcken verdichtet und anschließend eingeebnet. Am 30. April 1955 wurde durch Beschluss des Amtsgericht Kiel die Werft für erloschen erklärt.

Ansichtskarte vom Stapellauf

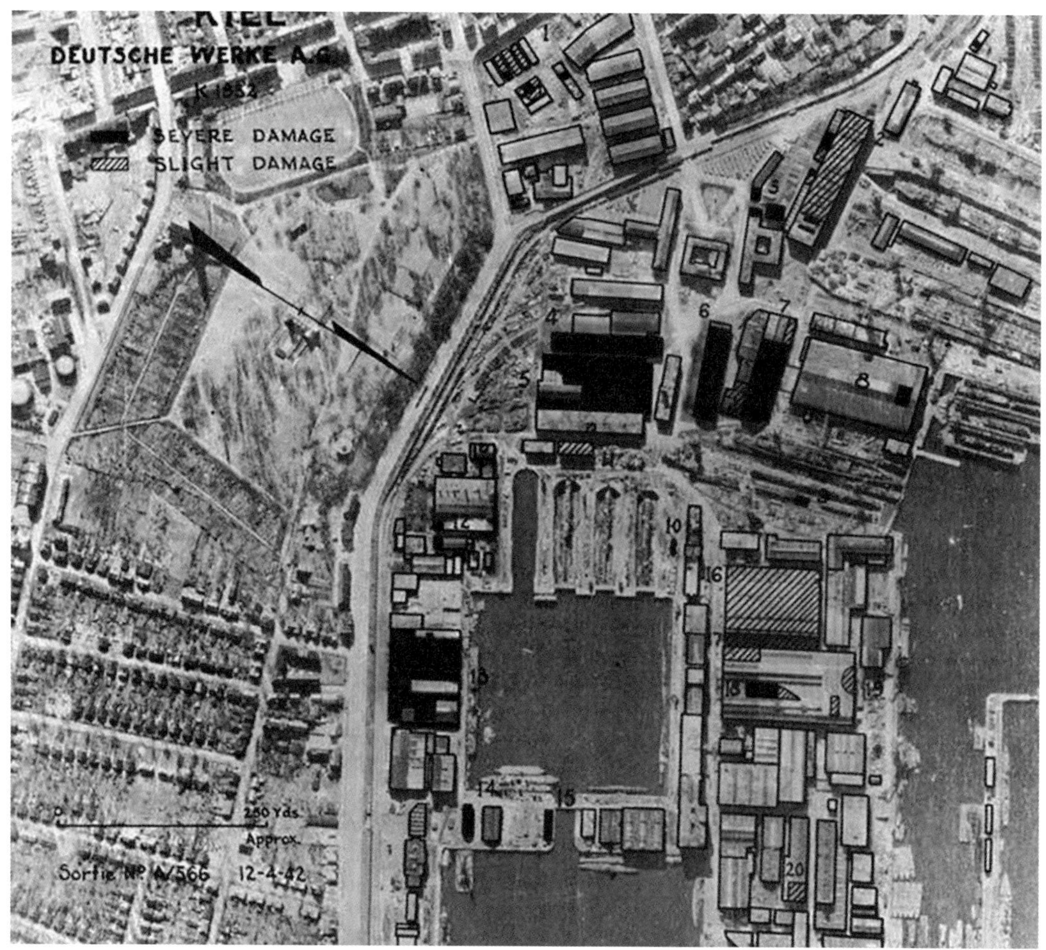

Deutsche Werke, Fliegeraufnahme eines englischen Aufklärers

Zitat aus der „Kieler Zeitung" vom 15. Juni 1881 – Abendausgabe – :

» *In den letzten 15 Jahren hat sich das am jenseitigen Ufer des Kieler Hafens gelegene Dorf Gaarden in höchst erfreulicher Weise gehoben. Damals lagen im genannten Dorfe nur einzelne Wohnungen, hauptsächlich Bauerhäuser, welche mit Stroh gedeckt waren ... Die Schönbergerstraße (heute: Werftstraße, FP), obgleich eine ziemlich primitive Hauptstraße, zieht sich als solche durch ganz Gaarden; 6 Straßen, welche zum Nachtheil des ganzen Dorfes bis jetzt noch nicht planiert sind, biegen von der Schönbergerstraße landeinwärts ab und führen mehr oder minder steil bergan zur Kaiserstraße, auf deren Höhepunkt sich die neue schöne Kaserne (die Pickert-Kaserne, F.P.) majestätisch erhebt und in den Augen des fernen Beschauers von Gaarden letzterem einen militärischen Stempel aufdrückt. Gaarden hat jetzt mehrere andere große Neubauten aufzuweisen, nämlich 2 stattliche Schulhäuser, 1 Kranken- und Armenhaus, und einige sehr niedliche Privathäuser;*

ebenfalls sind alle Gebäude, welche zur kaiserlichen Werft gehören, neu. Kein Reisender aber sollte versäumen, diese bedeutende Werft mit dem großartigen Binnenhafen zu besehen; er wird dort gewiss viel Lehrreiches und Interessantes finden.

Die kaiserliche Werft beschäftigt in regelmäßiger Arbeit gegen 5000 Arbeiter, viele Werkmeister, Ingenieure und höhere Beamte, und sie ist es, welche Gaarden auf seinen jetzigen Standpunkt erhoben hat und nicht aufhört, sein Gedeihen zu unterstützen. Dem vor einigen Jahren so großen Etablissement der Norddeutschen Werft verdankt Gaarden ebenfalls teilweise sein rasches Emporblühen; ungünstiger Verhältnisse halber mussten die Arbeiten daselbst vor mehreren Jahren einige Zeit eingestellt werden, haben jedoch jetzt wieder unter der Märkisch-Schlesischen Hütten-Aktien-Gesellschaft, vormals F. A. Egells neue Arbeiten wieder aufgenommen.

In der Nähe dieses Etablissements liegen die armseligen Baracken für die unterste und ärmste Klasse der Arbeiter, die größtenteils von Schweden bewohnt sind, und diese Baracken machen durch ihr Äußeres wie durch ihr Inneres den Eindruck der größten Armut. Gaarden ist jetzt ein Riesendorf mit ca. 8000 Einwohnern. Natürlich sind auch die meisten Handwerker dort vertreten; wir finden mehrere große Läden, unter denen jedoch nur zwei Manufakturläden. Gaarden hat einen Geistlichen sowie zwei tüchtige Ärzte außer den Militärärzten aufzuweisen; es besteht eine Apotheke und eine sehr gute Elementarschule; hübsche Wohnungen und größtenteils daneben Gärten. So bietet Gaarden viele Annehmlichkeiten einer Stadt und ebenfalls manche Freiheit des Landlebens. Wie kommt es nun aber, dass trotz allem so Mancher sich scheut, hinüber zu siedeln? Sind es die verhältnismäßig sehr bedeutenden Steuern daselbst oder ist es das Vorurteil, dass in jener Arbeiter- und Militärstadt sich kein rechtes stilles, gemütliches Heim schaffen lasse? Wir lassen diese Fragen unbeantwortet.

Die Arbeiterwelt setzt sich aus allen Nationen zusammen. Hier sehen wir den kräftigen Holsteiner und Schleswiger, dort den gewandten Preußen; da in seiner weiten wollenen Bluse den Schweden; hier auch einen Italiener, dessen langes dunkles Haar im Winde flattert; auch vereinzelte Engländer machen sich durch ihr Äußeres leicht kenntlich. Die Notwendigkeit, ihr tägliches Brot durch Arbeit zu erringen, ruft diese verschiedenen Menschen an denselben Platz der Arbeit, des Verdienstes. Es kann wohl nicht geleugnet werden, dass bei manchen Arbeitern die wahre Häuslichkeit nicht zu finden ist. Gehen wir abends durch den Ort, so finden wir allein in der Schönbergerstraße nicht weniger als achtzehn Wirtschaften, die meist mit Gästen grade aus den unbemittelten Klassen angefüllt sind. Und doch sitzt gleichzeitig so manche Arbeiterfrau daheim, umgeben von ihren Kindern, vergebens auf die Rückkehr des Mannes und des Vaters wartend, mit dem sie so gerne ihr bescheidenes Mahl teilen möchten! “

Die Werftarbeiter im Jahre 1918

Die Arbeitsbelastung ist brutal, das Essen eine Katastrophe, die Stimmung explosiv. Es fehlt nur noch ein Funke. Seit dem Kriegsausbruch am 1. September 1914 haben die großen Werften und ihre Zulieferer auch in Kiel Hochkonjunktur. Besonders der U-Boot-Bau braucht immer mehr Leute. Seit Frühjahr 1915 werden vor allem Schiffbauer, Nieter, Stemmer und Bohrer rar. Die Marineverwaltung stellt bereits zum Militärdienst eingezogene Facharbeiter für die Helgen frei und zieht sie auch aus Ersatztruppenteilen und Rekrutendepots heraus.

Als das nicht reicht, müssen die Werften ungelernte Arbeiter einstellen und ausbilden: Kriegsgefangene, Jugendliche und bald sogar Frauen, obwohl die Werftarbeit mit Hitze, Rauch, Staub, Lärm und Stress für sie viel zu anstrengend ist.

Die Neuen sind billiger, aber auch die Alten, die hoch qualifizierten Kupferschmiede, Dreher und Maschinenbauer, kommen mit ihren Löhnen schon lange kaum noch über die Runden: Weil die Preise ständig steigen, müssen, so die SPD-Zeitung „Hamburger Echo", immer mehr Hungernde „bis zur Bewusstlosigkeit Überstunden leisten". Viele sind unterernährt und werden krank.

Wucher treibt die Preise in die Höhe. Manche Nahrungsmittel werden um 1000 Prozent teurer und für Arbeiterfamilien unerschwinglich. Die Justiz verhängt nur lächerliche Geldstrafen gegen die miesen Geschäftemacher.

Die Werftleitungen richten Kantinen ein. Doch dort gibt es, so ein Arbeiterausschuss in einer Beschwerde, nur „Wassersuppe mit Steckrüben", von der sich die Leute „bei ihrer anstrengenden Arbeit kaum noch sättigen können".

Die Regierung verteilt Lebensmittelzusatzkarten in den Kategorien „Rüstungsarbeiter", „Schwerarbeiter" und „Schwerstarbeiter". Doch auch Schuhe und Arbeitskleidung sind kaum noch zu bezahlen. Arbeitervertreter fordern die Chefs auf, solche Artikel direkt bei den Fabrikanten einzukaufen und an die Belegschaft zu verteilen.

» *‚Der nagende Hunger, der die Männer schwächte, Frauen auszehrte, Kinder verwelken ließ, hatte die Zwangswirtschaft bereits unterwühlt, ehe der Krieg beendigt war', stellt der Sozialwissenschaftler August Skalweit fest. Bereits Mitte 1916 sind die Vorräte aufgebraucht, kann die Not auch nicht mehr durch Importe gelindert, der Mangel nur noch verwaltet werden.*

Anfangs lassen sich die Arbeiter noch einiges gefallen: Viele waren für den Krieg, jetzt möchten sie ihn wenigstens nicht verlieren. Schon gar nicht wollen sie selbst im Schützengraben landen. Manche Chefs nutzen das aus, drohen mit dem Fronteinsatz und kürzen Aufmüpfigen die Akkordsätze.

Im Juni 1916 warnt die Kommission für Kriegsversorgung das Stellvertretende Generalkommando des IX. Armeekorps in Altona: ‚Die Kartoffelknappheit bzw. das fast vollständige Fehlen von Kartoffeln hat die Stimmung der Bevölkerung ungünstig beeinflusst. Bei längerem Ausbleiben ist eine Steigerung der Erregung zu befürchten.' «

Am 18. August wird die Prophezeiung wahr: Als mit den Kartoffeln, dem „Herzstück der deutschen Küche", auch Obst und Gemüse aus dem Angebot verschwinden, schlagen hungernde Arbeiter Fenster in den Geschäften ein, plündern die Auslagen und zwei Tage lang auch die Lagerhallen.

Der Aufstand der Matrosen, mit denen sich viele hungernde Werftarbeiter verbündeten, führte zur Novemberrevolution 1918.

Ein erbitterter Kampf um höhere Löhne beginnt. Die Gewerkschaften können nicht helfen: Im allgemeinen Hurra-Patriotismus haben sie sich, so der Historiker Volker Ullrich, „bei Kriegsbeginn zu streikpolitischer Enthaltsamkeit verpflichtet". Doch die Werftarbeiter können auf die Erfahrungen des „wilden" Streiks von 1913 zurückgreifen: Damals haben sie zum ersten Mal sogar gegen den Willen der Gewerkschaftsvorstände die Initiative ergriffen und noch während der Lohnverhandlungen die Arbeit eingestellt. Das war im Frieden. Jetzt aber ist Krieg. Auch bei der Germaniawerft in Kiel überschreiten Hunger und Wut die kritische Schwelle. Scharfmacher wollen Polizei und Militär losschicken. Zum Glück setzen sich die Besonnenen durch. Einige Forderungen der Arbeiter werden erfüllt, und sie machen weiter. Es ist ein fauler Frieden: Schon im Februar 1917 streiken die Bohrer und Nieter für die Zusatz-Brotkarte, und bald wirkt die russische Februarrevolution auch auf alle Arbeiter: „Der Wind hat den Unkrautsamen herübergetragen", stellt ein Monatsbericht des Militärs fest, „und er ist schon an vielen Stellen aufgegangen."

Doch mit Parolen ist die Wut nicht mehr zu besänftigen: Als die Matrosen der Kriegsflotte im November 1918 die Monarchie hinwegfegen, sind es die Werftarbeiter, die sich als Erste mit den Aufständischen verbünden.

Nachkriegsfoto, Stellagenbau am Heck

Deutsche Werke Aktiengesellschaft Werft Kiel

Lehrbrief

Der Lehrling Arnold Ehlert
geboren am 5. V. 04. zu Barth
hat während der Zeit vom 8. April 1919
bis einschließlich 7. April 1922
das Klempner - Handwerk
erlernt und vor der unterzeichneten Prüfungskommission nach den bestehenden Prüfungsvorschriften seine Gesellenprüfung bestanden.

Sein Betragen war: fast gut

Kiel, den 8. April 1922

Deutsche Werke Aktiengesellschaft Werft Kiel

gez. Becker

Der Prüfungsausschuß
Vorsitzender: gez. Kienhoff
1. Beisitzer: " Häfner
2. Beisitzer: Thoms

Vorstehendes Zeugnis hat dieselbe Wirkung wie ein Zeugnis über das Bestehen der Gesellenprüfung vor einem ordentlichen Prüfungsausschuß (§131 Abs. 2 u. 3 der Gew.-Ordng. Bekanntmachg. des Preuß. Min. für H. u. Gew. v. 30.12.19. Ministerialblatt der Handel- und Gewerbeverwaltung Seite 341)

1922 Lehrbrief eines „Feinblechners"

Arbeiten auf der Werft

Bericht im „Niederdeutschen Heimatblatt" – 1912 –

„Bi dat Tosamennieten wür ick mit insett. Insett ist richtig seggt; denn ick müß as'n Mullwupp in den Duppelböen bit veer Meter rinkrupen van de Städ, wo Platten utloten wärn. Doar stünn de Feldsmee up'n Podest för dat Warmmoken van de Nieten. De Platten wären alle anschruwt un nu müssen de Platten vernietet warn. Van de Binnensiet würn de Nieten in de Löcker steeken. Wenn so'n Niet in'n Lock balanziert wär, denn stemmte de Arbeiter binnen den Vorholder gegen den Nietkopp un de beiden Arbeiter buten homierten den gleunigen Nietschaft mit Geschicklichkeit to'n halfrunnen Gegenkopp, un doarmit wär de Platte an düsse Städ fast.

Ober wi käm de Niet an mi ran? Ick sät doch 4 Meter van de Feldsmee binnen up'n Hümpel Holtspön. Ganz eenfach, wenn een Niet Hitz harr, dat heet dat Schaftenn wittgleunig wär, den wür de spritzende Niet in de Niettang nohmen un mit Vehemenz bit kort vör mi rinschleudert, van mi mit mien Niettang upgreepen un in dat Lock to'n Vernieten praktiziert. Ober bi't Rinschleudern full so'n lütte gleunige Bombe ook enns in de Sittgelegenheit van Hobelspän, de gegen dat koole Isen vorsehn wärn, un de Niet mit dat Inbrandsetten gauer as dat Togriepen. Doar heet't wohrdi. De Niet word gau bisiet bröcht un dat Füer mit'n Sackstück stickt un de Qualm verflüchtigt. So'n Tüschenakt ist unerwünscht."

Übersetzung des plattdeutschen Textes:

„Bei dem Zusammennieten wurde ich mit eingesetzt. Eingesetzt ist richtig gesagt, denn ich musste als Maulwurf in Doppelböden bis vier Meter hineinkriechen – von der Stelle an, wo Platten ausgelassen waren. Da stand die Feldschmiede für das Warmmachen der Nieten. Die Platten waren alle festgeschraubt und mussten nun vernietet werden. Von der Innenseite wurden die Nieten in die Löcher gesteckt. Wenn diese Nieten ausbalanciert waren, dann stemmte ein Arbeiter von innen den Vorhalter gegen den Nietkopf, sodass damit die Platte an dieser Stelle fest war.

Aber wie kam die Niete zu mir ran? Ich saß doch 4 Meter von der Feldschmiede drinnen auf einem Haufen Holz-Späne. Ganz einfach, wenn eine Niete Hitze hatte, das heißt das Schaft-Ende weißglühend war, dann wurde die spritzende Niete in die Nietzange genommen und mit Vehemenz bis kurz vor mir hinein. geschleudert, von mir mit meiner Nietzange aufgegriffen und in das Loch zum Vernieten praktiziert. Aber beim Reinschleudern fiel so eine kleine glühende Bombe auch schon einmal in die Sitzgelegenheit aus den Hobelspänen, welche gegen das kalte Eisen vorgesehen waren und die Niete mit dem inbrandsetzen schneller als das Zugreifen war. Da hieß es, spring schnell bei Seite und das Feuer mit einem Lappen erstickt – bis der Qualm sich verflüchtigt. So ein Zwischenspiel ist unerwünscht."

Die Arbeiten der Nieter

Nietvorgang:

1. Niet in Löcher einführen, dann auf Gegenhalter bzw. Unterlage aufsetzen.
2. Anziehen mit Nietzieher
3. Kürzen und
4. Anstauchen des Nietschafts
5. Vorformen des Nietkopfs durch kreisende Schläge mit dem Kugelkopfhammer
6. Fertigformen des Nietkopfes mit dem Kopfsetzer
7. Fertige Vernietung

Zu Beginn der Fertigung eines Schließkopfes werden die Niete durch die Nietlöcher der zu verbindenden Bauteile gesteckt.
Wichtig ist dabei, dass Niete mit dem korrekten Durchmesser und der korrekten Schaftlänge zum Einsatz kommen, bzw. Niete mit längerem Schaft entsprechend gekürzt werden (Kneifzange, Bolzenschneider o. Ä.). Die Faustformel für die korrekte Länge zum Anstauchen eines halbrunden Schließkopfes ist die Schaftlänge = Gesamtstärke der zu vernietenden Materialien + 1,5 ⌀ Schaftdurchmesser. Das bedeutet: Steckt man den Niet durch die zu verbindenden Materialien, so steht auf der Gegenseite ein Stück von etwa dem anderthalbfachen Durchmesser des Schaftes heraus.
Die Bauteile mitsamt dem Niet werden nun für die nachfolgende Bearbeitung auf eine geeignete Auflage gelegt, die je nach Art des Nietkopfes aus einem Gegenhalter oder einer Nietunterlage bestehen kann.
Hat der Niet einen über die Materialoberfläche hervorstehenden Setzkopf (z. B. einen halbrunden Kopf), kommen Gegenhalter zum Einsatz, die man in einen Schraubstock einspannt. Der Setzkopf ruht auf dem Gegenhalter in einer Mulde, die seiner Form angepasst ist. Dadurch wird der Setzkopf bei den nachfolgenden Arbeiten nicht verformt.
Bei Setzköpfen, die mit der Werkstückoberfläche bündig sind (z. B. Senk- und Flachkopfniete), kommen Nietunterlagen zum Einsatz. Diese haben statt der Mulde eine ebene Oberfläche als Auflage für Werkstück und bündigen Nietkopf. Nietunterlagen werden ebenfalls in den Schraubstock eingespannt. Wahlweise kann man auch einen Amboss oder eine Nietstange anstatt einer Nietunterlage verwenden.

Die zu verbindenden Einzelteile liegen beim Einziehen auf dem Gegenhalter bzw. auf der Nietunterlage lose aufeinander. Dabei haben sie zumeist nicht flächig miteinander Kontakt, sondern es bleibt ein unregelmäßiger Abstand (z. B. bei krummen Blechen) bestehen. Der Nietzieher wird von Hand auf den Niet gesteckt (bei manueller Vernietung) oder durch eine Nietmaschine (bei maschineller Vernietung) über den hindurchgesteckten Niet geschoben und die Lochränder werden vor dem Aufstauchen des Schließkopfes fest zusammengepresst. Bei manueller Vernietung erfolgt das Zusammenpressen durch Schläge mit einem Hammer auf den Nietzieher. Dabei werden eventuelle Wölbungen ausgedrückt und bei straff sitzendem Niet, z. B. durch ungenaue Bohrungen, werden die Teile überhaupt erst in Kontakt gebracht und der Niet vollständig ins Loch geschoben.
Die zentrale zylindrische Bohrung des Nietziehers ist größer als der Durchmesser des Nietschaftes, sodass sich Niet und Nietzieher im Prinzip nicht berühren. Dadurch werden ungewollte Verformungen des Nietschaftes (Verbiegen etc.) vor dem Stauchen

vermieden. Die Geradheit des Nietes vor dem Stauchen ist wichtig, damit der Niet gerade gestaucht wird, und so ein rotationssymmetrischer Schließkopf geformt werden kann. Der Nietzieher sorgt in erster Linie dafür, dass die Werkstücke plan zusammenliegen können, jedoch können die flachgepressten Teile auch wieder auseinanderrutschen. Daher muss bei der Verwendung des Nietziehers durch geeignete Maßnahmen dafür gesorgt werden, dass die Einzelteile nach dem Entfernen des Nietziehers, und vor dem Stauchen des Nietes, nicht auseinanderrutschen (meist durch Zusammenpressen neben der Nietstelle, etwa durch eine Schraubzwinge).

Stauchen des Schaftes mit einem Hammer

Die Bauteile werden nach dem Einziehen des Nietes nicht von ihrer Auflage (Gegenhalter oder Nietunterlage) genommen, damit sie nicht gegeneinander verrutschen. Der überstehende Teil des Nietes wird durch senkrechte Schläge mit der Hammerbahn eines Hammers gestaucht.
Durch das Stauchen wird der Niet breiter, bis er das Nietloch ausfüllt und sich an die Wandungen des Bohrloches drückt. Der Nietschaft darf sich durch die senkrechten Schläge aber nicht krümmen.

Vorformen des Schließkopfes mit einem Hammer

Anschließend wird der Niet mit der Hammerbahn so vorgeformt, dass er die ungefähre Form eines halbrunden Schließkopfes erhält. Der Hammer führt dabei taumelnde (kegelig kreisende) Bewegungen aus.
Zum Abschluss wird nun der Nietkopfsetzer angewendet, der dem Schließkopf seine endgültige Form gibt. Alternative Bezeichnungen dieses Werkzeuges sind Döpper, Nietkopfmacher (kurz Kopfmacher), Schließkopfformer, Nietkopfformer oder auch Köppelmacher.
Der Nietkopfsetzer wird auf den vorgeformten Niet aufgesetzt und durch Schläge mit einem Hammer wird der Schließkopf in seine endgültige Form gebracht. Nach Möglichkeit sollen dabei Kerben in der Werkstückoberfläche, die vom Nietkopfsetzer herrühren können, vermieden werden.

Warmnieten und Kaltnieten:

Im Schiffs-, Brücken-, Kessel- und Hochhausbau werden große Niete von mehr als 6 mm Durchmesser „warm", das heißt in rotglühendem Zustand, genietet. Die nachfolgende Abkühlung lässt den Niet schrumpfen, wodurch die Blechplatten oder Stahlprofile reibkraftschlüssig und wasserdicht zusammengepresst werden.
Für diesen Vorgang werden drei Personen gebraucht, von denen der Nietenheizer den Niet in einem Holzkohlenfeuer erwärmt und diese der zweiten Person, dem Gegenhalter, zureicht oder in einen Fangeimer aus Blech zuwirft, diese steckt den warmen Niet mit einer Zange durch das Nietloch und drückt den Kopf mit dem Setzeisen fest. Der eigentliche Nieter auf der anderen Seite bearbeitet wie oben beschrieben mit dem Nietzieher und dem zweiten Setzeisen den anderen Kopf. Die Arbeit des Nietenheizers war monoton und oft gefährlich. Für verbrannte Nieten oder falsches Werfen musste er eine Strafe zahlen.
Kleinere und speziell Kupferniete werden kalt verarbeitet, jedoch erwärmen diese sich durch die Schlagwirkung und ziehen dann beim Abkühlen auch die vernieteten Teile eng aneinander.

1918 bis 1935 – Das Leben und Arbeiten auf Kieler Werften

Textauszüge aus den Erinnerungen des Arbeiters Walter Pagenkopf

Mit Genehmigung der Europa-Universität Flensburg, Seminar für Geschichte und Geschichtsdidaktik

Walter Pagenkopf wurde am 28.12.1889 in Wieck bei Greifswald als unehelicher Sohn der Hausangestellten Martha Pagenkopf geboren. Der Vater, Pharmaziestudent in Berlin (später Apotheker in Wolgast), wollte aus Standesgründen eine Verbindung nicht eingehen.

Hochgesteckten Berufszielen der Mutter für ihren Jungen standen Geldmangel, die uneheliche Abkunft des Jungen und der Einfluss des Großvaters, eines Fischers, entgegen: „Wenn de Jung man sin Namen schrieben kann, dat langt."

Pagenkopf besuchte die Volksschule und machte anschließend eine Schlosserlehre bei der Reichsbahn in Greifswald. Während seiner Militärdienstzeit bei der Marine in Kiel lernte er 1912 seine spätere Frau kennen, Tochter eines Kiel-Dietrichsdorfer Werftarbeiters.

1913 fand dann Walter Pagenkopf eine Arbeit bei der Torpedowerkstatt in Kiel-Friedrichsort, einer bekannten Hochburg der organisierten sozialistischen Arbeiterschaft. Er schloss sich hier dem Deutschen Metallarbeiterverband an.

Den Ersten Weltkrieg machte Pagenkopf mit als Heizer auf dem Torpedoboot G-192. Mit seinen Kameraden war er an den revolutionären Ereignissen im November 1918 in Kiel beteiligt, u.a. war er bei Wachdiensten am Schloss eingesetzt. Nach der Entlassung aus der Marine versuchte er zunächst vergeblich, wieder bei der Reichsbahn in Greifswald eingestellt zu werden. In Kiel stellte sich das Problem der Umstellung von Rüstungs- auf Friedensproduktion in besonderer Schärfe. Auf seiner alten Arbeitsstätte, der Torpedo-Werkstatt, konnte Pagenkopf nur bis zum Juni 1919 beschäftigt werden.

1913 Torpedoboot auf der Kieler Förde

Nach zwei Monaten Arbeitslosigkeit fand Pagenkopf am 13. August 1919 einen Arbeitsplatz bei den Howaldtswerken, die – wie auch andere Kieler Werftbetriebe – teil hatten an einer Nachkriegskonjunktur. Die Umstellung auf Friedenswirtschaft erfolgte durch Reparatur und Bau von Handelsschiffen, zum Teil aus noch vorhandenen Torpedobootskörpern, sowie Reparatur von Lokomotiven und Eisenbahnwagen. Pagenkopf kam seine Ausbildung bei der Reichsbahn jetzt zugute, er wurde im Lokomotivbau eingesetzt und konnte seinen Arbeitsplatz fünf Jahre lang halten. Diese Zeit war allerdings durchsetzt mit politischen und sozialen Krisen: Generalstreik gegen den Kapp-Putsch (im März 1920), Streik bei Howaldt (im Okt./ Nov. 1920), Inflation 1922/23 mit Aussperrung bei Howaldt im Okt. 1923, Gesamtaussperrung der Werften im Frühjahr 1924.

Nach der Novemberrevolution schien das „Herr-im-Haus-Prinzip" der Unternehmer zwar gebrochen. Aber es war nicht zu der von vielen Arbeitern erhofften Sozialisierung gekommen, die Gewerkschaften hatten nur an Einfluss gewonnen: u. a. grundsätzliche Anerkennung als Vertreter der Arbeiter, Betriebsrätegesetz, Tarifvertragsordnung, Durchsetzung des Achtstundentages.

Die Arbeiter traten selbstbewusster in den Betrieben auf. Bei Howaldt mussten sie bald den Versuch der Direktion feststellen, wieder an Boden zu gewinnen, insbesondere in den Bereichen Arbeitsdisziplin und Arbeitszeit: zunächst volle Ausschöpfung des Achtstundentages, später auch eine Verlängerung der Arbeitszeit. Die Arbeiterschaft war zwar kampfbereit, politisch aber zerrissen: nach dem Zusammenschluss von MSPD und USPD (1922) zugespitzt auf den Gegensatz SPD – KPD. Erster Bevollmächtigter der Ortsverwaltung des Deutschen Metallarbeiterverbandes (DMV) in Kiel war der Sozialdemokrat Willi Leopold (von Okt. 1919 bis 1933), der die Interessen der Kieler Werftarbeiter bei den für Norddeutschland zentralen Tarifverhandlungen in Hamburg vertrat. Er hatte allerdings einen schweren Stand, weil für die Ostseewerften u. a. wegen Standortnachteilen nur geringere Tariflöhne als z. B. in Hamburg oder Bremen durchsetzbar waren. Zudem entwickelten sich die Löhne auf den Werften ungünstiger als in anderen Industriebranchen. Bei Howaldt hatten die Kommunisten starken Einfluss: zu den Betriebsratswahlen im April 1923 stellten sie eine eigene Liste auf und gewannen neun Mandate (freigewerkschaftliche Sozialdemokraten sieben, Hirsch-Dunckersche einen), auch nach den Novemberwahlen 1923 stellten sie den Betriebsratsvorsitzenden. Von einer gedeihlichen Zusammenarbeit im Betriebsrat konnte allem Anschein nach keine Rede sein.

Walter Pagenkopf war sozialdemokratisch orientiert, ohne allerdings Parteimitglied zu sein. In dieser schwierigen Zeit gründete er seine Familie: Hochzeit mit Magda Meier im März 1919 Geburt von Sohn Heinz (Juli 1919) und Tochter Marianne (September 1922). Großes Glück hatten Pagenkopfs bei der Wohnungssuche. Der Gewerkschaftskassierer holte damals noch die Beiträge in der Wohnung der Mitglieder ab, war dadurch ständig hervorragend informiert und gab Pagenkopf den Tipp, dass in der Elisabethstr. 90 in Gaarden eine Wohnung frei würde. Die Familie hat dort noch bis 1962 gelebt.

Am Generalstreik gegen den Kapp-Putsch vom 13. bis 23. März 1920 beteiligten sich Kieler Werftarbeiter – so auch die von Howaldt. Pagenkopf hat in seinem Notizbuch

ca. 1911 Werftarbeiter

den Streik nicht besonders vermerkt. Das wird dadurch zu erklären sein, dass trotz des Streiks Löhne gezahlt wurden. Tatsächlich hat die Kieler Arbeiterschaft die Arbeit nur unter der Bedingung wieder aufgenommen, dass die Streiktage voll bezahlt würden. Dahinter standen SPD, USPD, KPD und das Gewerkschaftskartell in nie wieder erreichter Geschlossenheit. Mit Vertretern der Arbeitgeber und des Magistrats wurde festgelegt: Arbeitgeber und Staat sollen sich die Lohnkosten teilen, die Arbeitgeber schießen den staatlichen Anteil vor und zahlen das Geld schnellstmöglich nach Aufnahme der Arbeit aus. Damit ist Pagenkopfs Eintragung vom 27. März (232 Mark) erklärt. Am 18. März ist für die Arbeit vom 11. bis 13. März und eventuell von der Streikleitung genehmigte „Notstandsarbeiten" gezahlt worden.

Schon im Jahr 1920 war insbesondere die erste Jahreshälfte durch einen enormen Preisanstieg gekennzeichnet, der die Gewerkschaften herausforderte. Lohnanpassungen erfolgten im Februar (von 2,70 Mk auf 3,20 Mk Stundenlohn für den gelernten Werftarbeiter) und im April (von 3,20 Mk auf 4,50 Mk). Für einen Akkordarbeiter wie Pagenkopf bedeutete ein Grundlohn von 4,50 Mk einen durchschnittlichen Stundenverdienst von etwa 6 Mk. Die Lohnerhöhung machte sich in den Zahlen seit April deutlich bemerkbar, einmal angenommen, dass sich die Zahl der geleisteten Stunden nicht wesentlich geändert hat. Unter Hinweis auf den im Sommer gedämpften Preisanstieg verweigerten die Werftbesitzer weitere Lohnerhöhungen. Im August setzten erneut Preissteigerungen ein, der Reichsarbeitsminister erklärte jedoch einen Schiedsspruch nicht für verbindlich, der nur eine geringfügige Lohnerhöhung bedeutet hatte. Das untergrub das Vertrauen der Nieter, Stemmer und Bohrer bei Howaldt in die im September fälligen Tarifverhandlungen. Da sie also höhere Grundlöhne nicht erwarteten, wollten sie jedenfalls eine bessere Kalkulierung der betriebsintern geregelten Akkordzuschläge erzwingen und legten die Arbeit nieder. Damit zogen sie die gesamte Belegschaft in einen Streik hinein.

Der Streik wurde von den übrigen Kieler Werftarbeitern durch die Bildung eines Streikfonds solidarisch unterstützt. Eine Vertrauensmännerversammlung aller Werften fasste zum Streik bei Howaldt folgenden Beschluss: „Die gesamten Werftarbeiter verpflichten sich, ihre kämpfenden Kollegen auch finanziell auf das nachdrücklichste zu unterstützen. Für die Dauer des Kampfes führt jeder Ledige 15 Mark, jeder Verheiratete 10 Mark wöchentlich in einen gemeinsamen Streikfonds ab. Dieser Fonds soll dazu dienen, den kämpfenden Kollegen neben ihrer satzungsgemäß zustehenden Streikunterstützung eine derart namhafte Extraunterstützung zu gewähren, dass es ihnen möglich ist, den Kampf bis zum vollen Erfolg zu führen.

Zuwendungen aus diesem Streikfonds erscheinen in Pagenkopfs Notizbuch als „gesammelte Gelder". In den beiden Streikmonaten Oktober und November betrugen die wöchentlichen Summen zwischen 15 Mk und 39 Mk, insgesamt 201 Mk. Sie bildeten damit eine kräftige Ergänzung der satzungsgemäß fälligen Streikunterstützung, die insgesamt 487,50 Mk ergab (64,50 Mk wöchentlich). Dem ersten Streikmonat Oktober – zu Monatsbeginn hatte es noch ausstehende Lohnzahlungen (101,38 Mk) gegeben – hielt die Haushaltskasse aufgrund der Streikunterstützung und der gesammelten Gelder (265,50 Mk) noch stand, obwohl das gesamte Einkommen nur etwa ein Drittel der Monate Juni, Juli und September betrug. Im zweiten Monat (November) mussten schon zusätzliche Geldquellen erschlossen werden: es ging nicht mehr ohne Borgen (55 Mk) und eine Zuwendung der Mutter von Walter Pagenkopf (5 Mk). Kleinste Beträge wurden wichtig, die durch den Verkauf von Milchflaschen,

Ansichtskarte 1929 Deutsche Werke

1922 Werftarbeiter

Biochemie-Flaschen und Lumpen erzielt wurden. Am Monatsende – nach Wiederaufnahme der Arbeit am 26. November – half zunächst ein Vorschuss (100 Mk) weiter. Wohltuend vor Weihnachten war es, dass auch nach Beendigung des Streiks noch „gesammelte Gelder" aus dem Streikfonds verteilt wurden.

Seit diesem Monat sah sich Magda Pagenkopf jedoch gezwungen, für einige Zeit zum Einkommen beizutragen: Die Schulden und die anhaltenden Preissteigerungen waren der Grund dafür. Sie „verdiente dazu" durch Waschen, Treppenreinigen und eine „Morgenstelle" als Putzfrau beim „Warenhaus für Beamte" in Gaarden am Vinetaplatz.

Die Gewerkschaftsführung hat den Streik eigentlich nicht gewollt und ihn in ihrem Jahresbericht unverblümt als erfolglos bezeichnet. Auf die Arbeitsniederlegung der Nieter, Stemmer und Bohrer hatte die Direktion mit Aussperrung dieser Gruppen geantwortet. Als nun Anfang Oktober der neue Tarifvorschlag für die norddeutschen Werften in einer Urabstimmung angenommen wurde (bei Howaldt abgelehnt), befanden sich die ausgesperrten Arbeiter in einer psychologisch ungünstigen Situation. Diese Lage suchte die Werksleitung zu einer Machtprobe zu nutzen und stellte provozierende Bedingungen zur Wiederaufnahme der Arbeit. Jetzt rückte die Belegschaft zusammen und beschloss den Streik, musste am Ende aber die Arbeit unter der Bedingung wieder aufnehmen, dass die Frühstückspause außerhalb der achtstündigen Arbeitszeit einzunehmen sei.

Im September 1922, also in der Anfangsphase der galoppierenden Inflation, wurde Tochter Marianne geboren, Sohn Heinz war drei Jahre alt. Pagenkopfs konnten „Wochenhilfe und Stillgeld" in Anspruch nehmen – ursprünglich (1914) für die Frauen von Kriegsteilnehmern eingeführt, nach dem Krieg allgemein als Pflichtversicherung auf Ehefrauen und Töchter der Versicherten ausgedehnt. Frau Pagenkopf war in dieser Zeit allerdings am „Dazuverdienen" gehindert (nur noch im Jan. 1922), es gab auch kaum lohnende Gelegenheiten dazu. Im Geburtsmonat seiner Tochter verdiente Pagenkopf erstmals über 10 000 Mark, ein Jahr später waren es schon über eine Milliarde. Und danach ging es erst richtig los. Selbst die phantastischsten Lohnsummen konnten mit den Preissteigerungen bei weitem nicht Schritt halten. So waren z. B. Pagenkopfs im November verdiente 36 Billionen Mark nicht viel mehr wert als ein Paar Schuhe. Allein für ein Pfund Rindfleisch und ein Pfund Speck hätte er eine Woche arbeiten müssen. Von solchen Nahrungsmitteln konnten Arbeiter damals jedoch nur träumen und mussten froh sein, genug Brot kaufen zu können. Die Gewerkschaften – fast pausenlos in Lohnverhandlungen – konnten wertbeständige Löhne, die die Preissteigerungen auffingen, nicht durchsetzen.

Bei Howaldt gab es anscheinend auch keine Naturalien für die Arbeiter, wie dies andernorts gelegentlich der Fall war. In solchen Zeiten war Pagenkopf auf neue Mittel der Existenzsicherung angewiesen. Erstens: Veräußerungen der wenigen Wertgegenstände, die er überhaupt besaß. Im Februar1923 verkaufte er seinen Ehering, da dringend Kohlen zum Heizen der Wohnung benötigt wurden. Im Dezember mussten die Notgroschen (Silbermünzen) herhalten. Zweitens: Verwandtschaftshilfe. Sie bestand in gelegentlichen Paketen von Pagenkopfs Tante Anna, einer Bäckersfrau aus Greifswald. Hin und wieder gab es auch eine Tüte Mehl von Frau Pagenkopfs Bruder Bruno, der auf der Holsatia-Mühle in Kiel-Neumühlen arbeitete. Im Februar 1923 musste wieder Geld geborgt werden. Damals hat Pagenkopf auch Geld „gewonnen", vermutlich durch Skatspielen.

Die Folgen der Inflation für die Gewerkschaft: Mitgliederverluste, unkontrollierte Aktionen in den Betrieben (Arbeitsniederlegungen bei Howaldt und den Deutschen Werken Friedrichsort, beantwortet durch Aussperrung), keine Finanzmittel für die Ausgesperrten. Immerhin wurde eine Spendenaktion ins Leben gerufen. Schwere, z.T. handgreifliche Konflikte (Überfall auf den ADGB-Sekretär Ehlers) gab es im Oktober 1923 um die kommunistische Generalstreikforderung, „Ausläufer" des Hamburger KPD-Putsches zeigten sich auch in Kiel.

1923 Segelmacherei, Taklerei

Die Umstellung auf die Rentenmark beendete den Zahlenwirbel der Inflation. Die Umrechnung der Papiermarklöhne auf Goldmarklöhne zeigte allerdings: Die Arbeiterschaft in der Metallindustrie beendete die Inflationszeit mit Löhnen, die durchschnittlich 30% unter den Vorkriegslöhnen lagen. Der Durchschnittslohn eines Facharbeiters der Kieler Werften betrug Anfang 1924 ganze 36 Goldpfennige.

Einer geringfügigen Lohnerhöhung, die durch einen vom Reichsarbeitsminister für verbindlich erklärten Schiedsspruch zum 2. Januar 1924 festgelegt worden war, widersetzten sich die Arbeitgeber auf dem Klageweg und zahlten die niedrigen Löhne weiter. In dieser Situation wurde ein Schiedsspruch zur Verlängerung der Arbeitszeit auf neun Stunden von der norddeutschen Werftarbeiterschaft mit Empörung aufgenommen und mit riesigen Mehrheiten abgelehnt. Daraufhin erfolgte eine Gesamtaussperrung zum 26. Februar. Worauf die Unternehmer spekulierten: Wie sollten die durch die Inflationszeit verarmten Arbeiterhaushalte jetzt einen Arbeitskampf überstehen, zumal die Kassen der Gewerkschaften nach der Inflation praktisch leer waren? Auch im Kieler Metallarbeiterverband hatte es Mitgliederverluste von 10825 (1923) auf 7989 (1924) gegeben, nicht zuletzt vor dem Hintergrund der Einstellung sozialer Leistungen der Gewerkschaft (z.B.

Arbeitslosenunterstützung von Okt. 1923 bis Okt. 1924). Der Metallarbeiterverband konnte den Ausgesperrten zunächst wegen der fehlenden Mittel fast nichts zahlen, erst nach zwei Wochen erhielt Pagenkopf 30 Pfennig. Immerhin gab es ab der dritten Woche 3,70 Mk und ab der 7. Woche zwischen 5,60 Mk und 7 Mk. Davon konnte eine Familie natürlich nicht leben, besonders im ersten Aussperrungsmonat (März) war die Lage ernst: Die 7,70 Mk von der Gewerkschaft machten nur etwa ein Fünftel der kümmerlichen 37,45 Mk Gesamteinnahmen aus; im April war es schon fast die Hälfte (18,00 Mk von 40,92 Mk). Pagenkopf musste jetzt auch finanzielle Hilfen aus der Verwandtschaft in Anspruch nehmen: vom Schwiegervater, selbst Arbeiter bei Howaldt; von Frau Pagenkopfs Bruder, Ernst Meier (einem Möbeltischler) und ihrer Schwester Luise, deren Mann Wilhelm Petersen Dreher bei der Firma Anschütz war; von Pagenkopfs Tante Anna aus Greifswald. Die dritte Einnahmequelle waren rückzahlbare Gelder von der städtischen Wohlfahrt. Die im Kampf befindlichen Arbeiter selbst durften nicht unterstützt werden, es gab aber in besonderen Notfällen Hilfeleistungen, z. B. für Kinder unter zwei Jahren. Marianne Pagenkopf war damals etwa 1 1/2 Jahre alt. Vierter Posten: Verkauf des letzten veräußerbaren Wertgegenstandes im Besitz der Familie. Es handelte sich um den Revolver, den Pagenkopf nach der Entlassung aus der Marine nicht abgeliefert hatte. Er brachte jetzt 12 Mk ein. Fünftens: Eine ganz wichtige materielle und psychologische Hilfe waren auch die Bespeisungsaktionen zugunsten der Kinder der ausgesperrten Werftarbeiter, an denen sich große Teile der Arbeiterschaft und ihrer Organisationen beteiligten. Hilfe kam aber auch aus „besser gestellten Kreisen". So luden Kieler Familien Werftarbeiterkinder zu sich an den

Ansichtskarte 1930 Dockanlagen DW

Mittagstisch. Ermöglicht durch Geldspenden erhielten ca. 500 Kinder täglich im Gewerkschaftshaus eine warme Mahlzeit. Ähnliche Einrichtungen gab es an etwa acht Stellen in Kiel. Magda Pagenkopf holte damals Mittagessen für ihre Kinder im „Kaisersaal" in Gaarden. Dort wurden bis zu 1600 Kinder täglich beköstigt, das war der „Rekord" in Kiel. Einen großen Verdienst bei der Aufbringung der Naturalspenden erwarben sich die Landarbeiter, deren Agitation in der „Provinz" für diese Sache gerühmt wurde. In Frauenversammlungen informierte die Streikleitung über die Hintergründe der Aussperrung und stellte die Rolle der Frauen heraus. „Gerade auf den Frauen der Ausgesperrten lastet in diesem Kampf die größte Bürde." In Resolutionen wurde das Verhalten der Unternehmer verurteilt und sämtlichen Bevölkerungsschichten Dank für die Solidarität mit den Kindern der Ausgesperrten ausgesprochen.

Die Sozialdemokratie kümmerte sich um ihre betroffenen Mitglieder u. a. durch einen Unterhaltungsabend in der „Wilhelminenhöhe", dem wahrscheinlich wichtigsten Tagungslokal der Arbeiterbewegung auf dem Ostufer. Wie im „Kaisersaal" gab es dort eine Bespeisung für Ausgesperrten-Kinder. Beide Lokale sind im Zweiten Weltkrieg zerbombt worden. Die Aussperrung endete mit einem für die Werftarbeiter zwiespältigen Ergebnis. Es war zwar die Rede von einer „normalerweise" achtstündigen Arbeitszeit, bis zum 31. 1. 25 wurde sie jedoch „zunächst" auf 54 Stunden wöchentlich festgesetzt. Die neunte Stunde galt auch nicht als Überstunde. Dagegen wurde der Angriff der Unternehmer auf die Mitbestimmungsrechte der Betriebsräte in Überstundenfragen abgewehrt. Auch die Lohnregelung (jetzt 46-50 Pfennig die Stunde für Gelernte) war akzeptabel. Die Arbeiter hatten ihr Gesicht gewahrt. Die Sozialdemokraten – mit deutlicher Stoßrichtung gegen die KPD – und die Volkszeitung versuchten jetzt, die Kampfstimmung der Aussperrungszeit für ihre Organisation bzw. ihr Blatt zu nutzen.

Walter Pagenkopf wurde in den Jahren 1924–1926 dreimal entlassen, jedes Mal im Sommer, zweimal (1924/25 und 1926/27) folgten dann harte Winter der Arbeitslosigkeit.
Die Gründe der Entlassungen sind nicht bei Pagenkopf zu suchen, sondern in der Krise der Seeschiffswerften Mitte der Zwanzigerjahre, die zu Entlassungen in großem Maßstab führte. So hatte z. B. am 1. 1. 1927 nur eine der damals 46 deutschen Großstädte eine ungünstigere Relation zwischen Bevölkerung und erwerbslosen Unterstützungsempfängern als Kiel. Während des Krieges waren durch die Rüstungsproduktion Überkapazitäten im Werftbereich entstanden, die auf Friedensproduktion umzustellen bzw. abzubauen waren. Der subventionierte Neuaufbau der deutschen Handelsflotte war 1923 nahezu abgeschlossen. Ebenso waren auf dem Weltmarkt die Tonnageverluste des Ersten Weltkrieges bald ausgeglichen, Kriegsschiffbau für fremde Rechnung war durch den Versailler Vertrag untersagt. Auch wegen der politischen und wirtschaftlichen Verhältnisse in Deutschland war eine Zurückhaltung ausländischer Reedereien zu registrieren. Die Wettbewerbsfähigkeit litt seit 1923/24 auch unter fehlender staatlicher Unterstützung, da eine neue Geldentwertung durch Kreditrestriktion vermieden und eine „Gesundschrumpfung" der Werften erreicht werden sollten. Zudem beklagten die Ostseewerften Standortnachteile (u. a. Transportkosten für Baumaterialien aus den Industriezentren) gegenüber den Nordseewerften.

Beschäftigtenzahlen

Howaldtwerke:	
vor dem Krieg	3700
im Nov. 1918:	3500
im Mai 1925:	2800
im Nov. 1926:	281
im Sept.1927:	1335
im Aug. 1928:	1658
im Jahr 1932:	350

Germaniawerft:	
vor dem Krieg:	7427
10.Nov. 1918:	10131
30.Sept.1924:	8239
30.Sept.1925:	5871
30.Sept.1926:	1652
30.Sept.1927:	3831
30.Sept.1928:	5179
im Jahr 1932:	1602

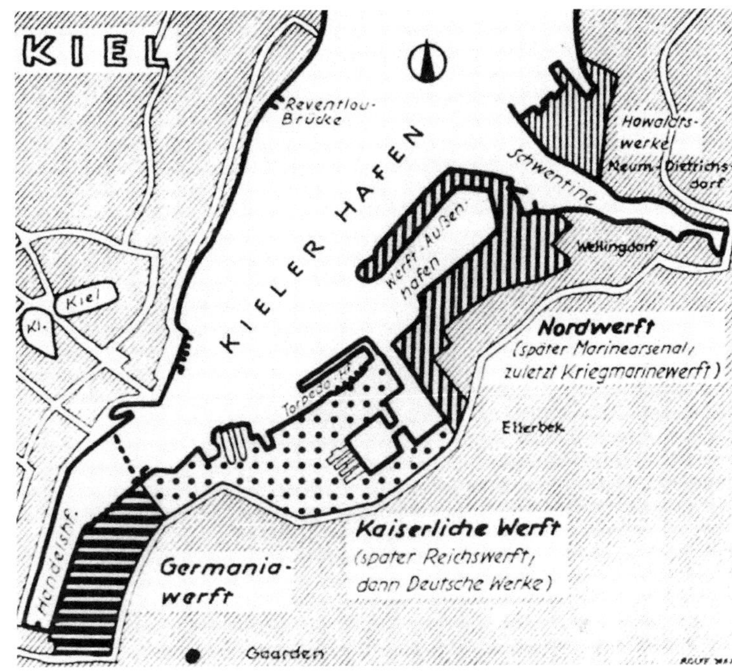

Zahlen zusammengestellt von J. Bracker VZ vom 13. 2. 1933

Die Werften auf dem Ostufer bis 1945 aus: K. Radunz: Der Kieler Hafen, Kiel 1960

Die Arbeitslosigkeit von September 1924 bis Januar 1925 war nach der Inflation und der Aussperrung im Frühjahr 1924 der dritte schwere Schlag für die Familie Pagenkopf innerhalb kurzer Zeit. Damals gab es noch nicht die Arbeitslosenversicherung (erst Okt. 1927 eingeführt), sondern die „Erwerbslosenfürsorge" der Kommunen, bei der die Erwerbslosen sich einer Bedürftigkeitsprüfung unterziehen mussten. Die Kieler Erwerbslosenfürsorge zahlte seit August 1924 folgende für Walter Pagenkopf geltende, Unterstützungshöchstsätze pro Wochentag: 1,00 Mk für den „Hauptunterstützungsempfänger" 0,35 Mk Zuschlag für die Ehefrau 0,25 Mk Zuschlag pro Kind. Das bedeutete für Pagenkopf bei zwei Kindern 1,85 Mk (!) pro Tag bzw. 11,10 Mk pro Woche. Vier Auszahlungen im September (plus drei Augusttage) ergaben daher in Pagenkopfs Notizbuch 49,95 Mk, fünf Auszahlungen im Oktober 55,50 Mk und vier im November 44,40 Mk. Die Dezember- und Januarzahlungen lagen (vermutlich wegen Weihnachtszulagen) geringfügig über dem normalen Unterstützungssatz. Mit diesen Geldern konnte die Familie bei Weitem nicht auskommen. Das zeigt ein Vergleich mit der „Teuerungszahl", die damals regelmäßig veröffentlicht wurde. Sie enthielt die Kosten der „wichtigsten Lebensbedürfnisse" einer fünfköpfigen Normalfamilie und setzte sich im September 1924 wie folgt zusammen.

Nahrung	79,00 Mk
Wohnung, Heizung, Beleuchtung	29,24 Mk
Kleidung	11,88 Mk
	= 120,12 Mk

Wendet man diese Zahl mit aller Vorsicht auf die nur vierköpfige Familie Pagenkopf an, so ergibt sich wohl immer noch eine deutliche Einkommenslücke. Nach Zahlung der laufenden Rechnungen (u. a. Wohnung) war nämlich schon ein großer Teil des Geldes verbraucht, der größte Posten („Nahrung") noch zu bewältigen. Die Lücke zu schließen, war auch die Gewerkschaft noch nicht wieder imstande. Im ersten Monat der Arbeitslosigkeit (Sept. 1924) erhielt Walter Pagenkopf noch nichts von seinem Verband. Die Wiedereinführung der statutarischen Arbeitslosenunterstützung war – nach dem finanziellen Desaster durch die Inflationszeit – auf dem Verbandstag des DMV im Febr. 1924 erst für den Oktober des Jahres beschlossen worden. Im Oktober und November erhielt Pagenkopf jeweils 11,20 Mk; erfreulich die ungefähre Verdoppelung der Zahlungen ab Dezember. Damit waren die Vorkriegsleistungen der Gewerkschaft fast wieder erreicht. Auch in dieser Notzeit mussten Verwandte mit Geld aushelfen: im Oktober Tante Lidde, im November Tante Anna, im Dezember Onkel Wilhelm. Im September und Oktober hat Magda Pagenkopf auch wieder „zuverdient".

Ausschnitt Ansichtskarte 1934 Stapellauf

Ansichtskarte aus 1926
Elisabethstr. Höhe der Pagenkopf-Wohnung

Eine konjunkturelle Erholung im Schiffbau wirkte sich im Laufe des Jahres 1927 deutlich auf dem Arbeitsmarkt aus. Pagenkopf fand zunächst für ein Jahr Beschäftigung bei den Deutschen Werken (erst im Werk Friedrichsort, der ehemaligen Torpedowerkstatt, dann kurzfristig im Werk Kiel-Gaarden) und wechselte im März 1928 zur Kruppschen Germaniawerft. Die Auszüge zeigen die vielleicht bedeutendsten Hoch- und Tiefphasen in Pagenkopfs Arbeitsleben: beste Verdienstjahre (1929/30) in der Weimarer Zeit – dann die Wirkungen der Weltwirtschaftskrise mit rapiden Lohnkürzungen (1932) und dem (relativ späten) Beginn der Dauerarbeitslosigkeit (von Sept.1932 bis März 1934). Parallel dazu verliefen die Höhen und Tiefen der Gewerkschaft. Waren die Werftkrisenzeiten Mitte der Zwanzigerjahre für Arbeitskämpfe ungünstig gewesen, so begann im Herbst 1928 wieder eine Machtprobe auf Norddeutschlands Werften, in Kiel der letzte Streik der Werftarbeiter für sehr lange Zeit. Die Organisationskraft der Gewerkschaft war gestärkt, die Mitgliederzahl des DMV Kiel von 7989 (1924) auf 10 776 (1928) angewachsen.

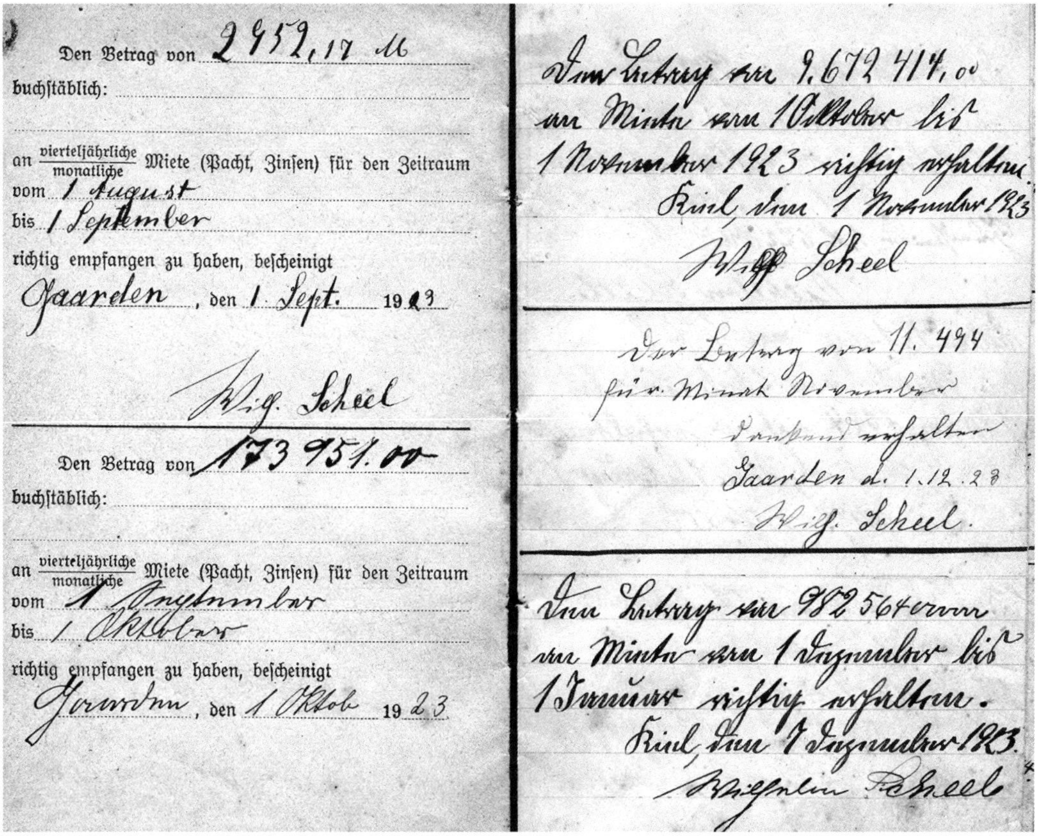
Den Betrag von 2952,17 M
buchstäblich:
an vierteljährliche / monatliche Miete (Pacht, Zinsen) für den Zeitraum
vom 1 August
bis 1 September
richtig empfangen zu haben, bescheinigt
Gaarden, den 1. Sept. 1923
Wilh. Scheel

Den Betrag von 173 951.00
buchstäblich:
an vierteljährliche / monatliche Miete (Pacht, Zinsen) für den Zeitraum
vom 1 September
bis 1 Oktober
richtig empfangen zu haben, bescheinigt
Gaarden, den 1 Oktob 1923

Den Betrag von 9.672 414,00
an Miete vom 1 Oktober bis
1 November 1923 richtig erhalten
Kiel, den 1 November 1923
Wilh Scheel

Der Betrag von 11.494
für Monat November
dankend erhalten
Gaarden d. 1.12.23
Wilh. Scheel.

Den Betrag von 982 564 0000
an Miete vom 1 Dezember bis
1 Januar richtig erhalten.
Kiel, den 7 Dezember 1923.
Wilhelm Scheel

Ausschnitt „Mietquittungsbuch", Kiel-Gaarden: Miete für eine Zweizimmer-Wohnung 1923

Die Streikunterstützung fiel – im Vergleich zu früheren Arbeitskämpfen – recht günstig aus, auf Sammlungen in anderen Betrieben wurde bewusst verzichtet. Im Dezember gab der Verband sogar einen Gutschein im Wert von 10 Mk an seine Mitglieder aus – einzulösen in den Verteilungsstellen des Konsumvereins. Die Arbeiter konnten eines ihrer wichtigsten Ziele, die Wiedereinführung des Achtstundentages, zwar nicht durchsetzen, immerhin sollten ab Nov. 1929 statt 54 Stunden nur noch 49 in der Woche gearbeitet werden. Die Stundenlöhne wurden um 5 Pf auf 84 Pf (für gelernte Arbeiter) erhöht. Die Jahre 1929 und 1930 brachten für Pagenkopf die höchsten Einkommen seit der Inflationszeit – auch in Relation zu den Lebenshaltungskosten. Solche Reallöhne hat er in der NS-Zeit (mit Ausnahme des 2. Halbjahres 1936) erst seit dem 2. Halbjahr 1938 erreicht bzw. übertroffen (1. Halbjahr 1939) – allerdings bei außerordentlich hohen Arbeitszeiten. Die Folgen der Weltwirtschaftskrise spürte Pagenkopf erst relativ spät durch seine Entlassung, vorher aber durch Lohnkürzungen: zunächst durch Schiedsspruch (Nov. 31), dann durch Notverordnung der Regierung Brüning (Dez. 31). Die Arbeiter wurden damit beruhigt, dass die Löhne noch über denen von Januar 1927 lagen).
Die Bruttostundenlöhne sagen aber wenig aus. Zu berücksichtigen waren nämlich die

geringeren Arbeitszeiten und die erhöhten Abzüge (u.a. höhere Soziallasten, Krisenlohnsteuer, verdreifachte „Bürgersteuer" an die Gemeinden). Dadurch waren die Löhne erheblich geringer als 1927, was auch durch die niedrigen Preise nicht wettgemacht wurde. Die Gewerkschaft – in ihrer Kampfkraft durch Arbeitslosigkeit (1932 waren 65% der Mitglieder des DMV Kiel arbeitslos) und Mitgliederrückgang geschwächt – konnte die Entwicklung nicht aufhalten. Es musste schon als Erfolg verbucht werden, dass im Sommer 1932 ein Lohndiktat der Unternehmer (Senkung der Stundenlöhne um 6 bis 8 Pfg) durch Streiks in Bremen-Vegesack und Rostock sowie einen Streik-Beschluss auf der Germaniawerft (musste nicht mehr ausgeführt werden) abgemildert werden konnte (Senkung um 3 Pfg).

Nun war er ganz auf die 1927 geschaffene Arbeitslosenversicherung angewiesen, die der Krise trotz Beitragserhöhungen und Leistungsminderungen nicht gewachsen war. Nach den Kürzungen der Notverordnung der Regierung von Papen im Juni 1932 erhielt ein gelernter Arbeiter wie Pagenkopf mit seiner Familie nach einer dreiwöchigen Wartezeit einen Unterstützungssatz von 17,10 Mk in der Woche. Bei vier Auszahlungen im Monat waren das 68,40 Mk, bei fünf Auszahlungen 85,50 Mk. Die Nationalsozialisten beließen es bei dieser kargen Summe, Pagenkopf musste dafür noch im Kieler Hafen „Kohlen schippen". Jedenfalls wurde die Aussteuerung aus dem Versicherungssystem nach 58 Wochen, die schon die Regierung von Schleicher abgeschafft hatte, nicht wieder eingeführt. Angesichts steigender Lebenshaltungskosten 1933/34 war die Lage jedoch schwierig genug, dies zeigt ein Vergleich mit der Teuerungszahl im Okt. 1933 (für eine fünfköpfige Familie):

Nahrung 78,49 Mk
Wohnung, Heizung, Beleuchtung 47,13 Mk
Bekleidung 14,25 Mk
Sonstiges 20,66 Mk
= 160,53 Mk

Berücksichtigt man, dass Pagenkopfs nur vier Personen waren, und zieht man auch noch den Posten „Sonstiges" ab, bleibt ein Bedarf von etwa 110,- Mk. Pagenkopf nahm aber nur 95,90 Mk ein (85,50 Mk Unterstützung, 4 Mk Mietbeihilfe, 6 Mk von Pagenkopfs Mutter). Dabei ist noch ein günstiger Monat mit fünf Auszahlungen gewählt. Nahrungsmittelhilfen gab es wieder von Verwandten, sofern sie nicht selbst arbeitslos waren. Im Winter 1932/33 nutzten Pagenkopfs die „Kieler Nothilfe", die von der Stadt und unzähligen Verbänden und Organisationen, darunter ADG Bund Arbeiterwohlfahrt, aber auch Bund der Arbeitgeber und Industrie- und Handelskammer getragen wurde. Die Familie holte sich Mittagessen im „Kaisersaal" in Gaarden, einer von 15 Ausgabestellen in Kiel. Für 50 Pf im Monat konnte jeder Essenempfänger – allerdings nur jeden zweiten Tag – Mahlzeiten erhalten. Entgegen einer Ankündigung wurde durch das Winterhilfswerk der Nationalsozialisten die Volksbespeisung im Winter 1933/34 nicht mehr im großen Umfang fortgeführt. Essenkarten gab es nur noch für Arbeitslose, die entweder ledig waren oder mindestens drei Kinder hatten.

Pagenkopfs hatten also keinen Anspruch. Berechtigt waren sie zum Empfang von Kohlen, Lebensmitteln oder Kleidungsstücken, die unter großem Propagandaaufwand gesammelt worden waren und u.a. in der „Wilhelminenhöhe" in Gaarden (Lebensmittel) zur Verteilung kamen. Pagenkopfs machten jedoch keinen Gebrauch davon.

Ansichtskarte 1938 Krupp Germaniawerft

Schon 1933 ging die Germaniawerft zur Rüstungsproduktion über und weitete den Personalbestand wieder aus. Pagenkopf wurde erst im März 1934 eingestellt. Die Tagebuch-Auszüge (1938) zeigen eine Phase, in der Pagenkopf die Reallöhne der „guten Jahre" der Weimarer Republik wieder erreichte bzw. überbot. Erstmals war dies im 2. Halbjahr 1936 geschehen. Die absolute Höhe der Einkommen wurde zumeist nicht wieder erreicht, die Teuerungszahlen lagen dafür z.T. deutlich niedriger. Im Wesentlichen muss der Verdienstzuwachs durch verlängerte Arbeitszeiten im Zuge der forcierten Rüstungsproduktion zustande gekommen sein: etwa 55 Wochenstunden durchschnittlich im Jahr 1938!

Die Bruttostundenlöhne und Akkordzuschläge waren nämlich auf dem Stand der Depression von 1932/33 festgehalten worden. Auch durch die Zulagen wurde die Situation von 1932 nicht gravierend verbessert: Die Sozialzulage von 1938 (2 Pf für die Ehefrau, je 3 Pf für die Kinder) lag um 3 Pf über dem Tarif und den Zahlungen von 1931/32: An weiteren Zulagen (1938) sind ca. 5 bis 6 Pf anzurechnen, für Überstunden- und Feiertagsarbeit. Solche Zulagen waren in der Depressionszeit entfallen; 1931 gab es noch bis zu 10 Pf für „die besten", wie ein Arbeiter der Germaniawerft der Volkszeitung schrieb. Andererseits waren 1938 die Abzüge bestimmt nicht geringer als in der Krisenzeit.

Die seit der Regierung Brüning erhöhten Sozialversicherungsbeiträge waren beibehalten worden, neue Posten wie der Beitrag zur Deutschen Arbeitsfront und Abgabe ans Winterhilfswerk hinzugekommen. Typische Monate wie der Februar und Mai 1938, bei denen Pagenkopf mit einem Bleistift die Summe des Bruttowochenverdienstes eingetragen hat, um sie mit dem ausbezahlten Lohn zu vergleichen, zeigen: Die Abzüge machten etwa 13% des Bruttolohns aus. Nimmt man noch die vielen „freiwilligen" Spenden hinzu, sind die Angaben (13–20%) Vermutlich wollte der alte Gewerkschafter Pagenkopf diese Tatsachen (seit 1937 in dieser differenzierten Form) festhalten, angesichts der propagandistischen Verherrlichung der Arbeiter und ihrer Lebensbedingungen im „Hitlerreich"! Die Löhne auf den Werften waren damals nicht unumstritten. In den Monatsberichten des „Reichstreuhänders der Arbeit" wurde Anfang 1938 über zunehmende Arbeitsplatzwechsel bei den großen Kieler Werften „der Löhne wegen" berichtet. Sie waren niedriger als in anderen Metallbranchen. Als man 1938 dazu überging, Arbeiter z.T. aus solchen besser bezahlten Branchen auf den Werften in Dienstpflicht zunehmen, zahlte man ihnen einen Härteausgleich. Das wiederum erregte die Stammbelegschaften. Insgesamt hatte sich jedoch die materielle Lage der Familie Pagenkopf gebessert, allein schon durch die regelmäßigen Lohnzahlungen – mit steigender Tendenz – über vier Jahre hinweg.

Inzwischen hatten auch die Kinder Lehrstellen angetreten: Marianne als Krankenschwestern-Vorschülerin, Heinz als Versicherungskaufmann. Damit war die Haushaltskasse wesentlich entlastet. Pagenkopfs konnten sich jetzt auch die Pacht eines Kleingartens leisten. 1936 unternahmen sie ihre erste „Urlaubsreise" zu Verwandten nach Bremen. Später haben sie auch an KdF-Fahrten teilgenommen.

Die Auswertung der Tagebuch-Auszüge zeigt, dass selbst ein Facharbeiter wie Walter Pagenkopf immer wieder kritischen, kaum vorhersehbaren Lebenssituationen ausgesetzt war, insbesondere in den Jahren1920 bis Anfang 1927 (Streiks, Inflation, Aussperrungen, Arbeitslosigkeit), dann wieder von 1932 bis 1934 (Lohnkürzungen, Dauerarbeitslosigkeit). Dazwischen gab es eine relativ ruhige Phase von 1927 bis 1931, mit

1933 Familienbild

Ausnahme des Streiks im Winter 1928/29. Charakteristisch sind also unregelmäßige, häufig einfach zu geringe Einkommen und eine ständige Unsicherheit über die weitere Entwicklung. In dieser Phase mussten auch die Kinder großgezogen werden. Damit stellt sich die Frage nach dem „Umfeld" in solchen Krisenzeiten: Ehefrau und Familie, Freunde und Verwandte, Wohnung und Wohnviertel, Arbeiterbewegung. Es scheint auch in der Familie Pagenkopf die in vielen Arbeiterhaushalten verbreitete „Kultur der Armut" bestanden zu haben, die vor allem durch „aktuelle und vorausschauende Sparsamkeit und Kontrolle der Bedürfnisse" gekennzeichnet war. Nicht nur in Notzeiten wurde sehr sparsam gewirtschaftet, auch in besseren – aus Angst vor der nächsten Krise. Walter Pagenkopfs Grundsatz war, mindestens ein Monatseinkommen auf der Bank zu haben, mehr war wohl auch nicht möglich. So konnte er in der Inflationszeit von Notgroschen (Silbergeld) zehren.

Zu dieser „Kultur der Armut" gehörte aber auch ein „Streben nach Selbstachtung und dem verdienten gesellschaftlichen Ansehen" - orientiert an bäuerlich-kleinbürgerlichen Idealen: Das wird bei Pagenkopfs sichtbar an der „guten Stube" und der peinlichen Sauberkeit der Wohnung, die den Eindruck von Ärmlichkeit nicht entstehen ließen. Das zeigt auch der „Sonntagsstaat" der Familie, der die tägliche Arbeitskleidung vergessen ließ. Eine zentrale Bedeutung kam damit der Arbeiterfrau und ihrer möglichst sparsamen, dadurch aber auch äußerst arbeitsaufwendigen Hausarbeit zu. Frau Pagenkopf galt unter Freunden als besonders tüchtige und

1934 Besuch in der „Guten Stube"

sparsame Hausfrau, die sich selbst zu den „Nähkränzchen" keine Kuchen, sondern Brot mitbrachte.
Sie hatte vor ihrer Ehe als Dienstmädchen gearbeitet. Nach der Heirat war für beide Eheleute die Rollenverteilung – er als Ernährer, sie als Hausfrau – selbstverständlich und erwünscht. Der Stolz darauf, dass man die Berufsarbeit der Frau „nicht nötig" habe, war auch ein Teil der „Arbeiterehrbarkeit". Im Jahre 1925 gingen erst 14-22 % der Ehefrauen von Metallarbeitern (je nach Verdienst der Ehemänner) einer regelmäßigen Erwerbstätigkeit nach. Das „Dazuverdienen" von Frau Pagenkopf war denn auch grundsätzlich auf Notzeiten beschränkt (nach dem Streik 1920 und während der Zeiten von Arbeitslosigkeit Mitte der Zwanzigerjahre). Familienleben und Kindererziehung waren für beide Elternteile, die eine partnerschaftliche Ehe führten, hohe Werte. Die „Kontrolle der Bedürfnisse" ging eher auf Kosten der Eltern: Der Vater z. B. verließ Kegelclub und Gesangverein, die Kinder durften in den Turnverein und zu den Falken, der Sohn auf die Mittelschule. Die Tochter „Ich hab' das schön in Erinnerung. Wir hatten ja immer unsere Mutter zu Haus, wir konnten kommen, wann wir wollten. Wir hatten immer Beistand, und die haben eben alles für uns getan. Wir konnten alles mitmachen, trotzdem ihnen das ja bestimmt furchtbar schwer gefallen ist finanziell ... Haben ja viel mit uns unternommen. Fast jeden Sonntag auf Wanderschaft, manchmal ging das schon morgens um 5 Uhr los ..."
Im dritten Stock, mitten im Kieler Arbeiterviertel Gaarden-Ost, haben Pagenkopfs 43 Jahre lang, von 1919 bis 1962, gewohnt. Es ist eines der für Gaarden typischen Mietshäuser im Stil der wilhelminischen Zeit. Die übrigen ehemaligen Ostuferdörfer erhielten im Zuge der Werftindustrialisierung ein völlig anderes Gesicht: Durch Aktivitäten des Arbeiterbauvereins wurden dort zum Teil Ein- und Zweifamilienhäuser mit Garten errichtet, insbesondere in Ellerbek und in Wellingdorf.
Im Wohnviertel war die Familie durch viele Bekanntschaften (Arbeits- und Gewerkschaftskollegen, Schulfreunde der Kinder) verwurzelt, im Haus durch gute Nachbarschaft. So hat man sich z. B. gemeinsam mit der Familie Hollatz (auch 3. Stock) darüber empört, dass deren Tochter Leni von einem Studentenball wieder ausgeladen wurde (Schlossertochter, nicht standesgemäß). Die Witwe Harms vom 2. Stock kam gerne zum „Schnacken", wenn Frau Pagenkopf Kartoffeln schälte. Die Wohnung war für Gaardener Verhältnisse – für eine 4-Personen-Familie – mit drei Zimmern sowie Küche und Balkon geräumig. Eines der beiden zur Straße gelegenen Zimmer wurde als „gute Stube" eingerichtet. Die antiken Möbel hätten Pagenkopfs sich nicht leisten können. Sie waren ein Geschenk von Pagenkopfs Mutter, die sie wiederum von ihrer Dienstherrschaft geschenkt bekommen hatte. Die „gute Stube" wurde nur äußerst selten, an Festtagen, benutzt – im Winter wegen der Heizungskosten fast nie, nicht einmal immer zu Weihnachten. Das zweite Zimmer zur Straße diente als „tägliches" Wohnzimmer, im Schlafzimmer nächtigte die ganze Familie. Der Blick vom Balkon war nicht durch Hinterhofbebauung verstellt, sondern ging über den Hof bis zu den Anlagen der Germaniawerft. Ein Großteil des Hofes diente einer Schreinerei als Lagerplatz, die Kinder durften aber auf dem „Zimmerplatz" spielen. Die Wohnung zu halten, gehörte zu den finanziellen Prioritäten der Familie.

1933 bis 1945 – Arbeiten auf „Deutsche Werke" in Gaarden

Zitat aus dem Beginn der Betriebsordnung – Originaltext:

Zusammenarbeit

» *a) Sinn und Wert der Betriebsgemeinschaft*
1. Wie jeder Betrieb der deutschen Wirtschaft, so haben auch die unsrigen die Aufgabe, durch ihre Leistungen dem Wohl der deutschen Volksgemeinschaft zu dienen; aus ihrer engen Verbindung mit dem Reich und ihren besonderen Aufgaben im Dienste der deutschen Wehrmacht erwächst darüber hinaus allen Betriebsangehörigen die ehrende Verpflichtung, durch vorbildlichen Einsatz und mustergültige Zusammenarbeit das in sie gesetzte Vertrauen zu rechtfertigen.
2. Um dies zu erreichen, müssen wir alle, Führer und Geführte, unsere Arbeit als Dienst am Vaterland auffassen, stets unserer Bestes hergeben, durch nie aufhörendes Arbeiten an uns selbst, durch unerschütterliches gegenseitiges Vertrauen, Treue zu unserem Betrieb, willige Einordnung in die vielfältige Arbeitsführung, endlich durch eine Betriebskameradschaft die uns anvertrauten Einrichtungen und Maschinen zu voller Leistung bringen. Was uns an der Zahl fehlt, das können und müssen wir durch Arbeitsfreude und Gründlichkeit ersetzen.
3. In unserer Betriebsgemeinschaft haben Missgunst, Eigenbrödelei, Nörgeleien und Klatschsucht keinen Platz; vielmehr soll jeder von uns den Ehrgeiz haben, der zuverlässige Arbeiter, der beste Kamerad, der treueste Gefolgsmann zu sein. Jeder einzelne Betriebskamerad hat das Recht und die Pflicht, an der Gestaltung und Verbesserung des Betriebes persönlich mitzuarbeiten. Keiner darf entbehrlich sein, darum wird jeder Mitarbeiter nicht nach seiner Stellung im Betrieb, sondern nach seiner Einsatzbereitschaft, seiner Pflichttreue und seinem Kameradschaftsgeist gewertet. «

Arbeiterinnen
Rechts: Hedwig Jeckin, Mitte Friederike Vahl

Alle nachfolgenden Bilder aus der Broschüre von 1940 der DW

Um den damals herrschenden Zeitgeist darzustellen folgen weitere Originaltexte aus einer Broschüre „Deutsche Werke in Kiel" – erschienen 1940:

» *Der Kampf um den deutschen Arbeitsgedanken ist seit 1933 in einen neuen Entwicklungsabschnitt getreten. Der Nationalsozialismus hat seine weltanschaulichen und geistespolitischen Gedanken insbesondere auch im Arbeitsleben planmäßig vorangetrieben. Dort haben sich Wandlungen vollzogen, die noch vor wenigen Jahren für unmöglich gehalten wurden. Zwar ist das Ziel, dass es zu erreichen gilt, noch nicht erreicht, jedoch ist bereits ein gutes Stück Weges durchschritten, alle Kräfte sind im weiteren Vormarsch; sie können durch den uns aufgezwungenen Krieg höchstens eine gewisse Verzögerung erfahren, jedoch niemals aufgehalten werden.*
Die Zeiten sind unwiderruflich vorbei, in denen das Arbeitsleben fast allein von der materiellen Seite aus angesehen wurde, wobei dem arbeitenden Menschen kein größerer, vielfach sogar ein geringerer Wert als dem Kapital, der Maschine und der Organisation zugemessen wurde. Endgültig hat sich die Erkenntnis durchgesetzt, dass der Betrieb kein totes Wesen ist, sondern eine lebendige Gemeinschaft, in der der arbeitende Mensch den unbestrittenen Vorrang einnimmt, eine Gemeinschaft, deren alleinige Aufgabe der Dienst an der Volksgemeinschaft und dem Staate ist. Volksgemeinschaft und Staat stellen die Aufgaben, ihnen gegenüber müssen die eigenen Interessen des Betriebes, seiner einzelnen Mitglieder und der Betriebsgemeinschaft selbst zurücktreten. Die Betriebsgemeinschaft

aber soll alle Kräfte für die Erfüllung der ihr gestellten Aufgaben einsetzen, alle einsatzfähigen Kräfte wecken, stärken und unerschütterlichen Arbeitsgemeinschaft erblicken. Dies ist der letzte Sinn des nationalsozialistischen Arbeitsgedankens.

Die Betriebsführung der Deutschen Werke hat sich bemüht, die ihrer Führung und Betreuung anvertrauten Werke Kiel und Friedrichsort zu solchen Betriebsgemeinschaften auszubauen, in denen dieser Arbeitsgedanke verwirklicht wird. Neben dem äußeren, materiellen, technischen und organisatorischen Ausbau als selbstverständlicher Voraussetzung für die Leistungsfähigkeit eines Betriebes, wurde als Ziel angestrebt, die lebendigen Kräfte der in der Betriebsgemeinschaft zusammengeschlossenen Menschen zu wecken. Die Kräfte des Charakters, des fachlichen Könnens, des guten Willens zu höchster Entfaltung zu bringen und mit ihnen eine lebendige, von Kameradschaftsgeist erfüllte Betriebsgemeinschaft zu schaffen, darauf müssen alle betrieblichen und sozialen Maßnahmen ausgerichtet sein.

Bewusst ist davon Abstand genommen, den Wert sozialer Maßnahmen und Einrichtungen nach der Höhe der geldlichen Aufwendungen zu messen. Dies um so mehr, als ein reichseigener Betrieb sich nicht dem Verdacht aussetzen darf, seine Sonderstellung zu übertriebenem Aufwand auf sozialem Gebiet auszunutzen. Die Betriebsführung hat besonderen Wert daraufgelegt, bei haushälterischem Einsatz der betrieblichen Mittel die Betriebsgemeinschaft selbst durch Sonderleistungen am Aufbau sozialer Einrichtungen zu beteiligen.

Durch enge Zusammenarbeit zwischen Betriebsführung, Betriebsmännern, Vertrauensmännern und der Deutschen Arbeitsfront, ferner durch die Einschaltung der betrieblichen DAF.-Organisation, der Werkscharen, der Frauen- , Jugend- und anderer Organisationen der Partei, ihrer Gliederungen und sonstiger Stellen wurden die sozialen Einrichtungen weitgehend gefördert, dass durch gemeinsame Arbeit und Zusammenwirken aller Kräfte manches erreicht werden kann, was man zuerst für unmöglich halten möchte. “

Eingang in der Gaardener Werftstraße – heute Eingang „German Naval Yards"

Trocken-Dock

Berufserziehung

» *Der Förderung der fachlichen Aus- und Weiterbildung der Gefolgschaftsmitglieder wird besondere Beachtung geschenkt. Durch Lehrgänge „Aus der Praxis für die Praxis", die aus der Betriebsgemeinschaft heraus geschaffen worden sind und mit eigenen Lehrkräften durchgeführt werden, ist strebsamen Gefolgschaftsmitgliedern Gelegenheit gegeben, sich fachlich fortzubilden oder Lücken in ihrer Ausbildung auszufüllen. In wirtschaftskundlichen Studienfahrten können manche Arbeitskameraden ihren beruflichen Gesichtskreis erweitern. Die Teilnahme an Fachkursen der Deutschen Arbeitsfront und sonstiger Stellen wird gefördert. Befähigten jugendlichen Facharbeitern wird die Heranbildung zum Schiffbau- oder Schiffsmaschinenbau-Ingenieur an höheren technischen Lehranstalten, besonders befähigten jungen Gefolgschaftsmitgliedern mit Reifezeugnis die Heranbildung an technischen Hochschulen durch Gewährung von Werkzuschüssen ermöglicht.*
Die Teilnahme an dem jährlichen Berufswettkampf der Deutschen Arbeiterfront wird als selbstverständlich angesehen, dient er doch in starkem Maße dazu, fachliches Können und einen gesunden Berufsehrgeiz zu fördern. Beide Werke haben bei den Berufswettkämpfen hinsichtlich der Beteiligung und der erzielten Leistungen mit an vorderster Stelle im Gau gestanden und manchen Gausieger gestellt.
Die höchste Sorgfalt wird auf die fachliche Ausbildung des Nachwuchses verwendet. Die Arbeit der in beiden Werken bestehenden Lehrwerkstätten wurde seitens der Deutschen Arbeiterfront durch Verleihung des Leistungsabzeichens für vorbildliche Berufserziehung anerkannt, im Kieler Werk bereits im Jahre 1937, in Friedrichsort ein Jahr später.
Die Ausbildung unserer Lehrlinge erfolgt in ständiger Fühlungsnahme mit ihren Eltern und Verwandten; durch die Jugendwalter der Betriebe besteht dauernde Verbindung mit der Hitler-Jugend. Die körperliche Ertüchtigung der jungen Kameraden ist ein wichtiger

Teilabschnitt der Ausbildung. Um sie aber auch außerdienstlich und nachhaltiger fördern zu können, sind Lehrlingsheime für beide Werke in Planung, dasjenige für die Werft stand bei Ausbruch des Krieges kurz vor der Grundsteinlegung.
Den in den letzten Jahren immer größer werdenden Schwierigkeiten, unseren Nachwuchs zahlenmäßig zu sichern, wird dadurch Rechnung getragen, dass in Zusammenarbeit mit der SA.-Gruppe Nordmark ungelernte Arbeiter in der SA.-Berufsschule Lockstedter Lager gesammelt und zu vollwertigen Facharbeitern ausgebildet werden.
Je knapper wir an der Zahl sind, um so wichtiger ist es, dass jeder an dem Arbeitsplatz steht, an dem er nach seiner Veranlagung gehört. Zur Verwirklichung dieser Forderung ist ein Werkspsychologe hauptamtlich tätig, um alle für den Arbeitseinsatz des Nachwuchses verantwortlichen Stellen zu unterstützen.“

Schiffbauhalle

Lehrwerkstatt

Schlosserei

Bearbeitungswerkstatt

Verpflegungseinrichtungen

» *Der Erhaltung und Förderung der Gesundheit dient eine Reihe von Einrichtungen, die zum Teil noch im Aufbau begriffen sind.*
Verpflegungseinrichtung (je eine Speiseanstalt in beiden Werken, eine Großküche in Kiel), deren Einrichtungen auf hohe technische Leistungsfähigkeit gebracht sind, ermöglichen es, dass jeder Arbeitskamerad für mäßiges Entgelt ein warmes nahrhaftes Essen erhält. Zum Betrieb dieser Einrichtungen werden laufend erhebliche Zuschüsse geleistet. Das Essen der Großküche wird in Wärmegefäßen in die Frühstücksräume der meisten Werkstätten und Betriebe gebracht, sodass der größte Teil der Gefolgschaft das Mittagessen in unmittelbarer Nähe der Arbeitsplätze einnehmen kann und die Ruhepause möglichst wenig beeinträchtigt wird.

Frühstücksraum *Kantinenverkaufsstelle*

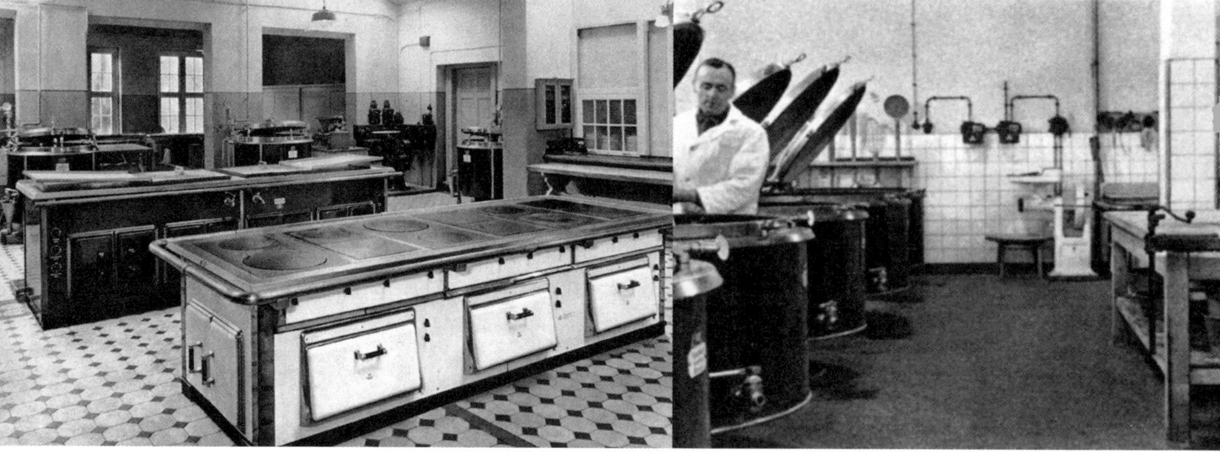

Küche der Werksspeiseanstalt *Großküche für Gemeinschaftsverpflegung*

An die jungen Gefolgschaftsmitglieder (Lehrlinge, männliche und weibliche Jugendliche bis zum 18. Lebensjahr), ferner an bedürftige und kinderreiche Werkskameraden wird das Essen zu ermäßigten Preisen ausgegeben.
In den Werkskantinen werden solche Waren verkauft, die den besonderen Bedürfnissen einer großen, in angestrengter Tätigkeit stehenden Gefolgschaft entsprechen; die dabei erzielten Überschüsse werden im Interesse der Betriebsgemeinschaft verwendet.
Gegen den Nikotin- und Alkoholmissbrauch ist der Kampf mit Erfolg aufgenommen. Rauchwaren und alkoholische Getränke wurden aus dem Warenverzeichnis unserer Werkskantinen gestrichen.«

Betriebskrankenkasse

» Die Betriebskrankenkasse unserer Gesellschaft ist im Laufe der letzten Jahre beträchtlich ausgebaut worden, sie versorgt gleichzeitig die Angehörigen zahlreicher Betriebe der Kriegsmarine. Mit zurzeit rund 46 000 Mitgliedern dürfte sie zu den größten Werkskrankenkassen Deutschlands gehören.«

Schalterraum der Betriebskrankenkasse

Auszug – Deutsche Bauzeitung, 1930, Artikel Seegers:

» Die Innenausstattung ist hinsichtlich der verwendeten Baustoffe dem jeweiligen Gebrauchszweck aufs Genauste angepasst. So wurden z. B. folgende Fußbodenbeläge verwendet: Klinkerpflaster für die Eingänge, Kunststein für Treppenstufen und Podeste, Fliesen für die Badezellen, Korkboden für die davorliegenden Auskleide-Zellen und Massageräume, Gummiplatten für den stark begangenen Kassenraum, Linoleum verschiedenster Stärke für alle Büros, die ärztlichen Untersuchungs- und Behandlungsräume sowie die Wohnungen, in denen jedoch die Küchen und Bäder Terrazzoböden erhielten. Ähnlich verschieden ist die Wandausbildung und Bekleidung: Glasierte Steine und Platten für die Bäder, weißlackierte Sperrholzwände für Auskleide-Zellen und Höhensonnenkojen, Metallfliesen für Aborte, hinter Waschtischen und dergleichen Öl- und Leimfarbenanstriche und Tapeten für Büro-, Warte- und Wohnräume.

Der Hauptkassenraum mit seiner umfangreichen Schalteranlage wurde würdig ausgestattet, ohne dass irgendwie über das Zweckentsprechende hinausgegangen wurde (siehe Abbildung). Hier liegt in grüngrauen Tönen der schalldämpfende Gummiboden, der Schalterunterbau ist nach der Publikums-Seite mit grünen keramischen Platten, abgesetzt mit grauen Dreiecksleisten, bekleidet, während büroseitig Kartothek-Schränke eingebaut sind. Die Plattenbekleidung ist an den freistehenden Stützen hochgezogen, wo sie durch eine Opalglas-Beleuchtung abgeschlossen wird. Die Schalter selbst bestehen aus etwas über mannshochreichenden Spiegelglasscheiben, in poliertem Teakholz gefasst, aus denen eine Durchreiche-Öffnung ausgeschliffen ist. Der Sprechverkehr wickelt sich mühelos und hygienisch ab, was in Anbetracht der zahlreichen Kranken für die Beamten von höchster Wichtigkeit ist.

Dem Zweck entsprechend ist eine umfangreiche, mit der Wasserheizungsanlage verbundene Warmwasserbereitung angelegt worden, an die außer den medizinischen Bädern zahlreiche Waschtische angeschlossen sind; auch der Warmwasserbedarf der Dienstwohnungen wird von dieser zentralen Anlage gedeckt, während die Beheizung der Wohnungen durch Narag-Einzelheizungen erfolgt. Auch die elektrische Anlage ist verhältnismäßig umfangreich, da außer der Beleuchtungsanlage Motoren in der Waschküche und die Röntgen- und Höhensonnenapparate zu beliefern sind.

Der Rohbau wurde in knapp zwei Monaten im Spätherbst 1928 fertig gestellt, sodass trotz des ungewöhnlich strengen Winters der Bau ständig weitergefordert werden konnte. Die Inbetriebnahme erfolgte Anfang Juli 1929. «

Auszug aus dem Denkmalbuch von 2001

Krankenkassengebäude, Kaiserstr. 4

» Die ehemalige Werftbetriebskrankenkasse, Kaiserstraße 4, in 24143 Kiel (...) ist in das Denkmalbuch für die Kulturdenkmale aus geschichtlicher Zeit eingetragen worden und steht damit unter Denkmalschutz:
Bei dem Objekt handelt es sich um das Gebäude der ehemaligen Werftkrankenkasse, das 1928/29 nach Entwurf von Regierungsbaumeister H. Seeger, Berlin, auf dem Gelände der damaligen Deutschen Werke Kiel errichtet wurde. Bis zum Umbau als Bürogebäude 1938 war hier die Verwaltung der Krankenkasse zusammengefasst mit ärztlichen Vorsorgeeinrichtungen, einer Badeanstalt im Untergeschoss sowie einer Liegeterrasse im Dachgeschoss.
Die Einrichtung der Werftbetriebskrankenkasse ist eng mit der Entwicklung der Werftindustrie in Kiel und dem Erfordernis zur sozialen Versorgung ihrer Arbeitskräfte verbunden. Die fortschrittlichen Entwicklungen im Gesundheitswesen zur Zeit der Weimarer Republik werden von dem Gebäude anschaulich dokumentiert. In der Bauform ebenso wie in der Detailausbildung zeigt sich das Gebäude auf der Höhe seiner Zeit und ist als beispielhaftes Werk moderner Architektur zwischen den Weltkriegen in der Region anzusehen. Trotz späterer Veränderungen wird das Bauwerk daher als Kulturdenkmal bewertet, das aufgrund seines geschichtlichen und künstlerischen Wertes von besonderer Bedeutung ist. «

1940 Modell der Gartenstadt Elmschenhagen-Süd.

Wohnungsbau

» Zur Überwindung der Wohnungsnot sind seit Jahren die größten Anstrengungen gemacht worden. Zur Durchführung eines umfangreichen Wohnungsbauprogramms ist im Jahre 1937 die Kieler Werkswohnungen GmbH gegründet; sie verfügt zurzeit über ein Stammkapital von 1,5 Millionen Reichsmark und hat im Rahmen verschiedener großer Bauvorhaben bis Januar 1940 877 Wohnungen fertiggestellt. Weitere 2323 Wohnungen sind in Bau und Planung. Außerdem wurden zahlreiche Bauten von Bau- und Siedlungsgenossenschaften gefördert. Auf diese Weise konnten für unsere Werksangehörigen 189 Siedlungshäuser und Eigenheime beschafft werden. Ein neues Programm umfasst weitere 250 Siedlungshäuser und Eigenheime und 250 Geschosswohnungen und Reihenhäuser befinden sich in vorbereitender Planung.

Besonderer Wert wurde darauf gelegt, die Miete der Wohnungen in den Grenzen zu halten, die durch den normalen Arbeitsverdienst wirtschaftlich gezogen sind; ebenso sehr ist angestrebt, dass die neuen Wohnungen hinsichtlich ihrer Größe nach Wohnfläche und Anzahl der Räume den Erfordernissen der Zeit entsprechen. Allerdings sind bei der Verwirklichung dieser Bestrebungen viele Schwierigkeiten zu überwinden, und in vollem Umfang haben die gesteckten Ziele noch nicht erreicht werden können.

Obwohl der Bau von Siedlungshäusern und Eigenheimen nach Möglichkeit gefördert wurde, zwang die große Wohnungsnot dazu, die Errichtung solcher Häuser hinter der von Mietwohnungen zurücktreten zu lassen; auch hier steht im Kieler Bezirk nicht der Raum für Tausende von Siedlungshäusern oder Eigenheimen zur Verfügung.

Mehrere in fertiggestellten Bauvorhaben durchgeführte Ausstellungen eingerichteter Wohnungen haben den Mietern Anregungen für eine zweckmäßige und schöne, dabei solide und preiswerte Einrichtung gegeben.

Zur Bereitstellung von Mietwohnungen und möblierten Zimmern, ferner für eine gerechte Verteilung der fertiggestellten Neubauwohnungen ist seit Jahren eine besondere Wohnungsvermittlungsstelle mit Erfolg tätig. Diese hat auch die Aufgabe, für vorläufige Unterbringung wohnungsloser, insbesondere dienstverpflichteter Arbeitskameraden in Wohnlagern zu sorgen, die sowohl für Werk Kiel als auch Friedrichsort errichtet worden sind. «

Bothwellstraße – 277 Wohnungen *Umgeb. Bielenbergstraße – 525 Wohnungen*

Betriebsappell der Gefolgschaft im Freien

Gefolgschaftstreue

» Der Schwerpunkt unserer innerbetrieblichen Arbeit lag und liegt in der Schaffung und Erhaltung einer geschlossenen Betriebsgemeinschaft, einer inneren Verbundenheit zwischen Werk und Werksangehörigen, ehrlicher und treuer Kameradschaft in und außer Dienst. Am sinnfälligsten tritt die Verbundenheit zwischen Werk und Gefolgschaft in der großen Anzahl von Arbeitsjubilaren in Erscheinung. Am 1. Januar 1940 gehörten unseren Werken 1180 Arbeitskameraden mit 25jähriger und 62 Arbeitskameraden mit sogar 40jähriger Dienstzeit an. Den Jubilaren wird neben einer Ehrenurkunde und einer Ehrengabe des Werkes das Ehrenzeichen für 25jährige oder 40jährige Dienstzeit überreicht. Bei einem im letzten Jahre durchgeführten Festabend für alle Arbeitsjubilare reichten die großen Räume der „Waldwiese" kaum aus, um alle diese Arbeitskameraden aufzunehmen. Eine große Anzahl von Werksangehörigen, die sich in 5jähriger Dienstzeit bewährt haben, hat die bronzene Ehrennadel der Deutschen Werke erhalten; für besondere Verdienste um Betrieb und Betriebsgemeinschaft ist eine kleinere Gruppe von Kameraden mit der großen Ehrennadel geschmückt worden. «

Die Krupp'sche Arbeitersiedlung

Durch das starke Wachstum infolge des Werftausbaus musste in Gaarden immer mehr Wohnraum geschaffen werden, der Stadtteil wurde also dominiert von der Wohnfunktion. Vorherrschend war die Blockrandbebauung: vier- bis fünfgeschossige Häuser, häufig mit Backsteinfronten und kleineren Wohnungen einfachsten Standards ohne Bad und mit dem WC im Treppenhaus oder auf dem Hof. Einzige Ausnahme dieser Art von Mietwohnungen bildete die Krupp'sche Arbeiterwohnsiedlung im Bereich Ostring/Preetzer Straße/Greifstraße/Blitzstraße. Die Kruppsiedlung war eine große Wohnanlage für Arbeiter in Kiel und galt damals in ihrer aufgelockerten Form mit gestalteten Höfen und Grünanlagen sowie gut ausgestatteten und ausreichend belichteten Wohnungen als Absage an die vorherrschende Miethausform mit Zweistubenwohnungen innerhalb von Blockrandbebauungen. Die größeren Wohnungen mit höherem Standard sollten zu einer stärkeren Bindung an das Werk und somit einer geringeren Fluktuation führen. Die Krupp-sche Arbeiterkolonie war erbaut worden in den Jahren 1900–1901 für die Beschäftigten der Friedrich-Krupp-Germania-Werft nach Entwurf von Robert Schmohl, Leiter der Krupp'schen Bauverwaltung in Essen. Die Wohneinheiten bestanden aus Wohnküche, überwiegend zwei Zimmern sowie Innentoilette, deren gemeinschaftliche Waschküchen und Wannenbäder im Keller lagen.

1902

1904 Germaniaring

1975 Ostring vierspurig ausgebaut

Zu Beginn des Zweiten Weltkrieges wurden auch die Kieler Werften erweitert. Im Rahmen dieser größeren Baumaßnahmen setzte die Germaniawerft ihren Wohnungsbau in Gaarden fort und vergrößerte hier die Anzahl der Arbeiterwohnungen um insgesamt 801 Wohnungen.

Die Richtfeier der drei Bauvorhaben fand am 31. Mai 1940 statt. Zu diesem Fest gab die Nachrichtenstelle der Germaniawerft eine Festschrift in der Form eines Prospekts heraus, deren Inhalt hier auf den nächsten Seiten im Originaltext (bei der Kopierarbeit ist die neue Rechtschreibung verwendet worden) und mit den Original-Abbildungen ungekürzt wiedergegeben wird.

„Krupp'scher Wohnungsbau
Fried. Krupp Germaniawerft Aktiengesellschaft Kiel-Gaarden – 31. Mai 1940

Zu einer Zeit, als es noch lange keine Gepflogenheit, geschweige denn eine Selbstverständlichkeit großer Industrieunternehmungen war, ihren Gefolgschaftsmitgliedern, mehr zukommen zu lassen als ihren Lohn und ihr Gehalt, hat sich die Firma Krupp in einer Weise um soziale Fürsorge und Wohlfahrtseinrichtungen der verschiedensten Art bemüht, die wegweisend war, für spätere sozialpolitische Maßnahmen des Staates. Wie immer entschieden auch hier ausgesprochene und weitblickende Persönlichkeiten die kommende Gestaltung des sozialen Lebens, wenn auch zunächst nur in dem kleinen Rahmen

ihres eigenen Wirkens. Was dem Schöpfer des Kruppschen Werkes, Friedrich Krupp, nur zu einem kleinen Teil gelang, konnte sein Sohn Alfred Krupp in genialer Weise vorwärtstreiben. Das von ihm begonnene Werk konnten Friedrich Alfred Krupp und Dr. Gustav Krupp von Bohlen und Halbach in engstem Zusammenwirken mit ihren Frauen zu höchsten Erfolgen führen. Worauf es Alfred Krupp ankam, hat er schon 1865 in die Worte gekleidet: „Es ist nicht der geringe Lohn, der den Arbeiter unzufrieden macht, sondern der geringe Genuss von der Menge von Geld, namentlich die hohen Mieten und das teure Kostgeld ... Ich glaube, dass ein großes Opfer gebracht werden muss. Niemand macht sich noch eine Vorstellung von der Not, die eintreten wird, und von den Vorteilen, die wir haben werden anderen gegenüber, wenn wir unseren Leuten ein lieberes Obdach geben."
Aus den Worten wurden Taten. Schon 1861 entstanden in Essen die ersten Kruppschen Arbeiter-Wohnsiedlungen. Ihre Errichtung war – wie Alfred Krupp es ausdrückte – „ganz einfach ein Akt der Nützlichkeit und der Nächstenliebe". Immer neue Siedlungen wuchsen in der Folgezeit aus dem Boden, sodass Krupp schon in den achtziger Jahren des vorigen Jahrhunderts über 4000 eigene Arbeiterwohnungen verfügte. Mehr und mehr schwoll diese Zahl an, nicht nur entsprechend der Belegschaftsentwicklung, sondern auch gemäß der Erkenntnis, dass nur eine enge Betriebsverbundenheit des Arbeiters auf die Dauer auch dem Werke selbst den Produktionserfolg garantiert. Heute kann der Jahresbericht des Krupp-Konzerns mit Stolz melden, dass die Gesamtzahl der werkseigenen oder -geförderten Wohnungen auf 33 350 Wohnungen gestiegen ist, von denen fast 28 000 werkseigen sind.
Als vor vier Jahrzehnten die Kieler Germaniawerft von Krupp übernommen wurde, lag es deshalb ganz im Sinne Kruppscher Tradition, dass auch hier gemeinsam mit dem Werftneubau die Errichtung werkseigener Wohnungen in Angriff genommen wurde. In der Zeit von 1900 bis 1902 erstand die Kolonie am Germaniaring, deren Wohnungsanzahl sich

Ansichtskarte ca. 1911   Crupp-Colonie am Germania-Ring

1940 Richtfest an der Schwarzlandwiese

nach den während des Weltkrieges errichteten Ergänzungsbauten auf 324 belief. Zugleich wurden auch am Karlstal, an der Schulstraße, Johannesstraße und anderen Straßen Mietshäuser erworben, die der Unterbringung Kruppscher Werksangehöriger zu dienen bestimmt waren. An dieser Stelle sei auf einen großzügigen Plan hingewiesen, der in den Jahren des Weltkrieges gefasst wurde und auch bereits greifbare Formen angenommen hatte: auf dem von der Germaniawerft käuflich erworbenen, über 70 ha großen Gelände zwischen Kiel und Elmschenhagen rechts und links der Preetzer-Chaussee sollte eine Gartenstadt mit etwa 1300 Werkswohnungen erstehen. Der Zusammenbruch des alten Reiches machte diesen großartigen Plan zunichte. Er konnte auch später nicht wieder aufgenommen werden, weil neue Grundsätze einer vorausschauenden Stadtplanung die zu dichte Bebauung des Kieler Ostufers als unzweckmäßig und die Einfügung einer Grünzone als notwendig erkannten. Nach dem Weltkrieg und in den Jahren des Niedergangs trat naturgemäß auch im Werkswohnungsbau ein völliger Stillstand ein. Bald nach der nationalsozialistischen Machtübernahme aber wurden weitere Wohnungen errichtet, und zwar zunächst 116 Wohnungen an der Bielenbergstraße.
Durch den wachsenden Wohnungsmangel in Kiel und die Vergrößerung der Belegschaft veranlasst, nahm die Germaniawerft weitere größere Bauvorhaben in Angriff. Während dieser Vorbereitungen gab zudem Dr. Krupp von Bohlen und Halbach das neue Programm bekannt: der Bau von 1000 weiteren Wohnungen soll unverzüglich begonnen werden.
Durch staatliche Maßnahmen und Kontingentierungen, deren politische Notwendigkeit

heute von jedem Einsichtigen klar erkannt wird, konnten die daraufhin begonnenen Bauvorhaben nicht im normalen Tempo durchgeführt werden. Dass der Bau dennoch und trotz des hinter uns liegenden harten Winters erfolgreich weitergeführt werden konnte, ist den gemeinsamen Anstrengungen aller an diesen Bauten beteiligten Behörden, Architekten, Bauunternehmer und Bauarbeiter zuzuschreiben, für deren unermüdlichen Einsatz wir auch an dieser Stelle den Dank der Gernaniawerft und der Firma Krupp aussprechen. Nunmehr befinden sich drei unserer Bauvorhaben in einem Stadium, das eine gemeinsame Richtfeier ermöglicht. Es sind dies die Vorhaben:
1. Germaniaring (Ostseite) mit 300 Wohnungen (Architekt Prinz, Kiel),
2. Germaniaring (Westseite) mit 198 Wohnungen (Kieler Wohnungen Heldmann & Co., Kiel)
3. Preetzer Chaussee mit 280 Wohnungen (Architekt Magdeburg).
Verschiedene Architekten also haben die Ausführung der Bauten übernommen. Dieser Umstand hat die einheitliche Linie der drei Bauvorhaben in keiner Weise gefährdet. Überall ist – mit geringen Abwandlungen – auch der gleiche Grundriss des Hauptwohnungstyps angewandt worden, der sich als der zweckmäßigste und beliebteste herausgestellt hat: es ist die Drei-Raum-Wohnung, der neben der geräumigen Wohnküche zwei Stuben aufweist, und deren Mietpreis doch in tragbaren Grenzen liegt. So sehr auch die Germaniawerft gezwungen war, ihren Planungen genaueste Kalkulationen zugrunde zu legen, so hat sie es doch vermieden, für behagliches Wohnen ungeeignete Kleinstwohnungen zu errichten. Grundsätzlich ist daran festgehalten worden, dass die Wohnfläche für die Drei- Raum-Wohnung nicht unter 52 qm liegen darf. Von vielen Wohnungsbauten ihres Stammhauses in Essen unterscheiden sich die der Germaniawerft darin, dass diese auf Siedlungsbauten verzichtet hat. Das bedeutet keine Ablehnung des Siedlungsprinzips als solches. Vielmehr ist die Germaniawerft zu Stockwerkswohnungen ohne eigene Gärten der Bewohner aus praktischen Erwägungen veranlasst worden, die sowohl zeitlich wie auch lokal bedingt sind. Einerseits fehlen die für Siedlungszwecke geeigneten Bauplätze, andererseits kann die Vergebung von Wohnungen nicht von der Siedlereignung des Gefolgschaftsmitglieds abhängig gemacht werden, und zwar umso weniger die überaus starke Beanspruchung an der Arbeitsstätte den weitaus meisten keine Zeit zur Bearbeitung ihres Siedlungslandes lassen würde.
Diesen Verhältnissen ist durch Anlage weiter grüner Flächen zwischen den einzelnen Bauten, die bei dem heutigen Baustadium noch nicht erkennbar sind, Rechnung getragen worden. Licht, Luft und Sonne sollen auch in die neuen Wohnungen der Germaniawerft hineinströmen, zur Freude ihrer Bewohner und zum Nutzen vor allem der Kinder. Des Siedlungscharakters konnten diese Wohnungen um so mehr entraten, als die Germaniawerft umfangreiche eigene Pachtgärten – über 1150 an der Zahl – zu geringen Pachtsätzen in der Nähe der Wohnblocks ihren Gefolgschaftsangehörigen bereitstellen konnte. Mit den heute gerichteten Wohnungen ist das Bauprogramm der Germaniawerft nicht erschöpft. Weitere Bauvorhaben sind projektiert und geplant. Denn das Ziel soll sein: jedem Kruppianer eine auskömmliche Wohnung, die ihn erst befähigt, mit Freude seiner Arbeit nachzugehen und das zu leisten, was heute mehr denn je vom deutschen Manne verlangt werden muss.

Segeberger Starße

Das Bauvorhaben am Germania-Ring (Westseite) Kieler Wohnungen Heldmann & Co KG, Kiel

Das Bauvorhaben an der Westseite des Germaniarings in Kiel-Gaarden umfasst 198 Wohnungen und drei Läden. Es war von uns ursprünglich zu Vermietungszwecken für eigene Rechnung vorbereitet, wurde jedoch später an die Krupp-Germaniawerft – von uns schlüsselfertig hergestellt – veräußert. Die Planung wurde in Zusammenarbeit unseres Architekten, Herrn Kurt Malzahn in Kiel mit Herrn Erich Zingg, dem Architekten der für uns ausführenden Firma, der Ostsee-Holzindustrie und Bau-AG. in Stettin, durchgeführt.

Wir lehnten uns hierbei eng an die Richtlinien für die Hergabe von Reichsbaudarlehen an und wählten als Typ die Drei-Raum-Wohnung, die im Durchschnitt zirka 52 Quadratmeter Wohnfläche aufweist. Hiervon entfallen auf zwei Zimmer 13,5 Quadratmeter und 15 Quadratmeter Wohnfläche. Die Wohnküche mit abgetrenntem und für sich zu belüftendem Kochteil erhielt 17 Quadratmeter Wohnfläche. Außer Flur, Speisekammer und WC wurde eine Brausenische vorgesehen. Die Warmwasserversorgung der Brause erfolgt durch Gas-Durchlauferhitzer, der im Kochteil der Wohnküche über dem kombinierten Spülausguss aufgehängt ist. Die nach Anlegung von Kinderspiel-, Wäschetrocken- und Teppichklopfplätzen verbleibenden Hofflächen sind für Hausgärten der Mieter vorgesehen. Richtungsweisend für den Aufbau des Bauplans war einmal die Anpassung an die bereits vorhandene nachbarliche Bebauung und zum anderen die Erzielung tragbarer Mieten bei bestmöglicher Ausstattung der Wohnungen. Besonderer Wert wurde darauf gelegt, dass die Mieten die steuerbegünstigte Anerkennung als Arbeiterwohnstätten für das Bauvorhaben ermöglichten. Um eine rasche Durchführung des Projektes zu erreichen, wurde vor Baubeginn bereits im April 1939 der Ausbau der Oldenburger Straße begonnen, während die Stadtverwaltung den Germaniaring ausbaute. Nach erheblichen Fundierungsarbeiten konnte im Mai 1939 mit den eigentlichen Hochbauarbeiten des Bauzuges an der Segeberger, Straße bis zum Germaniaring hin begonnen werden, während die übrigen Baublöcke, zunächst durch den Straßenbau behindert, erst einige Zeit später in Angriff genommen werden konnten. Dir gute Zusammenarbeit aller am Bau Beteiligten und die stets bereitwillig gewährte Unterstützung der Friedrich. Krupp Germaniawerft AG ermöglichten es uns trotz mancher Schwierigkeiten, die gestellten Bautermine bis zum Herbst vorigen Jahres innezuhalten.

Erst der unserem Vaterlande aufgezwungene Krieg hat seit September 1939 infolge der notwendig gewordenen Entziehung von Arbeitskräften den Baufortschritt gemindert, während die früh einsetzende und anhaltende Frostperiode die Bauvorhaben zeitweise sogar ganz zum Stehen brachte. Nach Wiederaufnahme der Arbeiten war es uns dennoch möglich, bis heute 76 Wohnungen und zwei Läden so weit fertigzustellen, dass mit dem Innenputz begonnen werden konnte. Weitere 18 Wohnungen wurden gerichtet und die restlichen 104 Einheiten im Kellergeschoss und teilweise im Erdgeschoss fertiggestellt.

Bauvorhaben an der Preetzer Chaussee – im Vordergrund rechts das geplante Kameradschaftsheim der Germaniawerft

Das Bauvorhaben an der Preetzer Chaussee Architekt Reg.-Baumeister A. D. Paul Schaeffer-Heyrothsberge

Skizze einer Wohnküche mit Kochnische im Bauvorhaben Preetzer Chaussee Die Wohnungstyp mit Wohnküche kehrt in allen Bauvorhaben wieder

Die Zusammenballung großer Industriewerke auf engem Raum hat die Verpflanzung mancher deutschen Familie in neue Wohnstädte, rings um die neuen Erzeugungsstätten, zur Folge. Die Aufgabe, die die Industriewerke zur Lösung dieser Umsiedlung ihren Architekten stellen, darf sich nicht darauf beschränken, eine bestimmte Anzahl von Wohnungen zu fordern. Das Schwergewicht der Aufgabe liegt keineswegs in der Bewältigung eines nur technischen oder nur architektonischen Problems, es liegt vielmehr im Menschlichen und lautet: für einen Kreis deutscher Menschen eine neue Heimat zu schaffen. Ergeht also der Auftrag, wie im vorliegenden Fall, an den Architekten, 280 Wohnungen zu bauen, so muss der Architekt drei Forderungen erfüllen:

1. Trotz der Anhäufung gleichartiger Bauelemente muss alles geschehen, damit die Vorstellung der Wohnkaserne vermieden wird.

2. Der Versuch, allzu große Eintönigkeit zu vermeiden, darf nicht zur malerischen, romantischen Spielerei und zum Verzicht auf Ordnung und klaren Rhythmus der Baukörper führen.

3. Nicht nur die Straßen und Plätze, sondern ganz besonders die von den Baukörpern umschlossenen Hofflächen müssen architektonisch einprägsame, mit der Landschaft verbundene Räume bilden.

Mit der Bebauung des Geländes südlich der Preetzer Chaussee mit 280 Wohnungen wurde

Wohnhöfe an der Preetzer Chaussee in ihrem derzeitigem Bauzustand

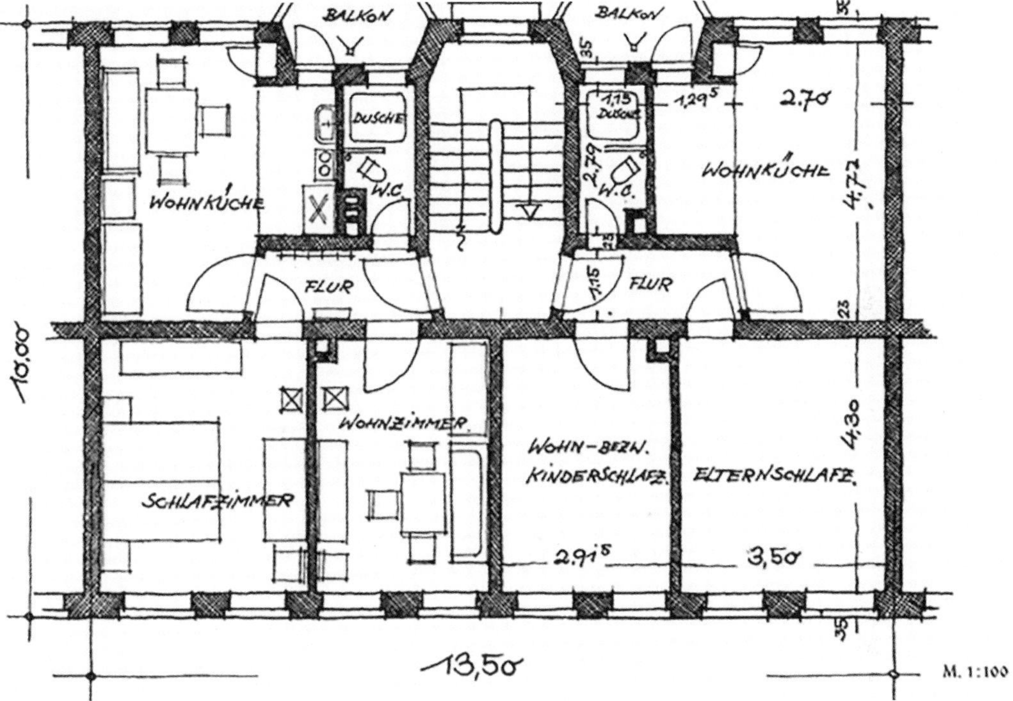

Grundriss eines Normalhauses (Erdgeschoss) im Bauvorhaben I. Ihm ähnlich, wenn auch in etwas abgewandelter Form, sind auch die Hauptgrundrisse der übrigens Bauvorhaben

versucht, diese Gedanken zu verwirklichen. Das Gelände ist im Norden durch die Preetzer Chaussee, im Süden und Südosten durch den Grüngürtel der Stadt Kiel begrenzt und fällt von der Preetzer Chaussee zu der südlich und südöstlich begrenzenden Blitzstraße um einige Meter. Im Welten stößt es an die vorhandene alte Krupp-Siedlung am Germaniaring an.

An der Preetzer Chaussee sind zwei Wohnhöfe entwickelt, die je eine Wohngemeinschaft für 48 Familien bilden, und die sich in straffem Rhythmus an der Straße Lübeck–Kiel aufbauen. Nördlich der Blitzstraße und beiderseits der Greifstraße bindet die Bebauung an

die alte Kruppkolonie in längeren Hauszeilen an. Südlich der Blitzstraße bildet eine aufgelockerte Bebauung den Übergang zum Grüngürtel. Zwischen denen Wohnhäusern an der Preetzer Chaussee und den längeren Baublöcken an der Blitzstraße ist ein Grüngelände von der Bebauung freigeblieben, Das nach Süden abfallend einen mit Ruhebänken umstandenen Kinderspielplatz aufnehmen soll. Auch der Block zwischen Blitz- und Greifstraße wird eine begrünte Hofanlage umschließen.
Eine städtebauliche Bereicherung erfährt die Einmündung der Greifstraße in die Blitzstraße; hier ist die Erweiterung der Straße zum Einbau von Läden in einem Sockelgeschoss ausgenutzt. Die so entstandene Viergeschossigkeit des Eckhauses bei sonst dreigeschossiger Bebauung wird die notwendige Betonung und architektonische Charakterisierung der Straßenmündung geben.
Die überwiegende Mehrzahl der Hausblöcke enthält Drei-Raum-Wohnungen – Wohnküche und je drei Stuben, mit einem Gesamtflächeninhalt von rund 54 qm. Zwei Wohnblöcke enthalten Zwei-Raum-Wohnungen – Wohnküche und eine Stube, mit einem Gesamtflächeninhalt von rund 39 qm. Alle Wohnungen sind mit Brause bzw. Baderäumen ausgestattet, die an eine Gastherme angeschlossen sind.“

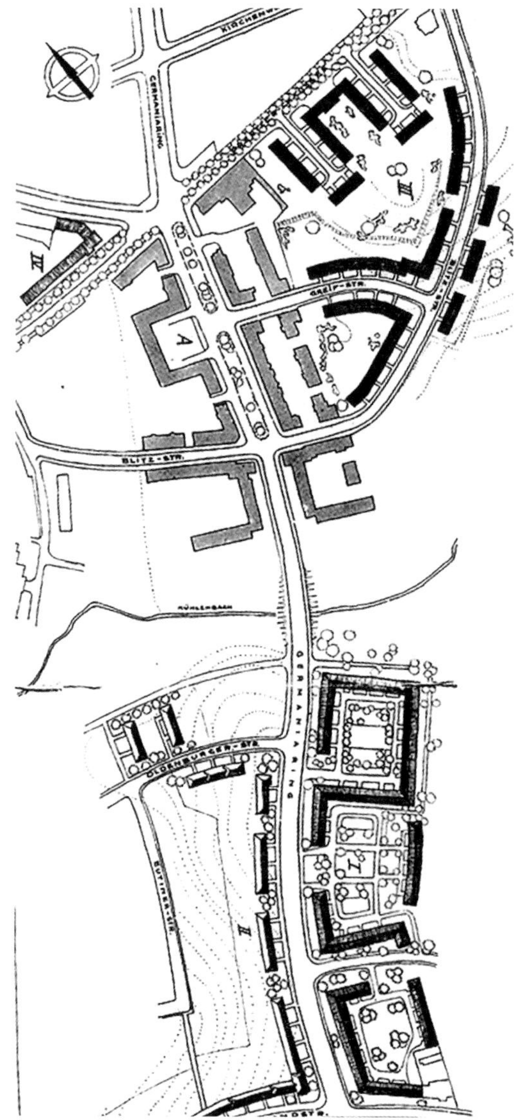

Lageplan aller Bauvorhaben der Fried. Krupp Germaniawerft AG Kiel

Bauvorhaben I: 300 Wohnungen
Bauvorhaben II: 198 Wohnungen
Bauvorhaben III: 280 Wohnungen
Bauvorhaben IV: 31 Wohnungen
Alte Kolonie A: 325 Wohnungen

Stand 31. Mai 1940

Alfred Krupp forderte (1872/74):
Ich habe den Mut gehabt, für die Verbesserung der Lage meiner Arbeiter Wohnungen zu bauen, worin bereits 20 000 Seelen untergebracht sind. Die Fabrik wird fortsetzen, so lange Häuser zu bauen, bis alle Angehörigen derselben gut und billig wohnen.

1968

Von „Schweffel & Howaldt“ nach HDW – ein beständiger Wandel

In den 175 Jahren von Schweffel & Howaldt zu Thyssen-Krupp Marine Systems war nur der Wandel eine Konstante. Mit ihrer Innovationskraft und ihrer Flexibilität. Sich stets auf neue Situationen einzustellen, hat sich die Werft in allen Stürmen behauptet. Wer sie aber als „Traditionswerft" bezeichnet, geht fehl. Denn das wäre das Beharren auf dem Althergebrachten. Und eben das hat sie nie getan.

Am 1. Oktober 1838 gründeten Johann Schweffel und August Ferdinand Howaldt am Kieler Hafen die Maschinenfabrik und Eisengießerei „Schweffel & Howaldt". Das war der Beginn der Industrialisierung Kiels. Hier hatten sich zwei Männer gefunden, die sich prächtig ergänzten – der feingeistige und erfolgreiche Kaufmann Schweffel und der handfeste „Mechanikus" Howaldt.

Die junge Firma expandierte schnell mit einer breiten Produktpalette von Pflügen, Kesselanlagen, eisernen Haushaltsartikeln bis hin zu Eisenbahnwaggons: 1853 errichtete sie eine weitere Betriebsstätte am Kleinen Kiel. Schiffbau war bei Schweffel & Howaldt eigentlich nicht vorgesehen. Trotzdem baute das Unternehmen in der Zeit der schleswig-holsteinischen Erhebung 1851 doch ein ungewöhnliches Schiff: ein U-Boot, den „Brandtaucher" nach den Plänen eines bayerischen Unteroffiziers – Wilhelm Bauer. 1879 schied die Familie Schweffel aus dem Unternehmen aus. Die drei Söhne Howaldts führten die Firma ab 1880 unter dem Namen „Gebrüder Howaldt" fort und verlegten die Betriebsstätten von der Kieler Innenstadt an die Schwentine nach Kiel-Dietrichsdorf. So wurden sie direkte Nachbarn der Schiffswerft des ältesten Bruders, Georg Howaldt, der bereits 1865 eine erste Werft in Kiel-Ellerbek gegründet hatte und mit dem kleinen Dampfer VORWÄRTS den Howaldtschen Schiffbau begann.

Ansichtskarte aus 1911 sms Undine

1876 gründete er wieder eine eigene Werft: „Georg Howaldt-Kieler Schiffswerft" in Kiel-Dietrichsdorf. 1889 schlossen sich Maschinenfabrik und Werft zu einem gemeinsamen Unternehmen zusammen, das nun „Howaldtswerke" hieß und den Sprung vom mittelständischen Unternehmen zur Großwerft geschafft hatte. Dem ersten Schiff VORWÄRTS folgte eine ganze Armada der unterschiedlichsten Schiffstypen – bis 1910 fast 600 Schiffe. Bereits 1883 konnte die Werft mit großem Pomp die Ablieferung des 100. Schiffes, der EMMA, feiern und 1901 baute dieses Werk in Dietrichsdorf das bemerkenswerte Deutsche Forschungsschiff, die Gauß. Nach diesem Meisterwerk des Deutschen Schiffbaus wurde in Gaarden die Gaußstraße in Kiel-Gaarden benannt.

Als Folge einer weltweiten Schiffbaukrise um die Wende zum 20. Jahrhundert ging es den Howaldtswerken so schlecht, dass sie sich nach einem starken Partner umsahen und ihn in dem Mannheimer Konzern Brown Boveri & Co fanden, der seine Turbinen im Schiffbau vermarkten wollte. 1909 übernahm er die Aktienmehrheit an den Howaldtswerken und die Familie Howaldt schied 1910 aus ihrem Unternehmen aus.

Mit dem Frachter MONTE PENEDO feierten die Howaldtswerke 1911 einen großen technischen Erfolg. Er war das erste deutsche hochseegängige Dieselschiff und das zweite der Welt. Und mit dem frühzeitigen Einstieg in die Diesel- und die Turbinentechnik marschierten die Howaldtswerke an der Spitze des Fortschritts. Eine Spezialität der Howaldtswerke wurden die hier gebauten Docks.

Georg Howaldt hatte sich schon in den 1870er-Jahren mit ihrem Bau beschäftigt. Bis Ende des Ersten Weltkrieges hatten die Howaldtswerke über 40 Docks aller Größen für das In- und Ausland gebaut.

Aber die Kaiserliche Marine wurde bald der wichtigste Kunde, und mit Ausbruch des ersten Weltkrieges bauten die Howaldtswerke

links: Heinrich Diederichsen (1865–1942)
rechts: Adolf Westphal (1910–1971)

nur noch große Kriegsschiffe. So lief der kleine kaiserlichen Kreuzer „Undine" am 11. Dezember 1902 vom Stapel, wurde aber im November 1915 von einem britischem U-Boot versenkt. Nur als sehr beachtenswertes Modell ist dieses Schiff noch im Kieler Schifffahrts-Museum zu bestaunen.
Mit Kriegsende 1918 liefen noch einigermaßen der zivile Schiffsneubau und das Reparaturgeschäft. Doch die galoppierende Inflation und die Umstellung auf die Rentenmark machten der Werft das Leben schwer.

Es gab Anfang 1926 keine Möglichkeit mehr, die Liquidation der Werft zu vermeiden. In dieser Situation nahm Heinrich Diederichsen, gebürtiger Kieler mit einer Handelsfirma in Hamburg, ein Kaufmann mit weltweiten Verbindungen, das Ruder in die Hand und bildete ein Konsortium, das 1926 die Werft als „Howaldtswerke AG" neu gründete und auf Expansionskurs brachte.
So übernahmen sie 1929 in Hamburg die „Schiffswerft & Maschinenfabrik (vormals Janssen & Schmilinsky)" und 1930 die ehemalige „Vulcan-Werft" und vereinigten sie unter dem Namen „Howaldtswerke Hamburg". Die Howaldtswerke waren mit Aufträgen aus der Sowjetunion über Hafenschlepper und Fischtrawler auf dem besten Weg zur Gesundung.
Nach dem „Schwarzen Freitag" sorgte 1934 die nationalsozialistische Wirtschafts- und Rüstungspolitik zunehmend für Aufträge. 1937 verkaufte Diedrichsen seine Anteile an der Werft an die staatseigenen Deutschen Werke.
Ein Jahr nach dem 100. Jubiläum 1938 wurde jedoch das Werk Dietrichsdorf aus den Howaldtswerken herausgelöst und mit dem Arsenal zur „Kriegsmarinewerft" zusammengelegt. Allein, die Zwangsehe funktionierte nicht. So kauften die Howaldtswerke ihren Kieler Betrieb 1943 zurück.
Ab 1936 lieferten die Werften in Kiel und Hamburg Frachter, Tanker, Fischdampfer, Schlepper, Hafendampfer, Trossschiffe, U-Boot-Begleitschiffe und im Krieg vorwiegend U-Boote ab. Für die Deutsche Lufthansa bauten die Kieler Howaldtswerke zwei ungewöhnliche Schiffe: Die Katapultschiffe FRIESENLAND und OSTMARK. Doch was im Frieden mühsam aufgebaut worden war, lag bei Kriegsende in Schutt und Asche.

Die „Stunde Null" nach der deutschen Kapitulation war nicht das Ende des Kieler Schiffbaus. Adolf Westphal, kaufmännischer Direktor der Kieler Howaldtswerke, schaffte es, die britische Besatzungsmacht davon zu überzeugen, dass sie eine Reparaturwerft am Ausgang des Nord-Ostsee-Kanals brauchten und verhinderte so die Demontage der Werft. Ihm ist es zu verdanken, dass sich der Aufstieg der Howaldtswerke in Kiel nach dem Krieg nahezu kometenhaft gestaltete.
Von Kriegende bis Ende 1947 hatte Westphal bereits 835 Schiffe repariert. Der Neubau startete 1950 mit zwei Fischdampfern. Ein Jahr später standen bereits 21 Tanker, die vorwiegend norwegische Reeder bestellt

1955

hatten, im Auftragsbuch. In dieser Zeit zog Westphal einen ganz großen Fisch an Land, der für die Howaldtswerke lange Jahre ein treuer Kunde werden sollte: Aristoteles Onassis.

Zielbewusst arbeitete Adolf Westphal auf eine Trennung der Betriebe in Kiel und Hamburg hin. Das gelang ihm 1953, und von da an gingen die Kieler und die Hamburger Howaldts unter den Namen „Kieler Howaldtswerke AG, Kiel" und „Howaldtswerke Hamburg AG" getrennte Wege. Kaum hatte er seine Kieler Schäfchen ins Trockene gebracht, plante er den nächsten Coup: Er betrieb die Verschmelzung der Kieler Howaldtswerke mit den Deutschen Werken in Kiel und erreichte sie 1955. Damit war Westphal der König auf dem Kieler Ostufer und wurde bei den Arbeitern zum „King Adolf".

Die Zeiten für den Kieler Schiffbau waren gut. 1959 waren die Howaldtswerke Weltspitze: Mit 16 Schiffen und einer Gesamttonnage von etwa 400 000 tdw lieferten sie weltweit den größten Schiffsraum ab. In

HDW Dock Gaarden

den Folgejahren bauten die Howaldtswerke in Kiel und Hamburg einen Tanker nach dem anderen, darunter 1954 den ersten „Supertanker" der Welt, die AL MALIK AL SAUD AWAL für Onassis. Für den Griechen baute die Kieler Werft die Fregatte STORMONT zur bewunderten Luxusyacht CHRISTINA um.

Am Ende der fünfziger Jahre machten sich die Kieler Howaldtswerke einen Namen mit wegweisenden Fischereifabrikschiffen für die Sowjetunion. Zugleich wurden die Howaldtswerke nicht mehr von dem Bonner Finanzministerium beaufsichtigt, sondern gerieten unter die Ägide der bundeseigenen Salzgitter AG. Danach aber verdüsterte sich die Schiffbauszene merklich. Überkapazitäten im internationalen Schiffbau drückten die Preise in den Keller.

Vor allem Japan subventionierte seine Werften in großem Stil und bot Schiffe zu Dumpingpreisen an. Angesichts der immer schwieriger werdenden Lage der Werften kam es 1968 zur Fusion der Kieler Howaldtswerke, der Howaldtswerke Hamburg und der Deutschen Werft. Die nun unter „Howaldtswerke-Deutsche Werft AG" firmierende Werft besetzte den dritten Platz auf der Weltrangliste der Werften und bot 22 000 Arbeitsplätze in Kiel und Hamburg.

1973 beteiligte sich das Land Schleswig-Holstein an dem Werften-Verbund, denn HDW war bei weitem der größte industrielle Arbeitgeber in Schleswig-Holstein.

Für den gesamten deutschen Schiffbau begann eine lange Durststrecke, die zu Beginn der achtziger Jahre in ganz Europa zu einem regelrechten Werftensterben führen sollte. So musste auch HDW ihre Fertigungskapazitäten mehrfach verringern, schließlich in den achtziger Jahren den Werftstandort Hamburg vollkommen schließen und die drei Betriebe in Kiel auf den Standort Gaarden konzentrieren. 1987 übernahm HDW die notleidende Werft Nobiskrug.

Als HDW 1988 das 150. Jubiläum feiern konnte, war die Werft modernisiert und über den Berg. Sie machte gute Gewinne, mit denen sie sich wetterfest machte – unter anderem mit einem Modernisierungsprogramm „Werft 2000", das den Betrieb Mitte der neunziger Jahre grundlegend modernisierte. 1991 kaufte die zur Preussag fusionierte Salzgitter AG die Anteile des Landes Schleswig-Holstein zurück. Damit war die HDW kein Staatsbetrieb mehr.

Beim Bau von Containerschiffen war HDW von Anfang an dabei. Ihren Ruf als exzellente Containerschiffswerft untermauerte HDW mit dem Konzept „Schiff der Zukunft". Schiffbauliche Höhepunkte wurden die damals größten Containerschiffe der Welt für die American President Lines und die „Open Top-Containerschiffe" für Norasia.

Eine technische Herausforderung ersten Ranges war der Bau des Atomfrachters OTTO HAHN, der 1968 abgeliefert wurde.

Den Ruf als herausragende U-Bootswerft begründeten die Kieler Howaldtswerke Ende der fünfziger Jahre, mit dem Umbau von drei Weltkrieg U-Booten zu Trainingsschiffen für die Bundesmarine. Danach folgten

1954 Stapellauf „Otto Hahn"

zahlreiche U-Boote für die Bundesmarine und anschließend für den Export. Die dieselelektrische HDW-U-Boot-Klasse 209 wurde das meistgebaute U-Boot der Nachkriegszeit. Und die Einführung der Brennstoffzelle als außenluftunabhängiger Antrieb für die HDW-U-Boot-Klassen 212A und 214 löste eine technische Revolution aus.

Bereits 2001 hatte es Kontakte zu Thyssen-Krupp gegeben, die eine gegenseitige Beteiligung zwischen der HDW-Gruppe und den ThyssenKrupp-Werften beabsichtigten. Am 5. Januar 2005 vollzogen HDW und die Thyssen-Krupp-Werften ihre Hochzeit unter dem neuen Namen „Thyssen Krupp Marine Systems".

Für HDW fiel die Fusion mit einem weltweiten Orderboom für Containerschiffe zusammen, der den Überwasserschiffbau zunächst gut beschäftigte. Und auch im U-Boot-Bau folgten wertvolle Aufträge für die neuen U-Boote - für die Deutsche Marine und das Ausland. Und nach den beiden spektakulären Megayachten AL SALA MAH und OCTOPUS noch in der HDW-Zeit folgte die futuristische „A", bei der sich die Kieler die Augen rieben, als sie zum ersten Mal über die Förde fuhr.

Die Weltfinanzkrise änderte 2008 alles: Die Frachtraten brachen um 90 Prozent ein, und alle Containerschiff-Aufträge der 2005 für den Überwasserschiffbau gegründeten „HDW-Gaarden" wurden notleidend und die Beschäftigung von zwei Jahren brach weg. Bei der Rendsburger Nobiskrug-Werft, die inzwischen in arabischer Hand waren, fand die „HDW-Gaarden" als „Abu Dhabi MAR Kiel" einen neuen Heimathafen.

Das Gelände in Dietrichsdorf war bereits zur Fachhochschule geworden. Nur das Metall-Gießerei Gebäude steht heute noch als Museum an der Schwentine.

Das 2005 unter günstigen Vorzeichen vorgestellte Konzept des Werftenverbundes mit seiner breiten Schiffbaupalette konnte unter diesen Umständen nicht bestehen bleiben. So stellte sich die Gruppe neu auf.

Zum 1. Januar 2013 wurden die Howaldtswerke-Deutsche Werft GmbH und Blohm + Voss Naval GmbH zur ThyssenKrupp Marine Systems GmbH verschmolzen, die dann die Geschäftsbereiche HDW für U-Boote, Blohm + Voss Naval für Marine-Überwasserschiffe, Services für After Sales-Aktivitäten und ThyssenKrupp Marine Systems AB (ex Kockums) für U-Boote und Marine-Überwasserschiffe führet. Und so feierte die Werft neu strukturiert und unter neuem Namen am 1. Oktober 2013 das 175. Jahr ihrer Geschichte.

Stapellauf des atomgetriebenen Frachtschiffes „Otto Hahn"

1906 Linie 8, Endstation Wellingdorf. Foto von Peter Lucht

Straßenbahnen in Gaarden

Die erste Pferde-Straßenbahn der Welt fuhr 1832 von Linz nach Budweis und 1865 fuhr die erste Straßen-Pferdebahn im Deutschen Reich in Berlin. Nur in Kiel, Lübeck und Braunschweig war ab 1881 das Schienennetz der Pferdebahn von vornherein auf 1100 mm Spurweite ausgelegt. Diese Spurweite wurde auch von den elektrischen Straßenbahnen der drei Städte übernommen. Dieses etwas abweichende Spur-Maß ergab sich aus angelsächsischer Tradition im Planungsstadium der Pferdebahn (3 Fuß und 6 Zoll).

Für die Kieler Straßenbahn begann 1894 ein neues, ein elektrisches Zeitalter. Die Allgemeine Elektrizitäts-Gesellschaft (AEG) in Berlin übernahm durch einen Vertrag mit der Stadt Kiel die Verpflichtung, die von der „Kieler-Straßen-Eisenbahn-Gesellschaft" betriebene Pferdebahn nach dem Vorbild in anderen Städten für den elektrischen Betrieb einzurichten.

Das erste Kraftwerk in der Fleckenstraße wurde bereits im Jahre 1900 wieder stillgelegt, nachdem das Straßenbahndepot unterhalb der Gaardener Mühlenstraße mit einem moderneren und leistungsfähigeren Kraftwerk fertiggestellt worden war.

Die Aufwärtsentwicklung der Stadt, verbunden mit dem starken Bevölkerungszuwachs, bedingte einen ständigen Ausbau des Straßenbahnnetzes, um dem starken Verkehrsbedürfnis gerecht zu werden. So eröffnete die Gesellschaft am 6. Februar 1901 die Gaardener Linie vom Hauptbahnhof über Kaistraße und Gaardener Straße zum Blessmanndamm, am Karlstal den steilen Berg hoch (das ging nur ganz langsam voran) – dann durch die Schulstraße bis zur Endstation an der Augustenstraße, Ecke Elisabethstraße. Drei Monate später kam dann die Wellingdorfer Linie hinzu und fuhr von der Fähranlegestelle „Wilhelminenhöhe" durch Sandkrug,

Raaschstraße und Norddeutsche Straße über die Kaiserstraße in die Werftstraße zur Schönberger Straße weiter bis zur Endstation in Wellingdorf.

Der Fahrzeugführer auf dem Bild (auf Seite 241 rechts oben) von 1906 ist Jürgen Hinrich Lucht, Jahrgang 1876, aus Kiel-Gaarden. Anscheinend ein recht stabiler und durchaus recht belastbarer Kerl, denn er stand auch während der Fahrt auf dem offenen Perron Tag für Tag ganz ohne Windschutzscheibe bei jedem Wetter.
In solchen Fahrzeugen wurde 1901 bis 1922 als Linie 5 von Wellingdorf bis an die Fähre in Gaarden verkehrt.

Das Verhältnis zur Kieler Bevölkerung war – wie ebenso auf dem Bild zu sehen ist – auch damals sehr gut. Für die drei Braunbier trinkenden Herren war es ganz offensichtlich eine Ehre, sich zusammen mit der Straßenbahn fotografieren zu lassen. Man beachte den vornehmen Gent rechts außen. Der martialisch aussehende Polizist auf dem Vorderperron hielt sich genau an die damaligen Dienstvorschriften. In der Nr. 6 dieser

Ansichtskarte 1913

Dienstvorschrift für Wagenführer vom Mai 1907, die von der königlichen Eisenbahn-Direktion in Altona genehmigt wurde, heißt es: „Wenn Polizeibeamte in Uniform einen Wagen besteigen, so haben sie ohne weiteres das Recht zur freien Fahrt. Polizeioffiziere (Inspektoren, Kommissare) und Wachtmeister können jeden ihnen zusagenden Platz im Wagen einnehmen, während die Schutzleute nur berechtigt sind, den Vorderperron zu benutzen. Auch dürfen auf dem Vorderperron gleichzeitig stets nur zwei uniformierte Schutzleute Platz nehmen. Jeder folgende muss das tarifmäßige Fahrgeld entrichten."

Im kaiserlichen Kiel lebten und arbeiteten bei Ausbruch des Ersten Weltkrieges gar mehr als 243 000 Menschen. Viele wohnten auf dem Westufer und arbeiteten auf den Werften des Ostufers. Zigtausende waren täglich auf den Straßen. Da war es nicht weiter verwunderlich, dass die Kieler Straßenbahn – Busse gab es zu jener Zeit noch nicht – ständig erweitert und das Liniennetz ausgebaut wurde.
Am 23. März 1909 fuhr die Linie 4 ab Neumarkt. (So hieß damals der Rathausplatz.) Die Linien-Führung änderte sich nochmals am 8. November desselben Jahres. Da wurde die 4 von der Ecke Elisabethstraße weiter durch die Augustenstraße bis Kaiserstraße zur Norddeutschen Straße geführt und zur Entlastung der Linien 4 und 5 fuhr ab jetzt eine Linie 8 vom Neumarkt bis nach Welling durch. Das Verbindungsgleis in der Elisabethstraße wurde stillgelegt.
Am 6. Juni 1914 wurden die Linien 4 und 8 vom Neumarkt aus, den sie in Schleifenfahrt durch die Fleethörn erreichten, durch Willestraße, Holstenstraße, Sophienblatt zur Hummelwiese und dann auf neuer Strecke

1923 Linie 4 auf dem heutigen Rathausplatz

über die Gablenzbrücke (auf der die Schienen seit 1910 liegen) und die Gablenzstraße zum Karlstal geführt.

Zu Beginn des Ersten Weltkrieges hat das Kieler Straßenbahnnetz eine Gesamtlänge von 40 km. Der Fahrzeugpark war auf 122 Trieb- und 29 Beiwagen angewachsen. Ebenso wurden laufend die Betriebsanlagen erheblich erweitert.

Auch im November 1918 blieb die Linie 8 eingestellt. Die Strecke wurde von den Linien 4 und 5 allein bedient. Das blieb so, bis am 30. Juli 1922 die Linie 5 eingestellt und die Strecke von der Norddeutschen Straße bis zur Fähre stillgelegt wurde. Die Linie 8 vom Neumarkt bis nach Wellingdorf wurde Hauptlinie der Strecke. Schon seit August 1919 wurde als durchgehende Linie die 7 vom Gaardener

1946 Fotos aus dem KVG Archiv

Nachkriegsfoto

Anhänger

Kleinbahnhof über den Hauptbahnhof nach Hasseldieksdamm.

Im Jahre 1924 wurde das Kraftwerk in der Gaardener Werftstraße nach Finnland verkauft und seitdem wird der Strom der Straßenbahnen von der Stadt Kiel bezogen.

Im Jahre 1939 bestand der zwischenzeitlich modernisierte Fahrzeugpark aus 117 Trieb- und 76 Beiwagen.

Am 1. Juli 1942, mitten im Krieg, ging der Betrieb von der Allgemeinen Lokal- und Straßenbahngesellschaft in den Besitz der Stadt Kiel über und wurde in die Kieler Verkehrs AG eingegliedert. Diese Gesellschaft war am 1. Dezember 1937 durch Zusammenschluss der seit dem 7. September 1905 bestehenden Hafenrundfahrt AG (weiße Dampferlinie) und der am 1. August 1933 gegründeten Holsteinischen Autobusgesellschaft m. b. H. entstanden. Am 1. März 1939 folgte die Übernahme der neuen Dampfer-Compagnie NDC – gegr. 1886 (schwarze Dampfer).

Die schweren Bombenangriffe während des Zweiten Weltkrieges verursachten gewaltige Schäden und Verluste an sämtlichen Betriebseinrichtungen. Der Linienbetrieb durch Gaarden konnte zwar aufrechterhalten werden, jedoch mit erheblich eingeschränkter Intensität.

Mit dem Kriegsende kam auch zunächst das Ende des Kieler Nahverkehrs. Am 3. April 1945 um 16.20 Uhr hörte mit dem Vollalarm der Straßenbahnverkehr in ganz Kiel auf. Nach einem fast zweistündigen Luftangriff waren die Zerstörungen überall derart, dass der Betrieb nicht mehr fortgesetzt werden konnte, und die Kieler Verkehrs AG vollständig zum Erliegen kam.

Aber bereits am 20. Juli 1945 wurde mit Genehmigung der Militär-Regierung ein bescheidener Straßenbahnverkehr wieder aufgenommen. Ab diesem Tag fuhr die Linie 4 wieder vom nahezu vollständig zerstörten Depot in der Werftstraße nach dem Kanal in die Wik.

Im Februar 1946 fuhr die 4 wieder bis zur Elisabethstraße und am 17. Mai desselben Jahres über die Kreuzung Augustenstraße-Elisabethstraße zur Kaiserstraße bis Norddeutsche Straße.

Ab dem 21. November 1946 fuhr diese Bahnlinie bis zur Großen Ziegelstraße (die Wendeschleife ist noch heute an einem Hang sichtbar) – dieses Gleis konnte im November 1947 bis Kuchelstraße hin wieder befahren werden. Ab Februar 1947 wurden die bis zu diesem Zeitpunkt nur mit Rollenbügeln versehenen Triebwagen nach und nach auf Scherenbügel umgerüstet.
Am 2. Juni 1949 fuhr die Linie 4 bis zur Wischhofstraße und einen Monat später bis zur Endstation an der Schwentine-Brücke in Wellingdorf.

Auf einem Perron der Linie 4 stand als Fahrzeugführer jetzt der Sohn des Jürgen Hinrich Lucht, Walter Lucht, der es seinem Vater gleichtat.
Allerdings hatte der Triebwagen eine Frontscheibe. Nur fehlte die Tür zum Fahrerstand und somit war Walter Lucht immer noch jedem Wetter ausgesetzt. Trotz Filzeinlagen in den hohen Stiefeln und einem langen Mantel kam der Mann abends durchgefroren zu seiner Familie zurück. Da half auch nicht der heiße Kaffee, der ihm zwischendurch von seinem Sohn Peter in einer Thermosflasche am Karlstal hereingereicht worden war.

Erst im April 1951 wurde die Strecke Augustenstraße zur Kaiserstraße stillgelegt. Die Linie 4 bog ab jetzt, wenn sie die Augustenstraße hinunterfuhr schon an der Ecke (Dreger) Elisabethstraße in Richtung Werft-Tor ab. Im Jahre 1952 begann die KVAG mit der Umstellung zum schaffnerlosen Betrieb bei Bussen und Bahnen. Ende 1967 war die Umstellung auf Einmannbetrieb abgeschlossen. Es gab keine Schaffner mehr.

Am 7. März 1960 fuhr der erste Sechsachser auf der Linie 4 und durch den Ankauf von 15 Triebwagen aus Lübeck konnte der gesamte Straßenbahnpark im Depot Gaarden noch einmal verjüngt werden.
Dennoch wurden 1965 die Straßenbahnen der Linie 3, 1967 Linie 1 und 1969 Linie 2 durch Busse ersetzt. Seit Mitte 1975 ist es kein Geheimnis mehr, dass auch die letzte Linie auf Busse umgestellt werden soll und am 27. Mai 1979 fährt die letzte 4 in den Betriebshof an der Werftstraße ein.

Ansichtskarte 1958

Traumberuf – Straßenbahn-Schaffner

Wie Hermann Thoms zur Kieler Straßenbahn kam

Seit 1881 existierte die Kieler Pferdebahn mit zwei Linien, 13 geschlossenen und einem Sommerwagen sowie 30 Mann Personal einschließlich der fünf Pferdepfleger und eines Nachtwächters. 1894 erwarb die mächtige AEG in Berlin die Kieler Straßenbahn und baute sie für den elektrischen Betrieb um.

Sie wurde im Mai 1896 von der Allgemeinen Lokal- und Straßenbahn-Gesellschaft Berlin, Betriebsverwaltung Kiel, in Betrieb genommen. Aber es dauerte noch gute zehn Jahre, ehe sich die „Elektrische" zu einer „modernen", großstadtgemäßen Straßenbahn entwickelt hatte. Denn erst 1908 wurde mit dem zweigleisigen Ausbau der Linien begonnen; die Motorwagen erhielten geschlossene Perrons. Vorher gab es keine Schaffner auf den Wagen. Die Fahrgäste mussten vorne, beim Fahrer, einsteigen und für jede Fahrt einen Groschen auf ein Zahlbrett legen.

Erst ab 1910 wurden mehr und mehr Schaffner eingestellt.

In dieser Zeit wurde in der Betriebsverwaltung die Bewerbung von Hermann Thoms „verhandelt". Man kam schnell zur Sache, nachdem Thoms versichert hatte, „noch nicht gerichtlich bestraft zu sein". Er gab das schriftliche Versprechen, in der neuen Stellung „treu und gehorsam zu sein". Er „unterwarf" sich den Bestimmungen der Betriebsordnung, wie „solche von der Betriebsverwaltung festgesetzt" wurde. Der Verwaltung stand es ohnehin frei, ihn „jederzeit eine andere Tätigkeit als die anstellungsgemäß obliegende" anzuweisen, er hatte dieser Anweisung „bei Vermeidung sofortiger Dienstentlassung ohne Weiteres Folge zu leisten sowie auch an dienstfreien Tagen etwa aufgetragene Arbeiten zu übernehmen".

Nachdem Thoms gebührend über die Polizeiverordnung für den Betrieb der elektrischen Straßenbahn in Kiel sowie die Dienstanweisung für Schaffner belehrt worden war, wurde ihm sein Tageslohn mitgeteilt. Ganze 4,55 Mark konnte er Frau und Kind nach Hause bringen. Der Lohn sollte bis zum vierten Jahr auf immerhin fünf Mark steigen.

Angesichts dieser nicht gerade fürstlichen Bezahlung ist der nachfolgende Hinweis verständlich: „Die von den Fahrgästen zu zahlenden Fahrgelder sind mir anvertrautes Eigentum der Gesellschaft, so dass ich zu treuer und gewissenhafter Ablieferung verpflichtet bin." Ihm drohte eine drastische Bestrafung wegen Betruges selbst für den Fall, dass er Fahrgäste ohne „Erhebung von Fahrgeld" mitnehme.

Doch die reine Belehrung schien der Straßenbahnverwaltung nicht ausreichend genug. Sie forderte eine Kaution von 75 Mark für alle von ihrem neuen Mitarbeiter zu vertretenden Schäden, Strafen und Kosten sowie alle anderen Ansprüche der Gesellschaft an ihn. „Diese Kaution soll dann als Konventionalstrafe verfallen sein, falls ich mir eine Unredlichkeit oder den Versuch einer solchen

Zahl- und Fahrscheintasche eines Schaffners

zu Schulden kommen lasse, unbekümmert um die Höhe des Betrages derselben", hatte Thoms zu unterschreiben. Als Unredlichkeit bzw. als Versuch sollten u. a. gelten neben der Fälschung der Kontroll-Tabelle auch „jede Aufbewahrung oder Verausgabung schon gebrauchter Fahrbillets".

Schließlich wurde Thoms noch ausdrücklich zur Pflicht gemacht: Folgsamkeit und Gehorsam gegen alle Vorgesetzte, Höflichkeit gegen sämtliche Gesellschaftsbeamte, die Vermeidung von Zank und Streit mit Nebenangestellten aller Dienstklassen sowie vollständige Nüchternheit.

Die arbeitsrechtliche Absicherung für Hermann Thoms geht aus dem abschließenden Punkt des Vertrages hervor: „Sollte seitens der Behörde aus irgendwelchen Gründen meine Entlassung verlangt werden, so habe ich aus diesem Vertrage keine weiteren Rechte herzuleiten und kann sofort entlassen werden, ohne dass die Betriebsverwaltung mir für mehr als die abgediente Zeit das Gehalt zu zahlen hat." – Vorgelesen, genehmigt und unterschrieben am 1. Januar 1910.

Die Schaffnerinnen

Als im Jahre 1914 viele Männer in den Krieg einberufen wurden, sind Frauen an der sogenannten Heimatfront für die Arbeiten, die einst nur von Männern erledigt wurden,

oben: 1939 Schaffnerinnen, unten:1914

eingesetzt worden. So ergab es sich, dass der Beruf der Schaffnerin für Frauen zu einem durchaus lukrativen Beruf wurde.

Nach dem Ersten Weltkrieg wurden dann wieder mehr Männer als Schaffner beschäftigt bis es sich im Zweiten Weltkrieg alles dann nur noch verstärkt wiederholen sollte.

Die Straßenbahnen der „Kieler-Verkehrs-AG" fuhren ab 1941 auf nahezu allen Linien nur noch mit Schaffnerinnen, die auch in der Zeit danach ihre Arbeit behalten konnten. Fahrzeug-Führer aber blieben immer nur die Männer.

Natürlich lernten sich die Kollegen und Kolleginnen auch näher kennen und folglich kam es zu einigen Straßenbahner-Ehen.

Ansichtskarte ca. 1938

Schaffner, Frisör und Trompeter – eine zeittypische Gaardener Geschichte

Vor dem größten Scherbenhaufen des Krieges standen die Werften und auch das für die Wirtschaft so wichtige komplette Verkehrswesen war zusammengebrochen. Die Straßenbahner in ihrem total zerstörten Depot in der Werftstraße hatten alle Hände voll zu tun: Sie schleppten mit Kolonnen und Pferden die Wagen von stromlosen Überleitungen und vielfach zerstörten Schienen weg in das Depot, das angefüllt war mit defekten Wagen. Man mochte sie mit Hospitälern für kranke Fahrzeuge vergleichen. Nur 28 Trieb- und 39 Beiwagen standen 1945 zur Verfügung.

Legionen von Kielern drängten ab 21. Juli 1945 in die wenigen, bald aus den Nähten platzenden Wagen. Wo waren die Gentlemen geblieben? Der zur Selbstbehauptung wichtige Ellenbogengebrauch schien sie verschluckt zu haben. Es war eine Tortur für Fahrgäste und Personal, die täglich überstanden werden musste. Verbittert durch verlorene Habe und Ehre, hungrig, schlecht gekleidet.

Notdürftig reparierte, überfüllte Wagen holperten über geflickte Schienen, häufig gefährlich mit Menschentrauben an den Trittbrettern behangen. Dieses Bild besserte sich erst mit dem Verschwinden der wertlosen Reichsmark. – Auch der Omnibusverkehr lag im Argen. Die Wagen waren bei Kriegsende nicht einsatzfähig. Auf den Busverkehr aber richtete die Kieler Verkehrs AG (KV AG) sofort ihr Augenmerk, da die weiträumige Stadt mit ihren um die Förde verstreuten Ortsteilen auch in den Randgebieten bedient werden musste. Gerade dort ließen die Nachkriegswochen durch Ausgebombte und Ortsvertriebene die Einwohnerzahl übermäßig stark anschwellen. Etliche „Butenkieler", etwa 10 000, pendelten täglich zwischen den Vororten und ihren Kieler Arbeitsplätzen hin und her. Trotz Strommangels gelang es im Juli 1945, wenigstens für ein paar Stunden

1950

am Tag mit wieder flott gemachten O-Bussen über Gaarden nach Elmschenhagen zu fahren.

Zu dieser Zeit war Rudi noch ein einfacher Soldat auf dem Weg nach Hause. Erst 1951 kam er mit seiner Frau und den drei Kindern nach Gaarden. Die Familie hatte eine der neugebauten Wohnungen in den weißverputzten Häusern, die aus Trümmersteinen gebaut wurden und nicht nur in der Gaußstraße errichtet worden waren, zugewiesen bekommen.
Rudi arbeitete zunächst als Frisör bei Friedrich Mehlert in der Asmußstraße Nr. 9 – an der Ecke zur Bahnhofstraße. Nun waren und sind wohl auch heute noch meist alle Frisöre gute Unterhalter, die gelegentlich auch die Haare schneiden.
Und Rudi konnte was erzählen: Geboren war er 1921 im Kreis Billin – in einem kleinen Ort namens Teplitz im damalig deutschen Sudetenland. Auf den Wunsch seiner Mutter wurde er hier als Frisör ausgebildet, weil diese Männer doch immer gut gekämmt und sauber in einem weißen Kittel herumliefen. Sie hatten keine schwarzen Ränder unter den Fingernägeln und rochen angenehm, so die Argumentation der Mutter. Rudi wäre aber doch viel lieber Musiker geworden. Er spielte damals schon nahezu perfekt Klavier sowie zusätzlich auch noch Violine und er brachte sich das Blasen der Trompete selbst bei – Gitarre spielen konnte er da längst schon. Ein absolutes Naturtalent.
Aber als Frisör wurde Rudi damals in Teplin auch zum Meister und er verlobte sich mit einer Klöpplerin aus dem Vogtland – seiner Irmgard. Aber dann kam der Krieg und Rudi musste zunächst einmal an die Westfront. Einmal noch kam er nach Teplin. Das war im Dezember 1944 – Heimaturlaub. Kurz vor Weihnachten heirateten Rudi und Irmgard und anschließend wurde er von hier mit seiner Kompanie nach Russland geschickt. Nur wenig später erreichte ihn ein Feldpostbrief von Irmgard. Sie war aus dem Sudetenland vertrieben worden und wohnte jetzt irgendwo in Holstein bei Verwandten – er wüsste doch wohl schon, wo das war.
Am 5. Mai 1945 hörte Rudi davon, dass der Krieg nun endlich vorbei war und so machte er sich auf den Weg. Ja, Rudi ging nach Hause oder besser, Rudi ging zu Fuß nach Westen. So erzählte er es.
Irmgard hatte ihn aus dem Fenster heraus schon längst kommen sehen, als er total verstaubt und dreckig die Hauptstraße von Fahren am Passader See entlang auf das Haus der Verwandten zukam.
Hier fand nun auch Rudi sein zu Hause. Er bekam von einem alten Onkel ein Motorrad der Marke Triumph, mit dem er nun täglich nach Gaarden in die Asmusstraße zur Arbeit fahren konnte. Mehr noch – Rudi fuhr jetzt auch über die Dörfer der gesamten Probstei und verdiente sich Tabak- und Essensmarken bei den Bauern, denen er die Haare frisierte. Geraucht hat Rudi zwar nicht, aber jetzt konnte er Lebensmittel gegen seine Tabakmarken tauschen.

1959 Musikkapelle der KVAG

Im Jahre 1948 verdiente Rudi als angestellter Frisörmeister von Januar bis Dezember gerade mal 1861,60 Deutsche Mark. Daraus wurden im ganzen Jahr 1954 zwar noch 3102,00 DM, aber jetzt bewarb sich Rudi als Schaffner bei der Kieler-Verkehrs-AG und 1956 wurde ihm ein Jahresverdienst von 5357,81 DM bescheinigt. Er hatte seinen Verdienst nahezu verdoppelt.

Die Familie bestand nun aus fünf Personen, die jede freie Stunde gemeinsam in ihrem Schrebergarten an der Schwarzlandwiese – am Ende der Greifstraße – so wie viele andere Gaardener Familien, verbrachte.
Eine interessante Geschichte ist in diesem Zusammenhang noch von Rudis Kartoffelernte zu erzählen.
Es war noch in den mittleren 1950er-Jahren, als die ganze Familie eines schönen Herbsttages zur Kartoffelernte in den Schrebergarten zog. Alle mussten mit ran bis auf Marion, die war noch zu klein. Die beiden Jungs gingen schon in die Schule und gaben alles, damit Rudi am Ende fünf große Zentnersäcke voll in einen großen Blockwagen mit Holzrädern von beinahe 1 Meter Höhe wuchten konnte. Dieser Blockwagen wurde hinten an das Motorrad (es war immer noch die alte Triumph) mit einem Hanfseil festgebunden und heimwärts in die Gaußstraße ging es über die Preetzer Straße, den Ostring runter bis zum Kirchenweg und noch die ganze Gaußstraße bis zur Nr. 37 hinunter. Dabei saß Irmgard auf einem hohen Sozius-Sitz mit recht starker Federung und einem Griff vorne, auf dem aber eine Wolldecke gewickelt war. Darauf schlief die kleine Marion, während beide Brüder auf den Kartoffelsäcken saßen. All das war nicht nur sehr gefährlich, sondern das ungewöhnlich anmutende Gespann machte wegen der eisenbeschlagenden Räder so einen Lärm, als würde hier ein Panzer durch die Gaardener Straße rollen. Sicher hätte die Polizei hier eingegriffen, wenn sie es gemerkt hätten. Das zeigt aber, dass Rudi nicht nur Haare schneiden konnte, er war in allen Alltagsdingen ein Profi im Improvisieren. Als

die Fernsehantenne aufs Dach sollte, war er es doch, der es selber machen konnte – bis die Feuerwehr mit dem ganz großen Leiterwagen gerufen werden musste. Was ihn dieser Einsatz kostete hat er seiner Familie danach nie gebeichtet.

Rudi hatte die Schaffner-Prüfung für Straßenbahnen ohne Fehler absolviert. Er wusste von der Technik der Straßenbahn sehr viel. So auch davon, dass ein Schaffner, wenn die Straßenbahn mit zwei Anhängern die Bergstraße hinabfuhr, im letzten Wagen die Bremse zu bedienen hatte. Die Bahn hatte sonst zu viel Schub und könnte am Ende in der Nähe des „Kleinen Kiels" entgleisen.
Wenn die Fahrgäste alle die Wagen bestiegen hatten, musste der Schaffner dem Fahrzeugführer ein Klingel-Zeichen geben und die Bahn konnte abfahren. Das Klingel-Signal wurde voll manuell – durch einen Seilzug, der unter dem Dach bis nach vorn zum Fahrer entlanglief, ausgelöst.
Und ein Schaffner hatte auch die Pflicht, die jeweilige Haltestelle in den Wagen auszurufen. Ein Mann aus Aachen, der auch mit Rudi die Schaffner-Prüfung absolvierte, fiel bei dieser Prüfung durch und wurde in der Werkstatt eingesetzt. Erstens wegen seines schweren Dialekts und zweitens rief er die Haltestelle lauthals nach draußen hinaus. Rudi wurde aber sehr bald zum Straßenbahnfahrer befördert. Damit nicht genug – er fuhr nachfolgend auch einen der Oberleitungs-Busse, die zum Elmschenhagener Friedhof noch oft mit einem Anhänger fuhren. Bald schon wurden die O-Bus-Linien im Einmann-Betrieb gefahren und Rudi verdiente jetzt 7571,71 DM im ganzen Jahr 1960.
Als dann 1964 die O-Busse verschrottet wurden und die Linien jetzt mit modernen Diesel-Fahrzeugen betrieben wurden, fuhr Rudi

Depot für Busse in der Dietrichstraße, hinten

wieder für kurze Zeit die Straßenbahnen der Linie 7 nach Hasseldieksdamm. Jetzt hatte er ein Jahreseinkommen von 10 996,05 DM.
Der Kleingarten war aber nicht das einzige Hobby – Priorität hatte die Musik. Die Kieler-Verkehrs AG hatte bereits zur Zeit ihrer Gründung, ohne eine Zeit des „Schingderassasa" eine sehr umfangreiche Musikkapelle. In den 1960er-Jahren wurde Rudi ein sehr berühmter Trompeter und schuf sich einen Namen, der bei den alten Kolleginnen und Kollegen – selbst vom Betriebs-Gesangverein und noch bis ins neue Jahrhundert hinein hochgehalten wird. Sein Zapfenstreich-Solo blieb unvergessen. Unvergessen auch sein musikalischer Sohn Peter, der viele Instrumente beherrschte und oftmals im Friedrichsorter Förde-Hochhaus mit seiner Band „The Others" brillierte. Peter ertrank auf tragische Weise in der Ostsee.
Rudi wurde auch noch Fahrkartenkontrolleur und ging im Alter von 65 Jahren als Verkehrsmeister in die wohlverdiente Rente. Er war zu einem Tausendsassa geworden und hatte auch bei der Kieler-Verkehrs AG eine steile Karriere gemacht. Ein Held seiner Zeit.

Mit dem Oberleitungsbus durch die Preetzer Straße

Bereits in den 30er-Jahren diskutierte man in Kiel über die Einführung des Oberleitungsbusses, der sich sowohl durch die Unabhängigkeit von zu exportierenden Treibstoffen, als auch durch die größere Flexibilität gegenüber der Straßenbahn auszeichnete.
Der Verkehr nach Elmschenhagen, mit den zahlreichen neuen Werftarbeiterwohnungen, hatte stark zugenommen. Für einen Omnibusverkehr standen weder genügend Fahrzeuge noch Treibstoffe zur Verfügung, und für den Bau der, nun schon lange geforderten Straßenbahnlinie ließen sich nicht die Gleismaterialien beschaffen.
Am 8.10.1941 beantragte die Kieler Verkehrs-AG den Bau der zweispurigen O-Buslinie Hauptbahnhof-Elmschenhagen.

Man begann mit Fahrzeugen italienischer Bauart (Alfa-Romeo). Am 28.5.1944 konnte der O-Busverkehr vom Hauptbahnhof über Kai- und Bahnhofstraße, den Schwedendamm und die Preetzer Chaussee nach Elmschenhagen (Toweddern) aufgenommen werden.

1958 Preetzer Straße Nähe Reeperbahn

Die O-Busse dienten später jedoch auch als kostengünstiger Ersatz für im Krieg zerbombte Streckenabschnitte der Straßenbahn. Im Auftrag der damaligen Kieler Verkehrs-AG wurden Holzpfosten neben die Straßen gesetzt und ein Fahrdraht aufgehängt, über den die Busse mit Strom versorgt werden sollten. Noch während des Zweiten Weltkrieges nahmen die ersten Busse italienischer Bauart den täglichen Pendelverkehr in Kiel auf.
Insgesamt 13 dieser in Mailand beschlagnahmten Busse fuhren in Kiel. Nach dem Krieg

1938 Alfa Romeo am Schwedendamm

1958 mit Anhänger nach Elmschenhagen

mussten diese an Italien zurückgegeben werden, und in Kiel behalfen sich die Verkehrsbetriebe mit deutschen Fabrikaten.

Allen Skeptikern zum Trotz, lief der Verkehr mit O-Bussen zwischen Schwedendamm und Toweddern wieder an. Mitte 1946 verlautete: „Die allergrößten Reifenschwierigkeiten konnten behoben werden, weil uns die Militärregierung ein Sonderkontingent von 42 O-Bus- und 30 Omnibusreifen bewilligt hat."
Ende der 40er-Jahre waren sämtliche Kieler Busse hellbraun lackiert, bis man 1952 zu einer grün/gelben Farbgebung überging.
Ebenfalls Mitte der 50er-Jahre erhielten alle O-Busse anlässlich von Generalüberholungen für den Einmannbetrieb vor der Vorderachse eine Einstiegstür.
Schließlich machten der damals preisgünstige Diesel und der vergleichsweise teure Unterhalt des Leitungsnetzes dem Kieler O-Bus den Garaus. Zu Beginn des Jahres 1964 fuhr zum letzten Mal ein Oberleitungsbus auf der Strecke Hauptbahnhof–Ostring–Sophienhöhe–Cafe Reimers–Toweddern. „Die meisten Obusse wurden nach der Stilllegung verschrottet. Vier Stück gingen nach Osnabrück als Ersatzteilspender, einige an einen Campingverein in Hamburg-Harburg.

Linie	Strecke	Haltestellen	Fahrtzeit	Km
5	Hauptbahnhof – Ostring	4	8	1,9
R	Hauptbahnhof – Reichenberger Allee	7	16	6,2
S	Hauptbahnhof – Kroog	7	16	7,9
T	Hauptbahnhof – Toweddern	6	16	6,1

Die O-Buslinien

1957 Linie T mit Hänger

1963

Ein Bus mit erster Etage

Und noch ein ganz besonderer Bus fuhr durch den Stadtteil Gaarden – den Ostring entlang. Seit September 1962 fuhren – nach längerer Erprobung eines Musterbusses – insgesamt zwölf Eineinhalbdecker der Firma Ludewig, Essen, auf der Linie 8.

Im Januar 1962 tauchte dieser Bus-Typ in Kiel auf. „Wagen mit Aufstiegsmöglichkeiten", nannten ihn die KN, ging es doch über eine Treppe in das Oberdeck. Solche Wagen verkehrten damals in mehreren Städten – Kiel war nichtsdestoweniger vorsichtig, hatte sich einen auf der Linie 8 eingesetzten Test-Bus in Essen ausgeliehen – die „Katze im Sack" wollte niemand kaufen. Immerhin kosteten die Wagen pro Stück an die 120 000 DM.

Vier Wochen lang dauerten die Erprobungen. Dann bestellte die KVAG zwölf derartige Busse vom Typ Büssing 11 RU 7/Ludewig, die ab September 1962 geliefert wurden. Dabei fand diese Buskonstruktion durchaus nicht überall Beifall – ein Probefahrtbericht der „Kieler Neueste Nachrichten" lautete zum Beispiel: „Ein lautstarker Motor, der allerdings erst eingefahren wurde, leichte Lenkung durch Hydrosteuerung, bequemer, niedriger Einstieg, gepolsterte Sitze, 100 (!) Stehplätze allein im unteren Wagenteil und ein Hochgeschoß, das jugendliche Behändigkeit verlangt, um in gebückter Stellung den Sitzplatz zu erreichen."

Die Verkehrsfachleute beruhigten. Der Bus hätte sich in anderen Städten großartig bewährt. Die „erste Etage" werde vor allen Dingen von Fahrgästen, die auf langen Strecken ungestört sitzen wollen, bevorzugt und sei ideal für jugendliche Fahrgäste.

Die Frage, weshalb denn nicht gleich „richtige" Doppelstöcker beschafft worden seien, wurde damit beantwortet, dass diese viel höher seien und bei Brücken Durchfahrtsschwierigkeiten hätten. Beim Eineinhalbdecker erlaubte es der niedrige Heckeinstieg, den „Kamelhöcker" (so hieß die Erhöhung des hinteren Wagenteils schnell im Volksmund) niedriger zu halten.

Die zwölf Kieler Eineinhalbdecker fuhren auf der Linie 8 von der Reventlou-Brücke durch die Stadt und über den Ostring bis zur Selenter Straße in Ellerbek Sie fanden später keine Nachfolger mehr. Die Technik im Omnibusbau war einen anderen Weg gegangen ...

(Bild und Textquelle: Bruno Bock)

Fotos aus dem Nachlass der Familie Albrecht

Eine Gaardener Nachkriegs-Sensation – die Hochzeitskutsche

Es war in der Nachkriegszeit ein großes Ereignis, wenn die Hochzeitskutsche mit den beiden Schimmeln durch die Straßen von Gaarden trabte und viele Leute staunend ihren eilenden Gang auf den Bürgersteigen unterbrachen.

Das große Arbeitspferd für den Schrotttransport

Die Kutsche und ein weiteres Gespann mit einem braunen Wallach, gehörte dem Schrotthändler Albrecht, welcher an der Preetzer Straße einen Schrotthandel mit dazugehörendem Fuhrunternehmen betrieb.
Als sich der Schrotthandel nicht mehr rentierte und auch die Kutsche aus der Mode kam, wurden der Schrottplatz mit den Stallungen und der Remise aufgelöst. Die Kutsche, der große Pferdewagen sowie alle drei Pferde konnten noch gut verkauft werden. Der Schrottplatz wurde Baustelle für das große Wohnhaus an der Ecke zur Elisabethstraße und zusätzlich entstand in der Preetzer Straße ein kleines Bierlokal, welches unter dem Namen „Schimmelkrug" noch viele Jahre an die Hochzeitskutsche mit den schönen weißen Pferden erinnerte.

Die Vereinigungen der Gaardener Arbeiter und Bürger

Mit der Vergrößerung der Gemeinde wuchs auch die Zahl der Vereine. So wie im Mittelalter sich die Zünfte zusammenschlossen, so fanden sich auch jetzt in neuerer und freierer Form Menschen zusammen, die ein gemeinsames Interesse verband, oder die gemeinsam handeln wollten. So hatten sich bis 1898 in Gaarden 24 Vereine gebildet.

Als Beschützer der Interessen einer Gemeindeordnung und zur Wahrung der Belange der Grundbesitzer entstand der „Bürgerverein" (1875) und in neuerer Zeit der „Kommunalverein" (1892). Wo viele Menschen zusammenzogen, vergrößerte sich auch die Zahl der Armen, und so fanden auch Menschen zueinander, die helfen wollten, im „Verein für freiwillige Armenpflege" (1887).

Zur Abwendung der Not besonders der Feuergefahr, die mit der Zunahme der Häuserzahl beständig wuchs, entstanden die freiwilligen Feuerwehren: die „Gaardener Feuerwehr" und die „Gaardener Turner-Feuerwehr", die sich 1877 aus Mitgliedern des „Turner-Bundes" bildete und 1878 vom Turnverein trennte.

Mit dem Wachsen der Gewerbe- und Berufsgruppen mussten auch deren Interessen vertreten werden. So bildete sich der „Gewerbeverein", der „Arbeiter-Bauverein" (1890 gegründet, hatte er zum Ziel, gesunde und billige Wohnungen zu schaffen, und er war so rege, dass bereits 1893 37 Häuser für 49 Familien erbaut werden konnten), der „Gastwirte-Verein" (1878) und der „Lehrerverein".

Zur Pflege des Gesanges und Ertüchtigung des Körpers entstanden die Liedertafel „Mozart", der „Schiffbauer-Liederkranz", die „Gaardener Liedertafel" (1873), der „Gaardener Männer-Turnerbund" (1875), der Turnverein „Gut-Heil", 2 Schützenvereine, ein Radfahrer- und ein Athletenklub.

Erinnerungen an gemeinsam erlebte Kriegs- und Militärjahre sammelten Mitglieder im „Verein der 48er" (1864), im „Gaardener Kampfgenossen-Verein v. 1870/71", im „Krieger- und Marineverein" (1889). Ihr Ziel war Geselligkeit und gegenseitige Unterstützung. Aus dem „Gaardener Verein" (1870), dem zweitältesten, bildeten sich die „Augustengilde" und der „Gewerkverein". Für ein geselliges Beisammensein sorgten der „Lehrerfamilienverein" und der „Verein ehemaliger Bürgerschüler" (1897).

Mit dem runden Ansteigen der Mehlpreise im Zeitalter der Kornzölle (1888/89) wurden auch Klagen über schlechtes und kleines Brot lauter. Zum Schutze der Verbraucher wurde daher von 53 Arbeitern 1889 die „Vereinsbäckerei" gegründet. 1896 erfolgte die Eröffnung einer Bäckerei mit Handbetrieb auf dem Grundstück des Fischhändlers Stölting neben dem Dorfteich.

Durch Verkauf des Grundstücks an die Firma Krupp (1897) wurde ein Gewinn von 37 500 Mark erzielt. Zur Auslieferung der Backwaren kamen 6 Pferdewagen zum Einsatz und ganze 130 Filialen sorgten für den Absatz der Brote. (Vergl. Ellegard: Entwicklung des Vereinswesens in „Gaardener Tageblatt" von 1898 Nr. 93, 105, 111).

An der Hundertjahrfeier von Kaiser Wilhelm d. Gr. vom 21. bis 23. März 1897, die in Gaarden ganz festlich begangen wurde, beteiligten sich 21 Vereine mit ca. 800 Personen. Sämtliche Fenster der öffentlichen Gebäude wurden am Abend des 21. März durch Aufstellen von Kerzen an den Fenstern illuminiert und auf der Anhöhe bei Katzheide wurden Teertonnen lodernd abgebrannt. (Stadtarchiv Nr. 8417)

Der Gaardener Männerchor

Die Arbeiten zur Errichtung der Kaiserlichen- und der Krupp'schen Germaniawerft waren 1870/71 so weit fortgeschritten, dass von dieser Zeit an eine langsame, aber stetig zunehmende Vergrößerung der Belegschaft einsetzte. Zum Schiffsneubau und zu größeren Schiffsreparaturen gehören natürlich auch besondere Handwerker, wie Schiffszimmerer und Schiffbauer. Diesen Handwerkern bot sich hier eine neue und dauernde Arbeitsmöglichkeit. So kam es, dass sich in den 70er-Jahren eine größere Zahl von Schiffszimmerern und Schiffbauern von den damaligen Seeschiffswerften aus Mecklenburg und Pommern in Kiel einfand, um hier auf der neu entstandenen Werft zu wirken und zu schaffen. Im Laufe der folgenden Jahre hatte sich auf diese Weise eine recht beträchtliche Zahl von Mecklenburgern und Pommern zusammengefunden.

Nachdem sie sich in dem damaligen Dorfe Gaarden häuslich niedergelassen und mit

H. Rieckhoff — Grubert Ische Kotzsch Biederstedt
Kallmeyer Detlefsen Werner Schulz Drengberg Lammbein F. Tiefensee Niedermeier Krug W. Rieckhoff Schümann
Rosenthal Meier Fritz Teifensee H. Pieplow Moltzen Knipphals Lunow Prasser Blohm Bahr
Rehder Schmidt Voigt Hasselmann J. Pieplow Wittorf Schult

ihren Familien eingerichtet hatten, erwachte auch in ihnen das Gefühl des kameradschaftlichen und meist auch landsmännischen Zusammenschlusses. Aus diesem Gefühl heraus schloss sich nun eine Anzahl dieser Handwerker noch enger zusammen und gründete am 9. September 1876 die Schiffbauer-Liedertafel mit dem Sitz in Kiel-Gaarden.

Die Schiffbauer-Liedertafel bestand aus aktiven und fördernden Mitgliedern. Die weitaus größere Zahl der Mitglieder war fördernd; d. h. nur zahlende Mitglieder, während die aktiven Mitglieder (also Sänger) nur eine kleine Gesangsabteilung bildeten. Diese Gesangsabteilung war nun im wahrsten Sinne des Wortes die Keimzelle der – bis heute bestehenden – Liedertafel „Germania".
Die gesamte Mitgliederzahl der Schiffbauer-Liedertafel betrug in den Jahren 1895–1899 ca. 230–260 Mitglieder. Die Vereinsstatuten (Satzung) der Schiffbauer-Liedertafel sahen bei der Zusammensetzung des Vorstandes 2/3 fördernde und 1/3 aktive Mitglieder vor.
Der 1. und 2. Vorsitzende, sowie der 1. und 2. Kassierer waren fördernde Mitglieder. Nur der 1. und 2. Schriftführer wurde aus den Reihen der aktiven Sänger gestellt. Eine derartige ungleiche Verteilung der Vorstandsmitglieder ergab bei jeweiliger Abstimmung in den meisten Fällen eine Ablehnung der Wünsche der Sängerschaft. Die Sängerschaft war unter diesen Umständen ständig von dem Wohlwollen der fördernden Mitglieder abhängig und etwaige Bemerkungen, wie „Die Sänger kosten uns viel zu viel Geld" oder „Wenn die Sänger derartige Ansprüche und Wünsche stellen und benötigen, müssen sie die Gelder hierfür selbst aufbringen" mussten hingenommen werden. Die ganz Rabiaten sagten ohne zu erröten: „Wir brauchen überhaupt keine Sänger". Dass dieses

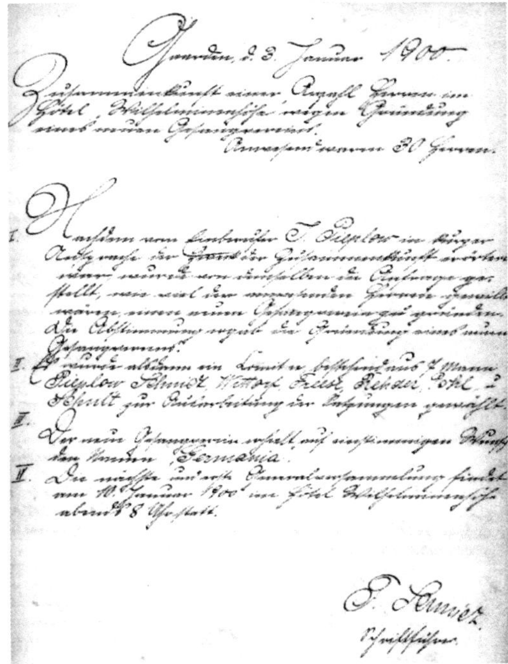
Gaarden, d. 3. Januar 1900.
Zusammenkunft einer Anzahl Herren im Hotel „Wilhelminenhöhe" wegen Gründung eines neuen Gesangvereins.
Anwesend waren 30 Herren.

I. Nachdem vom Einberufer T. Rieplow in kurzer Ansprache der Zweck der Zusammenkunft erörtert worden war, wurde von demselben die Anfrage gestellt, wie viel der anwesenden Herren gewillt wären, einen neuen Gesangverein zu gründen. Die Abstimmung ergab die Gründung eines neuen Gesangvereins.
II. Es wurde alsdann ein Comité bestehend aus 7 Mann Rieplow, Schmidt, Wittorf, Friese, Rehder, Pohl u. Schult zur Ausarbeitung der Satzungen gewählt.
III. Der neue Gesangverein erhält auf einstimmigen Wunsch den Namen „Germania".
IV. Die nächste und erste Generalversammlung findet am 10. Januar 1900 im Hotel Wilhelminenhöhe abends 8 Uhr statt.

F. Schmidt
Schriftführer

1876 Gründung Schiffbauer-Liedertafel

Verhalten und diese faden Bemerkungen zur Unlust und Auflehnung gegen die fördernden Mitglieder herausforderte, war eine ganz logische und selbstverständliche Sache und so kam es, wie es kommen musste. Während einer ordentlichen Generalversammlung im Dezember 1899 kam es zu sehr scharfen Auseinandersetzungen und gegenseitigen Angriffen, mit der Folge, dass sich mitten in der Versammlung die gesamten Sänger, wie auf Kommando, erhoben und den Versammlungsraum verließen; mit Ausnahme des Schriftführers, der das Protokoll zu Ende führen musste.

Wie alle Jahre, so wurde auch in diesem Jahr (1899) eine Silvesterfeier veranstaltet. Die Sänger brachten, wie üblich, mehrere schöne Lieder und auch sonst allerlei schöne Vorträge zu Gehör, die auch mit mehr oder weniger großem Beifall belohnt wurden. Kurz

vor Ende des alten Jahres ergriff der Sängerwortführer Johann Pieplow das Wort und verkündete unter Hinweis auf die bestehenden Umstände und wegen der sehr schwierigen Zusammenarbeit zwischen Sängern und fördernden Mitgliedern, dass die gesamte Sängerschaft mit dem heutigen Tage aus der Schiffbauer-Liedertafel austrete. Wie eine Bombe schlug diese Ankündigung ein und sofort setzte von den älteren fördernden Mitgliedern und von früheren Sängern eine sehr starke Agitation ein, um ein Verbleiben der Sänger in der Liedertafel zu bewirken, jedoch ohne Erfolg.
Noch am gleichen Abend folgte eine Besprechung der Sänger untereinander. Es wurde eine Zusammenkunft der Sänger am 3. Januar 1900 um 8.00 Uhr abends im Hotel „Wilhelminenhöhe" beschlossen. Diese schnelle Arbeit war notwendig, um den Sängern keine Gelegenheit zu geben, sich aufzuteilen oder sich sonst irgendwo anderen Vereinen anzuschließen.

Am 3. Januar 1900, abends 8.00 Uhr, versammelten sich die früheren Sänger der Schiffbauer-Liedertafel im Hotel „Wilhelminenhöhe". Nach kurzer Ansprache des früheren Sängerwortführers Johann Pieplow wurde beschlossen, eine neue Liedertafel zu gründen. Name, Sitz und Vereinslokal wurden festgelegt. Nach Diskussion über mehrere Vorschläge für den Namen der neuen Liedertafel einigte man sich auf den Vorschlag des Sangesbruders Wilhelm Lunow. Die neue Liedertafel erhielt den Namen:
„Liedertafel Germania Kiel-Gaarden" Im Gründungsprotokoll wurden folgende Eintrage vorgenommen:
Als Gründungstag wurde der 3. Januar 1900 festgehalten. Sitz: Kiel-Gaarden, Vereinslokal: Hotel „Wilhelminenhöhe".

Liedertafel „Germania" Gaarden.
Dirigent: Herr A. Frank.

Einladung
zum
20 jährigen Stiftungsfeste
am 20. März 1920 in der „Jahnhalle" Kielerstraße.
Saalöffnung 7 Uhr. Anfang 7 1/2 Uhr.

Vortragsfolge.

1. Orchester:
a) Hoch- u. Deutschm. Marsch v. Erbe
b) Ung. Lustspiel-Ouverture v. Keler-Bela
2. Männerchor:
a) Liedergruß v. Gottfried Angerer
b) Ansprache d. Vorsitzenden
c) Hymne an die Nacht v. L. v. Beethoven
d) Die Stiftungsfeier v. F. Mendelssohn-Bartholdi
3. Streichquartett:
a) Ein Tag in Norwegen v. Ole Bull
b) Liebchen träumt v. Komzack
4. Männerchor:
a) Ehrung von Sängern
b) Das deutsche Volkslied v. Karl, Friedrich Weinberger
c) Hymne an die Musik v. Lachner
5. Streichquartett:
a) Unter Liebchens Fenster Serenade v. Stumpf
b) Sandmännchen v. Strauß
6. Männerchor:
a) Herbstbild v. A. Frank
b) Frühlingsglaube v. R. Tschirsch
7. Orchester:
a) Lotusblumen (Walzer) v. Ohlsen
b) Potpourri v. Tavon
a. d. Op. Hoffmanns-Erzähl.

Ball
Tanzfolge:
Polonaise, Polka, Walzer usw.

Dieses Programm als Einlaßkarte vorzeigen.

1920 Jubiläum

Nachdem in der ordentlichen Generalversammlung der Liedertafel „Germania" Kiel-Gaarden am 10. Januar 1900 die vorgelegte Satzung anerkannt wurde, war die Liedertafel offiziell, sozusagen mit Kopf und Gliedern den Reihen der damaligen Gesangvereine beigetreten. Nach der Satzung war Zweck und Ziel, den vierstimmigen Männergesang, bestehend in geistlichen und weltlichen Liedern, zu fördern und zu pflegen, weiter zur Unterhaltung, zur Bildung und zum Wohle seiner Mitglieder zu arbeiten und zu wirken. Ferner das deutsche Lied in Konzerten und öffentlichen Veranstaltungen der breiten Bevölkerung zu übermitteln, um dadurch an dem kulturellen Aufstieg unseres Volkes mitzuarbeiten. Dies waren die Richtlinien für die

Liedertafel. Um sie aber zu erfüllen, hieß es werben und arbeiten.
Aber auch die Damen des Vereins waren in dieser Zeit nicht untätig. Auch sie wollten ihren Anteil zum Aufstieg der Liedertafel beisteuern. Eine Abordnung der Sängerdamen sammelte freiwillige Spenden bei allen Mitgliedern zur Beschaffung eines würdigen Symbols für die Liedertafel. Die Gebefreudigkeit der Mitglieder war sehr befriedigend. So konnte während der ordentlichen Generalversammlung vom 4. Juli 1903 das Fest der Bannerweihe beschlossen werden.

In den nun folgenden Jahren hatte die Liedertafel „Germania" unter mehrfachem Dirigentenwechsel sowie auch unter Zu- und Abgängen der Sänger eine kaum nennenswerte Entwicklung. Um eine festere Zusammengehörigkeit der Mitglieder zu fördern und um sich in schweren Zeiten gegenseitig zu unterstützen, wurde am 1. Mai 1907 eine Zuschusskasse für Sterbefälle eingerichtet. Durch diese Kasse erhielt die Liedertafel „Germania" wieder etwas mehr Auftrieb und auch das Interesse unter den fördernden Mitgliedern wuchs. Es ging wieder aufwärts, zumal der Chor durch die glücklich getroffene Wahl des Dirigenten, Alfred Frank, im Jahre 1905 einen sehr energischen und äußerst musikalischen Chorleiter gefunden hatte.
Nach langen und reiflichen Überlegungen kamen die Sänger zu dem Entschluss, das Vereinslokal mehr in die Mitte des Ortes zu verlegen, um dadurch den Sängern und auch den Mitgliedern einen kürzeren und bequemeren Zugang zum Vereinslokal zu ermöglichen. Im April 1911 bezog die Liedertafel „Germania" ihr neues Quartier im Hotel „Holsteinischer Hof", Besitzer Bernhard Weber.
In den nun folgenden Jahren begann allmählich aber stetig der Aufstieg des Vereins. Nicht nur in seiner Größe, sondern auch in seinen musikalischen Leistungen. Im Juli 1914 zählte der Verein bereits 45 Sänger. Die Liedertafel „Germania" Kiel-Gaarden trat in den Schleswig-Holsteinischen Sängerbund ein und wurde damit auch gleichzeitig Mitglied im Deutschen Sängerbund.

1914 kam der Erste Weltkrieg und wieder wurde der schöne Chor zerschlagen. Die Männer wurden zum Teil einberufen oder als Zivilarbeiter versetzt und der Rest durch übermäßige Dienstzeit von den Übungen ferngehalten. Die Übungen wurden dennoch fortgesetzt, um einen Zerfall der Liedertafel zu verhindern.
Dem allgemeinen Aufruf der Regierung „unseres bedrängten Vaterlandes" Folge zu leisten, zeichnete die „Germania" 800,- Mark Kriegsanleihe. Ende des Jahres 1918 wurden die regelmäßigen Übungen wieder aufgenommen. Leider waren die damaligen wirtschaftlichen Verhältnisse stark getrübt. Durch die ansteigende Geldentwertung wurden sämtliche vorher beschlossenen Veranstaltungen über den Haufen geworfen. Für den Monat März 1923 zahlte die „Germania" für Licht und Heizung an den Vereinswirt 17 500,– Mark. Das Gehalt des Dirigenten betrug für den gleichen Monat 50 000,– Mark. Inventar und Noten waren mit 100 000,– Mark versichert. Dagegen betrug am Schluss des Jahres 1923, also nach der Inflation, der Kassenbestand der Vereinskasse 2,67 Rentenmark.

Dirigent wurde 1925 der Musiklehrer Heinrich Petersen, ein außergewöhnlich befähigter Chorleiter, ausgerüstet mit einer vornehmen ruhigen Chormeister-Natur und gesunder Kunstauffassung, der mit unermüdlichem Fleiß und Ausdauer den Chor zu den höchsten Leistungen führte.

Im März 1925 feierte die Liedertafel „Germania" mit Beteiligung aller ortsansässigen Vereine des Schleswig-Holsteinischen Sängerbundes sein 25-jähriges Stiftungsfest in den Räumen der Waldwiese.
Auf der Höhe ihres Könnens bestritt die Liedertafel „Germania" neben den üblichen Konzerten und Veranstaltungen am 3. Februar 1927 ihr erstes Rundfunkkonzert im Senderaum des damaligen Nordmark-Senders Kiel. Ihm folgten am 27. Mai 1927, am 14. Januar 1928 und am 10. Juli 1928 weitere Rundfunkkonzerte. Das vorläufig letzte Konzert fand in Laboe statt und wurde von den Sendern Kiel, Hamburg, Hannover und Bremen übertragen. In dem amtlichen Mitteilungsblatt des Schleswig-Holsteinischen Sängerbundes – der Schleswig-Holsteinischen Sängerbundes-Zeitung – wurde über jedes dieser Konzerte berichtet.
Im Juli 1933 erhielt die Liedertafel „Germania" eine erneute Aufforderung des Rundfunks für ein Konzert. Diese Rundfunkkonzerte waren neben anderen öffentlichen Veranstaltungen für Dirigent und Chor ein schöner Erfolg und für die Vereinskasse eine sehr willkommene Stärkung.
Aber schon zeigte sich in der Ferne am Vereinshorizont eine neue düstere Wolke. Durch die im Jahre 1933 neu geschaffene Regierung wurde das gesamte Vereinsleben in neue Bahnen gepresst. Es gab Anordnungen und Erlasse in allen nur erdenklichen Arten. Einer von diesen Erlassen war auch für die Liedertafel „Germania" recht betrübend. Der hochgeschätzte und verehrte Chorleiter Petersen sollte entlassen werden. Es begann ein endloser Schriftwechsel zwischen städtischen Behörden, Organisationen und Bund. Durch den bekundeten Widerstand konnte die Entlassung wohl hinausgeschoben, aber nicht endgültig aufgehoben werden. Um etwaigen Widerwärtigkeiten von Seiten der Schulbehörde aus dem Wege zu gehen, verließ Herr Petersen im Jahre 1936 nach 16-jähriger erfolgreicher Tätigkeit die „Germania". Die Intriganten hatten gesiegt.
Im Juni 1935 fand in Kiel das Sängerfest des Nordmark-Sängerbundes statt. Chor und Dirigent konnten in den nächsten beiden Jahren die an sie gestellten Anforderungen ganz befriedigen.
Im Jahre 1939 kam der Zweite Weltkrieg und mit ihm die gleichen Schwierigkeiten und Widerwärtigkeiten wie 1914–1918. Es gab überall Lücken, aber keinen neuen Ersatz und so kam es unter den gegebenen Umständen zu einem Zusammenschluss mehrerer Gesangvereine, um gemeinsam die Übungsabende aufrecht zu erhalten. Leider auch nur vorübergehend.

Die Jahre 1942 bis 1945 brachten unruhige Tage und schlaflose Nächte und als Endresultat die Einstellung sämtlicher Vereins-Aktivitäten. Bei diesen Bombenangriffen verlor auch die Liedertafel „Germania" ihr gesamtes Inventar einschließlich Banner.

Erst am 3. Januar 1950 beginnt ein neuer Abschnitt in der Vereinsgeschichte der Liedertafel.

Der Zweite Weltkrieg hatte die Stadt Kiel zu 85 bis 90 Prozent in Trümmer und Asche gelegt. Ein großer Teil der Bevölkerung der Stadt war wegen der fürchterlichen Bombenangriffe evakuiert oder gefallen. Jegliche Vereinstätigkeit der Kieler Vereine war zerschlagen. Es war eine trostlose Zeit.

Zum 13. Januar 1946 wurde zu einer Hauptversammlung ins Restaurant „Medusa", Kaiserstraße 40, eingeladen. Die Sänger beschlossen, die Übungsabende ab 6. Februar 1946, abends von 19.00 bis 21.00 Uhr, wieder aufzunehmen. Leider war kein Chorleiter zur Stelle.

So musste Hans Möller, der auch unser Vizedirigent war, über den Berg helfen, bis mit dem früheren Chorleiter Heinrich Petersen, der als Pensionär in dem Ort Westensee evakuiert war, verhandelt wurde. Herr Petersen sollte so lange unterrichten, bis ein neuer ortsansässigen Chorleiter gefunden wurde.

Wieder begann die Suche nach einem geeigneten Chorleiter. Er wurde in dem Kirchenmusikstudenten Hans Millies, Sohn des Pastors Millies in Gaarden, gefunden. Herr Millies war fleißig und bemühte sich, den Chor zu schulen.

Es ging vorwärts, so wurde dann auch versucht, mit dem Männerchor wieder an die Öffentlichkeit zu treten. Durch Verhandlungen mit der Stadtverwaltung und der Leitung des Waisenhauses in Bordesholm wurde ein Wohltätigkeitskonzert zugunsten der Waisenkinder des Heimes abgesprochen. Der 6. September 1948 war für dieses Konzert festgelegt. Auf den Übungsabenden wurde fleißig geübt und die darzubietenden Lieder konzertreif gemacht. Alle Vorbereitungen für das Konzert waren abgeschlossen. Da erschien Millies beim Vorstand der Germania und teilte kurz und bündig mit, er könne das angesetzte Konzert nicht dirigieren, da er am 1. September zur Aufnahme seiner weiteren Studien in Stuttgart sein sollte, und reiste ab. Nur eine Übungsstunde bis zu dem Konzert stand jetzt noch zur Verfügung. Alle Hebel wurden in Bewegung gesetzt. Einen Tag vor dem letzten Übungsabend gelang es, den Chorleiter des Gesangvereins „Wiker Vereinigung", Wilhelm Becker zu bitten, das angesetzte Konzert als Chorleiter zu führen. Noch einmal wurde das ganze Programm durchgeprobt, denn Chorleiter und Sänger mussten sich gegenseitig kennenlernen. Die Probe verlief ausgezeichnet, und so konnten die Sänger, zusammen mit dem Mandolinenclub Ellerbek mit zwei Bussen die Fahrt nach Bordesholm antreten. Das Konzert in einem ausverkauften Haus nahm seinen Verlauf. Zur Einleitung spielte das Mandolinenorchester. Anschließend sang der Männerchor seine eingeübten Lieder. Alles ging sehr gut über die Runden. So konnten beide, Mandolinenclub Ellerbek und Männerchor reichlichen Beifall ernten.

Zukünftig verstand es dann Herr Becker, der Chorleiter aus der Wik, aus dem Männerchor der Liedertafel einen beachtlichen Klangkörper zu machen.

Mit jetzt 46 singenden Mitgliedern war der Übungsraum im Restaurant „Medusa" zu klein geworden. Durch Verhandlungen mit der Schulverwaltung der Stadt Kiel erhielten wir einen Klassenraum in der Hans-Christian-Andersen-Schule, die damals noch in der Iltisstraße war. Der Klassenraum entsprach den Bedingungen eines Übungsraumes.

Es wurde beschlossen, ein Großkonzert in der Pädagogischen Hochschule Kiel-Hassee zu veranstalten. Dieses Konzert wurde zusammen mit den befreundeten Vereinen

„Gaardener Liedertafel", „Liedertafel Mozart Gaarden" und dem „Mandolinenclub Ellerbek" veranstaltet. Der Konzertsaal war fast ausverkauft und für alle beteiligten Vereine ein voller Erfolg. Die Einnahmen wurden nach Abrechnung der Unkosten in vier gleiche Teile geteilt.
Als nächstes stand das erste Stiftungsfest nach dem Kriege vor der Tür. Es fand in der neuen Mensa der Universität statt. Nach dem Konzert erfreuten sich Jung und Alt unter der Tanzkapelle Willy Reißberger. Leider wurde dieses gut gelungene Fest ganz plötzlich um 24.00 Uhr abgebrochen. Der Hausherr, Gastronom Willy Bruhn, hatte die Bierhähne abgestellt und die Tanzkapelle packte ihre Instrumente ein. Was war geschehen?
Mit dem 20. Juni 1948 kam über Nacht die Währungsreform. Die Reichsmark war ab 00.00 Uhr keinen Pfennig mehr wert. Auf Anordnung der Siegermächte wurde die Reichsmark durch die heutige DM abgelöst. Damit waren Einnahmen und Barvermögen der Vereinskasse restlos dahin. Alle Teilnehmer des Festes mussten zu Fuß nach Hause gehen, denn auch kein Verkehrsmittel wollte die alte Reichsmark mehr in Zahlung nehmen.
Die Chorarbeit hatte durch den Währungswechsel keinen Abbruch erlitten. Im Gegenteil, der Chor gewann an Stärke. Es genügten aber nicht nur die Übungsabende, um den Chor zusammenzuhalten. Der Vorstand musste versuchen, mit dem Chor stärker an die Öffentlichkeit zu treten. Am 10. und 11. Juli 1948 fanden in Kiel und Kiel-Gaarden je eine Sänger-Großkundgebung statt und am 1. August 1948 traten die Sänger der Germania auf dem Friedhof in Kiel-Elmschenhagen an, um an dem Ehrenmal der Gefallenen des Zweiten Weltkrieges der Toten des Krieges zu gedenken. Die Gedenkstunde wurde durch Liedvorträge, Ansprache und Kranzniederlegung umrahmt: Es geht wieder vorwärts.
Mit frischem Mut trafen sich die Sänger an jedem Mittwoch zu den Übungsabenden. Der Chorleiter, Wilhelm Becker, verstand es, die Übungsstunden interessant zu gestalten, indem er Erläuterungen über ein Lied gab, streng auf Aussprache achtete und den Wert der einzelnen Liednoten erklärte. So verliefen die Übungsstunden in einer guten Disziplin und Harmonie. Nach den Übungsstunden setzten sich alle Sänger an eine lange Tafel und unterhielten sich bei Getränken. Bei der Gelegenheit wurden vom Vorstand Vereinsangelegenheiten bekanntgegeben. Aber auch Fröhlichkeit und mancher derbe Männerwitz wurde zum Besten gegeben.
Am 13. März 1949 wurde in Reimers Gaststätten in Elmschenhagen das 49. Stiftungsfest des Vereins gefeiert. Es war eines der schönsten Feste, die die Liedertafel „Germania" gefeiert hat. Am 6. Juli 1949 wurde in der Iltisstraße vor dem Altersheim ein Konzert für die Heiminsassen gegeben. Auch hier hatte sich eine große Zuhörerschaft eingefunden, die nach jeder Darbietung lebhaften Beifall spendete. Am 30. Juli 1949 sang der Chor wieder vor dem Ehrenmal auf dem Friedhof in Elmschenhagen unter Mitwirkung von sechs Spielleuten des Ellerbeker Turnvereins. Die Gedenkstunde wurde durch Trommelwirbel der Spielleute eingeleitet. Anschließend sang der Chor seine Lieder, Ansprache mit Kranzniederlegung schlossen die Feierstunde ab. Sämtliche Veranstaltungen waren ein voller Erfolg, der auch von der Ortsgruppenleitung des „Sängerbundes Schleswig-Holstein" anerkannt wurde.
Im Jahr 1950 existierte die Liedertafel „Germania" 50 Jahre. Der 4. März 1950 war für dieses Fest vorgesehen. Schon lange vor Beginn waren der Festsaal und die Nebenräume

4. März 1950 Festumzug durch die zerstörte Elisabethstraße

bei Reimers in Elmschenhagen ausverkauft. Pünktlich um 20.00 Uhr trat der Männerchor zusammen, um einige erlernte Lieder unter der Leitung ihres Chorleiters vorzutragen. Die Festtage der Liedertafel „Germania" haben allen Sängern viel Arbeit gekostet. Dem Chorleiter war die meiste Arbeit durch das Einüben der Liedfolge zugefallen.
In der alten Lütjenburger Kirche trat der Chor nach dem Gottesdienst zu einem Himmelfahrtskonzert an. Alle Gottesdienstteilnehmer waren in der Kirche geblieben. Der Pastor der Kirche kam durch eine kleine Seitentür in das Gotteshaus. Der Chor hatte vor dem Altar Aufstellung genommen. Nach Einleitung eines Orgelvorspiels sang der Chor geistliche Lieder.

Der Chor hatte sich vergrößert. Laut Sängerliste waren wir 44 aktive Sänger, von denen 22 Sänger, angefangen 1946, 30 Sänger 1947, 44 Sänger 1948 und 43 Sänger 1949 an den Übungsabenden angetreten waren. Ein Zeichen, dass der Chor sich weiterentwickelte. Es lag auch sehr viel an dem Chorleiter, der es verstand, altes und neues Liedgut mit den Sängern einzuüben.
1960 – vor 60 Jahren wurde die Liedertafel „Germania" aus der Taufe gehoben. Mit Freuden gingen die Sänger zum 60. Stiftungsfest ins Bahnhofshotel nach Elmschenhagen, um dort die Gründung des Vereins zu feiern. Ja, sogar befreundete Gesangvereine aus Malmö und Svedala in Schweden hatten Abordnungen entsandt, um Glückwünsche zu überbringen. Der 5. März 1960 war für alle ein freudenreicher Tag, der spät in der Nacht seinen Ausklang fand.
Freunde in Schweden erwarteten den Chor auch in Svedala. Wegen Mangels an Konzertsälen in Schweden wurde in der evangelischen Kirche in Malmö ein kirchliches und weltliches Konzert gegeben. Es fand großen Anklang. Am Tag darauf gab es in einem nahe

1986

gelegenen Ort, wo in einer großen Parkanlage, ähnlich dem Volkeningpark in Malmö, auf einer Freilichtbühne ein gemischtes schwedisch-deutsches Konzert. Der Park war eine Erholungsstätte für die nähere Umgebung und von Besuchern der Gegend gut gefüllt.

Um aber wieder Kontakt zu anderen Vereinen in anderen Städten zu bekommen, wurde der Vorstand gebeten, mit einem Chor aus Wyk auf Föhr in Verbindung zu treten.

Dank der guten Vorarbeit war auch zwischen den Vorständen innerhalb kürzester Zeit eine gute und engere Verbindung hergestellt. Der Chor von der Insel nahm eine Einladung an, gemeinsam das 86. Stiftungsfest zu feiern.

Am 5. Oktober 1986 waren die Gäste angereist und hatten zunächst ihre Zimmer im Hotel „An der Horn" bezogen und anschließend zu Abend gegessen. Gegen 19.00 Uhr hat der 2. Vorsitzende die Gäste kurz im Hotel begrüßt und ist dann zusammen mit ihnen im Bus zum ETV-Heim gefahren. Hier wurden sie im großen Saal durch den Chor mit dem „Grüß Gott" willkommen geheißen. Im weiteren Verlauf des Abends kamen sich auch die Sänger, die sich das erste Mal sahen, näher und gegen Ende des Festes konnte man kaum noch unterscheiden, dass es zwei fremde Chöre waren. Es hatte sich eine richtige große „Sängerfamilie" gebildet.

Am 29. November 1986 stand nun zunächst ein schöner Termin an: Der Vinetaplatz in Gaarden war umgebaut und verschönert worden. Die Bauarbeiten waren nun abgeschlossen und der Platz sollte neu eingeweiht werden. Mit einer fröhlichen Party für Jung und Alt lud der Handels- und Gewerbeverein „Ostufer City Gaarden" ein. Der Brunnen auf dem Vinetaplatz gab dem Fest den Namen „Gaardener Brunnenfest".

Die Geschichte des Gaardener Vereins von 1870

Um die Jahreswende 1869/70 trafen und berieten sich Bürger der Dorfgemeinde Gaarden in der Gastwirtschaft „Orpheum", später „Kaisersaal", Ecke Karlstal-Werftstraße, eine Vergnügungsgesellschaft zu gründen. Es bestand bereits seit 1844 in Gaarden-Süd die Gesellschaft „Vereinigung von 1844".
Am 27. April 1870 wurde die erste Versammlung des Gaardener Vereins von 1870 abgehalten. Ihr erster Vorsitzender war W. Kroll, Lehrer an der Mädchenschule.

Die ersten Mitglieder waren in der Mehrzahl Turner, Sänger, Tänzer und Theaterbegeisterte.

Das Vereinsziel war, das kameradschaftliche Band der Gemeinde durch gemeinschaftliche Vergnügungen und Feste zu fördern. Aufnahme fanden nur angesehene und unbescholtene Bürger von Gaarden und der näheren Umgebung und dies erst nach eingehender Prüfung durch den Vorstand.

Der Gründer des Gaardener Vereins – Lehrer Kroll

Die durchgeführten Veranstaltungen wurden rasch zum Dorfgespräch. Die soziale Einstellung des Vereins zeigte sich sehr deutlich im Krieg 1870/71 beispielsweise durch Abhalten von Wohltätigkeitskonzerten für Hinterbliebene.

Aus den Gründerjahren sind noch einige interessante Einzelheiten zu erwähnen. Seinerzeit wurde eine Bibliothek angelegt, derer sich die Mitglieder rege bedienten. „Wegen der großen Abnutzung" musste diese aber bereits im Jahre 1924 aufgegeben werden.

Das Markenzeichen des Gaardener Vereins wurden zwei verschlungene Hände, die auf eine Bereitschaft zur gegenseitigen Hilfe hinweisen könnten. Die Vereinsfarben wurden blau und weiß.

1907 Der Vorstand

1907 Ausflug der Mitglieder des Gaardener Vereins nach Eckernförde

Der Name des Vereins muss im „Dorfe Gaarden" einen guten Ruf gehabt haben, denn um die Fahne scharten sich immer mehr Menschen. Nun war Gaarden natürlich auch schon lange kein Dorf mehr und der Stadtteil erlebte in den Jahren 1880 bis 1900 ein rasches Wachsen. Grund war selbstverständlich der aufstrebende Kriegsschiffbau auf der gesamten Ostufer-Seite des Kieler Hafens.

Eine weitere Aktivität für die Mitglieder bestand u.a. in der Gründung der Sterbekasse 1892. Sie erforderte eine grundlegende Umstellung des Vereinsgeschäftsganges. Diese Versicherung fand regen Zuspruch, wurde unter Aufsicht gestellt und ging später in eine private Begräbniskasse über. Das Vereinsleben spielte sich, wie es nun einmal üblich ist, in einem von Mitgliedern bestimmten Rahmen und nach bestimmten Regeln ab.

Am 27. April 1895 feierte dann der Gaardener Verein groß den 25. Geburtstag im wohl bekanntesten Etablissement damaliger Zeit, der „Wilhelminenhöhe". Sie lag in der Werftstraße etwa in der Höhe Norddeutsche Straße, die vor der Eingemeindung Gaardens noch Wilhelminenstraße nach einer Gottorper Prinzessin hieß. In diesem Lokal wurden immer schon, selbst als das Lokal noch nicht in seiner alten Form und seinem altem Standort am Sandkrug stand, große, rauschende Feste, Tanzveranstaltungen und Maskeraden abgehalten. Ab diesem Jahr war auch der Gaardener Verein aus dem Leben Gaardens nicht mehr wegzudenken. Es war gerade damals schon eine Ehre, mit diesem Verein verbunden zu sein und ein absoluter Höhepunkt war es, zum „König von Gaarden" ausgerufen zu werden.

Bald schon zogen düstere Wolken auf, die sich in den blutigen Weltkrieg von 1914–18 entluden und weltweit Not und Elend brachten. Aber hier wurde auch der Zusammenhalt der Vereinsmitglieder deutlich sichtbar. Nicht nur, dass gemeinsame Feste gefeiert wurden, sondern in diesen entbehrungsreichen

Jahren wuchs die Verbundenheit und die Hilfsbereitschaft untereinander. Dass am Ende dieses Krieges gerade auf dem Ostufer die Not und das Elend schlimmste Formen annahm, ergab sich zwangsläufig, da hier sowieso die eine recht arme Bevölkerungsschicht der Stadt wohnte.

Noch heute wird der Mitglieder gedacht, die trotz allem Unbill dafür sorgten, dass das Vereinsleben langsam aber beständig weiterging. So beging der Gaardener Verein seinen 50. Geburtstag wieder in altbewährter Form, und man konnte sich über eine große Zahl von treuen Anhängern freuen. 1920 waren es doch recht unruhige politische Zeiten!

Im Laufe der Zeit wechselten auch die Schießstände des Gaardener Vereins ihre Standorte. Da war ein Schießstand in der Nähe der Brommystraße, etwa zwischen Jachmann- und Bothwellstraße auf einem unbebauten Grundstück an der Kreuzung des heutigen Ostrings und Pickertstraße sowie die Karlsburg, Ecke B4 und 404 am Vieburger Gehölz, das Schützenheim in Elmschenhagen, ehemals Klinik Dr. Liebold, das Schützenheim „Hubertus" oder die Gaststätte „Seeperle" in Wellsee. Und wo Vogelschießen abgehalten wird, muss natürlich dann auch ein Königpaar her. Der erste Schützenkönig in einer über die vielen Jahre gewachsene langen Reihe war August Strunk, Inhaber des gleichnamigen Möbelhauses in der Elisabethstraße.

Der Hunger in den „Goldenen Zwanzigern" nach Vergnügen und Zerstreuung wuchs in ganz Deutschland bis ins Unermessliche. Auch jedes Vogelschießen wurde ein rauschendes Fest für den gesamten Kieler Stadtteil. Lange Jahre wurden diese in

1930 Gaststätte „Wilhelminenhöhe"

der „Karlsburg" am Vieburger Gehölz, am Schnittpunkt der damaligen B4 und der B404, durchgeführt. Es war eine Anlage so richtig im Grünen und es ging dort hoch her. Die Schützen hatten Gewehre jeglichen Kalibers – es waren teilweise richtige „Donnerbüchsen". Die wurden auch gebraucht, um dem recht mächtigen Vogel zu Leibe zu rücken. Bis der letzte Fetzen fiel, schossen jeweils drei Schützen gleichzeitig. Der Vogel war von anderen Ausmaßen als heute – vom Schwanz bis zur Krone über zwei Meter hoch und der Rumpf aus einem halbierten Baum von über einem Meter Dicke. Kugel um Kugel wurden abgefeuert und durch den Pulverdampf wurden dann selbstverständlich die Kehlen so trocken, dass manches Glas Bier verkonsumiert werden musste. Und nach Ende des Schießens ging von Vieburger Gehölz der „Marsch des Leidens" zum „Reichshof" in Ellerbek. Das war es bei begleitender Marschmusik und im Schein der Fackeln eine doch sehr stimmungsvolle Sache.
Frauen und Kinder nahmen natürlich auch am Vogelschießen teil, aber es gab auch noch andere große Festlichkeiten im Rahmen des Vereinsleben.

1935

Das Land Schleswig-Holstein kennenzulernen, war der Wunsch vieler der Vereinsmitglieder und ein aufmerksamer Vorstand plante einen Ausflug per Autobus. Es war in den 30er-Jahren noch keine Selbstverständlichkeit, derartige Touren zu unternehmen, und so war der erste Vereinsausflug nach Ostholstein mit 320 Personen in zehn Autobussen ein überragender Erfolg.

Diese erste Veranstaltung machte Mut und 1938 fand eine neue Fahrt statt, an der 260 Personen teilnahmen und sie nach Kappeln, Schleswig und Rendsburg führte. Und auch eine ähnliche Fahrt nach Travemünde wurde ohne eine jegliche Störung durchgeführt.

Es war auch in Gaarden nicht so, dass in den Jahren 1920 bis 1935 die Welt nach dem Ersten Weltkrieg wieder in Ordnung war und das Vergnügen Vorrang hatte. In dieser Zeit war das gesamte Kieler Ostufer, was die Zahlen der arbeitslosen Menschen betraf, führend und damit auch viele der Vereins-Mitglieder betroffen. Eine Notiz aus einem Vereinsbericht mag dafür Zeuge sein. „In Zeiten der Not (1928), wo viele Väter erwerbslos waren, wurden ihren Kindern Gutscheine geschenkt, damit die Eltern mit den notwendigsten versorgt werden konnten". Wieder ein Beweis dafür, dass der Gaardener Verein um das Wohl seiner Mitglieder recht bemüht war.

Immer wieder und sehr intensiv wurden gerade die Kinder der Mitglieder mit in alle Aktivitäten des Vereins einbezogen. Für sie war die Kinderweihnachtsfeier der Höhepunkt des Jahres. Wegen des großen Andrangs – es nahmen meistens über 200 begeisterte Kinder daran teil – wurden die Feiern im „Reichshof" abgehalten. Schon Monate vorher studierte die Kindertheatergruppe des

1938 Vereinsausflug

1938 Vogelschießen, Kinder Königspaar

Vereines ein Weihnachtsmärchen ein und wie in einem richtigen Theater gab es selbstverständlich auch eine Generalprobe. Am Abend der Aufführung auf der großen Bühne des „Reichshofs", der mit Tannenbäumen, die die Mitglieder extra für dieses Ereignis „ausgeliehen" hatten, geschmückt war, ging es dann noch aufgeregter, aber erfolgreich mit viel Applaus hoch her. Denn nach der Vorstellung kam auch noch der Weihnachtsmann, ließ sich hier und da Gedichte aufsagen und drohte ab und zu auch mal mit der Rute. Für jedes Kind gab es eine große Tüte mit Äpfeln und Nüssen, braunen und weißen Kuchen und einer Apfelsine; zu dieser Zeit durchaus keine Alltäglichkeit.

Nach 1933 ging die Arbeitslosigkeit zuerst noch zögernd, dann aber rapide zurück. Heute wissen wir über die Folgen; damals waren dies für Gaarden die „fetten" Jahre. Die Werften arbeiteten wieder auf Hochtouren, Arbeiter aus der eingegliederten „Ostmark" siedelten vor allem in Elmschenhagen an und machten die Werftarbeiter-Viertel von Gaarden bis Dietrichsdorf wieder zu begehrten Kieler Wohnorten.

Der Gaardener Verein, wie alle anderen Gilden und Vereine ebenso, hatte nun mit einmal keinen Vorsitzenden mehr, sondern einen Führer und Fahnen mit Hakenkreuzen und auch ein ganz neuer Versammlungsstil kam noch erschwerend hinzu.

Durch den Zustrom von Menschen auf das Kieler Ostufer profitierte auch der „Gaardener Verein". Er hatte im Jahre 1940 über 400 Mitglieder im Alter von 30 bis 34 Jahren. Dementsprechend wurden auch die zahlreichen Feste nun noch umfangreicher.

Nach dem Zweiten großen Krieg, der Gaarden mit reichlich Ruinen und Trümmer übersäte, kehrte das Vereinsleben sehr langsam, aber stetig wieder in seine traditionsreiche Form zurück.

Ein Grußwort von dem Stadtpräsidenten Hermann Köster anlässlich der Fahnenweihe des Gaardener Verein aus dem Jahre 1964:
„Wer nach dem Ostufer kommt, der kommt an die Lebensader unserer Stadt, und wer nach Gaarden kommt, der kommt in jenen Teil Kiels, von dem der Pulsschlag zur Großstadt

1962 Marsch zum Werftpark durch die Augustenstraße-Pickertstraße

ausging – in jenes Kiel, das auf einer Karte aus dem Jahre 1651 noch mit ‚Wischen' – das sind Wiesen, bezeichnet wurde und 1793 noch ‚Dörp Garten' genannt wurde.
Kiel ist mit diesem Stadtteil – so kann man u. a. sagen – angefangen; aber von Kiel nach Gaarden war es, besonders wenn man zu Fuß unterwegs war, noch immer ein beschwerlicher Weg besonders dann, wenn man noch ein paar Gläser Bier getrunken hatte. Wenn man dann vom Wege abkam und dann mitten in die Salzwiesen hinein, war es aus mit dem Rausch und dem fröhlichen Gesang. Aber es dauerte nicht lange, und dann war trotz der moorigen Salzwiesen der Humor wieder da und man sang:
‚Und denn güng ick no Dörp Goorn – hev min Stebel fast verlorn!'
Die Gaardener sind ein lebensfrohes Volk, welches mit Gastfreundschaft und Herzlichkeit dem Fremden entgegenkommt. Das sage ich hier ebenfalls aus vollem Herzen – hier an der traditionsreichen Stätte am Volkspark, der ja schon immer zum Mittelpunkt Gaardens gehörte.
Aber Gaarden ist nicht nur wegen seiner lebensfrohen Bürger mir lieb geworden.
Es ist es auch wegen seiner tapferen Bürger – jener Bürger, die nach dem 1. Weltkrieg oft ihrer Erwerbsquelle beraubt, jahrelang ohne Arbeit sein mussten und die während des 2. Weltkrieges Unmenschliches erdulden mussten.
Wir sollten uns ab und zu, auch wenn man es heute nicht wahrhaben will, daran erinnern! Wir sollten uns auch daran erinnern, dass man aus dem Ort der Schiffe und Kräne eine kleine Fischerstadt machen wollte.

1964 Gastwirtin Magda Arpe
und der Gärtner Hans Luther

Der Gaardener Junge Andreas Gayk ließ es mit der Ratsversammlung nicht zu, er protestierte mit der Kraft seiner Persönlichkeit und dem unbeugsamen Lebenswillen der Gaardener Bevölkerung.
Diese Stadt der Not ist eine helle, lichte Stadt geworden! Darüber sind wir alle froh – darauf sind wir stolz!
Es war eine harte Zeit, es war eine große Zeit, weil das Leben uns selbst forderte!
Lassen Sie uns dieser Zeit gedenken – nicht in lähmender Trauer, wohl aber in mahnender Nachdenklichkeit und innerster Liebe zum Frieden!"

Bemerkenswert ist hier auch noch ein sehr herausragendes Ereignis, mit dem sich der Gaardener Verein für die Stadtverwaltung unvergesslich machen konnte:
Der Goldeimer-Pokal:
Wurde vor gar nicht so langer Zeit in Kiel vom Stadtteil Gaarden gesprochen, so rümpfte ein jeder und mit Recht die Nase. Gaarden, das war doch das „Eimerdorf". Was auf der anderen Seite der Förde schon lange Bestand hatte, lag auf dem Ostufer noch sehr im Argen.
Der „Abschluss der Nahrungsmittelkette" ging im wahren Sinne des Wortes „in den Eimer", denn
„wi scheeten hier dröben noch in'n Emmer".
Die Abfuhrunternehmer mit ihren extra hierfür eingerichteten Wagen werden manchen noch in Erinnerung sein. Mit ihnen verbinden sich z. B. Namen wie Klöckner oder Schönbeck und – hier nicht zu vergessen – der Ehrenkönig der „Alten Gaardener Gilde" Otto Zahlmann aus der Hofstraße.

Nur sehr zögerlich kam auch auf dem Ostufer die Kanalisation auf Touren. Der ehemalige Landtagsabgeordnete Julius Bredenbeck beschloss durch die Erschaffung eines entsprechenden Pokals, in der Form eines Goldeimers, auf diesen Missstand hinzuwiesen. Hierzu passten auch die nachstehenden dazugehörigen Verse:

» *Eh' nicht der letzte Eimer fort*
aus Gaardens Wohnlokalen,
stift' ich für den Entwicklungsort
den Eimer statt Pokalen.
Drum schießt solang' den Eimer aus
als Mahnung und als Zeichen,
bis wir in jedem Gaard'ner Haus
WC-Anschluss erreichen. «

Am 19.7.1968 war die Kanalisation fast vollständig abgeschlossen. Die berühmten anrüchigen Scheetwagen verschwanden von den Straßen und der Pokal konnte der Stadt Kiel sozusagen als Dank und Anerkennung übergeben werden. Die Übergabe fand im Rahmen einer Feierstunde im Amtszimmer des damaligen Oberbürgermeisters Günther Bantzer statt. Eine Aufstellung fand der Pokal zuerst in einer Vitrine gegenüber der Abteilung Stadtentwässerung und später im Pumpwerk in der Haßstraße. Mittlerweile ist der Pokal wieder in den Besitz des Gaardener Vereins übergegangen.

1994 Festumzug – Vinetaplatz

Aus dem Gaardener Verein von 1870, als Mutterverein, gingen eine Reihe neuer Vereinigungen hervor.
1872 die „Gaardener Liedertafel".
1875 der „Gaardener – Männer – Turnerbund von 1875".
1884 wurde ein weiterer Gesangverein gegründet.
Die Schützen schlossen sich zum „Gaardener Schützenklub von 1924" zusammen, blieben aber vollzählig beim Gaardener Verein.
Der Verein „Bruderkette" verschmolz 1873 mit dem Gaardener Verein.
Diese Daten stammen aus einer Festschrift anlässlich des 70. Jubiläums am Sonnabend, dem 27. April 1940.

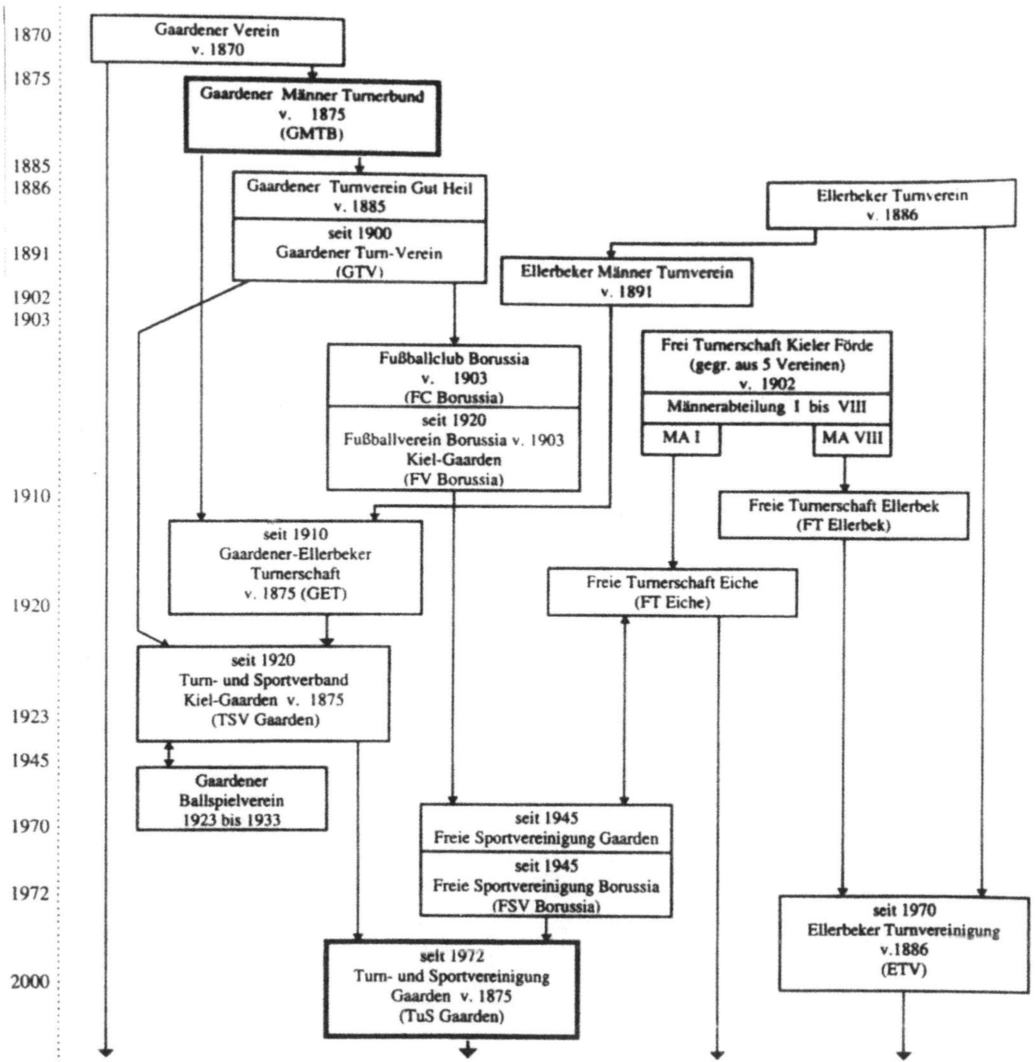

Grafik des Stammbaumes der Gaardener Vereine vom Gaardener Verein bis TuS – Gaarden.

Turn- und Sportvereinigung Gaarden von 1875

Eine lange und bewegte Geschichte – mit dem Turnen fing alles an.

Am Anfang der Geschichte stand der Gaardener-Männer-Turnerbund.
Turnen war damals einzige Disziplin und zunächst „natürlich" reine Männersache.

1906 Vorturner

Gaardener Männer-Turner-Bund von 1875 bis 1910

Nachdem in Kiel seit 1844 der Kieler Männer-Turn-Verein (KMTV) mit gutem Erfolg tätig war, rührten sich später auch in der damals selbständigen Gemeinde Gaarden, Landkreis Plön („Klösterlich-Gaarden", Gaarden-Ost), einige junge Männer aus Kreisen des heute noch bestehenden Gaardener Vereins von 1870 (Verein für Frohsinn, Geselligkeit und

Früher waren vor allem die Turnfeste eine Attraktion. Das sind die flotten Vertreter des Gaardener-Männer-Turnerbundes, die sich auf dem Weg zum Gauturnfest 1903 nach Eutin befinden. Von links: Wilhelm Liebetreu, Hugo Lira, Otto Fiebieger (sitzend), Hermann Schmidt, Anton Ehlund, Hans Sievers (oben), Reinhold Heidrich, der Eutiner Führer mit Fahrrad, Hermann Witt (sitzend unten), Johannes Krüger, Albert Brinkmann (oben), Karl Perßon (stehend), Robert Krüger (oben, rechts), Johannes Krüger (stehend), Ludwig Kohatins, Karl Otto und Artur Boysen (rechts).

Sportschießen), um dem Turnen eine Wirkungsstätte zu verschaffen. In einem Lokal in der damaligen Werftstraße (heute Hügelstraße) riefen sie am 11. September des Jahres 1875 den Gaardener Männer-Turner-Bund ins Leben.
Dem Turnverein trat schon bald nach der Gründung eine stattliche Schar von Männern und Jünglingen aus allen Kreisen der aufblühenden Gemeinde bei. Trotz mancher Schwierigkeiten, die überwunden werden mussten, zählte der junge Verein schon am Ende des ersten Vereinsjahres 79 der Turnsache treu ergebene Männer und Jünglinge.
Am 11. Januar 1877 gründete sich aus Mitgliedern des Turnvereins die Gaardener Turnerfeuerwehr. Diese Einrichtung führte jedoch zu manchen Anlässen, die der Förderung des deutschen Turnens nicht förderlich waren. Bereits nach einem Jahr trennten sich daher die „Füerturners" vom Stammverein, und beide entwickelten sich seitdem erfreulich.
1877 erwirkte der Verein seine Aufnahme in den Ostholsteinischen Turngau, und schon im September des Jahres 1878 konnte er sich mit eigenen Mitteln eine einfache Fahne

Turnhalle untere Kaiserstraße.Heute ist hier – nahe dem Blaschkeplatz – der Johannsenweg

anschaffen. Vor allem aber ging es darum, eine eigene Turnhalle zu bauen. Aber erst im Jahre 1894 nahmen diese Pläne Gestalt an, sodass im Jahre 1898 eine Turnhalle in der Goschstraße errichtet wurde.
1910 schloss sich der Verein mit dem Ellerbeker Männer-Turnverein von 1891 zur „Gaarden-Ellerbeker-Turnerschaft von 1875 (GET)" mit dem Ziel zusammen, eine angemessene Turnstätte zu schaffen.

Ellerbeker Männer-Turnverein von 1891 bis 1910

In Ellerbek waren am 1. September 1891 zwölf begeisterte Turner, die aus dem Ellerbeker Turnverein von 1886 stammten, zusammengetreten und hatten den Ellerbeker Männer-Turnverein von 1891 gegründet. Erfreulicherweise stieg die Mitgliederzahl schnell auf über 50, außerdem verfügte der Turnverein über eine Knabenabteilung von gut 60 Jungen. Ein Jahr später schon bestand der Turnverein aus über 150 Mitgliedern. Die Opferfreudigkeit der Mitglieder war so groß, dass durch Spenden bald einige Geräte bei Ellerbeker Handwerksmeistern bestellt werden konnten. Auch eine Fahne konnte man sich bald leisten. Sie schmückt noch heute das Vorstands-Sitzungszimmer der TuS Gaarden. Nach einem Jahr trat der Verein dem Ostholsteinischen Turngau bei und legte auf Gau- und Kreisturnfesten beredtes Zeugnis seines Wirkens ab.
Nach zehn Jahren musste der Verein Abschied nehmen von Brusch's Gasthof am Ellerbeker Strand und in das Werfterholungshaus im Werftpark umziehen. Hier allerdings blühte der Turnverein erst richtig auf. Um sich aus der Abhängigkeit von einem Saalbesitzer zu befreien, bahnten sich Verhandlungen mit dem Ellerbeker Turnverein von 1886 zwecks einer Wiedervereinigung an, um dann

1908 Gaardener Turnerriege auf dem Turnfest in Leipzig

gemeinsam eine Turnhalle bauen zu können, aber diese Verhandlungen schlugen fehl.
So verhandelte man dann mit dem Gaardener Männer-Turner-Bund, der dasselbe Ziel einer eigenen Halle verfolgte. Dieser Zusammenschluss kam im Jahre 1910 unter dem Namen „Gaarden-Ellerbeker Turnerschaft von 1875" (GET) zustande.

Gaarden-Ellerbeker Turnerschaft von 1910 bis 1920

Eine eigene Halle und ein hauptamtlicher Turnlehrer waren die Grundpfeiler eines geregelten Turnbetriebs. Der Werftspielplatz, direkt vom Vereinsgrundstück aus zugänglich, erleichterte den Spielbetrieb sehr. Alles schien bestens zu laufen, als der Erste Weltkrieg auch diesem Verein die besten Kräfte entzog. Turnhalle und Sportplatz verödeten. Finanziell wurde der Verein gedrückt, lediglich die Tatsache, dass die Marine die Halle als Speisesaal gemietet hatte, half über die größten Schwierigkeiten hinweg. Nach Beendigung des Krieges musste die Marinebehörde die Halle wieder instandsetzen, und unter stark veränderten Verhältnissen konnte das Turnen wieder aufgenommen werden. Die verworrene Wirtschaftslage lag schwer auf dem Verein, viele Mitglieder kehrten nicht wieder, die heranwachsende Jugend entzog sich der Unterordnung. Also keine leichte Aufbauarbeit für die Turnvereine. Zu dieser Zeit, im August 1920, kam der Zusammenschluss mit dem Gaardener Turnverein zustande, um gemeinsam im nun gebildeten „Turn- und Sportverband Kiel-Gaarden, gegr. 1875" den Kampf um Dasein und Aufstieg aufzunehmen.

Gaardener Turnverein Gut Heil, seit 1900 Gaardener Turnverein von 1885 bis 1920

Der Gaardener Turnverein Gut Heil (GTV) entstand 1885 infolge von Zwistigkeiten innerhalb des Gaardener Männer-Turner-Bundes. In jugendlichem Feuereifer beschlossen

einige junge Männer, einen neuen Turnverein ins Leben zu rufen, der ihnen das bieten sollte, was der alte Verein ihnen vorenthielt. In den Anfangsjahren hatte dieser Verein es sehr schwer, musste er doch nicht nur die Klippen umschiffen, die sich auch jedem anderen Turnverein gestellt hatten, sondern er hatte auch Probleme mit der Aufnahme in den Ostholsteinischen Turngau, die mehrfach abgelehnt wurde, weil „er zu jung sei und seine Lebensfähigkeit erst noch beweisen müsse". Erst 1892 kam die ersehnte Aufnahme in den Ostholsteinischen Turngau.
Im Jahre 1889 wurde eine Vereinsfahne beschafft. Neu eingeführt wurde das volkstümliche Turnen (Leichtathletik), es entstanden eine Altersriege und ein Trommler- und Pfeifer-Korps.
Das Jahr 1898 war von besonderer Bedeutung für die Turnvereine in Gaarden, konnten sie doch ihren Turnbetrieb in die neuerbaute Gemeindeturnhalle in der Goschstraße verlegen. Dieser Erfolg und das um die gleiche Zeit einsetzende Aufblühen Gaardens bewirkte eine schnelle Entwicklung des Vereins nach jeder Richtung; auch durch die Gründung des Arbeiterturnvereins im Jahre 1900 wurde sie nicht wesentlich behindert.

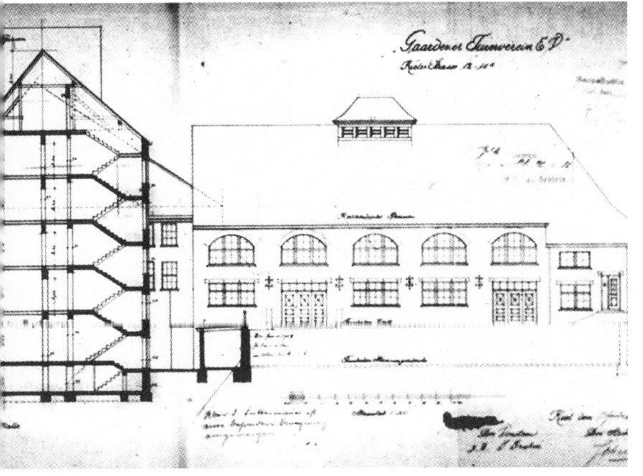

Bauplan der Turnhalle Kieler Str.

Der Vereinsbetrieb wurde auf eine völlig neue Grundlage gestellt: Neue Satzungen, erweiterter Turnrat, Änderung des Namens in „Gaardener Turnverein", neues Vereinsabzeichen, alles dies entstand in damaliger Zeit. Im Oktober 1903 wurde das Frauen- und Mädchenturnen neu aufgenommen.

Im Frühjahr 1904 wurde das Vereinslokal zum neuerbauten Holsteinischen Hof verlegt. Die folgenden Jahre 1905 bis 1907 waren einer der fruchtbringendsten Zeitabschnitte für den Verein. Die Mitgliederzahl stieg auf 463, die Gesamtzahl der Vereinsangehörigen auf über 900. Die Knaben- und Mädchenabteilungen turnten in je drei Abteilungen. Für das Frauen- und Mädchenturnen wurde die Städtische Turnhalle (Gaarden war inzwischen nach Kiel eingemeindet worden) an der Kaiserstraße mit in Benutzung genommen.
Die schnelle Entwicklung des Vereins, hauptsächlich die steigende Beteiligung am Turnen, drängte den schon jahrelang gehegten Wunsch auf Besitz einer eigenen Vereinsturnhalle wieder in den Vordergrund. Nachdem der Verein im Sommer 1905 in das Vereinsregister der Stadt Kiel eingetragen war, wurden im selben Jahr noch die Grundstücke Kieler Straße 12–18a käuflich erworben und mit der Ausarbeitung eines Bauplanes sofort begonnen. Im Herbst 1910 – am Nachmittage des Stiftungstages – hatte auf dem Gelände an der Kieler Straße eine kurze eindrucksvolle Feier stattgefunden mit dem ersten Spatenstich für den Bau der Turnhalle. Schon im Januar 1911 war dann die Grundsteinlegung, sodass im Herbst die Anlage mit dem Namen „Jahnhalle" in Betrieb genommen werden konnte. Ein großes Werk, auf das der Gaardener Turnverein mit Recht stolz war, war vollendet.

1920

Dann brach 1914 der Erste Weltkrieg aus. Folglich brachte die Mitgliederversammlung vom August 1920 den Beschluss, sich mit der Gaarden-Ellerbeker Turnerschaft von 1875 zum „Turn- und Sportverband Kiel-Gaarden, gegr. 1875" zusammenzuschließen, um der immer schwerer drückenden wirtschaftlichen Not Herr zu werden.

Turn- und Sportverband Kiel-Gaarden, gegr. 1875 von 1920 bis 1972

Nach dem ersten Weltkrieg mit all seinen Folgeerscheinungen, entschlossen sich die beiden Vereine GET und GTV im Jahre 1920 zum Zusammenschluss und gründeten den „Turn- und Sportverband Kiel-Gaarden, gegr. 1875" (TSV Gaarden). Die Jahnhalle in der Kieler Straße mit den Wohngebäuden musste verkauft werden. Es war aber möglich geworden, die Turnhalle Kaiserstraße 1B schuldenfrei zu machen.

Die folgenden Jahre brachten trotz wirtschaftlicher Not einen starken Auftrieb in allen Abteilungen. Oberturnwart Max Schuldt, gleichzeitig Männer- und Frauenturnwart, Heinrich Reese als Knabenturnwart, August Olsson als Oberspielwart, Robert Wilke als Fußballobmann und andere setzten sich für einen lebendigen Turn- und Spielbetrieb ein.

Das Jahr 1923 brachte die Trennung zwischen Turnen und Sport, ein Vorgang, für den man heute keinerlei Verständnis mehr aufbringen kann. Die Deutsche Turnerschaft (DT) verbot ihren Mannschaften, gegen Mannschaften des Deutschen Fußballbundes (DFB) zu spielen. Das führte dazu, dass die Fußballer sich fast völlig vom Verein lösten und den „Gaardener Ballspielverein von 1923" (GBV, siehe weiter unten) gründeten. Im gleichen Jahr erlebten wir die Geburt des Handballsportes, der im TSV Gaarden eine großartige Entwicklung in Breite und Spitze nahm. Leider war der dem TSV nur teilweise zur Verfügung stehende Werftparksportplatz den Anforderungen nicht mehr gewachsen, so dass unbedingt etwas geschehen musste.

Die Fa. Gebr. Arp überließ dem Verein an der Lübecker Chaussee eine Koppel. Im freiwilligen Einsatz vieler Aktiver wurde das Gelände einigermaßen planiert und ein provisorischer Platz geschaffen.
An der Schwentinemündung hatten inzwischen die Kanufahrer in Eigenleistung ein vereinseigenes Bootshaus erstellt. Die Tennisabteilung, die bisher auf dem städtischen Platz im Werftpark zu Hause war, erfreute sich großen Zuspruchs.
Das Platzprovisorium Lübecker Chaussee, auch etwas abgelegen, konnte auf die Dauer nicht befriedigen. Die Suche ging weiter. Walter Negel führte inzwischen Verhandlungen um das Gelände „Gaardener Schietbarg", die sich trotz der Aussicht, den Schandfleck Gaardens durch eine schöne Platzanlage zu ersetzen, als äußerst schwierig gestalteten. Auch wurden manche Zweifel zu dem Wagnis geäußert, hier auf dem Sumpfgelände mit riesigen Schutthalden eine Platzanlage zu bauen.

Turnhalle in der Kieler Straße

Mit einem selbst organisierten Arbeitsdienst aus vielen jungen Menschen, die 1932 arbeitslos waren, begannen die Arbeiten, und es wurde geschafft. Im September 1933 fand die erste Baukampfbahn ihre glanzvolle Weihe. Der Name soll an die Turner erinnern, welche 1852 bei der Schlacht nahe dem dänischen Ort Bau im Freiheitskampf für Schleswig-Holstein ums Leben kamen.
Dennoch lastete ein immer dunkler werdender Schatten nicht nur auf dem TSV Gaarden, sondern auf allen Vereinen. Von 1933, der „Machtergreifung" durch die Nationalsozialisten an, wurden alle Vereine vor große Probleme gestellt, weil die Politik sich mehr und mehr in das Vereinsleben einmischte und nach einer gewissen Schamfrist versuchte, sie auf nationalsozialistischen Kurs zu bringen, „gleichzuschalten", von allen anderen Ereignissen außerhalb des Sportbereiches ganz abgesehen. Die Vereine gar, die dem Arbeiter-Turn- und Sportbund (ATUS) angehörten, wurden aufgelöst. Um weiterhin ihrem geliebten Sport nachgehen zu können, schlossen sich die meisten Mitglieder den verbliebenen Turn- und Sportvereinen an. Die Vereine selbst gehörten jetzt alle zum NS-Reichsbund für Leibesübungen (NSRL) und mussten eine Mustersatzung übernehmen. Es gab keine Wahlen mehr, es wurde ein Vereinsführer bestimmt, der Mitglied der NSDAP sein musste und seine weiteren Vorstandsmitglieder ernannte. „Neben jede Turnhalle gehört ein Schießstand!" gründete der Verein eine Geländeturnabteilung, die für eine paramilitärische Ausbildung der erwachsenen Mitglieder sorgen sollte und bald

geschlossen in die SA überführt wurde. Im nächsten Schritt wurden die Jugendlichen in die Jugendorganisationen der Partei (HJ; BDM) überführt, wo sie in ihrer Freizeit ihre vormilitärische Ausbildung erhielten, sodass sie für den Vereinssport kaum noch zur Verfügung standen, weil sie einfach keine Zeit hatten.

Schon in der ersten Ausgabe nach Beginn des Zweiten Weltkrieges, im Novemberheft 1939, lesen wir aber auch die erste, mit dem Eisernen Kreuz versehene Gefallenenanzeige eines (ehemaligen) Vereinsmitglieds. 1940 wurde der Turn- und Sport-Verband Kiel-Gaarden in „Turn- und Sport-Gemeinschaft Kiel-Gaarden" umbenannt, weil eine neue Einheitssatzung des NSRL im Vereinsnamen nur „Verein" oder „Gemeinschaft", nicht aber „Verband" zuließ.

Die Jahre bis 1945 standen im Zeichen der bekannten Entwicklungen und Ereignisse, die tief in das Eigenleben der Vereine eingriffen. Das turnerische und sportliche Leben im TSV erlebte Höhen und Tiefen, aber immer fanden sich Frauen und Männer, die das Vereinsschiff flott hielten. Sogar im Zweiten Weltkrieg konnte der Sportbetrieb recht lange aufrechterhalten werden, bis auch Sportplatz und Bootshaus den Bomben zum Opfer fielen. Ab 1940 konnte der TSV nicht mehr in der eigenen Halle turnen.

Ein neuer Beginn

So bot sich nach der Kapitulation nur noch ein Trümmerfeld sowohl bei der Turnhalle als auch auf der Baukampfbahn und überhaupt bot sich in ganz Gaarden ein grausiges Bild. Jeder hatte mit sich selbst zu tun, um das Dasein neu zu gestalten. Alle Vereine waren von der Militärregierung aufgelöst.

Die Turnhalle der Iltisschule war für den Turnbetrieb nicht zu benutzen. Der Linoleumfußboden war herausgerissen, eine Giebelwand fehlte, Fenster und Türen waren arg beschädigt bzw. fehlten ganz. Man ließ sich jedoch nicht entmutigen und packte an. 1946 begann man. Ein Provisorium entstand. Aber immerhin war die Halle dicht, wenn auch kalt! Eine Beleuchtung war inzwischen ebenfalls installiert worden, und so begann auf blankem Zementfußboden wieder ein fröhliches Turnen.

1955 Der Spielmannzug des TSV-Gaarden unter der Leitung von Helmut Willführ

Aber noch fehlte der Sportplatz. Die von Bombentrichtern übersäte Baukampfbahn sollte erneut hergerichtet werden. Es war erstaunlich, aber es gelang den Vereinsmitgliedern, und so konnte 1948 die zweite Baukampfbahn den Aktiven übergeben werden.

Im August 1949 wurde die erste Vereinszeitung nach dem Kriege herausgegeben.

Die allgemeine überfachliche Jugendarbeit bekam großen Auftrieb, als Anfang der 50er viele zusätzliche Angebote gemacht wurden. 1952 ging es zum ersten Mal ins Zeltlager an den Behler See, und 1953 folgte eine große Wanderfahrt in den Spessart. Diese Wanderfahrt fand ihre Fortsetzung in den großen

Zeltlagern unter der Leitung von Walther „Vadder" Block auf der Insel Sylt, am Behler See, in St. Peter oder in Bosau.

Als recht hinderlich im Zusammenwachsen des Vereins machte sich das Fehlen eines Mittelpunktes bemerkbar, an dem sich Turner und Sportler, Aktive und Inaktive zwanglos treffen konnten. So wurde die Möglichkeit erörtert, auf der Baukampfbahn ein neues Vereinshaus zu erbauen. Und es gelang trotz aller Widerstände durch den selbstlosen ständigen Einsatz einiger Getreuer und unter Mithilfe aller Vereinsmitglieder, in den Jahren 1956/57 das Werk zu vollenden.

Inmitten des Aufschwunges stand der Sport- und Spielabteilung eine harte Prüfungszeit bevor, musste doch die Baukampfbahn wegen des Neubaus des Ostringes zwischen Röntgenstraße und Stoschstraße verlegt werden. Viel Einsicht der Aktiven in Verbindung mit der Kunst des Improvisierens war nötig, um diese bittere Zeit durchzustehen. Es war wieder ein festlicher Tag für den Verein, als uns 1963 durch die Stadt Kiel die nun dritte Baukampfbahn übergeben wurde.

Ein großes Hemmnis für eine Ausweitung des Turnbetriebes und für die Durchführung von Trainingsstunden der Sportler war die Turnhallennot in unserem Stadtteil. Hier hatte sich nach dem Krieg nicht viel getan. Ein Turn- und Sportverein kann jedoch nur vorankommen, wenn neben der Breite auch die Spitze sichtbar geschult wird und in Erscheinung treten kann.

Im Jahre 1908 siedelte der Verein, nachdem er inzwischen mehrfach das Vereinshaus gewechselt hatte, zum Restaurant „Zum Reichspfennig" über.

Nach 1918 musste neu aufgebaut werden. In diese Zeit fällt auch die Änderung des Vereinsnamens. Am 10. April 1920 bestimmte

Ansichtskarte: Pickertstraße Gaststätte „Reichspfennig" an der Kaserne

die Generalversammlung die Änderung von „Fußball-Club Borussia" in „Fußballverein Borussia von 1903, Kiel-Gaarden".

Von einer ganz besonderen Bedeutung für die Vereinsgeschichte wurde das Jahr 1921. Es gelang dem Verein der Aufstieg in die 1. Klasse nach 18 Jahre langem Kampfe. Mit dem Beginn der Ligaspiele wurde auch die Vereinstracht geändert. Anstatt der weißen Hose wählte man eine grüne Hose. Die Vereinsfarben wurden somit schwarz-weiß-grün.

Ein besonderer Blick sei auf das Jahr 1924 gerichtet: Im Schlagball – heute kaum noch bekannt – erreichte der FV Borussia das Endspiel um die Deutschen Meisterschaft gegen SC Germania Gleiwitz aus Oberschlesien. Mit fünf Punkten wurde das Spiel von unseren 12 wackeren Leuten gewonnen, und damit sicherten sie unserem Verein den Titel eines Deutschen Meisters.

Im Jahre 1925 konnte erstmals eine Vereinszeitung herausgegeben werden. Da der Fußballsport nicht nur bei Borussia einen großen Aufschwung nahm und immer mehr Mannschaften dazukamen, entstand der Wunsch nach einem eigenen Platz. Es wurde

1933 Fackelzug am Vinetaplatz zur Eröffnung der Baukampfbahn

der Werftspielplatz in seiner heutigen Form neu gestaltet und nach dem Kieler Stadtrat, Vorsitzenden des Norddeutschen Fußballverbandes und Geschäftsführenden Vorsitzenden des Deutschen Fußballbundes, Georg P. Blaschke, der im Jahre 1928 plötzlich verstarb, benannt.

Nach der „Machtergreifung" im Januar 1933 griffen Entscheidungen der Politik auch in das Vereinsleben des FV Borussia ein und versuchten, sie auf nationalsozialistischen Kurs zu bringen, „gleichzuschalten". Das führte dazu, dass die bestehenden Strukturen vielfach zerschlagen wurden.
1933 wurde die Gauliga des Gaues Nordmark geschaffen.
1936 und 1937 wurde zwar die Bezirksmeisterschaft errungen, zweimal konnte man wieder eingreifen in die Entscheidung um den Aufstieg in die Gauliga, aber zweimal hatten andere Vereine – FC St. Pauli bzw. Polizei Hamburg – mehr Glück.
Als sich 1933 der Gaardener Ballspielverein (GBV) auflöste und die damalige Freie Turnerschaft an der Kieler Förde (MA I) als Arbeiter-Turn- und Sportverein von den Machthabern verboten wurde, schlossen sich die Handballer beider Vereine dem FV Borussia an.
Alle Aktivitäten wurden 1939 durch den Kriegsausbruch unterbrochen, und die schweren Kriegsjahre haben sich ebenfalls auf die Vereinsarbeit ausgewirkt und die Arbeit in den Abteilungen teilweise zum Erliegen gebracht. Die bisher benutzten Sportstätten wurden entweder für andere Zwecke benötigt oder durch die Luftangriffe, wie beispielsweise die Sportanlage Blaschkeplatz, vernichtet.

Das Konzept für die Weiterentwicklung des Vereinslebens in Gaarden führte 1945 zu einem Zusammenschluss der Vereine Borussia, Kampfsport und der Freien Turnerschaft Eiche zu einer Gemeinschaft, die sich zunächst „Freie Sportvereinigung Gaarden" nannte, aber schon bald in „Freie Sportvereinigung Borussia" umfirmierte. Aus dieser Gemeinschaft hat sich ein großer Teil der ehemaligen Mitglieder der FT Eiche allerdings sehr bald wieder gelöst und einen eigenen Verein gegründet.

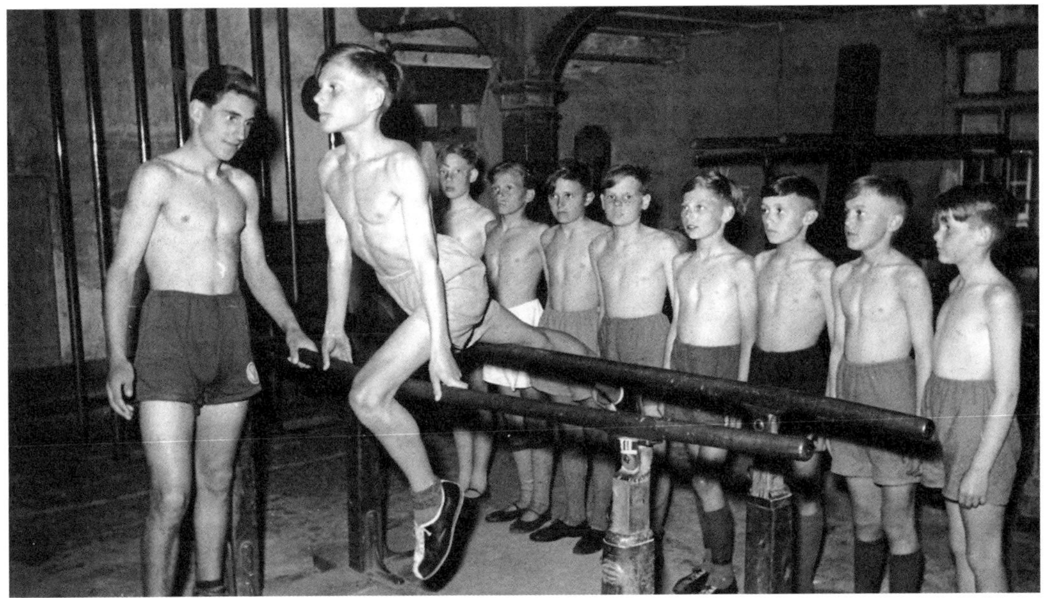

1950 Jugendriege in der Iltisschule noch mit einer Galerie, die etwas später abgerissen wurde. Das Bild gehört Kalli Jeckin (zweiter von rechts)

Es ging in den 50er- und 60er-Jahren erfreulich aufwärts. Am meisten stand natürlich immer der Fußball im Blickpunkt, aber auch in den anderen Abteilungen, Boxen, Handball und Tischtennis, wurde gute und erfolgreiche Arbeit geleistet, die den Namen der FSV Borussia weit ins Land und über die Grenzen des Landes trugen. Fußballer und Tischtennisspieler waren auch gern gesehene Gäste in der DDR.

In den Jahren 1969 und 1970 wandte der Verein erhebliche personelle und finanzielle Mittel auf, um den Blaschkeplatz, der durch jahrelangen intensiven Spielbetrieb doch sehr gelitten hatte, von Grund auf zu renovieren. Auch die Stadt Kiel und der Landessportverband versagten ihre Hilfe nicht.
Dennoch führten bald Überlegungen zu dem Ergebnis, dass eine optimale Ausnutzung der in Gaarden vorhandenen Sportstätten geschaffen werden musste.

Um dieses Ziel zu erreichen, erfolgte im Jahre 1972 die Zusammenführung der Vereinsgemeinschaften des TSV Gaarden und der FSV Borussia zur „Turn- und Sportvereinigung Gaarden von 1875 e.V."

Als endlich nach langen Verhandlungen das Lager der Sinti und Roma an der Preetzer Straße einen anderen Standort erhalten hatte, ging die Stadt Kiel daran, zügig eine neue moderne Mehrzweckhalle zu bauen.

1875 Turn- und Sportverband Kiel-Gaarden, Knabenspielmannszug, gegr. 1926

Fußball-Club Borussia, ab 1920 Fußballverein Borussia, ab 1945 Freie Sportvereinigung Borussia, von 1903 bis 1972

Das erste Jahrzehnt des zwanzigsten Jahrhunderts ist die Zeit der Gründung von Fußballvereinen. Fast überall, wo sich Anhänger des damals noch braunen Lederballs zusammenfanden, entstand ein Fußballklub, so auch in unserem Stadtteil Gaarden. Hier bestanden bereits die Werftparkspielvereinigung von 1901 und der Fußballklub Concordia von 1902.

An einem Frühlingsabend des Jahres 1903, am 27. Mai, ging eine Schar junger Turner des damaligen Gaardener Turnvereins zum Werftpark, um Leichtathletik zu betreiben. Da den jungen Leuten keine Geräte zur Verfügung standen, einigte man sich auf ein Fußballspiel. Unter Leitung von August Schmidt, der einen Ball bereitstellte, wurden sie schnell Freunde und Anhänger dieses schönen Sports und wollten es nun auch bleiben. Ein Antrag beim Turnrat auf Bewilligung eines Fußballes wurde abgelehnt, und so waren sie gezwungen, auf eigene Kosten Geräte und Bälle zu beschaffen. Auf einer Zusammenkunft am 2. Juni auf der Kegelbahn im Werfterholungshaus, wo 13 Personen anwesend waren, wurde die Gründung eines Fußballklubs beschlossen. Das Gründungsprotokoll weist folgende Unterschriften auf: Ernst Schmahl, Hellmut Eggert, P. Matz, Peter Höck, August Schmidt, Johannes Prüß, R. Wöhlk, Robert Meyer, Johannes Dargusch, August Schott, Hans Wustrow. Lange Zeit nahm die Namensfindung in Anspruch. „Viktoria" oder „Concordia" waren schon vergeben. Der Vorschlag „Borussia" (=Preußen) sagte niemandem etwas, aber da Kiel damals zu Preußen gehörte, waren alle einverstanden.

Die Sportplatzfrage, das Problem der Umkleidemöglichkeit, die Anschaffung von notwendigen Sportgeräten waren Einzelfragen, die großen persönlichen und finanziellen Einsatz jedes Einzelnen erforderten. Trotz eifrigster Bemühungen aber war es schwer, im Stadtteil Gaarden Anhänger für den Fußballsport zu gewinnen, da der hiesigen Bevölkerung absolut kein Verständnis für die Ausübung von Fußball oder Leichtathletik entlockt werden konnte. Aus diesem Grunde hatten auch die oben genannten Vereine nur eine kurze Lebensdauer zu verzeichnen, so dass schon vom Jahre 1904 an Borussia lange Jahre alleiniger Fußballverein in Gaarden war. Als Sportstätte diente der Sportplatz im Werftpark, und einige Jahre später konnte erreicht werden, auf dem damaligen Kasernenhofgelände in der Pickertstraße den Exerzierplatz als Sportplatz zu benutzen.

Legendär – Gaardener Boxer

Als 1945, nach Beendigung des Krieges, der Sportbetrieb wieder aufgenommen wurde, taten sich ehemalige Boxer unter der Führung von Artur Ernst zusammen und gründeten bei Borussia-Gaarden eine Abteilung für den Faustkampf.

Es war ein sehr schwieriges Unterfangen, denn Material, Geräte und die Trainingsmöglichkeiten waren knapp und primitiv. Die Turnhallen waren zum größten Teil zerstört. So wurden die ersten Trainingsstunden in einer Baracke in der Blitzstraße durchgeführt. Der Boxsport aber ging seinen Weg. Viele Mitglieder strömten dieser Sparte zu. Unter der Anleitung von Willi Bormann wurde eine starke Staffel aufgestellt. In dieser Zeit wurden laufend Vergleichskämpfe mit anderen Vereinen ausgetragen. Der Name FSV Borussia Kiel war in allen Verbänden bekannt, und die Staffel war überall gern gesehen.

Neben der Seniorenstaffel entwickelte sich auch eine kampfstarke Jugendabteilung, die von Fritz Wiese betreut wurde.

Nachdem die Boxer schon eine lange Zeit in der Blitzbaracke trainiert hatten, wurde ihnen endlich die Turnhalle in der Kaiserstraße zur Verfügung gestellt.

Nach 1949 holten Siggi Gunia und Herbert Ustrabowski mehrere Landestitel bei den Jugendlichen, während Walter Thumm bei den Senioren erfolgreich war. Weiter wurden Kurt Otto, Reinhold Langholz und Paul Nitschmann Landesmeister. Den eigentlichen Durchbruch aber schaffte Paul Nitschmann, der 1954 Deutscher Juniorenmeister wurde und somit wieder eine Deutsche Meisterschaft für Borussia erkämpfte.

In der Zeit von 1956 bis 1958 wurden laufend Veranstaltungen durchgeführt.

1922 Härtetraining

Das Jahr 1958 wurde in Preetz von Hansi Louisoder eine Unterabteilung ins Leben gerufen. Die Sparte bekam neuen Auftrieb.
Kurt Rennemann holte für uns den Landestitel im Schwergewicht. 1958 übernahm dann Winfried Priess, der schon vorher beim Training mit ausgeholfen hatte, die Jugendabteilung.
1959 errangen die Senioren drei Landestitel, durch Rudi Wolf, Dieter Kiupel und Klaus Stockmann.

Auch bei den jährlich stattfindenden Kämpfen auf der Krusenkoppel sahen 3000 bis 5000 Zuschauer dann diese Werbung für den Boxsport. 1960 gab es zwei Landesmeister, Günter Thode und Lothar Abend. Lothar Abend kam danach mit dem höchsten Titel zurück. Er wurde Deutscher Juniorenmeister im Federgewicht und Klaus Stockmann verteidigte seinen Landestitel im Mittelgewicht erfolgreich. Bei den Deutschen Meisterschaften errang er wiederum einen guten dritten Platz. Außerdem hatte er einen Stammplatz in der Landesauswahl und boxte bis zu seinem Übertritt ins Profilager zweimal mit Erfolg in der Nationalstaffel.
1961 wurden wieder drei Borussen Junioren-Landesmeister. Lothar Abend, Günter Thode und Uwe Schlüter hießen die glücklichen Sieger. Lothar Abend wurde wiederum Norddeutscher Meister und brachte außerdem durch eine erfolgreiche Verteidigung seines Federgewichtstitels eine Deutsche Meisterschaft nach Kiel.

Nach 1963 wurde es mit den Veranstaltungen immer weniger. In diesem Jahr wechselte auch Lothar Abend ins Lager der Profis über. Die beiden Profis schlugen sich 1964 im In- und Ausland mit gutem Erfolg. Lothar Abend gewann alle acht Kämpfe.

Der ewige Pechvogel in dieser Zeit war Kalli Gauger. Er wurde nie Landesmeister, doch er schlug sie alle. Immer wieder kam er als Repräsentativkämpfer für den SHABV zum Einsatz.

Neben der Trainertätigkeit übernahm Winfried Priess von 1964 bis 1965 die Geschicke der Gaardener Boxabteilung.

Das Jahr 1965 war auch für die beiden Profis sehr erfolgreich. Stockmann kämpfte um den Titel eines Deutschen Meisters im Mittelgewicht.

Er musste sich nach großem Kampf geschlagen geben. Lothar Abend gewann alle elf Kämpfe. Im Juni wurde er Deutscher Meister im Federgewicht über Klaus Jäger.

1970 fand erstmals bei den Profis eine Meisterschaft in der neu geschaffenen Junioren-Leichtgewichtsklasse statt. Abend gewann den Titelkampf gegen Jacobi. In der Europa-Rangliste nahm er den 1. Platz ein. Bei der Wahl zum Sportler des Jahres landete er in Schleswig-Holstein auf Platz 2.

1971 wurde Winfried Priess erneut Abteilungsleiter der Boxsparte.

In diesem Jahr versuchte Abend einen neuen Anlauf, um Europameister im Federgewicht zu werden. Er verlor nach 15 Runden durch Punktwertung. Der Italiener Galli blieb Meister.

Winfried Priess, am 28. Februar 1931 geboren, trat nach dem 2. Weltkrieg im Jahre 1946 als Jugendlicher in die Boxabteilung der FSV Borussia Kiel-Gaarden ein. Als Allroundsportler spielte er auch erfolgreich Fußball, Handball und Tischtennis. Seine Leidenschaft aber war und blieb das Boxen. Zunächst als Kämpfer, aber bald auch schon als Funktionär im Verein und im Schleswig-Holsteinischen Amateur-Boxverband (SHABV) sowie als erfolgreicher Trainer. Die Gaardener Boxidole Paul Nitschmann, Uli Kauffmann und Klaus Stockmann, um nur einige zu nennen, führte er bis zu Deutschen Meisterschaften. Höhepunkt seiner Trainerkarriere war natürlich die Europameisterschaft 1972 im Profilager mit Lothar Abend.

1972 wurde Podlech erneut Landesmeister im Schwergewicht. Lothar Abend gewann die Europameisterschaft gegen den Italiener Chiloiro im Super-Federgewicht. Die Presse wählte ihn zum Sportler des Jahres in Schleswig-Holstein.

1973 wurde Podlech Landesvizemeister. Peter Ahrens gewann die Meisterschaft im Federgewicht und erreichte bei den Deutschen Meisterschaften einen 3. Platz. Er hatte einen Stammplatz in der Bestenliste des Deutschen Amateur-Box-Verbandes (DABV) und unterstützte in dieser Saison die Bundesligamannschaft von Kaltenkirchen. Lothar Abend

1972 Europameister Lothar Abend

1963 Klaus Stockmann (rechts) gegen Heinz Meinhardt in der Ostseehalle

bestritt neun Kämpfe und wurde erneut in Schleswig-Holstein zum Sportler des Jahres gewählt. Seinen Titel als Europameister verteidigte er dreimal mit Erfolg: Gegen de Keers (Belgien), Brami (Frankreich) und Poli (Italien). Die Fachzeitschrift ernannte ihn zum Boxer des Jahres. Er wurde in beiden Weltranglisten, WBC und WBA, auf Platz 2 geführt, die höchste Einstufung, welche ein deutscher Boxer erreichte. Ein Titelkampf um die Weltmeisterschaft im Super-Federgewicht war schon zu 90% perfekt. Doch es sollte nicht sein. Der Weltmeister Arrendondo (Mexiko) verlor seinen Titel gegen den Japaner Shibata. Dieser war, trotz aller Bemühungen, nicht gewillt, nach Deutschland zu kommen.

Klaus Stockmann boxte in einem begeisterten Kampf vor 8000 Zuschauern in der Kieler Ostseehalle den amtierenden Meister Jupp Elze mehrfach in den Ringstaub. Die Ostseehalle tobte! Leider musste Klaus Stockmann in der zwölften Runde mehrere Schläge wegstecken die dann in der letzten Runde zu seinem K.O. führten. Bis dahin führte er nach Punkten und wäre Deutscher Meister geworden.
Gegen den Hamburger Heini Meinhardt – sein erster Kampf um die Deutsche Meisterschaft – wurde, nach vorher 15 siegreichen Kämpfen – durch technischen K.O. in der neunten Runde beendet.
Klaus, wie auch Lothar Abend, der Europameister im Federgewicht, war ein Gaardener Junge aus dem „Boxstall" von Borussia Garden. Er war u. a. auch als Bademeister im

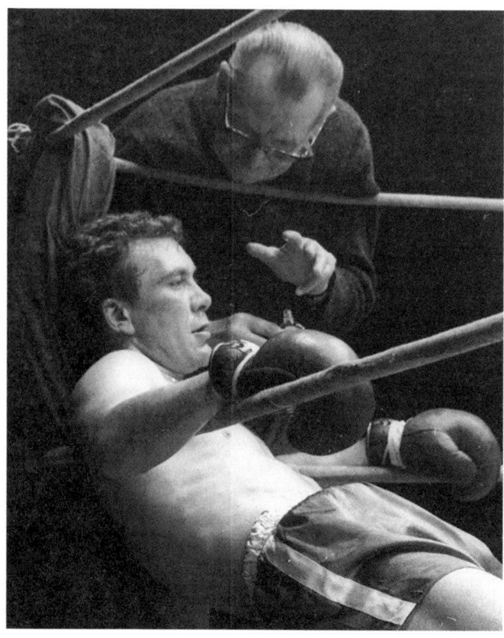

1963 Klaus Stockmann verliert in der Kieler Ostseehalle gegen Eugen Musenbock

Freibad „Katzheide" tätig und wurde von der Presse als „Der boxende Bademeister" tituliert. 1974 wurde Peter Ahrens Landesvizemeister im Federgewicht. Immer wieder versuchten die beiden Kieler Vereine TuS Gaarden und PSV Kiel, durch gemeinsame Veranstaltungen und Demonstrationen die Jugend für den Boxsport zu begeistern.

Die Boxprofi-Ehe zwischen Lothar Abend und Trainer Winfried Priess wurde im Mai 1975 beendet. Winfried Priess konnte sich wieder ausschließlich um die Amateure kümmern.
In den Jahren 1976/77 wurden viele Starts auf nationaler und internationaler Ebene durchgeführt.
Auch 1979 war für die Boxer ein erfolgreiches Jahr. In der Eichhofhalle wurden mehrere Jugend- und Juniorenturniere durchgeführt.
Auf der Krusenkoppel, zum Abschluss der Kieler Woche, boxten die Gaardener gegen eine Hamburger Mannschaft. Im Spätsommer, an einem verkaufsoffenen Sonnabend, strömten die Leute ins Einkaufszentrum bei Plaza. Eine Boxveranstaltung in einem Kaufhaus, das gab es noch nicht. Sponsoren dieses Boxmeetings waren Plaza und Capri-Sonne. Die Kämpfer erhielten T-Shirts und Geschenkgutscheine.

Willi Bormann, 1934 als junger Boxer beim Training für Olympia 1936.

1980 – in der Coventry-Halle herrschte eine Bombenstimmung. Bei diesem Start kam auch der Gastboxer Luis Eduardo Villamil-Nagles aus Kolumbien zum Einsatz. Er wurde in Gaarden zum Publikumsliebling. Sein Trainingsfleiß war lobenswert. Bei zwei Begegnungen schlug er den Schleswig-Holstein-Meister einstimmig nach Punkten. Leider musste Luis uns zum Jahresende verlassen. Sein Schiff, auf HDW modernisiert, brachte ihn zurück in die Heimat, doch die Freundschaft blieb. Nach langer Ringpause – Verletzungen stoppten seinen Trainingsfleiß – griff der Schwergewichtler Wolfgang Stahmer wieder ins Geschehen ein.
1981 kam die Streichung des Boxens auf der Krusenkoppel. Einige sozialpädagogische Fachhochschulabsolventen sahen in dieser Veranstaltung eine Verrohung der Jugend.

Im September 1994 hatten Ulli Kauffmann und Winfried Priess den 80. Geburtstag des ehemaligen Trainers Willi Bormann organisiert. Es wurde eine großartige Feier im Hotel Steigenberger. Selbst die Ministerpräsidentin Heide Simonis kam zum Gratulieren, denn Willi Bormann war und ist auch heute noch bekannt. Weit über Kiels Grenzen hinaus hat er sich einen Namen als Boxer gemacht.

Ob Vereins-, Stadt- oder Landesmeister, die Palette an Urkunden und Pokalen ist groß. Aber nicht nur Siege waren dabei, auch manch' blaues Veilchen brachte er oft nach Hause. Seine größte Anerkennung wurde ihm vom Boxverband Schleswig-Holstein 1934 zuteil. Willi wurde als einziger Boxer

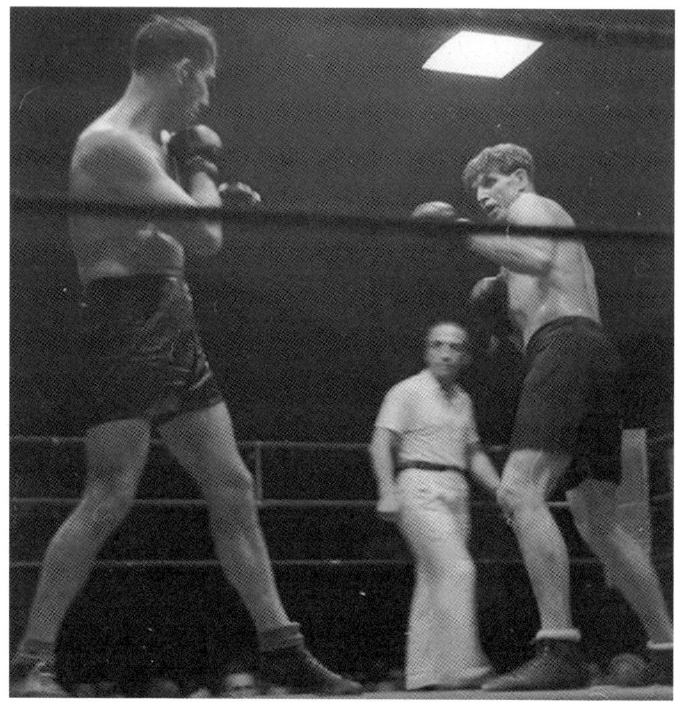

1948 Geboxt wird in den Viehhallen des Schlachthofs. Im Ring rechts: der Gaardener Lokal-Matador Heinz Selisch

Schleswig-Holsteins zur Teilnahme an den Olympischen Spielen 1936 nach Berlin berufen. „Es war eine harte Zeit", erzählte er „jede freie Minute wurde zum Training genutzt, ich war gut in Form und rechnete mir bei den Spielen gute Chancen aus. Doch kurz vor dem großen Ereignis in Berlin brach ich mir meinen rechten Daumen, und damit war der Traum von Olympia zu Ende."

Als Trainer führte er Boxer wie Lothar Abend, Peter Weiland oder Klaus Stockmann zur Europameisterschaft. Willi Bormann wurde Legende im Kieler Boxsport und als Boxer von der Reeperbahn bekannt.

Als Schüler der Volksschule in der Kaiserstraße legte sich Jung-Willi gern mit Mitschülern an. 1923 verschrieb er sich als Junge dem Boxsport im Verein Borussia, dem heutigen TuS Gaarden.

Seine Lehre, die er 1929 als Maschinenbauschlosser begann, hatte schnell ein Ende: „,Schon in den ersten Monaten meiner Lehrzeit haute ich meinem Lehrmeister nach einer kleinen Meinungsverschiedenheit eine auf die Nuss. Sofort konnte ich mein Päckchen packen und nach Hause gehen", erzählte er immer mit einem verschmitzten Lächeln.

Er wollte hoch hinaus, was ihm als Kranführer bei den Howaldtswerken gelang. 38 Jahre saß er in der Glaskanzel seines Kranes oder kämpfte als Betriebsratsmitglied bei HDW für die Kollegen.

So machte er sich einen guten Namen sowohl bei den Kollegen als auch bei den Arbeitgebern. Mit 63 Jahren ging er in den Ruhestand, wobei er sich sichtlich wohlfühlte. Der bekannte Mann vom Ostufer besuchte viele Veranstaltungen und ging täglich durch die Elisabethstraße – immer mit einem steifen, recht eleganten Hut.

1901 Die Gründungsmitglieder vom F. T. Eiche

Die „Freie Turnerschaft Eiche" von 1901

Im Jahre 1900 lag die Bevölkerungszahl in Kiel bereits über 100 000. Auf den in Kiel ansässigen drei Werften – Germania Werft, Howaldtswerke und Kaiserliche Werft – war ein riesiges Potential von Arbeitern vorhanden. Die Kieler Arbeiterschaft war in ihrer Struktur stark sozialdemokratisch geprägt. In ihren Anfängen noch unorganisiert. Die politischen, kulturellen und sportlichen Organisationen entwickelten sich erst langsam. So entstanden in Kiel neben den bestehenden bürgerlich orientierten Sportvereinen auch die Bewegung der Kieler Arbeiter-Turner. Angestrebt wurde die Bündelung aller Turner in einem gemeinsamen Sport- und Turnbetrieb.

Erst 1902 war es so weit. Die Freie Turnerschaft an der Kieler Förde wurde gegründet.

Die Freie Turnerschaft „Eiche" von 1901 e.V. ist in ihrer Entwicklungsgeschichte den bereits geschilderten Gegebenheiten unterworfen gewesen. Im Dezember 1900 wurden einige Mitglieder des damaligen Turnvereins „Gaardener Turnverein Gut Heil v. 1885" wegen Unstimmigkeiten ausgeschlossen. Diese traten dann am 13. Januar 1901 im damaligen Kaisersaal zusammen und gründeten den Gaardener Turnverein v. 1901 in Gaarden. Zum 1. Vorsitzenden wurde Karl Späthoff gewählt.

Der neue Verein trat sofort dem Arbeiter-Turnerbund bei. Der Verein war nun bemüht, den Turnbetrieb zu organisieren. Die Turnhalle in der Goschstraße stand behördlicherseits dem Verein nicht zur Verfügung. Ausweichquartiere mussten gefunden werden.

In einem Tanzlokal, dem breits erwähnten Kaisersaal an der Ecke Blessmanndamm und Werftstraße (da steht heute ein Bunker), konnte man schließlich mit dem Turnbetrieb beginnen.
Für den neuen Verein waren Turn- und Sportgeräte noch Mangelware. Die Beschaffung musste organisiert werden. Spenden und Leihgaben von befreundeten Vereinen halfen. Der Turnbetrieb entwickelte sich prächtig, und mit dem Zugang neuer Mitglieder wuchs auch der Verein spürbar an.

Nach vielen und recht großen Anstrengungen des Vorstandes wurde erreicht, dass die städtische Turnhalle in der Goschstraße dem Verein zugänglich gemacht werden konnte. Am Donnerstag und nur Sonntag am Vormittag konnte jetzt hier der Turnbetrieb stattfinden. Da in Gaarden ohnehin zu dieser Zeit großer Mangel an Sport- und Spielplätzen herrschte, war der Verein gezwungen, sich auch noch andere sportgeeignete Plätze zu suchen. Der Holzplatz der Firma Speck an der Werftstraße genügte den ersten Anfängen. Als dieser Platz nicht mehr ausreichte, wurde der zugeschüttete Mühlenteich an der Lübecker Chaussee (jetzt Ecke Schwedendamm/Bahnhofstraße) als neues Domizil auserkoren.

1902 Erste Männerriege

Auch dieser Platz erwies sich als viel zu klein. Und so zog man eine Straße weiter auf das Gelände an der Werftbahnstraße hinter dem früheren Ausflugslokal „Concordia".

Am 1. Januar 1902 erfolgte dann der Zusammenschluss der fünf in Kiel bestehenden Arbeitersportvereine zur Freien Turnerschaft an der Kieler Förde von 1902. Bei der Auslosung wurde den Gaardenern die Bezeichnung „Männer-Abteilung Y' (MA I) zugesprochen. Unter der Obhut der neuen Mutter des Vereines entwickelte sich der Turnbetrieb innerhalb der Abteilung (MA I) immer stärker und so wurde schnell entschlossen, neue Abteilungen ins Leben zu rufen.
Als Erstes entstand die Frauen-Abteilung und notwendigerweise wurde zusätzlich auch noch eine Jugend- und Knaben-Abteilung ins Leben gerufen.

Durch den raschen Aufschwung der Arbeiterturnbewegung wurden die preußischen Behörden nicht nur aufmerksam, sondern auch bedrohlich aktiv. Es wurde der Versuch unternommen, die Sportbewegung als politisch ausgerichtet abzustempeln.
Den Turnleitern wurden die erzieherischen Fähigkeiten abgesprochen Jugendabteilungen zu leiten, weil sie nicht den Befähigungsnachweis als staatlich geprüfte Turnlehrer besaßen. Weitere Androhungen wurden ausgesprochen. Es sollten sogar die Turnhallen dem Verein entzogen werden. Als Retter in der Not entpuppte sich Eduard Adler. Er war im Besitz der benötigten staatlich geprüften Turnlehrerbefähigung. Mit ihm als Gesamtleiter des Vereines konnte der Turnbetrieb unter erheblichen Schwierigkeiten weitergeführt werden.
Im Jahr 1912 mussten die Vereine der Turnerschaft an der Kieler Förde und mit ihnen

1914 Die Meisterriege

auch die Abteilung MA I sich von ihren sämtlichen Jugendabteilungen trennen. Die gesamten Jugendabteilungen mit den bisherigen Jugendleitern wurden in den neugegründeten Verein „Kieler Turn- und Wanderclub v. 1912" übernommen.

So konnte die Arbeit mit den Jugendlichen fortgeführt werden. Im Juni 1914 wurden dann dem „Turn- und Wanderclub" endgültig die Benutzung der städtischen Turnhallen vom Magistrat der Stadt Kiel verboten. Jetzt zog die Jugend mit ihren Leitern des Sonntags durch Wald und Flur, bis das Verbot kurz vor dem Ersten Weltkrieg aufgehoben wurde. Unberührt von den oben genannten Schwierigkeiten konnte der übrige Turnbetrieb aufrechterhalten werden.
Im Jahre 1903 wurde die Turnhalle in der Gaußstraße fertig gestellt, und die MA I konnte von der Halle in der Goschstraße dorthin wechseln. Bis zum Ausbruch des Ersten Weltkrieges wurde die Turnhalle in der Gaußstraße nun das Domizil des Turnvereins. Während des Krieges musste die Turnhalle mehrere Male gewechselt werden. Nach Kriegsende bezog die MA I nach der Wiederinstandsetzung die Turnhalle in der Iltisschule. Hier wurde dann bis zum Jahre 1933 geturnt.
Der Erste Weltkrieg hat auch diesem Verein schwere Wunden zugefügt. Ungefähr 30 der besten und getreuesten Turner waren nicht aus dem Krieg wieder zurückgekehrt. Um ein widerstandfähiges Vereinsleben aufleben zu lassen und somit die Lücken der Gefallenen aufzufüllen, bedurfte es einer großangelegten Anstrengung, um die Organisation des gesamten Vereines ganz neu einzurichten.
Hier war es insbesondere der 1. Vorsitzende E. Wiegand, der es verstand, durch gesellige Abende im Jugendheim in der Goschstraße

dem Verein wieder den nötigen Auftrieb zu geben. Dadurch wurden frühere aktive Turner für den Verein und den Turnbetrieb zurückgewonnen. Der Turnbetrieb wurde nach und nach wieder auf eine ehemals beachtliche Leistungsstärke zurückgeführt.
Durch diesen Aufschwung des Vereinslebens konnten ungefähr 50 Turner an dem ersten Bundesturnfest des Arbeiter-Turn- und Sportbundes im Jahre 1922 in Leipzig teilnehmen.

Aber auch Rückschläge blieben dem jetzt selbstbewusst Auftretenden nicht erspart. Der Frauen- und Mädchenturnwart Joh. Kähler verließ 1923 seine Heimat und wanderte nach Amerika aus. Den gleichen Weg gingen auch der 1. Vorsitzende Wiegand sowie noch sechs weitere Turner. Um diese Zeit verließ auch der mit vielen Preisen ausgezeichnete Turner H. Ahrens den Verein. Er siedelte aus beruflichen Gründen nach Hamburg über. Die Kriegswirren und die genannten Verluste durch Auswanderung und Übersiedlungen verlangten vom Verein abermals viele Mühe einen hohen Standard wiederherzustellen.

Natürlich gab es seit der Zeit der Weimarer Republik nicht nur den Turnbetrieb. Auch die Leichtathletik und die Rasenspiele kamen bei allen Gaardenern immer mehr zur Geltung. Das damals so beliebte Schlagballspiel stand im Verein auf einer beachtlich hohen Leistungsstufe. 1926 konnte der Titel eines Kreismeisters nach Gaarden geholt werden. Ebenfalls besaß der Verein eine spielstarke Handballmannschaft, die sogar weit über Kiels Stadtgrenzen hinaus für ein sehr einsatzfreudiges starkes Spiel bekannt wurde. Verschiedene große Abendveranstaltungen bei bengalischer Beleuchtung wurden der in Massen erscheinenden Gaardener Bevölkerung auf dem Gaußplatz geboten.

1923 Am hinteren Teil der heutigen „Iltisschule"

Im Jahre 1933 mit der Machtübernahme der Nationalsozialisten wurde die „Freie Turnerschaft an der Kieler Förde" wie auch alle anderen Arbeiterorganisationen in der Stadt aufgelöst.
Aus der Gründerzeit bis 1933 liegen dem Verein nur ganz wenige Unterlagen und Bilder vor. Aus diesen wenigen Unterlagen sei hier zitiert:

1925 Am Tor der Krupp'schen Germaniawerft

» Kombinierte Versammlung der Männerabteilung I, dem 13. 3. 1933 in der Iltishalle:
Da schon seit einiger Zeit Stadtgespräch war, dass man uns die Turnhallen und Spielplätze entzogen hatten, was allerdings noch nicht der Fall war, fordert der Genosse E. Petersen die Versammlung auf, nicht auf diese Gespräche zu hören, sondern dem Verein und besonders der Abteilung weiterhin die Treue zu halten.
Mit dem Lied ‚Und wenn wir marschieren' schloss der Vorsitzende um 8.45 Uhr die Versammlung.
Anwesend waren: 54 Turngenossen und 32 Turngenossinnen. Gez; Der Schriftwart W. Roosch.
Auf der letzten Abteilungsversammlung der ‚Männerabteilung I' am 3. April 1933, die gleichfalls in der Iltishalle stattfand, ist folgend festgehalten worden. Kombinierte Abteilungsversammlung der Männerabteilung I am 3. April 1933:
Tagesordnung:
1. Informierung über die Lage der Abteilung des Vereins und des Bundes.
2. Das Ostervergnügen.
W. Martin eröffnet um 20.00 Uhr die sehr stark besuchte Abteilungsversammlung, denn alle sind gespannt, ob der Arbeitersport noch weiter besteht oder nicht.
Zu Punkt 1 gab Martin zur Kenntnis, dass eine nationale Umsetzung vor sich gegangen sei, und die Verbindungen mit den Bezirken und dem Bund abgebrochen sind. Auf Anfrage bei den Oberministerien, warum die Turnhallen, die Sportplätze, überhaupt der Arbeitersport verboten wird, gab es keine Antwort. In Braunschweig ist schon alles verboten, und bei uns wird es auch nicht mehr lange dauern. Wir müssen abwarten, welche Schritte wir unternehmen können.
Zu Punkt 2. Das Ostervergnügen, welches zugleich das 30-jährige Stiftungsfest unseres Vereines ist, muss abgesagt werden, da wir unser Programm nicht durchführen können. Allerdings bitten wir alle Turngenossinnen und Turngenossen sich am ersten Ostertag in der Wilhelminenhöhe zusammenzufinden.
Mit dem Lied: ‚Des Sonntags in der Morgenstunde!!!' wurde die Versammlung geschlossen.
Versammlungsschluss: 21.00 Uhr
Anwesend waren: 54 Turngenossinnen, 72 Turngenossen. Gesamt: 126 Turngenossen.
Der Schriftführer Otto Tolkmit. «

1950 Abteilung Jugend- und Kinderturnen

Von den ehemals 14 eigenständigen Vereinen der „Freien Turnerschaft an der Kieler Förde" wurden 1945 sechs wieder gegründet.

Das Bestreben, den 1933 verbotenen Verein als solchen wieder entstehen zu lassen, wurde von der britischen Militärregierung untersagt. Die Vereinsbezeichnung „Freie Turn- und Sportvereinigung an der Kieler Förde" wurde nicht zugelassen. 1947 wurde ein nochmaliger Versuch unternommen. Die Vereinsbezeichnung lautete nun – Freie Turnerschaft „Eiche" von 1901 e.V.

Viele der 1933 nach dem Verbot des Vereines der FC Borussia beigetretenen Vereinsmitglieder sowie die große Zahl von vereinslos gebliebenen Sportlern schlossen sich dem neu gegründeten Verein an.

Der Verein hatte zunächst große Anfangsschwierigkeiten zu überwinden. Es gab weder Turnhallen noch intakte Sportplätze, sodass der erste geregelte Sportbetrieb erst Anfang 1947 in einer Baracke in der Blitzstraße durchgeführt werden konnte. Durch das Drängen des 1. Vorsitzenden, Erich Bruns, und den besonderen Einsatz des damaligen Oberbürgermeisters in Kiel, Andreas Gayk, wurde die Turnhalle der Kaiserstraße wiederhergerichtet. Zu diesem Thema erschien im April 1949 in der Volkszeitung folgender Beitrag:

„Es gilt aber auch, die Stadtväter für die fruchtbare Arbeit der Turnvereine zu gewinnen und sie davon zu überzeugen, dass es zumindest ebenso wichtig ist, Turnhallen zu bauen oder aber wieder instand zu setzen, als für Lungenheilstätten zu sorgen, denn in den Turnhallen und auf den Sportplätzen der Turnvereine beginnt der Kampf gegen die Tuberkulose."

Mit der Herrichtung der Schwarzlandwiese zum Sportplatz (Aschenplatz) bekam die „F.T. Eiche" eine Sportplatz-Heimat und konnte ihr Vereinsheim in Eigenarbeit errichten. Dieser Bau wurde nach der Olympiade durch eine der dort eingesetzten Hütten ersetzt.

1956 Vereinsheim „Schwarzlandwiese"

1955 Staffellauf durch Gaarden

Durch diese verhältnismäßig gute Situation erwachte ein ungeahnter Aufschwung des Turn- und Sportbetriebes und damit auch des gesamten Vereins. Dabei musste immer wieder das Vereinsleben neu strukturiert werden. Abteilungen für den Handballsport, die Leichtathletik und das Prellballspiel wurden so ganz neu ins Leben gerufen. Die Musikabteilung stellte 1950 erneut einen Spielmannszug auf die Beine, der über Jahre weit über die Grenzen von Schleswig-Holstein hinaus bekannt wurde.

Ein weiterer Höhepunkt der ersten Jahre der Wiedergründung der „F. T. Eiche" war über Jahre hinaus der Straßenstaffellauf „Quer durch Gaarden", der zur Blütezeit Anfang der 50er-Jahre mit über 100 Mannschaften und weit über 1000 Sportlern durchgeführt werden konnte. Das wurde ein Publikumserfolg ohnegleichen, ein stark besuchter Nachkriegs-Volksauflauf auf dem alten Vinetaplatz.

Von 1953 bis 1966 stand dem Verein als 1. Vorsitzender Paul Timmann vor. Unter seiner Führung und die seiner ehrenamtlichen Helfer entwickelte sich der Verein zu einem wichtigen Faktor des Sportes auf dem Ostufer. Als Ergänzung zu dem bestehenden Sportbetrieb wurde eine Tischtennisabteilung und eine getrennte Frauen-Gymnastik-Gruppe ins Leben gerufen, die bis heute das Rückgrat des gesamten Gaardener Sport-Vereines „F. T. Eiche" bildet.

Das Verhalten zum Sport hat sich mit der Zeit und den Veränderungen in der gesamten deutschen Bevölkerung grundlegend gewandelt. Jeder Sportverein wird heute als Dienstleistungsunternehmen angesehen, den man für verhältnismäßig wenig Geld benutzt und wieder zur Seite legt.

Über das Auf und Ab im turnerischen und sportlichen Betrieb, das den Sportverein „F. T. Eiche" erst richtig mit Leben ausfüllt, sollen die folgenden Berichte der einzelnen Sparten aussagen.

Entwicklung der Turnabteilung

In dem Bericht der Vereinsgeschichte von 1901–1933 wird ein allgemeiner Überblick über die Entwicklung des Turnbetriebes gegeben, die das Turnen bis 1945 in der Arbeiter-, Turn- und Sportbewegung genommen hat. Es darf hier durchaus mit Recht behauptet werden, dass das Arbeiterturnen in dieser Zeit ein wesentliches Stück deutscher Turngeschichte dargestellt hat.

1955 In der Iltisstraße

Nach dem Krieg haben sich die Freien Turnerschaften zum Deutschen Turnerbund bekannt. Die Ideen und Zielsetzung des Turnens haben sich seitdem gewandelt. Der allgemeine Turnbetrieb der „F.T. Eiche" wurde im Februar 1947 wieder aufgenommen. Anfangs war es aufgrund des strengen Winters schwierig, die Jungen und Mädchen, Männer und Frauen zusammenzuhalten. Doch dem besonderen Einsatz der damaligen Abteilungsleiter ist es zu verdanken, dass trotz dieser äußeren Schwierigkeiten sich eine immer größer werdende Abteilung entwickelte. So konnte die Turnabteilung 1949/50 folgende Mitgliederzahlen aufweisen:

Knaben:	60 Personen
Schüler:	40 Personen
Schülerinnen:	50 Personen
männl. Jugend:	30 Personen
weibl. Jugend:	0 Personen
Männer:	25 Personen
Frauen:	25 Personen

Diese Entwicklung konnte jedoch nur durch die in der Zwischenzeit wieder errichtete Turnhalle Kaiserstraße erreicht werden. Hier waren die räumlichen Möglichkeiten für diese Entwicklung des Turnbetriebes maßgebend.

Neben diesem zahlenmäßigen Anstieg der Mitglieder konnte auch eine leistungsmäßige Steigerung erzielt werden. Dieser Erfolg gab der Abteilung Auftrieb, sodass nun auch die ersten Vergleichskämpfe durchgeführt werden konnten. Bei den ab 1949 ausgetragenen Vereinswettkämpfen zwischen der „F.T. Adler", der „F.T. Vorwärts" und der „F.T. Eiche" wurde dann auch so mancher stolze Sieg errungen.

Seit der Wiedergründung des Vereins und der Turnabteilung wurde auch die Sparte Leichtathletik wieder zu einem wichtigen Faktor des Vereinslebens aufgebaut. Die ersten großen Ereignisse der Sparte waren 1948 und in den

1960 Die Leistungsriege

folgenden Jahren unser Straßenstaffellauf „Quer durch Gaarden", der damals die größte Veranstaltung seiner Art im Kieler Raum darstellte. Mit fortschreitender Entwicklung des Automobilverkehrs wurde die Abwicklung der Veranstaltung immer schwieriger und musste dann 1959 eingestellt werden.

Mit diesem plötzlichen Abbruch des Staffellaufs „Quer durch Gaarden" wurde auch das Interesse an der Leichtathletik geringer. Der große Anreiz fehlte. Es wurde auch weiterhin an der Polizeisportschau teilgenommen. Die Waldlauf- und Bahnen-Meisterschaften blieben auch weiterhin die jeweiligen Höhepunkte der Saison, doch so sehr sich die Spartenleiter und Betreuer auch einsetzten, die Beteiligung an den Übungsabenden wurde immer geringer. So kam dann Ende der 60er-Jahre der Zeitpunkt, an dem die Sparte den geregelten Sport- und Übungsbetrieb einstellen musste. Bis heute ist es leider nicht wieder gelungen, eine neue Leichtathletikabteilung aufzubauen.

Das Erwachsenenturnen ist in diesem Verein Anfang der 70er-Jahre eingeschlafen. Auch das Jugendturnen musste Mitte der 90er-Jahre mangels Beteiligung eingestellt werden.

Entwicklung der Handballabteilung von 1923 bis 2001

Schon in der „Freien Turnerschaft" an der Kieler Förde wurde 1923/24 mit dem Handball-Spielen begonnen.

Innerhalb kürzester Zeit wurde diese Sportart so populär, dass sehr schnell ein regulärer Spielbetrieb in der „Freien Turnerschaft" aufgenommen wurde. Die MA 1 war von Anfang an dabei und konnte in den folgenden Jahren mehrere schöne Erfolge erringen.

Mehrere Herren-, Frauen-, und Jugendmannschaften zählten zur Handballabteilung, bis dann 1933 die „Freie Turnerschaft" verboten wurde.

1947 nahmen auch die Handballer nach der Neugründung des Vereins den Spielbetrieb wieder auf, sodass auf Anhieb jeweils eine Schüler-, Schülerinnen-, Jugend-, Jungmädchen-, Männer- und Frauenmannschaft aufgestellt werden konnten. Der Erfolg dieser Mannschaften war in diesen ersten Jahren des Neubeginns aus mangelnder Erfahrung im Handballsport leider noch nicht sehr hoch.

Aber in den folgenden Jahren ging es mit den Handballmannschaften aufwärts. Besonders

1957 Mannschaft – Feldhandball

die Knaben- und Schülermannschaften schnitten bei den Stadtmeisterschaften gut ab (zwei 2. und zwei 3. Plätze in den Jahren 1955–1957). Neben dem laufenden Punktspielbetrieb wurden auch immer wieder Turniere besucht. Der zu dieser Zeit wohl größte sportliche Erfolg war der zweite Platz der Knabenmannschaft 1957 auf dem Jugendturnier des TSV Gaarden, dem damals größten Jugendturnier Deutschlands. Dieses Turnier wurde von Mannschaften aus ganz Norddeutschland und Skandinavien besucht. Anfang der 60er-Jahre wurde es dann immer schwieriger, Jugendmannschaften aufzustellen.

Dennoch konnte die 1. Männermannschaft 1961 und 1962 den ersten und zweiten Turniersieg bei der F.T. Ellerbek erringen. Der Pokal ging endgültig in unseren Besitz über, als er 1963 ein drittes Mal in Folge von uns gewonnen werden konnte. Dies war der Beginn eines steilen Aufstiegs. Sowohl auf dem Großfeld als dann auch langsam in zunehmenden Maße in der Halle stieg die 1. Mannschaft von der letzten Kreisklasse bis zur 1. Kreisklasse 1968 auf.

Bei vielen Turnieren, sowohl in Schleswig-Holstein als auch bundesweit wurden gute Erfolge erzielt, was auch in Paris, Prag und Göteborg wiederholt werden konnte. Ein weiterer völlig überraschender Erfolg war 1993 der B-Pokalgewinn des Kieler-Woche-Turniers bei TuS Gaarden. In der zweiten Hälfte der 90er erlebte die Herrenmannschaft einen weiteren Höhenflug, bei dem binnen 365 Tagen zweimal von der 3. bis in die 1. Kreisklasse aufgestiegen werden konnte. Hinzu kommt, dass in dieser Zeit für einige Jahre auch wieder eine Frauenmannschaft für den Spielbetrieb gemeldet wurde.

Dieser Erfolg konnte durch Umstrukturierungen innerhalb der Mannschaften wie zwei Jahrzehnte zuvor leider nicht fortgesetzt werden, so dass die Teams und somit auch die Handballabteilung 1999 kurz vor der kompletten Auflösung standen.

Entwicklung der Tischtennisabteilung

Das Spiel mit dem kleinen Ball wurde in der Freien Turnerschaft an der Kieler Förde schon in der Zeit vor 1933 betrieben. Aber erst als das Tischtennisspiel nach dem Krieg sich zum Volkssport entwickelte, wuchs auch bei uns eine größere Tischtennisabteilung heran. Der erste Anfang wurde im Jahre 1955 gemacht. Unter der Leitung von Heinz Bonatz konnte die Abteilung gleich mehrere Männer-, Frauen- und Jugendmannschaften aufstellen, die ihre ersten Übungsabende in der Iltishalle und später in der Halle Kaiserstraße abhielten. Schon nach kurzer Zeit entwickelte sich eine erstaunliche Spielstärke, sodass die ersten Freundschaftsspiele mit den Mannschaften der F.T. Ellerbek ausgetragen werden konnten. Der Zuspruch der Abteilung wurde immer größer und nach Wiedererstellung des Versammlungshauses Werftpark (hier ist heute das Werftpark-Theater!) musste auch hier trainiert und gespielt werden. Im Jahre 1957 fand dann die erste Vereinsmeisterschaft der Tischtennisabteilung statt.

Zwischen den einzelnen Spielern waren Freundschaften entstanden und sie existieren bis heute. Wir haben die Tradition wieder aufgenommen, mit den Mitspielern zu verreisen.

Reisen der Spieler und Spielerinnen nach z.B. Prag oder Budapest zu internationalen Turnieren sind inzwischen legendär und werden einmal als die guten 90er-Jahre in die Vereinsgeschichte eingehen.

Aber die Mannschaft, die fünf Jahre in dieser Besetzung gespielt hatte, hat sich dann durch berufs- und familienbedingte Abgänge seit 1996 und einen starken Mitgliederschwund sehr verändert.

Die Musikabteilung

In den Jahren vor 1933 hatte die Freie Turnerschaft an der Kieler Förde neben den Turnabteilungen auch einige starke Musikabteilungen und Schülercorps, die den Vereinen bei sämtlichen Veranstaltungen zur Verfügung standen. Diese Abteilungen wurden 1933 wie auch alle anderen Sparten der Vereine aufgelöst.
Nach dem Zusammenbruch 1945 wurden die Turnabteilungen wiederaufgebaut. Als erster Verein der neuen Freien Turnerschaften gründete die F. T. Vorwärts eine Musikabteilung. Das Interesse war zu diesem Zeitpunkt sehr groß, so dass sich die anderen F. T. Vereine jetzt ebenfalls bemühten, einen eigenen Spielmannszug aufzubauen.

Die Gründung der Musikabteilung von „F.T. Eiche" erfolgte im Oktober 1949 mit anfangs 11 Spielleuten. Da keine Instrumente vorhanden waren, wurden die ersten Übungsabende mit privaten Instrumenten durchgeführt. Der Ansturm interessierter Sportler war danach sehr groß und es konnten die ersten vereinseigenen Musikinstrumente beschafft werden.

Die Mitgliederzahl der Abteilung stieg innerhalb eines Jahres auf über 50 Personen. Diese personelle Stärke der Abteilung wurde dann auch noch durch die spielerische Leistung unterstützt. So war es schon 1950 möglich, an 30 Veranstaltungen innerhalb des Vereins und auch bei anderen Vereinen mitzuwirken. Bei allen Veranstaltungen traten die Jungs vom Schüler-Spielmannszug mit dem Männerzug gemeinsam auf. Das schönste Erlebnis des Schülercorps war wohl die Schwedenfahrt im Sommer 1958 mit Auftritten in

1930 Festumzug durch Gaarden

1958 Der Knaben-Spielmannszug

Landskrona, Lund, Malmö und Kopenhagen. Noch heute schwärmt so mancher von dieser Reise.
Mit dem steigenden Wohlstand und Freizeitangebot wurde es Mitte der 60er-Jahre immer schwieriger, die Aktiven zusammenzuhalten und den ordentlichen Betrieb der Spielmannszüge abzuwickeln. Das Schülercorps bildete dann auch 1964 notgedrungen eine Arbeitsgemeinschaft mit der F.T. Vorwärts. Mitte 1965 folgte die Männerabteilung diesem Beispiel und trat gemeinsam mit den Musikern der F.T. Holsatia auf. Dieses war natürlich kein Dauerzustand. Es wurden immer wieder viele Versuche unternommen, einen eigenen Zug auf die Beine zu stellen. Einige gute Ansätze versprachen Erfolg, doch der große Durchbruch blieb den Mühen versagt. So kam es dann, dass der Rest der Eifrigen aufgab und somit die Musikabteilung aufgelöst werden musste.
Der Verein hatte auch im Laufe der nachfolgenden Jahre stark unter einem beachtlichem Mitglieder-Schwund zu leiden. Die „Freie Turnerschaft Eiche von 1901 e.V." entwickelte sich in über 100 Jahren zu einem wichtigen Faktor des Sportbetriebes auf dem Ostufer Kiels. Die Blütezeit des Vereins lag in den 1970er- und 1980er-Jahren.
Der Bevölkerungswandel in Gaarden mit hoher Fluktuation machte, wie auch allen anderen Gaardener Vereinen, Schwierigkeiten ihre Mitglieder zu halten oder gar neue Mitglieder hinzu zu gewinnen.

Im Jahre 2020 hat die „F.T. Eiche" noch 120 Mitglieder, die sich in den Sparten

Tischtennis:	32
Fußball:	25
Rücken- und Schulter-Gymnastik:	27
Volkstanz:	15
Nordic-Walking:	6
und Sonstige:	15

betätigen.

Das Lager in der Preetzer Straße Nr. 119

Wer damals noch im Kieler Stadtteil Gaarden der alten Einfallstraße „Preetzer Straße" stadtauswärts folgte, der kam auch an einem zunächst unscheinbaren, jedoch spannungsreichen Ort der jüngeren Kieler Stadtgeschichte vorbei. Das Grundstück Preetzer Straße 119, ist heute bebaut: Hier steht die „Coventry-Halle", die 1967 fertiggestellt und im Zeichen der Städtepartnerschaft zwischen Kiel und der englischen Stadt Coventry eingeweiht wurde.

Nichts erinnert daran, dass hier von 1936 bis 1964 ein Lager für sogenannte „Asoziale" stand, das im Kieler Volksmund den Namen „Zigeunerlager" trug. Dieses „Obdachlosenasyl" beherbergte nach dem Krieg alle Kieler Sinti und war der Kontrolle des städtischen Ordnungsamts unterstellt.

Der zuständige Dezernent, Stadtrat Borchert, hielt die aus heutiger Sicht prekären Lebensbedingungen, die im Lager herrschten, in einem Vermerk fest: „Zurzeit wohnen im Asyl Preetzer Straße 119: 30 Deutsche Familien. 77 Erwachsene und 40 Kinder. 30 Zigeunerfamilien. 61 Erwachsene und 87 Kinder. Zurzeit 23 behelfsmäßige Unterkünfte bestehend aus Wohnwagen, alten Postbussen und Holzbauten (bewohnt von Zigeunern und Deutschen). Feste Wohnräume z. Zt. 35." Borchert spricht von Fremden. Er unterscheidet deutlich zwischen „deutschen" und „zigeunerischen" Lagerbewohnern.

Obwohl in Kiel wie auch anderswo in den Fünfzigerjahren ein breiter politischer Wille zur Verbesserung der Lebensverhältnisse der Bürger, die in Lagern lebten, bestand – dies zeigt sich in den zahlreichen Barackenräumprogrammen – lebten die Bewohner der Preetzer Straße 119 durchgängig unter sehr schwierigen Bedingungen.

Und die Kieler Nachrichten berichteten zu dieser Zeit:

„Das Zigeunerlager an der Preetzer Chaussee ist kleiner geworden. Am Wochenende hieß es in Gaarden sogar: ‚Die Zigeuner ziehen fort!' Doch erfuhren wir an zuständiger Stelle, dass es sich beim Abziehen verschiedener Wagen um die üblichen Frühjahrsfahrten handelt, für die in jedem Jahr von den Zigeunern eine Reihe von Reisegewerbekarten beantragt werden. So macht das Lager, das auf unserem Foto von der Bahnlinie Kiel—Schönberg gesehen ist, einen bedeutend verkleinerten Eindruck. Hinzu kommt, dass die Wagen sich durch die neuen Anlagen des Sport- und Stadtgartenamtes streng an das ihnen zugebilligte Gebiet halten müssen".

Diesbezüglich schreibt Matthäus Weiß, der heutige Landesvorsitzende der schleswig-holsteinischen Sinti und Roma und ehemaliger Bewohner des Lagers: „Wenn wir im Winter nach Hause kamen, an den kleinen Ofen im Pferdestall, wo es etwas warm war, saß ich oft genug am Weinen. Die Hände waren gefroren, die Füße waren gefroren und sobald es wärmer wurde, tat es erbärmlich weh. Ich versetzte mich dann so manches Mal in die Lage meiner Eltern, die dieses

1950 Eingang Preetzer Str.

Hier wurde nie der Müll abgeholt.

Die Kinder wachsen in großer Armut auf.

über fünf Jahre in den Konzentrationslagern mitgemacht hatten, wo das alles noch viel schlimmer gewesen war".

Ein Polizeibeamter, der das Lager in den Fünfzigerjahren häufiger besuchte, bezeichnete es als Seuchenherd und die Behausungen der Lagerbewohner als menschenunwürdig. Auf die Seuchengefahr, die von den Zuständen im Lager ausgehen könnten, etwa Typhus oder Ruhr, wies einige Zeit später auch eine Hebamme hin, die beruflich im Lager tätig war.
Dass sich diese Zustände bis zum Ende der Fünfzigerjahre nicht nennenswert besserten, davon zeugt ein Zeitungsartikel in der Schleswig-Holsteinischen Volkszeitung vom 21. August 1959, in dem das Lager Preetzer Straße als „schlechtestes Lager der Bundesrepublik" bezeichnet wurde.
Das Bild vom „ungebundenen, freien Zigeuner", wie es etwa im Brockhaus konstruiert wurde, war mit Blick auf Kiel also lediglich ein romantisierendes Klischee.

Im liberalen und optimistischen Klima, das Ende der Fünfzigerjahre einsetzte, ist es auch zu einem Wandel der Zigeunerstereotype und Vorurteilsmuster gekommen. Zunächst wurden die Sinti als „soziale Gruppe" innerhalb der Stadtbevölkerung entdeckt.

Progressive Ansätze beeinflussten auch den Ton innerhalb der Kieler Gremien, wie beispielsweise im Kieler Ausschuss für Familienfürsorge am 16. April 1964: „Die Zigeuner sind keine Asozialen, sondern stehen in einem gesonderten sozialen Zusammenhang, der allerdings heute in der Auflösung begriffen ist. Diese Auflösung begann bereits in der NS-Zeit und setzt sich in der völlig gewandelten Welt laufend fort." Hiermit hatte sich eine Kieler Behörde erstmalig davon distanziert, „Zigeuner" als „Asoziale" zu bezeichnen.

Die Sinti und Roma sollten zunächst in Einfach-Unterkünften sesshaft gemacht werden. Als geeigneter Ort für das neue „Zigeunerlager" wurde eine Senke ausgewählt, die inmitten des Naturschutzgebietes Langsee, in der Gemarkung Sophienhöhe lag. Diese Fläche entzog sich aufgrund ihrer topografischen Beschaffenheit der Einsicht von außen, befand sich etwa einen Kilometer südlich des bisherigen Lagers und abseits der Preetzer Straße. Gemeint ist der „Kuckucksweg". Damit würde das Lager nicht mehr auf Gaardener Stadtteilgebiet liegen, sondern zum Stadtteil Elmschenhagen gehören. Statt feste Baracken oder Leichtbauhäuser bauen zu lassen – wie dies in anderen Kieler Obdachlosenasylen geschah – entschied sich der Magistrat zum Ankauf von 30 Eisenbahnwaggons von der Deutschen Bundesbahn. Für Ankauf, Transport, Aufstellung und Geländebereitung bewilligte der Magistrat einen Betrag von 200 000 DM. Der Magistrat versprach sich von der Unterbringung in Eisenbahnwaggons eine Kostenersparnis im Vergleich zum Bau von Baracken. Die Entscheidung für Eisenbahnwaggons mag ferner von dem im Ordnungsamt tradierten Vorurteil beeinflusst gewesen sein, dass ‚Zigeuner' die gestellten Behausungen mutwillig beschädigen würden. So hatte es bereits in einem Schreiben der Städtischen Hausverwaltung vom 1. August 1947 zur Instandsetzung der Preetzer Straße 119 geheißen: „Holz soll nicht verwendet werden, da erfahrungsgemäß alle Holzteile durch die Insassen wieder abgebaut werden. Eventuell soll altes Blech aus Nissenhütten Verwendung finden."

Die Stadtverwaltung ging anscheinend von dem Glauben aus, die Sinti der Preetzer Straße wären ein primitiver Stamm mit einem Häuptling an der Spitze. Was sich zunächst naiv anhört, hat seine Wurzeln in den gängigen Vorurteilen. So fand sich auch im Brockhaus der Vermerk, „Zigeuner" lebten in Stämmen mit einem Häuptling an der Spitze.

Bis zum Juli 1964 wurden die Arbeiten an der Wohnstätte abgeschlossen. Zudem gelang es der Stadtverwaltung offenbar, die Lagerbewohner der Preetzer Straße 119 von der Verlegung zu überzeugen, sie gewann außerdem einen Gerichtsprozess gegen den Elmschenhagener Kommunalverein.

Foto von Wolfgang Kuessner

Im Herbst 1964 lebte der Großteil der 203 Kieler Sinti bereits in der Wohnstätte am Rundweg/Kuckucksweg. Fürs Erste schien das Modell also von den Lagerbewohnern angenommen zu werden.

Ab 1969 häuften sich die Klagen über die Enge in den Eisenbahnwaggons, die unzureichende Isolierung, die Feuchtigkeit des Lagergrundes und die unzureichenden sanitären Anlagen.

Textquelle-Auszüge:
beirat-fuer-geschichte.de
Demokratische Geschichte Band 23
Nils Fieselmann

1967 Bau der Coventry-Halle

Danksagung und Quellennachweis

Zur Vervollständigung dieses Buches habe ich viel freundliche Hilfe sowie ganze vollständige Bilder-Archive und Texte überlassen bekommen. Dafür meinen allerherzlichen Dank.

Mein ehemaliger Schulfreund Helmut Löhndorf hatte doch tatsächlich noch eine Ausarbeitung unseres Kunstlehrers Harry Gramsch aus den 1950er-Jahren, die ich in Auszügen verarbeiten konnte. Ein weiteres großes Archiv von Frau Jutta Mowitz, die unter anderem auch viele Arbeiten des Gustav Voerde von ihm geschenkt bekommen hatte, ist von mir in großen Teilen hier eingefügt worden. Nur so konnte ein historisches Abbild vom Leben der Menschen auf den Werften und in deren Freizeitverhalten wiedergegeben werden.

Die Texte aus der Zeit des Dritten Reiches habe ich im Original übernommen, um damit den damals herrschenden Zeitgeist aufzuzeigen. Die Werbe-Broschüren der Deutschen Werke, der Germaniawerft und der Firma Steffen Soest sind in meinem Besitz.

Ebenfalls im Originalton sind einige Protokolle aus den Ratsversammlungen, betreffs eines Lagers für Sinti und Roma in der Preetzer Straße, von mir nur mit der neueren deutschen Rechtschreibung versehen worden.

In den Veröffentlichungen der Flensburger Hochschule fand ich das Tagebuch des Arbeiters Pagenkopf. Mit dem Einverständnis der Schulleitung sind hier Auszüge daraus wiedergegeben.

Großes Entgegenkommen fand ich auch bei den Gaardener Vereinen, deren Mitglieder und Vorstände mir ihr Wissen und viele Fotos zum Gelingen dieses umfangreichen Werkes in freundlicher Weise zur Verfügung stellten. Diese Hilfsbereitschaft fand ich bei der Freiwilligen Feuerwehr in Gaarden und im vierten Polizeirevier.

Nur so konnte ich meine über viele Jahre angesammelten Texte und Bilder über das alte Gaarden in dieses Buch mit einbauen, damit ein recht vollständiges Bild der Veränderungen dieses ehemaligen Kieler Werftarbeiter-Stadtteil dargestellt werden konnte.

Im November 2020
Walter Ehlert

Bildnachweis

Das historische Gaarden: Alle historischen Stiche sowie alle Landkarten und Schaubilder, wie Statistiken u. ä. stammen aus der Sammlung des Autors.

Die Bilder vom Gemeinderat und das Rathaus in Gaarden-Süd sind aus der Sammlung von Jutta Mowitz. Ebenso das Elektrizitäts- und Wasserwerk.

Vom Bauerndorf zum Werftarbeiter-Stadtteil sowie aus dem Kapitel Eingemeindung werden Bilder aus der Sammlung des Autors gezeigt. Genauso auch die Abbildungen der Eisenbahnen. Nur die zwei letzten Bilder dieses Kapitels sind Fotos von Friedrich Magnussen aus dem Kieler Stadtarchiv.

Die Fotos, welche die Mühlen zeigen und jene aus dem 19. Jahrhundert stammen aus der Sammlung „Mowitz".

Der Bierbrauer Dreis und das Brauhaus sind Fotos aus der Sammlung des Autors.

Alle Bilder der „Alten Gaardener Gilde" entstammen der Chronik dieser Gilde und wurden von Wolf-Rüdiger Lück († 2021) ausgesucht.

Das Kapitel der Ausflugslokale wurde mit Textauszügen und allen Bildern aus der Sammlung „Mowitz" gestaltet. Ebenso die Bilder, welche die „Wilhelminenhöhe" zeigen.

Bilder, welche die Fähre nach Gaarden zeigen sind aus dem Stadtarchiv.

Die Fotos und Ansichtskarten der Kaiserlichen Werft und des Werftparks, sowie auch sämtliche Bilder aller Kirchen stammen aus der Sammlung des Autors.

Die Fotos der ersten Schulen kommen aus dem „Mowitz-Archiv". Alle weiteren Schulbilder aus der Sammlung des Autors.

Das Kapitel über die Historie der Polizei zeigt Bilder aus der Sammlung des Autors. Fotos des Polizisten Schenkewitz stammen von Klaus Schenkewitz, seinem Sohn.

Die Wucht der Veränderung zeigt ein Bild aus dem Firmenporträt „Steffen Soest", welches im Besitz des Autors ist.

Die Bilder, welche die Schönberger Straße und das Karlstal darstellen sind aus der Sammlung des Autors. Ebenso die Bilder aus dem Kapitel über alle Straßen. Dazu gehören auch die Fotos der Bäckerei Speetzen, der Geschäfte von Ahrens, Bammler, Carstens, Zahlmann und Lehmkuhl. Fotos vom Hochhaus sowie die der Margarine-Fabrik „Seibel", wie auch die Bilder vom Vinetaplatz entstammen dem Stadtarchiv.

Alte Darstellungen der Feuerwehr sind aus dem „Mowitz-Archiv". Eine Ausnahme ist das Foto von der Kreuzung Dietrichstraße, welches von Friedrich Magnussen aus dem Stadtarchiv stammt.

Alle Bilder der Firma „Steffen Soest" sind dem Firmen-Porträt entnommen, welches sich im Autoren-Besitz befindet.

Die Historie der Germaniawerft von Krupp und die der Deutschen Werke wird mit Bildern aus der Sammlung des Autors dargestellt, wie auch alle nachfolgenden Darstellungen über das Leben der Werft-Arbeiter.

Bis auf das Foto mit den drei Arbeiterinnen der „Deutschen Werke", welches aus dem Familienbesitz des Autors stammt, sind alle weiteren Abbildungen und auch der Text dieses Kapitels einer Propaganda-Broschur entnommen, die sich in seinem Archiv befindet.

Einer weiteren Broschüre aus dem Autoren-Archiv sind auch die Bilder zur Krupp'schen Arbeitersiedlung entnommen.

Die Bilder von der Howldtswerft entstammen dem Kieler Stadtarchiv.

Bilder, die Straßenbahnen und Obusse zeigen sowie auch jene des Kutschers Albrecht befinden sich im Archiv des Autors.

Textauszüge und alle Fotos – den Gaardener Männerchor betreffend – sind dem Autor von der Familie Eltermann zur Verfügung gestellt worden.
Ebenso entstand auch das Kapitel über den „Gaardener Verein", welches unter mithilfe einer Vereins-Chronik und Herrn Lothar Lüdtke bebildert werden konnte.
Die reich bebilderte Vereins-Chronik vom TuS-Gaarden ist vom Ehrenvorsitzenden Dieter Bünning in freundschaftlicher Weise dem Autor zur freien Verfügung ausgeliehen worden. Hieraus entstand auch das Kapitel über die Gaardener Boxer.
Alle Abbildungen, welche den Werdegang des Sportvereins „F. T. Eiche" aufzeigen, wurden einer Chronik des Vereins entnommen, die von den Brüdern Löhndorf dem Autor zur Ausarbeitung überlassen wurde.
Bilder aus dem Lager in der Preetzer Straße befinden sich, bis auf das aus der Sammlung „Kuessner", im Archiv des Autors.

Im März 2021
Walter Ehlert

Bibliografische Information der Deutschen Nationalbibliothek

Die Deutsche Nationalbibliothek verzeichnet diese Publikation in der Deutschen Nationalbibliografie; detaillierte bibliografische Daten sind im Internet über http://dnb.dnb.de abrufbar.

Gesamtherstellung: Husum Druck- und Verlagsgesellschaft
Postfach 1480, D-25804 Husum – www.verlagsgruppe.de
ISBN 978-3-96717-042-9